SHUIFA
JIAOCHENG

税法教程

主　编——王晓秋　付　源
副主编——许新亮　刘春华　陈　红

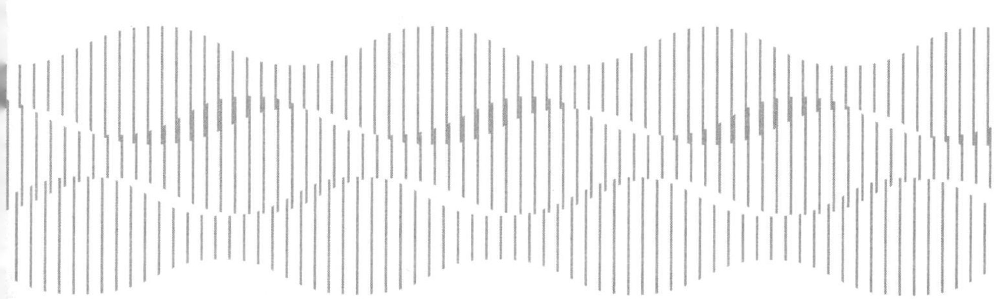

中国人民大学出版社
·北京·

前　言

本书是在建立和完善“全人教育＋应用型”的人才培养模式、培养高素质应用型人才背景下编写而成的。税法是财经类专业学生的专业必修课，近几年，随着结构性减税的深入进行，我国对主要税种不断进行改革，比如“营改增”的全面实施、“资源税”的改革、“个人所得税”的改革等，增值税、消费税、资源税、个人所得税等的计算缴纳也发生了较大的变化。为了帮助企业管理人员和学生深刻、及时、全面地理解和掌握税法的基本理论和国家最新的税收政策，编者精心编写了本书。

本书主要有以下特点：

1. 及时性。本书所介绍的税收政策是截至 2018 年 11 月 30 日我国正式出台的税收政策。

2. 实用性。本书根据应用型教育的教学要求和特点编写，适应学校转型的需要。本书简化了相关理论部分的介绍，注重将税收理论与实务知识相结合，突出对案例的理解，每章后还配有知识小结和业务实训练习，注意培养学生的实训能力。

3. 专业性。本书的编者均是高等学校拥有多年教学经验的专业教师，教材内容体现了我们长期积累的丰富教学经验，专业性强。

本书可以作为高等学校财经类专业和各类成人教育的教材，也可以作为广大会计人员、税收征管和稽查人员、企业管理人员的学习参考书。

本书由成都文理学院王晓秋、付源担任主编，负责设计全书框架，修改和总纂；成都文理学院许新亮、刘春华、陈红担任副主编，协助审阅书稿。具体编写分工如下：第一、三、六章由王晓秋编写，第五、七章由付源编写，第二、四章由许新亮编写，第八、九章由陈红编写，第十、十一章由刘春华编写。

由于编者水平有限，加之税法仍在不断改革，书中难免会有错误和疏漏，不足之处恳请各位读者不吝赐教。

编者

2018 年 12 月

目　录

第一章 税法认知

【教学目标】

1. 掌握税收的概念及特征。
2. 掌握税法的构成要素。
3. 掌握税法的原则。
4. 了解税法分类及税收立法体系。

【重难点】

1. 实体从旧、程序从新的适用原则。
2. 程序优于实体的适用原则。

第一节 税法概述

税收的本质特征具体体现为税收制度，作为税收制度的法律表现形式，税法所确定的具体内容就是税收制度。因此，必须在深入了解税收的基础上把握税法的概念。

一、税收概述

（一）税收的概念

税收是政府为了满足社会公共需要，凭借政治权力，强制、无偿地取得财政收入的一种形式。它体现了国家与纳税人在征税与纳税的利益分配上的一种特殊关系，是一定社会制度下的一种特定分配关系。税收的概念可以从以下四点来理解：

(1) 征税的主体是国家，除了国家，任何机构和个人，均无权征税。

(2) 国家征税的目的在于履行其公共职能，执行公共事务，满足公共需要。

(3) 国家征税凭借的是政治权力。国家征税的范围、程序、税率、征税期限等都被写进法律法规中，因此税收的实现是强制性的，是凭借国家的政治权力征收而不是凭借生产资料所有权征收的。没有国家的政治权力做依托，征税就无法实现。

(4) 税收是一个分配范畴，是国家参与并调节国民收入分配的一种手段，是国家财政收入的主要形式。世界上绝大多数国家和地区，其财政收入的主要形式都是税收。

（二）税收的特征

税收具有强制性、无偿性和固定性三个特征。

1. 强制性

强制性，即税收的法律性，是指国家以社会管理者的身份，凭借政治权力，通过颁布法律或法规，按照一定的征收标准对社会产品强制分配、强制征税。强制性是国家权力在税收上的法律表现，是国家取得税收收入的根本前提。任何单位和个人都必须依法纳税，否则就要受到法律的制裁。但强制不等于强迫，强制是指国家以社会管理者的身份，以法律为后盾进行征税。

2. 无偿性

无偿性是指针对具体的纳税人而言，国家强制取得税收收入时既不需要偿还，也不需要对纳税人付出等额报酬和代价。无偿性是税收的核心特征，它使税收明显地区别于国债、规费收入等财政收入形式，决定了税收是国家筹集财政收入的主要手段，并成为调节社会再分配的有力工具。税收的无偿性是相对的，从财政活动的整体来看，税收最终通过政府提供公共产品等方式用之于纳税人，体现了税收取之于民、用之于民的本质。

3. 固定性

固定性是指国家征税以法律形式预先规定了征税对象、征收比例或数额、征收方法等征税行为规范，征纳双方都必须遵守，不能随意变动，从而使税收具有相对的稳定性。税收的固定性对国家和纳税人都具有重要的意义：对国家来说，可以保证财政收入的及时、稳定和可靠；对纳税人来说，不仅可以保护其合法权益不受侵犯，增强其依法纳税的法律意识，而且有利于纳税人通过税务筹划选择合理的经营规模、经营方式和经营结构等，降低经营成本。

税收的三个特征，即“税收三性”是相互联系、缺一不可的。强制性是实现税收无偿征收的强有力保证，无偿性是税收本质的表现，固定性是强制性和无偿性的必然要求。税收三性是不同社会形态下的税收共性，集中体现了税收的权威性。

（三）税收的作用

1. 税收是国家组织财政收入的主要形式

税收是随着国家的产生而产生的，是为了满足国家实现其职能的物质需要而产生的。通过税收，国家可以把分散在各个纳税人手中的一部分国民收入，集中到国家财政，用以满足国家的财政需要。因此，从税收产生之日起，组织财政收入就是税收最基本的职能。

税收组织财政收入的作用主要表现在三个方面：一是由于税收具有强制性、无偿性和固定性，因而能保证其收入的稳定；二是税收的来源十分广泛，能从多方面筹集财政收入；三是税收按期征收（年、季、月），均匀入库，有利于财力调度，满足日常财政支出。

2. 税收是国家宏观调控的重要手段

税收调控经济的职能同组织财政收入的职能一样，是随着税收的产生而产生，随着税收的发展而发展的。在市场经济条件下，国家通过税种的设置，以及在税目、税率、加成征收或减免税等方面的规定，可以调节社会生产、交换、分配和消费，促使资源有效合理配置，促进社会经济健康发展。同时，国家通过征税，使得高收入者多缴税，低收入者少缴税，有利于财富再分配，缩小收入分配差距。此外，国家通过税收政策，采取对不同行业、不同部门的税收优惠，对国民收入也进行了再分配，有利于经济结构调整。例如，国家通过减征企业所得税（低税率）的税收政策，扶持了国家需要重点扶持的高新技术产业，吸引了外商高新技术产业在国内投资，促进我国技术水平的提高；通过减征和免征企

业所得税，支持了欠发达地区新建企业的发展。

3. 税收具有维护国家政权的作用

国家政权是税收产生和存在的必要条件，而国家政权的存在又有赖于税收的存在。没有税收，国家机器就不可能有效运转。同时，税收是国家凭借政治权利对物质利益进行调节的工具，从而达到巩固国家政权的目的。

4. 税收是国际经济交往中维护国家利益的可靠保证

在国际交往中，任何国家对在本国境内从事生产、经营的外国企业或个人都拥有税收管辖权。随着改革开放的深入，我国与世界各国的经济交流与合作不断发展，建立和完善了一些涉外税法，这些税法既维护了国家利益，又为引进外资和技术、保护国外企业和个人在华合法经营提供了可靠保证。

二、税法的概念和特征

（一）税法的概念

税法是国家制定的用以调整国家与纳税人之间在征纳税方面的权力和义务关系的法律规范的总称。它是国家依法征税的法律依据和行为准则，也是纳税人履行纳税义务的法律准则。其目的是保障国家利益和纳税人的合法权益，维护正常的税收秩序，保证国家的财政收入。

具体来讲，这一概念包含以下基本内容：

（1）制定税法的主体是国家权力机关和由其授权的行政机关。分为两个层次：一是国家最高权力机关和由其授权的国家最高行政机关及其部门，在我国，分别是全国人民代表大会及其常务委员会和由其授权的国务院及其部门；二是拥有地方立法权的各级地方权力机关和地方行政机关，在我国，分别是具有立法权的地方各级人民代表大会及其常务委员会和地方各级人民政府，根据法律和有关法规的规定，在不与税收法律、法规冲突的前提下，结合本地实际情况，制定仅在本地区范围内有效的地方性税收法规。

（2）税法的调整对象是税收关系，即有关税收活动的各种社会关系的总和，主要是国家与纳税人之间在征纳税方面的权利与义务关系。

（3）税法是调整税收关系的法律规范的总称，有广义和狭义之分。从广义上讲，税法是各种税收法律规范的总和，即由税收实体法、税收程序法、税收争讼法等构成的法律体系。从立法层次上划分，则包括由国家最高权力机关即全国人民代表大会正式立法制定的税收法律，由国务院制定的税收法规或由省级人民代表大会制定的地方性税收法规，由有关政府部门制定的税收规章等。从狭义上讲，税法指的是经过国家最高权力机关正式立法的税收法律，如我国的个人所得税法、税收征收管理法等。

（二）税法的特征

作为一种法律规范，税法和其他法律一样，是由国家制定并认可的，体现国家意志，并由国家强制力保证实施的社会规范，具有一般法律规范的共同特征。但是，由于税法是以税收关系为调整对象的，因而又具有区别于其他法律规范的特征。

1. 税收立法权限的多层次性和表现形式的多样性

按照效力等级的划分，我国税收立法权限实际上分为三个层次：

（1）全国人民代表大会及其常务委员会作为我国最高权力机关有权制定国家税收的法

律，并负责对其制定的法律进行立法解释。如《中华人民共和国企业所得税法》《中华人民共和国个人所得税法》《中华人民共和国车船税法》等。

(2) 国务院及其有关职能部门制定的税收行政法规和税收部门规章。国务院作为我国最高行政机关，根据宪法、法律的规定和全国人民代表大会及其常务委员会的授权，有权制定各种税的暂行条例和试行办法。如《中华人民共和国个人所得税法实施细则》《中华人民共和国增值税暂行条例》等。

(3) 省、自治区、直辖市的人民代表大会及其常务委员会，可以根据本行政区域的具体情况和实际需要，在不与法律和行政法规相抵触的前提下，有权制定地方性税收法规，目前主要是对某些地方性税种制定实施细则和解释性规定。如广西壮族自治区国家税务局发布的《企业所得税税收优惠管理办法（试行）》。

(4) 香港和澳门属于特别行政区，实行独立的税收制度，中央政府不在这两个特别行政区征税。

2. 税收法规结构的规范性

税收的固定性直接决定了税法结构的规范性，一般国家都实行“一法一税”，即按照单个税种立法，作为征税时具体操作的法律依据；同时各个税种虽然不同，但就基本的税收要素而言，每部税法都是一致的。

3. 实体性规范和程序性规范的统一性

有关纳税程序方面的基本法，除《税收征管法》以外，更多、更具体的税收程序规范是体现在各个税种当中的，包括税收法律关系主体在享受权利和履行义务过程中的具体程序，以及违法处理程序和税务纠纷的解决程序等。所以税法不是单纯意义上的实体法或是程序法，而是实体性法律规范和程序性法律规范的统一。

4. 税法的相对稳定性和适当灵活性

税法颁布后，就要有一定的稳定性，不能朝令夕改；但它又不是僵化的，尤其我国现在处于经济转型时期，要根据国家政治、经济任务的变化对税种的开征、停征，以及税目、税率进行及时的变更及调整。因此，税法在形式上具有相对稳定性，但在执行过程中又具有相对灵活性。

三、税法与税收的关系

税法与税收相互依赖，不可分割。税法是税收的法律表现形式，是税收的法律依据和法律保障，它是一种法律制度，属于上层建筑范畴；而税收则是税法确定的具体内容，是税法确定的具体内涵，必须严格依据税法规定进行，它作为一种经济活动，属于经济基础范畴。有税必有法，无法不成税。

税收之所以采取法的形式，是由税收和法的本质与特性决定的。

(1) 从税收本质上看，税收是国家与纳税人之间形成的以国家为主体的社会剩余产品分配关系。税收所反映的分配关系要通过法的形式才得以实现。

(2) 从形式特征来看，税收具有强制性、无偿性、固定性的特点。其中，无偿性是其核心，强制性是其基本保障。而税收活动必须严格依照税法的规定进行，税法就是税收的法律依据和法律保障。

(3) 从税收职能看，调节经济是其重要内容。税法以其权威性、公正性、规范性成为

保障税收活动的有序进行和税收目的的有效实现的最佳方式。

四、税收法律关系

税收法律关系是税法所确认和调整的，国家与纳税人之间、国家与国家之间以及各级政府之间在税收分配过程中形成的权利与义务关系。国家征税与纳税人纳税在形式上表现为利益分配的关系，但经过法律明确其双方的权利与义务后，这种关系实质上已上升为一种特定的法律关系。了解税收法律关系，对于正确理解国家税法的本质，严格依法纳税、依法征税都具有重要的意义。

（一）税收法律关系的构成

税收法律关系在总体上与其他法律关系一样，都是由法律关系主体、客体和内容三方面构成的，但在三方面的内涵上，税收法律关系则具有特殊性。

1. 税收法律关系主体

法律关系的主体是指法律关系的参加者。税收法律关系的主体即税收法律关系中享有权利和承担义务的当事人。在我国税收法律关系中，权利主体一方是代表国家行使征税职责的国家行政机关，包括国家各级税务机关、海关和财政机关，另一方是履行纳税义务的人，包括法人、自然人和其他组织，在华的外国企业、组织、外籍人、无国籍人，以及在华虽然没有机构、场所但有来源于中国境内所得的外国企业或组织。这种对税收法律关系中权利主体另一方的确定，在我国采取的是属地兼属人的原则。

在税收法律关系中权利主体双方法律地位平等，只是因为主体双方是行政管理者与被管理者的关系，所以双方的权利与义务不对等，因此，与一般民事法律关系中主体双方权利与义务平等是不一样的，这是税收法律关系的一个重要特征。

2. 税收法律关系客体

客体即税收法律关系主体的权利、义务所共同指向的对象，也就是征税对象。例如，所得税法律关系客体就是生产经营所得和其他所得，财产税法律关系客体即是财产，流转税法律关系客体就是货物销售收入或劳务收入。税收法律关系客体也是国家利用税收杠杆调整和控制的目标，国家在一定时期根据客观经济形势发展的需要，通过扩大或缩小征税范围调整征税对象，以达到限制或鼓励国民经济中某些产业、行业发展的目的。

3. 税收法律关系的内容

税收法律关系的内容就是权利主体所享有的权利和所应承担的义务，这是税收法律关系中最实质的东西，也是税法的灵魂。它规定权利主体可以有什么行为，不可以有什么行为，若违反了这些规定，须承担相应的法律责任。

税务机关的权利主要表现在依法进行征税、税务检查以及对违章者进行处罚；其义务主要是向纳税人宣传、咨询、辅导解读税法，及时把征收的税款解缴国库，依法受理纳税人对税收争议的申诉等。

纳税义务人的权利主要有多缴税款申请退还权、延期纳税权、依法申请减免税权、申请复议和提起诉讼权等。其义务主要是按税法规定办理税务登记、进行纳税申报、接受税务检查、依法缴纳税款等。

（二）税收法律关系的产生、变更与消灭

税法是引起税收法律关系的前提条件，但税法本身并不能产生具体的税收法律关系。

税收法律关系的产生、变更和消灭必须有能够引起税收法律关系产生、变更或消灭的客观情况，也就是由税收法律事实来决定。税收法律事实可以分为税收法律事件和税收法律行为，税收法律事件是指不以税收法律关系权力主体的意志为转移的客观事件，例如，自然灾害可以导致税收减免，从而改变税收法律关系内容的变化。税收法律行为是指税收法律关系主体在正常意志支配下做出的活动，例如，纳税人开业经营即产生税收法律关系，纳税人转业或停业就造成税收法律关系的变更或消灭。

（三）税收法律关系的保护

税收法律关系是同国家利益及企业和个人的权益相联系的。保护税收法律关系，实质上就是保护国家正常的经济秩序，保障国家财政收入，维护纳税人的合法权益。税收法律关系的保护形式和方法有很多，税法中关于限期纳税、征收滞纳金和罚款的规定，《中华人民共和国刑法》（以下简称《刑法》）对构成逃税、抗税罪给予刑罚的规定，以及税法中对纳税人不服税务机关征税处理决定，可以申请复议或提出诉讼的规定等，都是对税收法律关系的直接保护。税收法律关系的保护对权利主体双方是平等的，不能只对一方保护，而对另一方不予保护。对其享有权利的保护，就是对其承担义务的制约。

五、税法的地位及与其他法律的关系

（一）税法是我国法律体系的重要组成部分

了解税法在整个国家法律中所处的地位，以及与其他法律之间的关系，能使我们更好地执行税法，有效地打击违反税法的犯罪行为。

税法属于国家法律体系中的重要部门法，它是调整国家与各个经济单位及公民个人分配关系的基本法律规范。法的调整对象是具有某一性质的社会关系，它是划分各法律部门的基本因素，也是一个法律部门区别于其他法律部门的基本标志和依据。税法以税收关系为自己的调整对象，这一社会关系的特定性把税法和其他法律部门划分开来了。因此税法主要以维护公共利益而非个人利益为目的，在性质上属于公法。不过与宪法、行政法、刑法等典型公法相比，税法仍具有一些私法的属性，如课税依据私法化、税收法律关系私法化、税法概念范畴私法化等。

税法是我国法律体系的重要组成部分。税法在我国法律体系中的地位是由税收在国家经济活动中的重要性决定的。第一，税收收入是政府取得财政收入的基本来源，而财政收入是维持国家机器正常运转的经济基础。第二，税收是国家宏观调控的重要手段。因为它是调整国家与企业和公民个人分配关系的最基本、最直接的方式。特别是在市场经济条件下，税收的上述两项作用表现得非常明显。现代国家大多奉行立宪征税、依法治税的原则，即政府的征税权由宪法授予，税收法律须经议会批准，税务机关履行职责必须依法办事，税务争讼要按法定程序解决。简而言之，国家的一切税收活动，均以法定方式表现出来。因此，税收在国家经济活动中的重要性决定了税法在法律体系中的重要地位。

（二）税法与其他法律的关系

涉及税收征纳关系的法律规范，除税法本身直接在税收实体法、税收程序法、税收争讼法、税收处罚法中规定外，在某种情况下也援引一些其他法律。

1. 税法与《宪法》的关系

《中华人民共和国宪法》（以下简称《宪法》）是我国的根本大法，它是制定所有法律、法规的依据和章程。税法是国家法律的组成部分，当然也是依据《宪法》的原则制定的。

《宪法》第五十六条规定，中华人民共和国公民有依照法律纳税的义务。这里一是明确了国家可以向公民征税，二是明确了向公民征税要有法律依据。因此，《宪法》的这条规定是立法机关制定税法并据以向公民征税以及公民必须依照税法纳税的最直接的法律依据。

《宪法》还规定，国家要保护公民的合法收入、财产所有权，保护公民的人身自由不受侵犯等。因此，在制定税法时，就要规定公民应享受的各项权利以及国家税务机关行使征税权的约束条件，同时要求税务机关在行使征税权时，不能侵犯公民的合法权益等。

《宪法》第三十三条规定，中华人民共和国公民在法律面前一律平等。即凡是中国公民都应在法律面前处于平等的地位。在制定税法时也应遵循这个原则，对所有的纳税人平等对待，不能因为纳税人的种族、性别、出身、年龄等不同而在税收上给予不平等的待遇。

2. 税法与民法的关系

民法是调整平等主体之间，也就是公民之间、法人之间、公民与法人之间财产关系和人身关系的法律规范，故民法调整方法的主要特点是平等、等价和有偿。而税法的本质是国家依据政治权力向公民进行课税，是调整国家与纳税人关系的法律规范，这种税收征纳关系不是商品的关系，明显带有国家意志和强制的特点，其调整方法要采用命令和服从的方法，这是由税法与民法的本质区别所决定的。

但两者之间又有联系，当税法的某些规范同民法的规范基本相同时，税法一般援引民法条款。在征税过程中，经常涉及大量的民事权利和义务问题。比如，印花税中有关经济合同关系的成立，房产税中有关房屋的产权认定等，而这些在民法中已予以规定，所以，税法就不再另行规定。

当涉及税收征纳关系的问题时，一般应以税法的规范为准则。比如，两个关联企业之间，一方以高进低出的价格与对方进行商业交易，然后再以其他方式从对方取得利益补偿，以达到避税的目的。虽然上述交易符合《中华人民共和国民法通则》中规定的“民事活动应遵循自愿、公平、等价有偿、诚实信用”的原则，但是违反了税法规定，应该按照税法的规定对这种交易做相应的调整。

3. 税法与《刑法》的关系

税法与《刑法》有本质区别。《刑法》是关于犯罪、刑事责任与刑罚的法律规范的总和。税法则是调整税收征纳关系的法律规范，其调整的范围不同。

两者也有着密切的联系，因为税法和《刑法》对于违反税法都规定了处罚条款。但应该指出的是，违反了税法，并不一定就是犯罪。例如，我国《刑法》第二百零一条[①]规定，纳税人采取伪造、变造、隐匿、擅自销毁账簿、记账凭证，在账簿上多列支出或者不列、少列收入，经税务机关通知申报而拒不申报或者进行虚假的纳税申报的手段，不缴或

① 从2009年2月28日起，“偷税”将不再作为一个刑法概念存在。第十一届全国人民代表大会常务委员会第七次会议表决通过了《刑法修正案（七）》，修订后的《刑法》对第二百零一条关于不履行纳税义务的定罪量刑标准和法律规定中的相关表述方式进行了修改。用“逃避缴纳税款”取代了“偷税”。但目前我国的《税收征收管理法》中还没有做出相应修改。

者少缴应纳税款，偷税数额占应纳税额的10%以上不满30%并且偷税数额在1万元以上不满10万元的，或者因偷税被税务机关给予二次行政处罚又偷税的，处3年以下有期徒刑或者拘役。而《中华人民共和国税收征收管理法》（以下简称《税收征收管理法》）第六十三条规定，纳税人采取伪造、变造、隐匿、擅自销毁账簿、记账凭证，或者在账簿上多列支出或者不列、少列收入，或者经税务机关通知申报而拒不申报或者进行虚假的纳税申报，不缴或者少缴应纳税款的，是偷税。对纳税人偷税的，由税务机关追缴其不缴或少缴的税款、滞纳金，并处不缴或者少缴的税款50%以上5倍以下的罚款；构成犯罪的，依法追究刑事责任。从上面的规定可以看出，两者之间的区别就在于情节是否严重，轻者给予行政处罚，重者则要承担刑事责任，给予刑事处罚。

4. 税法与行政法的关系

税法与行政法有着十分密切的联系，主要表现在税法具有行政法的一般特性。税收实体法和税收程序法中都有大量内容是对国家机关之间、国家机关与法人或自然人之间的法律关系的调整。而且税收法律关系中居于领导地位的一方总是国家，体现国家单方面意志，不需要征纳双方意思表示一致。另外税收法律关系中争议的解决一般按照行政复议程序和行政诉讼程序进行。

税法与行政法也有一定区别。与一般行政法所不同的是，税法具有经济分配的性质，并且经济利益由纳税人向国家无偿单方面转移，这是一般行政法所不具备的。社会再生产的几乎每一个环节都有税法的参与和调节，在广度和深度上是一般行政法所不能比的。另外行政法大多为授权性法规，所含的少数义务性规定也不像税法一样涉及货币收益的转移，而税法则是一种义务性法规。

第二节　税法原则

税法的原则反映税收活动的根本属性，是税收法律制度建立的基础。税法原则包括税法基本原则和税法适用原则。

一、税法基本原则

税法基本原则是统领所有税收规范的根本准则，为包括税收立法、执法、司法在内的一切税收活动所必须遵守。其中税收法定原则是税法基本原则的核心。

（一）税收法定原则

党的十八届三中全会审议通过的《中共中央关于全面深化改革若干重大问题的决定》中提出了“落实税收法定原则”。这是我国在党的文件中首次明确提出税法原则中最根本原则。

税收法定原则又称为税收法定主义，是指税法主体的权利义务必须由法律加以规定，税法的各类构成要素皆必须且只能由法律予以明确。税收法定主义贯穿税收立法和执法的全部领域，其内容包括税收要件法定原则和税务合法性原则。

税收要件法定主义是指有关纳税人、课税对象、课税标准等税收要件必须以法律形式做出规定，且有关课税要素的规定必须尽量明确。具体来说要求：

（1）国家对其开征的任何税种都必须由法律对其进行专门确定才能实施。

（2）国家对任何税种征税要素的变动都应该按相关法律的规定进行。

（3）征税的各个要素不仅应当由法律作出专门的规定，这种规定还应当尽量明确。如果规定的不明确则定会产生漏洞或者歧义，在税收的立法过程中对税收的各要素加以规定之后还应当采用恰当的用语，使之明确化，尽量避免使用模糊性的文字。

税务合法性原则是指税务机关按法定程序依法征税，不得随意减征、停征或免征，无法律依据不征税。

（1）要求立法者在立法的过程中要对各个税种征收的法定程序加以明确规定，既可以使纳税得以程序化、提高工作效率、节约社会成本，又尊重并保护了税收债务人的程序性权利，促使其提高纳税的意识。

（2）要求征税机关及其工作人员在征税过程中，必须按照税收程序法的税收实体法律的规定来行使自己的职权，履行自己的职责，充分尊重纳税人的各项权利。

（二）税法公平原则

一般认为税收公平原则包括税收横向公平和纵向公平，即税收负担必须根据纳税人的负担能力分配，负担能力相等，税负相同；负担能力不等，税负不同。税收公平原则源于法律上的平等性原则，所以许多国家的税法在贯彻税收公平原则时，都特别强调“禁止不平等对待”的法理，禁止对特定纳税人给予歧视性对待，也禁止在没有正当理由的情况下对特定纳税人给予特别优惠。

（三）税收效率原则

税收效率原则，一是指经济效率，二是指行政效率。前者要求税法的制定要有利于资源的有效配置和经济体制的有效运行，后者要求提高税收行政效率。

（四）实质课税原则

实质课税原则是指应根据客观事实确定是否符合课税要件，并根据纳税人的真实负担能力决定纳税人的税负，而不能仅考虑相关外观和形式。

二、税法适用原则

税法适用原则是指税务行政机关和司法机关运用税收法律规范解决具体问题所必须遵循的准则。税法适用原则并不违背税法基本原则，而且在一定程度上体现着税法基本原则。但是与其相比，税法适用原则含有更多的法律技术性准则，更为具体化。

（一）法律优位原则

其基本含义为法律的效力高于行政立法的效力。法律优位原则在税法中的作用主要体现在处理不同等级税法的关系上。法律优位原则明确了税收法律的效力高于税收行政法规的效力，对此还可以进一步推论为税收行政法规的效力优于税收行政规章的效力。效力低的税法与效力高的税法发生冲突，效力低的税法即是无效的。

（二）法律不溯及既往原则

法律不溯及既往原则是绝大多数国家所遵循的法律程序技术原则。其基本含义为：一部新法实施后，对新法实施之前人们的行为不得适用新法，而只能沿用旧法。在税法领域内坚持这一原则，目的在于维护税法的稳定性和可预测性，使纳税人能在知道纳税结果的前提下做出相应的经济决策，税收的调节作用才会较为有效。

（三）新法优于旧法原则

新法优于旧法原则也称后法优于先法原则，其含义为：新法、旧法对同一事项有不同规定时，新法的效力优于旧法。其作用在于避免因法律修订带来新法、旧法对同一事项有不同的规定而给法律适用带来的混乱，为法律的更新与完善提供法律适用上的保障。新法优于旧法原则在税法中普遍适用，但是当新税法与旧税法处于普通法与特别法的关系时，以及某些程序性税法引用“实体从旧，程序从新原则”时，可以例外。

（四）特别法优于普通法的原则

其含义为对同一事项两部法律分别订有一般和特别规定时，特别规定的效力高于一般规定的效力。特别法优于普通法原则打破了税法效力等级的限制，即居于特别法地位级别较低的税法，其效力可以高于作为普通法的级别较高的税法。

（五）实体从旧、程序从新原则

这一原则的含义包括两个方面，一是实体税法不具备溯及力，二是程序性税法在特定条件下具备一定的溯及力。即对于一项新税法公布实施之前发生的纳税义务在新税法公布实施之后进入税款征收程序的原则上新税法具有约束力。

（六）程序优于实体原则

程序优于实体原则是关于税收争讼法的原则，其基本含义为在诉讼发生时税收程序法优于税收实体法适用。适用这一原则，是为了确保国家课税权的实现，不因争议的发生而影响税款的及时、足额入库。

第三节　税法要素

税法的构成要素是指各种单行税法具有的共同的基本要素的总称。首先，税法构成要素既包括实体性的，也包括程序性的；其次，税法构成要素是所有完善的单行税法都共同具备的，仅为某一税法所单独具有而非普遍性的内容，不构成税法要素，如扣缴义务人。税法的构成要素一般包括总则、纳税义务人、征税对象、税目、税率、纳税环节、纳税期限、纳税地点、减税免税、罚则、附则等项目。

一、总则

总则主要包括立法依据、立法目的、适用原则等。例如，《中华人民共和国耕地占用税暂行条例》规定：“为了合理利用土地资源，加强土地管理，保护农用耕地，特制定本条例。”此条突出了该条例制定的目的，即“立法目的”。

二、纳税义务人

纳税义务人（以下简称“纳税人”）又叫纳税主体，是税法规定的直接负有纳税义务的单位和个人。任何一个税种首先要解决的就是国家对谁征税的问题。

纳税人有两种基本形式：自然人和法人。自然人和法人是两个相对称的法律概念。自然人是基于自然规律而出生的，有民事权利和义务的主体，包括本国公民，也包括外国人和无国籍人。法人是自然人的对称，是基于法律规定享有权利能力和行为能力，具有独立的财产和经费，依法独立承担民事责任的社会组织。我国的法人主要有四种：机关法人、事业法人、企业法人和社团法人。

税法中规定的纳税人有自然人和法人两种最基本的形式，按照不同的目的和标准，还可以对自然人和法人进行多种详细的分类，这些分类对国家制定区别对待的税收政策，发挥税收的经济调节作用，具有重要的意义。如自然人可划分为居民纳税人和非居民纳税人，个体经营者和其他个人等；法人可划分为居民企业和非居民企业，还可按企业的不同所有制性质来进行分类等。

与纳税人紧密联系的两个概念是代扣代缴义务人和代收代缴义务人。前者是指虽不承担纳税义务，但依照有关规定，在向纳税人支付收入、结算货款、收取费用时有义务代扣代缴其应纳税款的单位和个人。如出版社代扣作者稿酬所得的个人所得税等。如果代扣代缴义务人按规定履行了代扣代缴义务，税务机关将支付一定的手续费。反之，未按规定代扣代缴税款，造成应纳税款流失或将已扣缴的税款私自截留挪用、不按时缴入国库，一经税务机关发现，将要承担相应的法律责任。代收代缴义务人是指虽不承担纳税义务，但依照有关规定，在向纳税人收取商品或劳务收入时，有义务代收代缴其应纳税款的单位和个人。如消费税条例规定，委托加工的应税消费品，由受托方在向委托方交货时代收代缴委托方应该缴纳的消费税。

三、征税对象

征税对象又叫课税对象、征税客体，指税法规定对什么征税，是征纳税双方权利义务共同指向的客体或标的物，是区别一种税与另一种税的重要标志。如消费税的征税对象是《中华人民共和国消费税暂行条例》所列举的应税消费品，房产税的征税对象是房屋等。征税对象是税法最基本的要素，因为它体现着征税的最基本界限，决定着某一种税的基本征税范围，同时，征税对象也决定了各个不同税种的名称。如消费税、土地增值税、个人所得税等，这些税种因征税对象不同、性质不同，税种的名称也就不同。征税对象按其性质的不同，通常可划分为流转额、所得额、财产、资源、特定行为等五大类，通常也因此将税收分为相应的五大类即流转税或称商品和劳务税、所得税、财产税、资源税、特定行为税。

与课税对象相关的两个基本概念：税目和税基。税目本身也是一个重要的税法要素，下面将单独讨论。税基又叫计税依据，是据以计算征税对象应纳税款的直接数量依据，它解决对征税对象课税的计算问题，是对课税对象的量的规定。如企业所得税应纳税额的基本计算方法是应纳税所得额乘以适用税率，其中，应纳税所得额是据以计算所得税应纳税额的数量基础，为所得税的税基。计税依据按照计量单位的性质划分，有两种基本形态：价值形态和物理形态。价值形态包括应纳税所得额、销售收入、营业收入等，物理形态包括面积、体积、容积、重量等。以价值形态作为税基，又称为从价计征，即按征税对象的货币价值计算，如生产销售化妆品应纳消费税税额是由化妆品的销售收入乘以适用税率计算产生，其税基为销售收入，属于从价计征的方法。另一种是从量计征，即直接按征税对象的自然单位计算，如城镇土地使用税应纳税额是由占用土地面积乘以每单位面积应纳税额计算产生，其税基为占用土地的面积，属于从量计征的方法。

四、税目

税目是在税法中对征税对象分类规定的具体的征税项目，反映具体的征税范围，是对

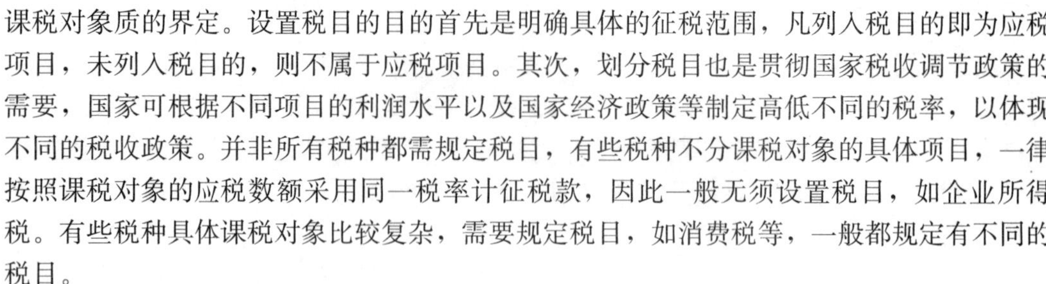
课税对象质的界定。设置税目的目的首先是明确具体的征税范围，凡列入税目的即为应税项目，未列入税目的，则不属于应税项目。其次，划分税目也是贯彻国家税收调节政策的需要，国家可根据不同项目的利润水平以及国家经济政策等制定高低不同的税率，以体现不同的税收政策。并非所有税种都需规定税目，有些税种不分课税对象的具体项目，一律按照课税对象的应税数额采用同一税率计征税款，因此一般无须设置税目，如企业所得税。有些税种具体课税对象比较复杂，需要规定税目，如消费税等，一般都规定有不同的税目。

五、税率

税率是对征税对象的征收比例或征收额度。税率是计算税额的尺度，也是衡量税负轻重与否的重要标志。我国现行的税率主要有以下几种。

（一）比例税率

比例税率，即对同一征税对象，不分数额大小，规定相同的征收比例。我国的增值税、城市维护建设税、企业所得税等采用的是比例税率。比例税率在适用中又可分为三种具体形式：

（1）单一比例税率，是指对同一征税对象的所有纳税人都适用同一比例税率。

（2）差别比例税率，是指对同一征税对象的不同纳税人适用不同的比例征税。我国现行税法又分别按产品、行业和地区的不同将差别比例税率划分为以下三种类型：一是产品差别比例税率，即对不同产品分别适用不同的比例税率，同一产品采用同一比例税率，如消费税、关税等；二是行业差别比例税率，即对不同行业分别适用不同的比例税率，同一行业采用同一比例税率，如增值税中对不同应税服务业采取了不同的税率等；三是地区差别比例税率，即区分不同的地区分别适用不同的比例税率，同一地区采用同一比例税率，如我国城市维护建设税等。

（3）幅度比例税率，是指对同一征税对象，税法只规定最低税率和最高税率，各地区在该幅度内确定具体的适用税率。

比例税率具有计算简单、税负透明度高、有利于保证财政收入、有利于纳税人公平竞争、不妨碍商品流转额或非商品营业额扩大等优点，符合税收效率原则。但比例税率不能针对不同的收入水平实施不同的税收负担，在调节纳税人的收入水平方面难以体现税收的公平原则。

（二）超额累进税率

为解释超额累进税率，在此先说明累进税率和全额累进税率。累进税率是指随着征税对象数量增大而提高的税率，即按征税对象数额的大小划分为若干等级，不同等级的课税数额分别适用不同的税率，课税数额越大，适用税率越高。累进税率一般在所得税课税中使用，可以充分体现对纳税人收入多的多征、收入少的少征、无收入的不征的税收原则，从而有效地调节纳税人的收入，正确处理税收负担的纵向公平问题。全额累进税率，是把征税对象的数额划分为若干等级，对每个等级分别规定相应税率，当税基超过某个级距时，课税对象的全部数额都按提高后的级距的相应税率征税（见表 1-1）。

表 1-1　　某三级全额累进税率表

级数	全月应纳税所得额	税率（%）
1	5 000 元以下	10
2	5 000～20 000 元（含）	20
3	20 000 元（含）以上	30

运用全额累进税率的关键是查找每一纳税人应税收入在税率表中所属的级次，找到了收入级次，与其对应的税率便是该纳税人所适用的税率，全部税基乘以适用税率即可计算出应缴税额。例如，某纳税人某月应纳税所得额为 6 000 元，按表 1-1 所列税率，适用第二级次，其应纳税额为 6 000×20%=1 200（元）。

全额累进税率计算方法简便，但税收负担不合理，特别是在划分级距的临界点附近，税负呈跳跃式递增，甚至会出现税额增加超过课税对象数额增加的不合理现象，不利于鼓励纳税人增加收入。

超额累进税率是指把征税对象按数额的大小分成若干等级，每一等级规定一个税率，税率依次提高，但每一纳税人的征税对象则依所属等级同时适用几个税率分别计算，将计算结果相加后得出应纳税款。表 1-2 为一个三级超额累进税率表。

表 1-2　　某三级超额累进税率表

级数	全月应纳税所得额	税率（%）	速算扣除数
1	5 000 元以下	10	0
2	5 000～20 000 元（含）	20	500
3	20 000 元（含）以上	30	2 500

如某人某月应纳税所得额为 6 000 元，用表 1-2 所列税率，其应纳税额可以分步计算：

第一级的 5 000 元适用 10%的税率，应纳税额为 5 000×10%=500（元）。

第二级的 1 000（6 000－5 000）元适用 20%的税率，应纳税额为 1 000×20%=200（元）。

某人该月应纳税额=5 000×10%+1 000×20%=700（元）。

目前，我国采用这种税率的税种主要是个人所得税。

在级数较多的情况下，分级计算再相加的方法比较烦琐。为了简化计算，也可采用速算法。速算法的原理是，基于全额累进计算的方法比较简单，可将超额累进计算的方法转化为全额累进计算的方法。对于同样的课税对象数量，按全额累进方法计算出的税额比按超额累进方法计算出的税额多，即有重复计算的部分，这个多征的常数叫速算扣除数。用公式表示为：

速算扣除数=按全额累进方法计算的税额－按超额累进方法计算的税额

公式移项得：

按超额方法计算的应纳税额=按全额累进方法计算的税额－速算扣除数

如某人某月应纳税所得额为 6 000 元，若直接用 6 000 元乘以所对应级次的税率

20%，则对于第一级次的 5 000 元应纳税所得额就出现了 5 000×（20%－10%）的重复计算的部分。因为这 5 000 元仅适用 10%的税率，而现在全部用了 20%的税率来计算，故多算了 10%，这就是应该扣除的速算扣除数。如果用简化的计算，则应纳所得税＝6 000×20%－500＝700（元）。

（三）定额税率

定额税率，即按征税对象确定的计算单位，直接规定一个固定的税额。目前采用定额税率的有资源税、城镇土地使用税、车船税等。

（四）超率累进税率

超率累进税率，即以征税对象数额的相对率划分若干级距，分别规定相应的差别税率，相对率每超过一个级距的，对超过的部分就按高一级的税率计算征税。目前我国税收体系中采用这种税率的是土地增值税。

六、纳税环节

纳税环节，主要指税法规定的征税对象在从生产到消费的流转过程中应当缴纳税款的环节。如流转税在生产和流通环节纳税、所得税在分配环节纳税等。纳税环节有广义和狭义之分。广义的纳税环节指全部课税对象在再生产中的分布情况。如资源税分布在资源生产环节，商品税分布在生产或流通环节，所得税分布在分配环节等。狭义的纳税环节特指应税商品在流转过程中应纳税的环节。商品从生产到消费要经历诸多流转环节，各环节都存在销售额，都可能成为纳税环节。但考虑到税收对经济的影响、财政收入的需要以及税收征管的能力等因素，国家常常对在商品流转过程中所征税种规定不同的纳税环节。按照某种税征税环节的多少，可以将税种划分为一次课征制或多次课征制。

合理选择纳税环节，对加强税收征管，有效控制税源，保证国家财政收入的及时、稳定、可靠，方便纳税人生产经营活动和财务核算，灵活机动地发挥税收调节经济的作用，具有十分重要的理论和实践意义。

七、纳税期限

纳税期限是指税法规定的关于税款缴纳时间方面的限定。税法关于纳税期限的规定，有三个概念。

（一）纳税义务发生时间

纳税义务发生时间，是指应税行为发生的时间。如采取预收货款方式销售货物的纳税人，其增值税纳税义务发生时间为货物发出的当天。

（二）纳税期限

纳税人每次发生纳税义务后，不可能马上去缴纳税款。税法规定了每种税的纳税期限，即每隔固定时间汇总一次纳税义务的时间。如增值税的具体纳税期限分别为 1 日、3 日、5 日、10 日、15 日、1 个月或者 1 个季度。纳税人的具体纳税期限，由主管税务机关根据纳税人应纳税额的大小分别核定；不能按照固定期限纳税的，可以按次纳税。

（三）缴库期限

缴库期限即税法规定的纳税期满后，纳税人将应纳税款缴入国库的期限。如增值税纳税人以 1 个月或者 1 个季度为 1 个纳税期的，自期满之日起 15 日内申报纳税；以 1 日、3

日、5日、10日或者15日为1个纳税期的，自期满之日起5日内预缴税款，于次月1日起15日内申报纳税并结清上月应纳税款。

八、纳税地点

纳税地点，主要是指根据各个税种纳税对象的纳税环节和有利于对税款的源泉控制而规定的纳税人（包括代征、代扣、代缴义务人）的具体纳税地点。

九、减税免税

减税免税，主要是对某些纳税人和征税对象采取减少征税或者免予征税的特殊规定。

十、罚则

罚则，主要是指对纳税人违反税法的行为采取的处罚措施。

十一、附则

附则一般都规定与该法紧密相关的内容，比如该法的解释权、生效时间等。

第四节　我国现行税法体系

一、税法体系概述

税法内容十分丰富，涉及范围也极为广泛，各单行税收法律法规结合起来，形成了完整配套的税法体系，共同规范和制约税收分配的全过程，是实现依法治税的前提和保证。从法律角度来讲，一个国家在一定时期内、一定体制下以法定形式规定的各种税收法律、法规的总和，被称为税法体系。但从税收工作的角度来讲，所谓税法体系往往被称为税收制度，即一个国家的税收制度是指在既定的管理体制下设置的税种以及与这些税种的征收、管理有关的，具有法律效力的各级成文法律、行政法规、部门规章等的总和。换句话说，税法体系就是通常所说的税收制度（以下简称“税制”）。

一个国家的税收制度，可按照构成方法和形式分为简单型税制及复合型税制。结构简单的税制主要是指税种单一、结构简单的税收制度；而结构复杂的税制主要是指由多个税种构成的税收制度。

在现代社会中，世界各国一般都采用多种税并存的复税制税收制度。一个国家为了有效取得财政收入或调节社会经济活动，必须设置一定数量的税种，并规定每种税的征收和缴纳办法，包括对什么征税、向谁征税、征多少税以及何时纳税、何地纳税、按什么手续纳税、不纳税如何处理等。

因此，税收制度的内容主要有三个层次：一是不同的要素构成税种，构成税种的要素主要包括：纳税人、征税对象、税目、税率、纳税环节、纳税期限、减税免税等。二是不同的税种构成税收制度。构成税收制度的具体税种，国与国之间差异较大，但一般都包括所得税（直接税），如企业（法人）所得税、个人所得税，也包括商品和劳务税（间接税），如增值税、消费税，及其他一些税种，如财产税（房产税、车船税）等。三是规范税款征收程序的法律法规，如《税收征收管理法》等。

税种的设置及每种税的征税办法，一般是以法律形式确定的，这些法律就是税法。一个国家的税法一般包括税法通则、各税税法（条例）、实施细则、具体规定四个层次。其中，“税法通则”规定一个国家的税种设置和每个税种的立法精神；各个税种的“税法（条例）”分别规定每种税的征税办法；“实施细则”是对各税税法（条例）的详细说明和解释；“具体规定”则是根据不同地区、不同时期的具体情况制定的补充性法规。目前，世界上只有少数国家单独制定税法通则，大多数国家都把税法通则的有关内容包含在各税税法（条例）之中，我国的税法就属于这种情况。

二、税法的分类

税法体系中各税法按立法目的、征税对象、权限划分、适用范围、职能作用的不同，可分为不同类型。

（一）按照基本内容和效力分类

按照税法的基本内容和效力的不同，可分为税收基本法和税收普通法。

税收基本法也称税收通则，是税法体系的主体和核心，在税法体系中起着税收母法的作用。其基本内容包括税收制度的性质、税务管理机构、税收立法与管理权限、纳税人的基本权利与义务、征税机关的权利和义务、税种设置等。我国目前还没有制定统一的税收基本法，随着我国税收法制建设的发展和完善，将研究制定税收基本法。税收普通法是根据税收基本法的原则，对税收基本法规定的事项分别立法实施的法律，如《个人所得税法》《税收征收管理法》等。

（二）按照职能作用分类

按照税法的职能作用的不同，可分为税收实体法和税收程序法。

税收实体法主要是指确定税种立法，具体规定各税种的征收对象、征收范围、税目、税率、纳税地点等。例如，《企业所得税法》《个人所得税法》就属于税收实体法。税收程序法是指税务管理方面的法律，主要包括税收管理法、纳税程序法、发票管理法、税务机关组织法、税务争议处理法等。《税收征收管理法》就属于税收程序法。

（三）按照征收对象分类

按照税法征收对象的不同，可分为五种类型的税法。

1. 商品（货物）和劳务税税法

主要包括增值税、消费税、关税等税法。这类税法的特点是与商品生产、流通、消费有着密切联系。对什么商品征税、税率多高，对商品经济活动都有直接的影响，易于发挥对经济的宏观调控作用。

2. 所得税税法

主要包括企业所得税、个人所得税等税法。其特点是可以直接调节纳税人收入，发挥其公平税负、调整分配关系的作用。

3. 财产和行为税税法

主要是对财产的价值或某种行为课税。包括房产税、车船税、印花税等税法。

4. 资源税税法

主要是为保护和合理使用国家自然资源而课征的税。我国现行的资源税、城镇土地使用税等税种均属于资源课税的范畴。

5. 特定目的税税法

特定目的的税法包括城建税、烟叶税法等，其目的是对某些特定对象和特定行为发挥特定调节作用。

（四）按照主权国家行使税收管辖权分类

按照主权国家行使税收管辖权的不同，可分为国内税法、国际税法、外国税法等。

国内税法一般是按照属人或属地原则，规定一个国家的内部税收制度。国际税法是指国家间形成的税收制度，主要包括双边或多边国家间的税收协定、条约和国际惯例等，一般而言，其效力高于国内税法。外国税法是指外国各个国家制定的税收制度。

（五）按照税收收入归属和征管管辖权限分类

按照税收收入归属和征管管辖权限不同，可分为中央税、地方税、中央与地方共享税。

1. 中央税

中央税即属于中央固定财政收入，由中央集中管理和使用的税种。具体来讲，中央税包括下列税种：关税，消费税，海关代征的进口环节消费税和增值税，中央企业所得税，地方银行和外资银行及非银行金融企业所得税，铁道部门、各银行总行、各保险总公司等集中缴纳的收入（包括所得税和城市维护建设税），车辆购置税。这类税税源集中、征税范围广泛、收入稳定、便于管理。

2. 地方税

地方税即属于地方固定财政收入，由地方管理和使用的税种。具体来讲，地方税包括下列税种：城镇土地使用税、房产税、契税、车船税、耕地占用税、土地增值税。这类税税源分散，并与地方经济利益密切联系。

3. 中央与地方共享税

中央与地方共享税即属于中央政府和地方政府财政的共同收入，由中央、地方政府按一定的比例分享税收收入，目前由国家税务局负责征收管理的税种。具体来说，中央地方共享税包括下列税种：增值税、资源税、城市维护建设税、企业所得税等。根据国务院2016年5月1日发布的《全面推开营改增试点后调整中央与地方增值税收入划分过渡方案》规定，增值税中央分享50%，地方分享50%。资源税按不同的资源品种划分，海洋石油资源税作为中央收入，其余资源税作为地方收入。城市维护建设税中铁道部门、各银行总行、各保险总公司集中缴纳的部分归中央，其余归地方。对于企业所得税，中国铁路总公司、各银行总行及海洋石油企业缴纳的部分作为中央收入，其余部分中央分享60%，地方分享40%。这类税直接关系着中央与地方的共同利益。

（六）按计税依据分类

按照计税依据不同，可分为从价税、从量税和复合税。

1. 从价税

从价税是以征税对象价格为计税依据，按一定比例征收的一种税。从价税实行比例税率和累进税率，其应纳税额随商品价格的变化而变化，能充分体现合理负担的税收政策，因而大部分税种均采用这一计税方法。如我国现行的增值税、房产税、所得税等税种。其计算公式为：

应纳税额＝征税对象的价格×比例税率

2. 从量税

从量税是以征税对象的数量、重量、体积等作为计税依据，按固定税额征收的一种税。从量税一般采用定额税率，其征税数额与征税对象的数量相关而与价格无关。如我国现行的资源税、车船税、土地使用税以及消费税中的啤酒、黄酒、汽油、柴油等。其计算公式为：

应纳税额＝征税对象的重量、件数、容积、面积×单位税额

3. 复合税

复合税是对某一货物或物品既征收从价税，又征收从量税，即采用从价税和从量税同时征收的一种方法。如我国现行的消费税中的卷烟（甲类卷烟和乙类卷烟）、白酒。

应纳税额＝从价税额＋从量税额

（七）按税收负担能否转嫁分类

按税收负担能否转嫁，可分为直接税和间接税。

1. 直接税

直接税，是指纳税人不能或不便于把税收负担转嫁给别人，因而纳税人，不仅在表面上有纳税义务，而且实际上也是税收承担者，即纳税人与负税人一致的税种。目前，各种所得税、财产税等税种为直接税。

2. 间接税

间接税，是指纳税义务人不是税收的实际负担人，纳税义务人能够用提高价格或提高收费标准等方法把税收负担转嫁给别人的税种，即纳税人与负税人不一致的税种。属于间接税税收的纳税人，虽然表面上负有纳税义务，但是实际上已将自己的税款附加或合并于商品价格或劳务收费标准，由消费者负担或用其他方式转嫁给别人。目前，增值税、消费税等税种为间接税。

（八）按税收与价格的关系分类

按税收与价格的关系不同，可分为价内税和价外税。

1. 价内税

价内税是指税金包含在价格之中，作为价格组成部分的税种，我国现行的消费税属于价内税。价内税的计税依据是含税价格，它等于成本＋利润＋税金，其计算公式为：

税款＝销售款(含税款)×税率＝含税价格×税率

2. 价外税

价外税是指税款独立于征税对象的价格之外的税，我国现行的增值税就是价外税。销售方取得的货款包括销售款和税款两部分，其计算公式为：

税款＝销售款÷(1＋税率)×税率＝不含税价格×税率

以上对于税种的分类不具有法定性，但将各具体税种按一定方法分类，在税收理论研究和税制建设方面用途相当广泛，作用非常之大。例如，流转税也称间接税是由于这些税种都是按照商品和劳务收入计算征收的，而这些税种虽然是由纳税人负责缴纳，但最终是由商品和劳务的购买者即消费者负担的，所以称为间接税；而所得税类税种的纳税人本身就是负税人，一般不存在税负转移或转嫁问题，所以称为直接税。

三、我国现行税法体系

国家税收制度的确立，要根据本国的具体政治经济条件。所以，各国的政治经济条件

不同，税收制度也不尽相同。就一个国家而言，在不同时期，由于政治经济条件和政治经济目标不同，税收制度也有着或大或小的差异。我国的现行税制就其实体法而言，是1949年新中国成立后经过几次较大的改革逐步演变而来的。

关税由海关负责征收管理，其他税种由税务机关负责征收管理。耕地占用税和契税，1996年以前由财政机关的农税部门征收管理，1996年财政部农税管理机构划归国家税务总局领导，部分省市机构相应划转，这些税种就改由税务部门负责征收，部分省市仍由财政机关负责征收。

除企业所得税、个人所得税、车船税是以国家法律的形式发布实施外，其他各税种都是经全国人民代表大会授权立法，由国务院以暂行条例的形式发布实施的。这些税收法律、法规组成了我国的税收实体法体系。

除税收实体法外，我国对税收征收管理适用的法律制度，是按照税收管理机关的不同而分别规定的：

（1）由税务机关负责征收的税种的征收管理，按照全国人民代表大会常务委员会发布实施的《税收征收管理法》执行。

（2）由海关机关负责征收的税种的征收管理，按照《中华人民共和国海关法》及《中华人民共和国进出口关税条例》等有关规定执行。

上述税收实体法和税收征收管理的程序法的法律制度构成了我国现行税法体系。

四、我国税收制度的沿革

自中华人民共和国成立以来，随着国家政治、经济形势的发展，税收制度的建立与发展经历了一个曲折的过程。从总体上来看，我国税制改革的发展大致上经历了三个历史时期：第一个时期是从1949年新中国成立到1957年，即国民经济恢复和社会主义改造时期，这是新中国税制建立和巩固的时期。第二个时期是从1958年到1978年底党的第十一届中央委员会第三次全体会议召开之前，这是我国税制曲折发展的时期。第三个时期是1978年党的十一届三中全会召开之后的新时期，是我国税制建设得到全面加强、税制改革不断前进的时期。

在上述三个时期内，我国的税收制度先后进行了五次重大的改革。第一次是新中国成立之初的1950年，在总结老解放区税制建设的经验和全面清理旧中国税收制度的基础上建立了中华人民共和国的新税制。第二次是1958年税制改革，其主要内容是简化税制，以适应社会主义改造基本完成、经济管理体制改革之后的形势的要求。第三次是1973年税制改革，其主要内容仍然是简化税制，这是“文化大革命”的产物。第四次是1984年税制改革，其主要内容是普遍实行国营企业“利改税”和全面改革工商税收制度，以适应发展有计划社会主义商品经济的要求。第五次是1994年税制改革，其主要内容是全面改革工商税收制度，以适应建立社会主义市场经济体制的要求。我国现行税法体系基本上是在1994年税制改革时期形成的。

1992年9月召开的党的“十四大”提出了建立社会主义市场经济体制的战略目标，其中包括税制改革的任务。1993年6月，中共中央、国务院做出了关于加强宏观调控的一系列重要决策，其中的重要措施之一就是要加快税制改革。同年11月，党的十四届三中全会通过了《关于建立社会主义市场经济体制若干问题的决定》，明确提出了税制改革的基本原则和主要内容。

建立社会主义市场经济体制战略目标的提出，为我国的经济改革与发展指明了方向，也为我国的税制改革带来了许多新情况、新问题，同时为全面推行税制改革提供了一次极好的机遇。从市场机制的角度来看，要求统一税法、简化税制、公平税负、促进竞争。从国家经济管理的角度来看，国家要运用税收等手段加强宏观调控、体现产业政策、调整经济结构、优化资源配置、调节收入分配、保证财政收入，并配合其他改革的推行。

为此，在中共中央、国务院的直接领导下，从 1992 年起，财税部门就开始加快税制改革的准备工作，1993 年更是抓住机遇，迅速制定了全面改革工商税制的总体方案和各项具体措施，并完成了有关法律、法规的必要程序，于 1993 年底之前陆续公布，从 1994 年起在全国实施。这是我国改革开放以后第二次、新中国成立以后第五次大规模的税制改革。

1994 年税制改革的主要内容是：第一，全面改革了流转税制，实行了以比较规范的增值税为主体，消费税、营业税并行，内外统一的流转税制。第二，改革了企业所得税制，将过去对国营企业、集体企业和私营企业分别征收的多种所得税合并为统一的企业所得税。第三，改革了个人所得税制，将过去对外国人征收的个人所得税、对中国人征收的个人收入调节税和个体工商业户所得税合并为统一的个人所得税。第四，对资源税、特别目的税、财产税、行为税做了大幅度的调整，如扩大了资源税的征收范围，开征了土地增值税，取消了盐税、奖金税、集市交易税等 7 个税种，并将屠宰税、筵席税的管理权下放到省级地方政府，新设了遗产税和证券交易税（但是一直没有立法开征）。

经过 1994 年税制改革和多年来的逐步完善，我国已经初步建立了适应社会主义市场经济体制需要的税收制度，对于保证财政收入、加强宏观调控、深化改革、扩大开放、促进经济与社会的发展，起到了重要的作用。

2003 年，党的十六届三中全会通过了《中共中央完善社会主义市场经济体制若干问题的决定》（以下简称《决定》），明确了要分步实施税收制度改革。《决定》确定了八个方面的改革内容：改革出口退税制度；统一各类企业税收制度；增值税由生产型改为消费型；完善消费税，适当扩大税基；改进个人所得税；实施城镇建设税费改革；在统一税政前提下，赋予地方适当的税政管理权；创造条件逐步实现城乡税制统一。一般的看法认为，这标志着进入新世纪之后我国新一轮税制改革的开始。可以说 2003 年以来我国税制改革取得了突破性进展。

2005 年 10 月 27 日，第十届全国人民代表大会常务委员会第十八次会议再次审议《个人所得税法修正案草案》，会议表决通过全国人民代表大会常务委员会关于修改个人所得税法的决定，工资、薪金所得费用扣除标准从每月 800 元提高到每月 1 600 元，并规定自 2006 年 1 月 1 日起施行。

2006 年 4 月 1 日起，对我国消费税的税目、税率及相关政策进行调整。这次政策调整是 1994 年税制改革以来消费税最大规模的一次调整。新增了高尔夫球及球具、高档手表、游艇、木制一次性筷子、实木地板等税目，增列成品油税目，取消护肤护发品税目，还调整了白酒、小汽车、摩托车、汽车轮胎等税目的税负水平。

2007 年 3 月，第十届全国人民代表大会第五次会议审议通过了《中华人民共和国企业所得税法》，自 2008 年 1 月 1 日起施行，结束了我国长期以来执行《中华人民共和国企业所得税暂行条例》和《中华人民共和国外商投资企业和外国企业所得税法》两套内外有别的企业所得税税法的历史，内外资企业所得税实现了合并。

2007 年 12 月 29 日，第十届全国人民代表大会常务委员会第三十一次会议表决通过了关于修改个人所得税法的决定。个人所得税免征额自 2008 年 3 月 1 日起由 1 600 元提高到 2 000 元。

2008 年 11 月 10 日，国务院公布修订后的《中华人民共和国增值税暂行条例》《中华人民共和国消费税暂行条例》《中华人民共和国营业税暂行条例》。新修订的三个条例将于 2009 年 1 月 1 日起施行。这样，通过对原暂行条例的修订，我国增值税实现了由生产型向消费型转变的重大改革。同时为了能够同增值税条例有效衔接和适应经济社会发展形势的需要，对原消费税条例和营业税条例也进行了相应修订。

2009 年，经国务院批准，财政部、国家税务总局对烟产品消费税政策作了重大调整，除烟产品生产环节的消费税政策有了较大改变，调整了计税价格、提高了消费税税率外，卷烟批发环节还加征了一道从价税，税率为 5%，新政策从 2009 年 5 月 1 日起执行。

2011 年 6 月 30 日，第十一届全国人民代表大会常务委员会第二十一次会议表决通过了全国人民代表大会常务委员会关于修改个人所得税法的决定。个人所得税免征额将从 2 000元提高到 3 500 元，同时，将个人所得税第 1 级税率由 5%修改为 3%，9 级超额累进税率修改为 7 级，取消 15%和 40%两档税率，扩大 3%和 10%两个低档税率和 45%最高档税率的适用范围等。该决定自 2011 年 9 月 1 日起实施。

2012 年起，上海在其交通运输业以及第三产业服务业上率先试点了营业税改革增值税的举措，自此“营改增”正式进入人们的视野。“营改增”设置的最初目的是给纳税人带来减税实惠，缓解部分企业税负压力，但是在实际运行时，有部分企业进项不足抵扣销项，出现了税负不减反增的情况。而政府为这部分群体设置了专项财政补贴用款，用以弥补企业损失。而我国坚持推进“营改增”的决心未变，财政部认为“营改增”短期内可能在部分企业收效不明显，但长期来看仍然是一项能带来实际优惠的政策，因此 2012 年 8 月起，试点范围正式扩大到 10 个省、直辖市和计划单列市，内容上新增了广播影视作品的制作、发行、播放试点行业。截至 2013 年 8 月 1 日，“营改增”范围已推广到全国试行。2014 年 1 月 1 日，国务院将铁路运输和邮政服务业纳入营业税改征增值税试点，至此交通运输业已全部纳入“营改增”范围。2014 年 6 月 1 日，国务院将电信业纳入营业税改征增值税试点范围。2016 年 5 月 1 日，国务院决定将试点范围扩大到建筑业、房地产业、金融业、生活服务业，并将所有企业新增不动产所含增值税纳入抵扣范围。完成了全面“营改增”工作。同时，2016 年通过了环境保护税的立法。2017 年 7 月 1 日开始，简并了增值税率，取消了 13%的增值税税率。

2018 年 5 月 1 日起国家再次调整了增值税税率，纳税人发生增值税应税销售行为或者进口货物，原适用 17%和 11%税率的，税率分别调整为 16%和 10%；纳税人购进农产品，原适用 11%扣除率的，扣除率调整为 10%；原适用 17%税率且出口退税率为 17%的出口货物，出口退税率调整至 16%；原适用 11%税率且出口退税率为 11%的出口货物、跨境应税行为，出口退税率调整至 10%。

2018 年 6 月 19 日，《中华人民共和国个人所得税法修正案草案》提请第十三届全国人民代表大会常务委员会第三次会议审议，这是个人所得税法自 1980 年出台以来的第七次修正。个人所得税法迎来了一次根本性变革：工资薪金、劳务报酬、稿酬和特许权使用费等四项劳动性所得首次实行综合征税；个税起征点由每月 3 500 元提高至每月 5 000 元（每年 6 万元）；首次增加子女教育支出、继续教育支出、大病医疗支出、住房贷款利息、住房租金和赡养老人专项附加扣除；优化调整税率结构，扩大较低档税率级距。2018 年 8 月 29 日上午，全国人民代表大会常务委员会分组审议了该草案。新法于 2019 年 1 月 1 日起全面施行。

近年来，相关部门按照"简税制、宽税基、低税率、严征管"的原则，积极稳妥地推进税制改革，建立健全税收政策扶持体系，加强和改善税收宏观调控，加快税收法制建设步伐，充分发挥税收职能作用，促进了税收收入持续快速增长和经济社会的协调发展。

第五节　我国税收管理体制

一、税收管理体制的概念

税收管理体制是在各级国家机构之间划分税权的制度。税权的划分有纵向划分和横向划分的区别。纵向划分是指税权在中央与地方国家机构之间的划分；横向划分是指税权在同级立法、司法、行政等国家机构之间的划分。

我国的税收管理体制，是税收制度的重要组成部分，也是财政管理体制的重要内容。税收管理权限，包括税收立法权、税收法律法规的解释权、税种的开征或停征权、税目和税率的调整权、税收的加征和减免权等。如果按大类划分，可以简单地将税收管理权限划分为税收立法权和税收执法权两类。

二、税收立法权的划分

税收立法权是制定、修改、解释或废止税收法律、法规、规章和规范性文件的权力。它包括两方面的内容：一是什么机关有税收立法权；二是各级机关的税收立法权是如何划分的。

（一）税收立法权的划分

税收立法权的明确有利于保证国家税法的统一制定和贯彻执行，充分、准确地发挥各级有权机关管理税收的职能作用，防止各种越权自定章法、随意减免税收现象的发生。

税收立法权的划分可按以下不同的方式进行：

第一，可以按照税种类型的不同来划分，如按商品和劳务税类、所得税类、资源税类等来划分。有关特定税收领域的税收立法权通常全部给予特定一级的政府。

第二，可以根据任何税种的基本要素来划分。任何税种的结构都由几个要素构成：纳税人、征税对象、税基、税率、税目、纳税环节等。理论上，可以将税种的某一要素如税基和税率的立法权，授予某级政府。但在实践中，这种做法并不多见。

第三，可以根据税收执法的级次来划分。立法权可以给予某级政府，行政上的执行权给予另一级，这是一种传统的划分方法，适用于任何类型的立法权。根据这种模式，有关纳税主体、税基和税率的基本法规的立法权放在中央政府，更具体的税收实施规定的立法权给予较低级政府。因此，需要指定某级政府制定不同级次的法律。我国的税收立法权的划分就是属于此种类型。

（二）我国税收立法权划分的现状

第一，中央税、中央与地方共享税以及全国统一实行的地方税的立法权集中在中央，以保证中央政令统一，维护全国统一市场和企业平等竞争。

第二，依法赋予地方适当的地方税收立法权。我国地域辽阔，地区间经济发展水平很不平衡，经济资源包括税源都存在着较大差异，这种状况给全国统一制定税收法律带来一定的难度。因此，随着分税制改革的进行，有前提地、适当地给地方下放一些税收立法权，使地方可以实事求是地根据自己特有的税源开征新的税种，促进地方经济的发展。这样，既有利于地方因地制宜地发挥当地的经济优势，同时便于同国际税收惯例对接。

具体地说，我国税收立法权划分的层次是这样的：

（1）全国性税种的立法权，即包括全部中央税、中央与地方共享税和在全国范围内征收的地方税税法的制定、公布和税种的开征、停征权，属于全国人民代表大会（以下简称"全国人大"）及其常务委员会（以下简称"常委会"）。

（2）经全国人大及其常委会授权，全国性税种可先由国务院以"条例"或"暂行条例"的形式发布施行。经过一段时期后，再行修订并通过立法程序，由全国人大及其常委会正式立法。

（3）经全国人大及其常委会授权，国务院有制定税法实施细则、增减税目和调整税率的权力。

（4）经全国人大及其常委会的授权，国务院有税法的解释权；经国务院授权，国家税务主管部门（财政部和国家税务总局）有税收条例的解释权和制定税收条例实施细则的权力。

（5）省级人民代表大会及其常务委员会有根据本地区经济发展的具体情况和实际需要，在不违背国家统一税法，不影响中央的财政收入，不妨碍我国统一市场的前提下，开征全国性税种以外的地方税种的税收立法权。税法的公布，税种的开征、停征，由省级人民代表大会及其常务委员会统一规定，所立税法在公布实施前须报全国人大常委会备案。

（6）经省级人民代表大会及其常务委员会授权，省级人民政府有本地区地方税法的解释权和制定税法实施细则，调整税目、税率的权力，也可在上述规定的前提下，制定一些税收征收办法，还可以在全国性地方税条例规定的幅度内，确定本地区适用的税率或税额。上述权力除税法解释权外，在行使后和发布实施前须报国务院备案。

地区性地方税收的立法权应只限于省级立法机关或经省级立法机关授权同级政府，不能层层下放。所立税法可在全省（自治区、直辖市）范围内执行，也可只在部分地区执行。

关于我国现行税收立法权的划分问题，迄今为止，尚无一部法律对之加以完整规定，只是散见于若干财政和税收法律、法规中，尚有待于税收基本法做出统一规定。

三、税收执法权的划分

税收执法权和行政管理权是国家赋予税务机关的基本权力，是税务机关实施税收管理和系统内部行政管理的法律手段。其中税收执法权是指税收机关依法征收税款，依法进行税收管理活动的权力，具体包括：税款征收管理权、税务检查权、税务稽查权、税务行政复议裁决权及其他税务执法权。

（一）税款征收管理权

1. 税务机构设置

1994 年我国开始实行分税制财政管理体制，相应地税收管理机构进行相应配套改革。中央政府设立国家税务总局，是国务院主管税收工作的直属机构。省及省以下税务机构分设为国家税务局和地方税务局两个系统。

国家税务局系统实行国家税务总局垂直管理的领导体制，在机构、编制、经费、领导干部职务的审批等方面按照下管一级的原则，实行垂直管理。地方税务局系统的管理体制、机构设置、人员编制按地方人民政府组织法的规定办理。省（自治区、直辖市）地方税务局实行省（自治区、直辖市）人民政府和国家税务总局双重领导，以地方政府领导为主的管理体制。

分设国、地税，会存在执法不够统一、办税不够便利等问题。因此，从 1994 年分税制以来，建议“国地税合并”的声音一直存在。

2018 年 3 月 13 日，国务院机构改革方案提请第十三届全国人民代表大会第一次会议审议，改革国税地税征管体制。随后，中共中央印发的《深化党和国家机构改革方案》提出，将省级和省级以下国税地税机构合并，具体承担所辖区域内各项税收、非税收入征管等职责。

税务机关征收的非税收入包括行政事业性收费收入、政府性基金收入、罚没收入、国有资源（资产）有偿使用收入、国有资本收益、彩票公益金收入、特许经营收入、中央银行收入、以政府名义接受的捐赠收入、主管部门集中收入、政府收入的利息收入、其他非税收入等 12 项。同时，为提高社会保险资金征管效率，将基本养老保险费、基本医疗保险费、失业保险费等各项社会保险费交由税务部门统一征收。

国税地税机构合并后，实行以国家税务总局为主与省（自治区、直辖市）政府双重领导管理体制。《深化党和国家机构改革方案》也提出了地方机构改革时间表，要求所有地方机构改革任务在 2019 年 3 月底前基本完成。

2. 税收征收管理范围划分

目前，我国的税收分别由税务、海关等系统负责征收管理。

（1）税务机关征收的有：增值税、消费税、企业所得税、个人所得税、资源税、城市维护建设税、房产税、印花税、城镇土地使用税、土地增值税、车船使用税、车辆购置税、耕地占用税、契税、烟叶税、环保税。

（2）海关系统负责征收和管理的项目有关税、船舶吨税，同时负责代征进出口环节的增值税和消费税。

3. 中央政府与地方政府税收收入划分

根据国务院关于实行分税制财政管理体制的规定，我国的税收收入分为中央政府固定收入、地方政府固定收入和中央政府与地方政府共享收入。

（二）税务检查权

税务检查时税务机关依据国家的税收法律、法规对纳税人等管理相对人履行法定义务的情况进行审查、监督的执法活动。有效的税务检查可以抑制不法纳税人的侥幸心理，提高税法的威慑力，减少税收违法犯罪行为，保证国家收入，维护税收公平与纳税人的合法利益。税务检查包括两类：

（1）税务机关为取得确定税额所需资料，对纳税人纳税申报的真实性与准确性进行的经常性检查。其依据是税法赋予税务机关的强制行政检查权。

（2）为打击税收违法犯罪而进行的特别调查。它可以分为行政性调查和刑事调查两个阶段。行政性调查属于税务检查权范围，从原则上讲，纳税人有违反税法的刑事犯罪嫌疑的情况，即调查的刑事性质确定后，案件应开始适用刑事调查程序。

（三）税务稽查权

税务稽查是税务机关依法对纳税人、扣缴义务人履行纳税义务、扣缴义务情况所进行的税务检查和处理工作的总称。税务稽查权是税收执法权的一个重要组成部分，也是整个国家行政监督体系中的一种特殊的监督权行使形式。

根据相关法律规定，税务稽查的基本任务是：依照国家税收法律、法规，查处税收违法行为，保障税收收入，维护税收秩序，促进依法纳税，保证税法的实施。税务稽查必须以事实为根据，以税收法律、法规、规章为准绳，依靠人民群众，加强与司法机关及其他有关部门的联系和配合。各级税务机关设立的税务稽查机构，按照各自的税收管辖范围行使税务稽查职能。

（四）税务行政复议裁决权

税务行政复议裁决权的行使是税收执法权的有机组成部分，该权力的实现对保障和监督税务机关依法行使税收执法权，防止和纠正违法或者不当的具体税务行政行为，保护纳税人和其他有关当事人的合法权益，发挥着积极作用。根据《中华人民共和国行政复议法》《中华人民共和国税收征收管理法》和其他有关规定，为了防止税务机关违法或者纠正不当的具体行政行为，保护纳税人及其他当事人的合法权益，保障和监督税务机关依法行使职权，纳税人及其他当事人认为税务机关的具体行政行为侵犯其合法权益，可依法向税务行政复议机关申请行政复议；税务行政复议机关受理行政复议申请，做出行政复议决定。税务行政复议机关，是指依法受理行政复议申请，对具体行政行为进行审查并做出行政复议决定的税务机关。

在税务行政复议裁决权的行使过程中，税务行政复议机关中负责税收法制工作的机构具体办理行政复议事项，履行下列职责：

（1）受理行政复议申请。

（2）向有关组织和人员调查取证，查阅文件和资料。

（3）审查申请行政复议的具体行政行为是否合法与适当，拟定行政复议决定。

（4）处理或者转送（9）所列有关规定的审查申请。

（5）对被申请人违反行政复议法及相关规定的行为，依照规定的权限和程序提出处理建议。

（6）办理因不服行政复议决定提起行政诉讼的应诉事项。

（7）对下级税务机关的行政复议工作进行检查和监督。

（8）办理行政复议案件的赔偿事项。

（9）办理行政复议、诉讼、赔偿等案件的统计、报告和归档工作。

行政复议活动应当遵循合法、公正、公开、及时、便民的原则。纳税人及其他当事人对行政复议决定不服的，可以依照行政诉讼法的规定向人民法院提起行政诉讼。

（五）其他税收执法权

除上述几个权力外，根据法律规定，税务机关还享有其他相关税收执法权，其中主要有税务行政处罚权等。

税务行政处罚权是指税务机关依法对纳税主体违反税法尚未构成犯罪，但应承担相应法律责任的行为实施制裁措施的权力。税务行政处罚是行政处罚的基本组成部分，税务行政处罚权的行使对于保证国家税收利益、督促纳税人依法纳税有重要作用。税务行政处罚权的法律依据是《中华人民共和国行政处罚法》和《税收征收管理法》等法律法规。根据《税收征收管理法》的相关规定，税务行政处罚的种类有警告（责令限期改正）、罚款、停止出口退税权、没收违法所得、收缴发票或者停止发售发票、提请吊销营业执照、通知出境管理机关阻止出境等。

本章知识小结

1. 税收是国家为实现其职能，凭借政治权力，按照法定标准和程序，强制地、无偿地取得财政收入的一种特定分配形式。

2. 税收作为一种凭借国家政治权力进行的社会产品分配形式，具有强制性、无偿性、固定性等鲜明的特征，这些特征是税收区别于其他财政收入的基本标志。

3. 税法构成要素一般包括总则、纳税义务人、征税对象、税目、税率、纳税环节、纳税期限、减税免税、罚则、附则等项目。

4. 税收法律关系由税收法律关系主体、税收法律关系客体和税收法律关系内容三部分构成。

5. 税收原则包括基本原则和适用原则。

6. 我国现行税法体系：实体税法和程序税法的划分。

7. 我国税收管理体制：税收立法权和税收执法权的划分。

业务实训练习

一、单项选择题

1. (　　)特征是税收区别于其他财政收入形式的最本质特征。

A. 强制性　　B. 无偿性　　C. 固定性　　D. 经常性

2. 下列法律中，明确规定“中华人民共和国公民有依照法律纳税的义务”的是(　　)。

A. 《中华人民共和国宪法》　　B. 《中华人民共和国民法通则》

C. 《中华人民共和国税收征收管理法》　　D. 中华人民共和国行政法

3. 下列各项中，属于按照税收的征税对象分类的是(　　)。

A. 关税类　　B. 实体税类　　C. 工商税类　　D. 中央税

4. 下列项目中，属于税法基本原则的是(　　)。

A. 法律优位原则　　B. 税收法定原则

C. 法律不溯及既往原则　　D. 程序优于实体原则

5. 根据不同的标准可以对税法进行不同的分类。在对税法所作的下列分类中，以税法功能作用的不同作为分类标准的是(　　)。

A. 税收法律、税收行政法规、税收规章　B. 税收实体法和税收程序法

C. 税收根本法和税收普通法　D. 税收一般法和税收特别法

6. (　　)是区别不同税种的主要标志。

A. 征税对象　B. 税目　C. 税率　D. 计税依据

7. 我国目前采用超率累进税率的是(　　)。

A. 土地增值税　B. 个人所得税　C. 企业所得税　D. 消费税

8. 如果纳税人通过转让定价或其他方法减少计税依据，税务机关有权重新核定计税依据，以防止纳税人避税与偷税，这样处理体现了税法基本原则中的(　　)。

A. 税收法定原则　B. 税收公平原则

C. 法律不溯及既往原则　D. 实质课税原则

9. 按税法的基本内容和效力的不同，可以将税法分为（　　）

A. 税收基本法与税收普通法　B. 税收实体法和税收程序法

C. 税收根本法和税收普通法　D. 国际税法和国内税法

10. 我国目前采用超额累进税率的是(　　)。

A. 土地增值税　B. 个人所得税　C. 企业所得税　D. 消费税

11. 按照税法法律级次，可以将税法分为(　　)。

A. 税收法律、税收行政法规、税收规章和税收规范性文件

B. 税收实体法与税收程序法

C. 国际税法与国内税法

D. 中央税法与地方税法

12. 增值税实行(　　)税率。

A. 定额　B. 比例　C. 累进　D. 平均

13. 税收法律关系中的权利主体是指(　　)。

A. 征税方　B. 纳税方　C. 征纳双方　D. 国家税务总局

14.《中华人民共和国增值税暂行条例》属于(　　)。

A. 税收行政法规　B. 税收规范性文件　C. 税收部门规章　D. 税收法律

15. 我国目前采用定额税率的税种是(　　)。

A. 房产税　B. 车船税　C. 城市维护建设税　D. 增值税

二、多项选择题

1. 下列属于税收的作用的有(　　)。

A. 是国际经济交往中维护国家利益的可靠保证

B. 是国家调控经济运行的重要手段

C. 是国家组织财政收入的主要形式

D. 具有维护国家政权的作用

2. 下列说法正确的是(　　)。

A. 征税对象是衡量税负轻重与否的重要标志

B. 税目是在税法中对征税对象分类归档的具体的征税项目

C. 税法的总则主要包括立法依据、立法目的、适用原则等

D. 纳税义务人又叫征税主体，是税法规定的直接负有纳税义务的单位

3. 按照税法法律级次划分，可将税法分为(　　)。

A. 税收法律　　B. 税收行政法规　　C. 税收规章　　D. 税收规范性文件

4. 下列项目中，属于所得税类的有(　　)。

A. 企业所得税　　B. 房产税　　C. 个人所得税　　D. 印花税

5. 计税依据是计算应纳税额的标志或依据，可分为(　　)。

A. 从价计征　　B. 从量计征　　C. 选择计征　　D. 复合计征

6. 下列项目中，属于税收基本特征的有(　　)。

A. 强制性　　B. 无偿性　　C. 固定性　　D. 收益性

7. 下列项目中，属于税收法律的有(　　)。

A. 《个人所得税法》　　B. 《税收征收管理法》

C. 《税收征收管理法实施细则》　　D. 《企业所得税法》

8. 我国现行税法规定的税率有(　　)。

A. 比例税率　　B. 定额税率　　C. 超额累进税率　　D. 超率累进税率

9. 下列关于税率的说法中，正确的是(　　)。

A. 税率的高低直接关系到国家财政收入和纳税人的负担水平

B. 税率分为比例税率、定量税率和累进税率三种类型

C. 定额税率是按照征税对象固定征收比例

D. 我国的增值税适用的是比例税率

10. 下列项目中，属于中央和地方共享税的是(　　)。

A. 对证券交易征收的印花税　　B. 增值税

C. 消费税　　D. 关税

三、判断题

1. 税收是指国家为了实现其职能，凭借经济权利，根据法律、法规，对纳税人强制地、无偿地征收，取得财政收入的一种形式。(　　)

2. 税率能体现国家征税的尺度与广度。(　　)

3. 按税收的征收管理的分工体系分类，可以将税收分为中央税、地方税和中央地方共享税。(　　)

4. 按税收与价格的关系，税收可分为从价税与从量税。(　　)

5. 增值税、消费税、关税都属于商品和劳务税，都属于中央与地方共享税。(　　)

6. 税目是指对什么征税，是税收法律关系中权利和义务共同指向的对象。(　　)

7. 尽管税收法律、法规和规章的制定机关不同，但它们的法律效力是相同的。(　　)

8. 比例税率即征税对象数额越大，税率越高。(　　)

9. 纳税地点是指纳税人依据税法规定向征税机关申报纳税的具体地点。通常，在税法上规定的纳税地点是机构所在地、经济活动发生地、财产所在地、报关地等。(　　)

10. 起征点是指对征税对象达到一定数额才开始征税的界限。征税对象数额没有达到规定数额的不征税；征税数额达到规定数额的，就其全部数额征税。(　　)

第二章 增值税法

【教学目标】

1. 掌握增值税的征税范围。
2. 掌握增值税的税率和征收率。
3. 掌握增值税应纳税额的计算。
4. 掌握进口增值税的计算。
5. 掌握增值税出口退税的计算。
6. 熟悉增值税税收优惠政策。
7. 熟悉增值税的征收管理和增值税专用发票的使用与管理。

【重难点】

1. 增值税征税范围的界定。
2. 一般纳税人增值税应纳税额的计算。
3. 出口退税“免抵退”的计算。

第一节 增值税概述

一、增值税的概念

增值税是以商品和劳务在流转过程中产生的增值额作为征税对象而征收的一种流转税。按照我国增值税法的规定，增值税是对在我国境内销售货物或者加工、修理修配劳务（以下简称“劳务”），销售服务、无形资产及不动产以及进口货物的单位和个人，就其销售货物、劳务、服务、无形资产、不动产（以下统称“应税销售行为”）的增值额和货物进口金额为计税依据而课征的一种流转税。

增值税法是指国家制定的用以调整增值税征收与缴纳之间权利及义务关系的法律规范。

二、增值税的类型

增值税按对外购固定资产处理方式的不同，可划分为生产型增值税、收入型增值税和消费型增值税。

（一）生产型增值税

生产型增值税是指计算增值税时，不允许扣除任何外购固定资产的价款，作为课税基数的法定增值额除包括纳税人新创造的价值外，还包括当期计入成本的外购固定资产价款部分。

（二）收入型增值税

收入型增值税是指计算增值税时，对外购固定资产价款只允许扣除当期计入产品价值的折旧费部分。

（三）消费型增值税

消费型增值税是指计算增值税时，允许将当期购入的固定资产价款一次全部扣除。

我国从 1979 年开始在部分城市试行生产型增值税。2008 年国务院决定全面实施增值税改革，即将生产型增值税转为消费型增值税。我国从 2009 年 1 月 1 日起，正式施行消费型增值税。2011 年年底国家决定在上海试点营业税改征增值税（以下简称“营改增”）工作，近几年“营改增”试点地区已扩展到全国，“营改增”的行业不断扩大，2016 年 3 月 18 日，国务院常务会议审议通过了全面推开“营改增”试点方案，明确自 2016 年 5 月 1 日起，全面推开“营改增”试点，将建筑业、房地产业、金融业、生活服务业纳入试点范围。至此，我国“营改增”工作全面完成，营业税正式退出历史舞台。

三、增值税的性质和计税原理

（一）增值税的性质

增值税以增值额为课税对象，以销售额为计税依据，同时实行税款抵扣的计税方式，这一计税方式决定了增值税是属于流转税性质的税种。

1. 以全部流转额为计税销售额

实行增值税的国家无论采取哪种类型的增值税，在计税方式上都是以货物或劳务的全部销售额为计税依据，这同消费税是一样的，所不同的是增值税还同时实行税款抵扣制度，是一种只就未税流转额征税的新型流转税。

2. 税负具有转嫁性

增值税实行价外征税，经营者出售商品时，税款附加在价格之上转嫁给购买者，随着商品流通环节的延伸，税款最终由消费者承担。

3. 按产品或行业实行比例税率，而不能采取累进税率

这一点与其他流转税一样，但所得税则完全不同。增值税的主要作用在于广泛征集财政收入，而非调节收入差距，因此不必也不应采用累进税率。

（二）增值税的计税原理

增值税的计税原理是通过增值税的计税方法体现出来的。增值税的计税方法是以每一生产经营环节上发生的货物或劳务的销售额为计税依据，然后按规定税率计算出货物或劳务的整体税负，同时通过税款抵扣方式将外购项目在以前环节已纳的税款予以扣除，从而完全避免了重复征税。该原理具体体现在以下几个方面：

（1）按全部销售额计算税款，但只对货物或劳务价值中新增价值部分征税。

（2）实行税款抵扣制度，对以前环节已纳税款予以扣除。

（3）税款随着货物的销售环节转移，最终消费者是全部税款的承担者，但政府并不直

接向消费者征税，而是在生产经营的各个环节分段征收，各环节的纳税人并不承担增值税税款。

四、增值税的特点

增值税属于流转税，既有流转税的一般特点，也有其自身的特点。

（一）征税范围广，税源充裕

从生产经营的横向关系来看，无论工业、商业或者劳务还是服务，只要有增值额就要纳税；从生产经营的纵向关系来看，每一货物或劳务和服务无论经过多少生产经营环节，都要按各环节发生的增值额逐次纳税。

（二）实行道道环节课征，但不重复征税

虽然生产经营中，只要该环节有增值额，那就得征收增值税，但是每个环节仅仅就其增值的部分征税，并未造成重复征税的问题。

（三）对资源配置不会产生歪曲性影响，具有税收中性效应

所谓税收中性是指税收对经济行为包括企业生产决策、生产组织形式等不产生影响，由市场对资源配置发挥基础性、主导性作用。政府在建立税制时，就以不干扰经营者的投资决策和消费者的消费选择为原则。

（四）税负由商品最终消费者承担

税收负担随应税商品、劳务和服务的流转而向购买者转嫁，最后由最终消费者承担，因此增值税属于间接税。

第二节　增值税的纳税义务人、扣缴义务人及征税范围

一、纳税义务人和扣缴义务人

（一）纳税义务人

凡在中华人民共和国境内销售货物、劳务、服务、无形资产、不动产，以及进口货物的单位和个人，为增值税的纳税义务人。

单位，是指企业、行政单位、事业单位、军事单位、社会团体及其他单位。

个人，是指个体工商户和其他个人。

（二）扣缴义务人

中华人民共和国境外的单位或者个人在境内销售劳务，在境内未设有经营机构的，以其境内代理人为扣缴义务人；在境内没有代理人的，以购买方为扣缴义务人。

二、征税范围

（一）征税范围的一般规定

1. 销售或者进口的货物

货物是指有形动产，包括电力、热力、气体在内。销售货物，是指有偿转让货物的所有权。

2. 销售劳务

劳务是指纳税人提供的加工、修理修配劳务。加工是指受托加工货物，即委托方提供

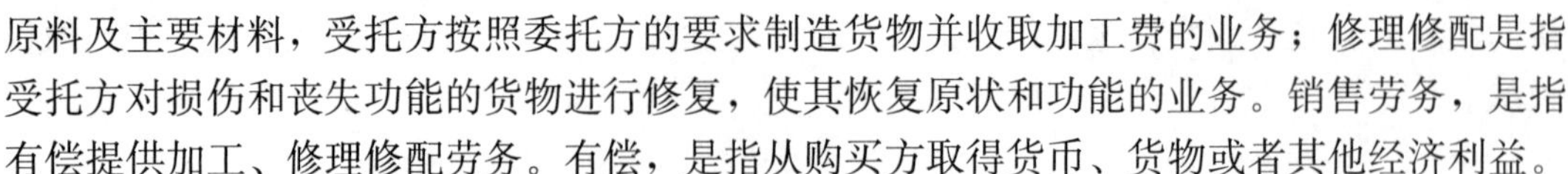

原料及主要材料，受托方按照委托方的要求制造货物并收取加工费的业务；修理修配是指受托方对损伤和丧失功能的货物进行修复，使其恢复原状和功能的业务。销售劳务，是指有偿提供加工、修理修配劳务。有偿，是指从购买方取得货币、货物或者其他经济利益。

单位或者个体工商户聘用的员工为本单位或者雇主提供加工、修理修配劳务，不包括在内。

3. 销售服务

服务包括交通运输服务、邮政服务、电信服务、建筑服务、金融服务、现代服务和生活服务。具体征税范围如下：

（1）交通运输服务。

交通运输服务，是指利用运输工具将货物或者旅客送达目的地，使其空间位置得到转移的业务活动。包括陆路运输服务、水路运输服务、航空运输服务和管道运输服务。

1）陆路运输服务。

陆路运输服务，是指通过陆路（地上或者地下）运送货物或者旅客的运输业务活动，包括铁路运输服务和其他陆路运输服务。

铁路运输服务，是指通过铁路运送货物或者旅客的运输业务活动。

其他陆路运输服务，是指铁路运输以外的陆路运输业务活动。包括公路运输、缆车运输、索道运输、地铁运输、城市轻轨运输等。

出租车公司向使用本公司自有出租车的出租车司机收取的管理费用，按照陆路运输服务缴纳增值税。

2）水路运输服务。

水路运输服务，是指通过江、河、湖、川等天然、人工水道或者海洋航道运送货物或者旅客的运输业务活动。

水路运输的程租、期租业务，属于水路运输服务。

程租业务，是指运输企业为租船人完成某一特定航次的运输任务并收取租赁费的业务。

期租业务，是指运输企业将配备有操作人员的船舶承租给他人使用一定期限，承租期内听候承租方调遣，不论是否经营，均按天向承租方收取租赁费，发生的固定费用均由船东负担的业务。

3）航空运输服务。

航空运输服务，是指通过空中航线运送货物或者旅客的运输业务活动。

航空运输的湿租业务，属于航空运输服务。

湿租业务，是指航空运输企业将配备有机组人员的飞机承租给他人使用一定期限，承租期内听候承租方调遣，不论是否经营，均按一定标准向承租方收取租赁费，发生的固定费用均由承租方承担的业务。

航天运输服务，按照航空运输服务缴纳增值税。

航天运输服务，是指利用火箭等载体将卫星、空间探测器等空间飞行器发射到空间轨道的业务活动。

4）管道运输服务。

管道运输服务，是指通过管道设施输送气体、液体、固体物质的运输业务活动。

无运输工具承运业务，按照交通运输服务缴纳增值税。无运输工具承运业务，是指经营者以承运人身份与托运人签订运输服务合同，收取运费并承担承运人责任，然后委托实际承运人完成运输服务的经营活动。

5）自2018年1月1日起，纳税人已售票但客户逾期未消费取得的运输逾期票证收入，按照“交通运输服务”缴纳增值税。

（2）邮政服务。

邮政服务，是指中国邮政集团公司及其所属邮政企业提供邮件寄递、邮政汇兑和机要通信等邮政基本服务的业务活动。包括邮政普遍服务、邮政特殊服务和其他邮政服务。

1）邮政普遍服务。

邮政普遍服务，是指函件、包裹等邮件寄递，以及邮票发行、报刊发行和邮政汇兑等业务活动。

函件，是指信函、印刷品、邮资封片卡、无名址函件和邮政小包等。

包裹，是指按照封装上的名址递送给特定个人或者单位的独立封装的物品，其重量不超过五十千克，任何一边的尺寸不超过一百五十厘米，长、宽、高合计不超过三百厘米。

2）邮政特殊服务。

邮政特殊服务，是指义务兵平常信函、机要通信、盲人读物和革命烈士遗物的寄递等业务活动。

3）其他邮政服务。

其他邮政服务，是指邮册等邮品销售、邮政代理等业务活动。

（3）电信服务。

电信服务，是指利用有线、无线的电磁系统或者光电系统等各种通信网络资源，提供语音通话服务，传送、发射、接收或者应用图像、短信等电子数据和信息的业务活动。包括基础电信服务和增值电信服务。

1）基础电信服务。

基础电信服务，是指利用固网、移动网、卫星、互联网，提供语音通话服务的业务活动，以及出租或者出售带宽、波长等网络元素的业务活动。

2）增值电信服务。

增值电信服务，是指利用固网、移动网、卫星、互联网、有线电视网络，提供短信和彩信服务、电子数据和信息的传输及应用服务、互联网接入服务等业务活动。

卫星电视信号落地转接服务，按照增值电信服务缴纳增值税。

（4）建筑服务。

建筑服务，是指各类建筑物、构筑物及其附属设施的建造、修缮、装饰，线路、管道、设备、设施等的安装以及其他工程作业的业务活动。包括工程服务、安装服务、修缮服务、装饰服务和其他建筑服务。

1）工程服务。

工程服务，是指新建、改建各种建筑物、构筑物的工程作业，包括与建筑物相连的各种设备或者支柱、操作平台的安装或者装设工程作业，以及各种窑炉和金属结构工程作业。

2）安装服务。

安装服务，是指生产设备、动力设备、起重设备、运输设备、传动设备、医疗实验设

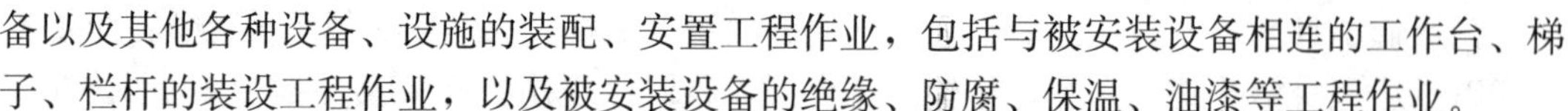

备以及其他各种设备、设施的装配、安置工程作业，包括与被安装设备相连的工作台、梯子、栏杆的装设工程作业，以及被安装设备的绝缘、防腐、保温、油漆等工程作业。

固定电话、有线电视、宽带、水、电、燃气、暖气等经营者向用户收取的安装费、初装费、开户费、扩容费以及类似收费，按照安装服务缴纳增值税。

3）修缮服务。

修缮服务，是指对建筑物、构筑物进行修补、加固、养护、改善，使之恢复原来的使用价值或者延长其使用期限的工程作业。

4）装饰服务。

装饰服务，是指对建筑物、构筑物进行修饰装修，使之美观或者具有特定用途的工程作业。

5）其他建筑服务。

其他建筑服务，是指上列工程作业之外的各种工程作业服务，如钻井（打井）、拆除建筑物或者构筑物、平整土地、园林绿化、疏浚（不包括航道疏浚）、建筑物平移、搭脚手架、爆破、矿山穿孔、表面附着物（包括岩层、土层、沙层等）剥离和清理等工程作业。

（5）金融服务。

金融服务，是指经营金融保险的业务活动。包括贷款服务、直接收费金融服务、保险服务和金融商品转让。

1）贷款服务。

贷款，是指将资金贷与他人使用而取得利息收入的业务活动。

各种占用、拆借资金取得的收入，包括金融商品持有期间（含到期）利息（保本收益、报酬、资金占用费、补偿金等）收入、信用卡透支利息收入、买入返售金融商品利息收入、融资融券收取的利息收入，以及融资性售后回租、押汇、罚息、票据贴现、转贷等业务取得的利息及利息性质的收入，按照贷款服务缴纳增值税。

融资性售后回租，是指承租方以融资为目的，将资产出售给从事融资性售后回租业务的企业后，从事融资性售后回租业务的企业将该资产出租给承租方的业务活动。

以货币资金投资收取的固定利润或者保底利润，按照贷款服务缴纳增值税。

2）直接收费金融服务。

直接收费金融服务，是指为货币资金融通及其他金融业务提供相关服务并且收取费用的业务活动。包括提供货币兑换、账户管理、电子银行、信用卡、信用证、财务担保、资产管理、信托管理、基金管理、金融交易场所（平台）管理、资金结算、资金清算、金融支付等服务。

3）保险服务。

保险服务，是指投保人根据合同约定，向保险人支付保险费，保险人对于合同约定的可能发生的事故因其发生所造成的财产损失承担赔偿保险金责任，或者当被保险人死亡、伤残、疾病或者达到合同约定的年龄、期限等条件时承担给付保险金责任的商业保险行为。包括人身保险服务和财产保险服务。

人身保险服务，是指以人的寿命和身体为保险标的的保险业务活动。

财产保险服务，是指以财产及其有关利益为保险标的的保险业务活动。

4）金融商品转让。

金融商品转让，是指转让外汇、有价证券、非货物期货和其他金融商品所有权的业务活动。

其他金融商品转让包括基金、信托、理财产品等各类资产管理产品和各种金融衍生品的转让。

（6）现代服务。

现代服务，是指围绕制造业、文化产业、现代物流产业等提供技术性、知识性服务的业务活动。包括研发和技术服务、信息技术服务、文化创意服务、物流辅助服务、租赁服务、鉴证咨询服务、广播影视服务、商务辅助服务和其他现代服务。

1）研发和技术服务。

研发和技术服务，包括研发服务、合同能源管理服务、工程勘察勘探服务、专业技术服务。

研发服务，也称技术开发服务，是指就新技术、新产品、新工艺或者新材料及其系统进行研究与试验开发的业务活动。

合同能源管理服务，是指节能服务公司与用能单位以契约形式约定节能目标，节能服务公司提供必要的服务，用能单位以节能效果支付节能服务公司投入及其合理报酬的业务活动。

工程勘察勘探服务，是指在采矿、工程施工前后，对地形、地质构造、地下资源蕴藏情况进行实地调查的业务活动。

专业技术服务，是指气象服务、地震服务、海洋服务、测绘服务、城市规划、环境与生态监测服务等专项技术服务。

2）信息技术服务。

信息技术服务，是指利用计算机、通信网络等技术对信息进行生产、收集、处理、加工、存储、运输、检索和利用，并提供信息服务的业务活动。包括软件服务、电路设计及测试服务、信息系统服务、业务流程管理服务和信息系统增值服务。

软件服务，是指提供软件开发服务、软件维护服务、软件测试服务的业务活动。

电路设计及测试服务，是指提供集成电路和电子电路产品设计、测试及相关技术支持服务的业务活动。

信息系统服务，是指提供信息系统集成、网络管理、网站内容维护、桌面管理与维护、信息系统应用、基础信息技术管理平台整合、信息技术基础设施管理、数据中心、托管中心、信息安全服务、在线杀毒、虚拟主机等业务活动。包括网站对非自有的网络游戏提供的网络运营服务。

业务流程管理服务，是指依托信息技术提供的人力资源管理、财务经济管理、审计管理、税务管理、物流信息管理、经营信息管理和呼叫中心等服务的活动。

信息系统增值服务，是指利用信息系统资源为用户附加提供的信息技术服务。包括数据处理、分析和整合、数据库管理、数据备份、数据存储、容灾服务、电子商务平台等。

3）文化创意服务。

文化创意服务，包括设计服务、知识产权服务、广告服务和会议展览服务。

设计服务，是指把计划、规划、设想通过文字、语言、图画、声音、视觉等形式传递出来的业务活动。包括工业设计、内部管理设计、业务运作设计、供应链设计、造型设计、服装设计、环境设计、平面设计、包装设计、动漫设计、网游设计、展示设计、网站设计、机械设计、工程设计、广告设计、创意策划、文印晒图等。

知识产权服务，是指处理知识产权事务的业务活动。包括对专利、商标、著作权、软件、集成电路布图设计的登记、鉴定、评估、认证、检索服务。

广告服务，是指利用图书、报纸、杂志、广播、电视、电影、幻灯、路牌、招贴、橱窗、霓虹灯、灯箱、互联网等各种形式为客户的商品、经营服务项目、文体节目或者通告、声明等委托事项进行宣传和提供相关服务的业务活动。包括广告代理和广告的发布、播映、宣传、展示等。

会议展览服务，是指为商品流通、促销、展示、经贸洽谈、民间交流、企业沟通、国际往来等举办或者组织安排的各类展览和会议的业务活动。

4）物流辅助服务。

物流辅助服务，包括航空服务、港口码头服务、货运客运场站服务、打捞救助服务、装卸搬运服务、仓储服务和收派服务。

航空服务，包括航空地面服务和通用航空服务。

航空地面服务，是指航空公司、飞机场、民航管理局、航站等向在境内航行或者在境内机场停留的境内外飞机或者其他飞行器提供的导航等劳务性地面服务的业务活动。包括旅客安全检查服务、停机坪管理服务、机场候机厅管理服务、飞机清洗消毒服务、空中飞行管理服务、飞机起降服务、飞行通讯服务、地面信号服务、飞机安全服务、飞机跑道管理服务、空中交通管理服务等。

通用航空服务，是指为专业工作提供飞行服务的业务活动，包括航空摄影、航空培训、航空测量、航空勘探、航空护林、航空吊挂播洒、航空降雨、航空气象探测、航空海洋监测、航空科学实验等。

港口码头服务，是指港务船舶调度服务、船舶通讯服务、航道管理服务、航道疏浚服务、灯塔管理服务、航标管理服务、船舶引航服务、理货服务、系解缆服务、停泊和移泊服务、海上船舶溢油清除服务、水上交通管理服务、船只专业清洗消毒检测服务和防止船只漏油服务等为船只提供服务的业务活动。

港口设施经营人收取的港口设施保安费按照港口码头服务缴纳增值税。

货运客运场站服务，是指货运客运场站提供货物配载服务、运输组织服务、中转换乘服务、车辆调度服务、票务服务、货物打包整理、铁路线路使用服务、加挂铁路客车服务、铁路行包专列发送服务、铁路到达和中转服务、铁路车辆编解服务、车辆挂运服务、铁路接触网服务、铁路机车牵引服务等业务活动。

打捞救助服务，是指提供船舶人员救助、船舶财产救助、水上救助和沉船沉物打捞服务的业务活动。

装卸搬运服务，是指使用装卸搬运工具或者人力、畜力将货物在运输工具之间、装卸现场之间或者运输工具与装卸现场之间进行装卸和搬运的业务活动。

仓储服务，是指利用仓库、货场或者其他场所代客贮放、保管货物的业务活动。

收派服务，是指接受寄件人委托，在承诺的时限内完成函件和包裹的收件、分拣、派送服务的业务活动。收件服务，是指从寄件人收取函件和包裹，并运送到服务提供方同城

的集散中心的业务活动。分拣服务，是指服务提供方在其集散中心对函件和包裹进行归类、分发的业务活动。派送服务，是指服务提供方从其集散中心将函件和包裹送达同城的收件人的业务活动。

5）租赁服务。

租赁服务，包括融资租赁服务和经营租赁服务。

融资租赁服务，是指具有融资性质和所有权转移特点的租赁活动。即出租人根据承租人所要求的规格、型号、性能等条件购入有形动产或者不动产租赁给承租人，合同期内租赁物所有权属于出租人，承租人只拥有使用权，合同期满付清租金后，承租人有权按照残值购入租赁物，以拥有其所有权。不论出租人是否将租赁物销售给承租人，均属于融资租赁。

按照标的物的不同，融资租赁服务可分为有形动产融资租赁服务和不动产融资租赁服务。

融资性售后回租不按照本税目缴纳增值税。

经营租赁服务，是指在约定时间内将有形动产或者不动产转让他人使用且租赁物所有权不变更的业务活动。

按照标的物的不同，经营租赁服务可分为有形动产经营租赁服务和不动产经营租赁服务。

将建筑物、构筑物等不动产或者飞机、车辆等有形动产的广告位出租给其他单位或者个人用于发布广告，按照经营租赁服务缴纳增值税。

车辆停放服务、道路通行服务（包括过路费、过桥费、过闸费等）等按照不动产经营租赁服务缴纳增值税。

水路运输的光租业务、航空运输的干租业务，属于经营租赁。

光租业务，是指运输企业将船舶在约定的时间内出租给他人使用，不配备操作人员，不承担运输过程中发生的各项费用，只收取固定租赁费的业务活动。

干租业务，是指航空运输企业将飞机在约定的时间内出租给他人使用，不配备机组人员，不承担运输过程中发生的各项费用，只收取固定租赁费的业务活动。

6）鉴证咨询服务。

鉴证咨询服务，包括认证服务、鉴证服务和咨询服务。

认证服务，是指具有专业资质的单位利用检测、检验、计量等技术，证明产品、服务、管理体系符合相关技术规范、相关技术规范的强制性要求或者标准的业务活动。

鉴证服务，是指具有专业资质的单位受托对相关事项进行鉴证，发表具有证明力的意见的业务活动。包括会计鉴证、税务鉴证、法律鉴证、职业技能鉴定、工程造价鉴证、工程监理、资产评估、环境评估、房地产土地评估、建筑图纸审核、医疗事故鉴定等。

咨询服务，是指提供信息、建议、策划、顾问等服务的活动。包括金融、软件、技术、财务、税收、法律、内部管理、业务运作、流程管理、健康等方面的咨询。

翻译服务和市场调查服务按照咨询服务缴纳增值税。

7）广播影视服务。

广播影视服务，包括广播影视节目（作品）的制作服务、发行服务和播映（含放映，下同）服务。

广播影视节目（作品）制作服务，是指进行专题（特别节目）、专栏、综艺、体育、动画片、广播剧、电视剧、电影等广播影视节目和作品制作的服务。具体包括与广播影视节目和作品相关的策划、采编、拍摄、录音、音视频文字图片素材制作、场景布置、后期的剪辑、翻译（编译）、字幕制作、片头、片尾、片花制作、特效制作、影片修复、编目和确权等业务活动。

广播影视节目（作品）发行服务，是指以分账、买断、委托等方式，向影院、电台、电视台、网站等单位和个人发行广播影视节目（作品）以及转让体育赛事等活动的报道及播映权的业务活动。

广播影视节目（作品）播映服务，是指在影院、剧院、录像厅及其他场所播映广播影视节目（作品），以及通过电台、电视台、卫星通信、互联网、有线电视等无线或者有线装置播映广播影视节目（作品）的业务活动。

8）商务辅助服务。

商务辅助服务，包括企业管理服务、经纪代理服务、人力资源服务、安全保护服务。

企业管理服务，是指提供总部管理、投资与资产管理、市场管理、物业管理、日常综合管理等服务的业务活动。

经纪代理服务，是指各类经纪、中介、代理服务。包括金融代理、知识产权代理、货物运输代理、代理报关、法律代理、房地产中介、职业中介、婚姻中介、代理记账、拍卖等。

货物运输代理服务，是指接受货物收货人、发货人、船舶所有人、船舶承租人或者船舶经营人的委托，以委托人的名义，为委托人办理货物运输、装卸、仓储和船舶进出港口、引航、靠泊等相关手续的业务活动。

代理报关服务，是指接受进出口货物的收、发货人委托，代为办理报关手续的业务活动。

人力资源服务，是指提供公共就业、劳务派遣、人才委托招聘、劳动力外包等服务的业务活动。

安全保护服务，是指提供保护人身安全和财产安全，维护社会治安等的业务活动。包括场所住宅保安、特种保安、安全系统监控以及其他安保服务。

9）其他现代服务。

其他现代服务，是指除研发和技术服务、信息技术服务、文化创意服务、物流辅助服务、租赁服务、鉴证咨询服务、广播影视服务和商务辅助服务以外的现代服务。

纳税人对安装运行后的电梯提供的维护保养服务，按照“其他现代服务”缴纳增值税。

自 2018 年 1 月 1 日起，纳税人为客户办理退票而向客户收取的退票费、手续费等收入，按照“其他现代服务”缴纳增值税。

（7）生活服务。

生活服务，是指为满足城乡居民日常生活需求提供的各类服务活动。包括文化体育服务、教育医疗服务、旅游娱乐服务、餐饮住宿服务、居民日常服务和其他生活服务。

1）文化体育服务。

文化体育服务，包括文化服务和体育服务。

文化服务，是指为满足社会公众文化生活需求提供的各种服务。包括：文艺创作、文艺表演、文化比赛，图书馆的图书和资料借阅，档案馆的档案管理，文物及非物质遗产保护，组织举办宗教活动、科技活动、文化活动，提供游览场所。

体育服务，是指组织举办体育比赛、体育表演、体育活动，以及提供体育训练、体育指导、体育管理的业务活动。

纳税人在游览场所经营索道、摆渡车、电瓶车、游船等取得的收入，按照“文化体育服务”缴纳增值税。

2）教育医疗服务。

教育医疗服务，包括教育服务和医疗服务。

教育服务，是指提供学历教育服务、非学历教育服务、教育辅助服务的业务活动。

学历教育服务，是指根据教育行政管理部门确定或者认可的招生和教学计划组织教学，并颁发相应学历证书的业务活动。包括初等教育、初级中等教育、高级中等教育、高等教育等。

非学历教育服务，包括学前教育、各类培训、演讲、讲座、报告会等。

教育辅助服务，包括教育测评、考试、招生等服务。

医疗服务，是指提供医学检查、诊断、治疗、康复、预防、保健、接生、计划生育、防疫服务等方面的服务，以及与这些服务有关的提供药品、医用材料器具、救护车、病房住宿和伙食的业务。

3）旅游娱乐服务。

旅游娱乐服务，包括旅游服务和娱乐服务。

旅游服务，是指根据旅游者的要求，组织安排交通、游览、住宿、餐饮、购物、文娱、商务等服务的业务活动。

娱乐服务，是指为娱乐活动同时提供场所和服务的业务。具体包括：歌厅、舞厅、夜总会、酒吧、台球、高尔夫球、保龄球、游艺（包括射击、狩猎、跑马、游戏机、蹦极、卡丁车、热气球、动力伞、射箭、飞镖）。

4）餐饮住宿服务。

餐饮住宿服务，包括餐饮服务和住宿服务。

餐饮服务，是指通过同时提供饮食和饮食场所的方式为消费者提供饮食消费服务的业务活动。

提供餐饮服务的纳税人销售的外卖食品，按照“餐饮服务”缴纳增值税。

住宿服务，是指提供住宿场所及配套服务等的活动。包括宾馆、旅馆、旅社、度假村和其他经营性住宿场所提供的住宿服务。

5）居民日常服务。

居民日常服务，是指主要为满足居民个人及其家庭日常生活需求提供的服务，包括市容市政管理、家政、婚庆、养老、殡葬、照料和护理、救助救济、美容美发、按摩、桑拿、氧吧、足疗、沐浴、洗染、摄影扩印等服务。

6）其他生活服务。

其他生活服务，是指除文化体育服务、教育医疗服务、旅游娱乐服务、餐饮住宿服务和居民日常服务之外的生活服务。

4. 销售无形资产

销售无形资产，是指转让无形资产所有权或者使用权的业务活动。无形资产，是指不具实物形态，但能带来经济利益的资产，包括技术、商标、著作权、商誉、自然资源使用权和其他权益性无形资产。

技术，包括专利技术和非专利技术。

自然资源使用权，包括土地使用权、海域使用权、探矿权、采矿权、取水权和其他自然资源使用权。

其他权益性无形资产，包括基础设施资产经营权、公共事业特许权、配额、经营权（包括特许经营权、连锁经营权、其他经营权）、经销权、分销权、代理权、会员权、席位权、网络游戏虚拟道具、域名、名称权、肖像权、冠名权、转会费等。

5. 销售不动产

销售不动产，是指有偿转让不动产，是转让不动产所有权的业务活动。不动产，是指不能移动或者移动后会引起性质、形状改变的财产，包括建筑物、构筑物等。建筑物，包括住宅、商业营业用房、办公楼等可供居住、工作或者进行其他活动的建造物。构筑物，包括道路、桥梁、隧道、水坝等建造物。

转让建筑物有限产权或者永久使用权的，转让在建的建筑物或者构筑物所有权的，以及在转让建筑物或者构筑物时一并转让其所占土地的使用权的，按照销售不动产缴纳增值税。

有偿，是指取得货币、货物或者其他经济利益。

6. 非经营活动的确认

销售服务、无形资产或者不动产，是指有偿提供服务、有偿转让无形资产或者不动产，但属于下列非经营活动的情形除外：

（1）行政单位收取的同时满足以下条件的政府性基金或者行政事业性收费。

1）由国务院或者财政部批准设立的政府性基金，由国务院或者省级人民政府及其财政、价格主管部门批准设立的行政事业性收费。

2）收取时开具省级以上（含省级）财政部门监（印）制的财政票据。

3）所收款项全额上缴财政。

（2）单位或者个体工商户聘用的员工为本单位或者雇主提供取得工资的服务。

（3）单位或者个体工商户为聘用的员工提供服务。

（4）财政部和国家税务总局规定的其他情形。

7. 境内销售服务、无形资产或者不动产的含义

在境内销售服务、无形资产或者不动产，是指：

（1）服务（租赁不动产除外）或者无形资产（自然资源使用权除外）的销售方或者购买方在境内。

（2）所销售或者租赁的不动产在境内。

（3）所销售的自然资源使用权的自然资源在境内。

（4）财政部和国家税务总局规定的其他情形。

下列情形不属于在境内销售服务或者无形资产：

（1）境外单位或者个人向境内单位或者个人销售完全在境外发生的服务。

（2）境外单位或者个人向境内单位或者个人销售完全在境外使用的无形资产。

（3）境外单位或者个人向境内单位或者个人出租完全在境外使用的有形动产。

（4）财政部和国家税务总局规定的其他情形。

（二）征税范围的具体规定

1. 视同发生应税销售行为

单位或者个体工商户的下列行为，视同发生应税销售行为：

（1）将货物交付其他单位或者个人代销。

（2）销售代销货物。

（3）设有两个以上机构并实行统一核算的纳税人，将货物从一个机构移送至其他机构用于销售，但相关机构设在同一县（市）的除外。

（4）将自产、委托加工的货物用于集体福利或者个人消费。

（5）将自产、委托加工或者购进的货物作为投资，提供给其他单位或者个体工商户。

（6）将自产、委托加工或者购进的货物分配给股东或者投资者。

（7）将自产、委托加工或者购进的货物无偿赠送其他单位或者个人。

（8）单位和个体工商户向其他单位或者个人无偿销售应税服务，但以公益活动为目的或者以社会公众为对象的除外。

（9）单位或者个人向其他单位或者个人无偿转让无形资产或者不动产，但用于公益事业或者以社会公众为对象的除外。

（10）财政部和国家税务总局规定的其他情形。

上述10种行为应该确定为视同发生应税销售行为，均要征收增值税。其目的在于：一是保证增值税税款抵扣制度的实施，不致因发生上述行为而造成各相关环节税款抵扣链条的中断。二是避免发生上述行为而造成应税销售行为之间税收负担不平衡的矛盾，防止上述行为逃避纳税的现象。三是体现增值税计算的配比原则，即购进货物、劳务、服务、无形资产、不动产已经在购进环节实施了进项税额抵扣，这些购进货物、劳务、服务、无形资产、不动产应该产生相应的销售额，同时就应该产生相应的销项税额，否则就会产生不配比的情况。

2. 兼营

兼营，是指纳税人的经营范围既包括销售货物和加工修理修配劳务，又包括销售服务、无形资产或者不动产。但是，销售货物，提供加工修理修配劳务，销售服务、无形资产或者不动产不同时发生在同一项销售行为中。

纳税人销售货物，提供加工修理修配劳务，销售服务、无形资产或者不动产适用不同税率或者征收率的，应当分别核算适用不同税率或者征收率的销售额，未分别核算销售额的，一律从高适用税率或者征收率。

3. 混合销售

一项销售行为如果既涉及货物又涉及服务，称为混合销售。从事货物的生产、批发或者零售的单位和个体工商户的混合销售行为，按照销售货物缴纳增值税；其他单位和个体工商户的混合销售行为，按照销售服务缴纳增值税。

三、增值税纳税人的分类

根据《中华人民共和国增值税暂行条例》及“营改增”相关规定，将增值税纳税义务人按照经营规模大小、会计核算是否健全、企业规模的大小，划分为一般纳税人和小规模纳税人两类，分别采取不同的增值税计税方法。衡量企业规模的大小一般以年销售额为依据。

（一）一般纳税人的管理

增值税一般纳税人资格实行登记制，登记事项由增值税纳税人向其机构所在地主管税务机关办理。纳税人办理一般纳税人资格登记的程序如图 2－1 所示：

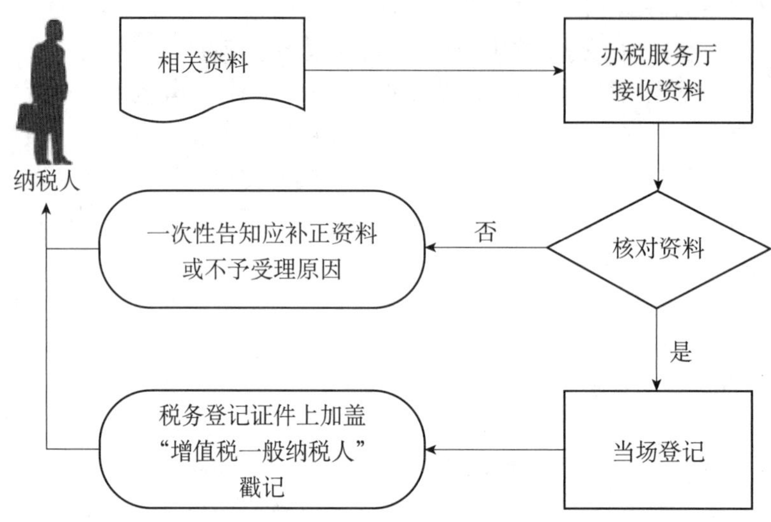

图 2－1　一般纳税人资格登记基本流程

（1）纳税人向主管税务机关填报“增值税一般纳税人资格登记表”，并提供税务登记证件。

（2）纳税人填报内容与税务登记信息一致的，主管税务机关当场登记。

（3）纳税人填报内容与税务登记信息不一致，或者不符合填列要求的，税务机关应当场告知纳税人需要补正的内容。

根据《关于统一增值税小规模纳税人标准的通知》（财税〔2018〕33 号）的规定，自 2018 年 5 月 1 日起，统一增值税小规模纳税人标准，即增值税小规模纳税人标准为年应征增值税销售额 500 万元及以下。并且，对按照《增值税暂行条例实施细则》第二十八条的规定已登记为增值税一般纳税人的单位和个人，在 2018 年 12 月 31 日前，可转登记为小规模纳税人，其未抵扣的进项税额作转出处理。

年应税销售额未超过规定标准的纳税人，会计核算健全，能够提供准确税务资料的，可以向主管税务机关办理一般纳税人登记。会计核算健全，是指能够按照国家统一的会计制度规定设置账簿，根据合法、有效凭证进行核算。

下列纳税人不需要办理一般纳税人登记：

（1）按照政策规定，选择按照小规模纳税人纳税的。

（2）年应税销售额超过规定标准的其他个人。“其他个人”是指自然人。

（二）小规模纳税人的管理

小规模纳税人是指年销售额在规定标准以下，并且会计核算不健全，不能按规定报送有关税务资料的增值税纳税人。会计核算不健全是指不能正确核算增值税的销项税额、进项税额和应纳税额。

小规模纳税人的认定标准为年应征增值税销售额500万元及以下。

年应税销售额超过小规模纳税人标准的其他个人按小规模纳税人纳税。

年应税销售额超过规定标准但不经常发生应税行为的单位和个体工商户，以及非企业性单位、不经常发生应税行为的企业，可选择按小规模纳税人纳税。

兼有销售货物、提供加工修理修配劳务以及应税服务，且不经常发生应税行为的单位和个体工商户可选择按小规模纳税人纳税。

小规模纳税人按简易计税方法计税。简易办法征收增值税，一般不得使用增值税专用发票。

第三节　增值税的税率和征收率

一、税率

（一）基本税率

增值税一般纳税人销售货物、劳务、有形动产租赁服务或者进口货物，除低税率适用范围外，税率一律为16%，即基本税率。

（二）低税率

（1）纳税人销售交通运输服务、邮政服务、基础电信服务、建筑服务、不动产租赁服务、销售不动产、转让土地使用权、销售或者进口下列货物，税率为10%：粮食等农产品、食用植物油、食用盐、自来水、暖气、冷气、热水、煤气、石油液化气、天然气、二甲醚、沼气、居民用煤炭制品、图书、报纸、杂志、音像制品、电子出版物、饲料、化肥、农机、农药、农膜以及国务院规定的其他货物。

（2）纳税人销售金融服务、增值电信服务、现代服务（租赁服务除外）、生活服务、无形资产（除土地使用权外），税率为6%。

（三）零税率

境内单位和个人发生的下列跨境应税行为，适用增值税零税率：

（1）国际运输服务。

（2）航天运输服务。

（3）向境外单位提供的完全在境外消费的下列服务：研发服务、合同能源管理服务、设计服务、广播影视节目（作品）的制作和发行服务、软件服务、电路设计及测试服务、信息系统服务、业务流程管理服务、离岸服务外包业务、转让技术等。

（4）财政部和国家税务总局规定的其他服务。

一般纳税人增值税税率表，如表2－1所示。

表 2-1　**一般纳税人增值税税率表**

<table>
<tr><th colspan="3">应税行为</th><th>具体范围</th><th>税率</th></tr>
<tr><td colspan="4">销售或进口货物（另有列举的货物除外）、提供加工修理修配劳务</td><td>16%</td></tr>
<tr><td colspan="4">粮食等农产品、食用植物油、食用盐、自来水、暖气、冷气、热水、煤气、石油液化气、天然气、二甲醚、沼气、居民用煤炭制品、图书、报纸、杂志、音像制品、电子出版物、饲料、化肥、农机、农药、农膜以及国务院规定的其他货物</td><td>10%</td></tr>
<tr><td rowspan="4">交通运输服务</td><td colspan="3">陆路运输服务</td><td rowspan="4">10%</td></tr>
<tr><td colspan="3">水路运输服务</td></tr>
<tr><td colspan="3">航空运输服务</td></tr>
<tr><td colspan="3">管道运输服务</td></tr>
<tr><td rowspan="3">邮政服务</td><td colspan="3">邮政普遍服务</td><td rowspan="3">10%</td></tr>
<tr><td colspan="3">邮政特殊服务</td></tr>
<tr><td colspan="3">其他邮政服务</td></tr>
<tr><td rowspan="2">电信服务</td><td colspan="3">基础电信服务</td><td>10%</td></tr>
<tr><td colspan="3">增值电信服务</td><td>6%</td></tr>
<tr><td rowspan="5">建筑服务</td><td colspan="3">工程服务</td><td rowspan="5">10%</td></tr>
<tr><td colspan="3">安装服务</td></tr>
<tr><td colspan="3">修缮服务</td></tr>
<tr><td colspan="3">装饰服务</td></tr>
<tr><td colspan="3">其他建筑服务</td></tr>
<tr><td rowspan="4">金融服务</td><td colspan="3">贷款服务</td><td rowspan="4">6%</td></tr>
<tr><td colspan="3">直接收费金融服务</td></tr>
<tr><td colspan="3">保险服务</td></tr>
<tr><td colspan="3">金融商品转让服务</td></tr>
<tr><td rowspan="10">现代服务</td><td colspan="3">研发和技术服务</td><td rowspan="4">6%</td></tr>
<tr><td colspan="3">信息技术服务</td></tr>
<tr><td colspan="3">文化创意服务</td></tr>
<tr><td colspan="3">物流辅助服务</td></tr>
<tr><td rowspan="2">租赁服务</td><td colspan="2">有形动产租赁服务</td><td>16%</td></tr>
<tr><td colspan="2">不动产租赁服务</td><td>10%</td></tr>
<tr><td colspan="3">鉴证咨询服务</td><td rowspan="4">6%</td></tr>
<tr><td colspan="3">广播影视服务</td></tr>
<tr><td colspan="3">商务辅助服务</td></tr>
<tr><td colspan="3">其他现代服务</td></tr>
</table>

续前表

<table>
<tr><th>应税行为</th><th colspan="2">具体范围</th><th>税率</th></tr>
<tr><td rowspan="6">生活服务</td><td colspan="2">文化体育服务</td><td rowspan="6">6%</td></tr>
<tr><td colspan="2">教育医疗服务</td></tr>
<tr><td colspan="2">旅游娱乐服务</td></tr>
<tr><td colspan="2">餐饮住宿服务</td></tr>
<tr><td colspan="2">居民日常服务</td></tr>
<tr><td colspan="2">其他生活服务</td></tr>
<tr><td rowspan="7">销售无形资产</td><td colspan="2">技术（专利和非专利技术）</td><td rowspan="5">6%</td></tr>
<tr><td colspan="2">商标</td></tr>
<tr><td colspan="2">著作权</td></tr>
<tr><td colspan="2">商誉</td></tr>
<tr><td colspan="2">其他权益性无形资产</td></tr>
<tr><td rowspan="2">自然资源使用权</td><td>海域使用权、探矿权、采矿权、取水权、其他自然资源使用权</td><td>6%</td></tr>
<tr><td>土地使用权</td><td>10%</td></tr>
<tr><td>销售不动产</td><td colspan="2">包括建筑物和构筑物</td><td>10%</td></tr>
</table>

二、征收率

增值税对小规模纳税人及一些特殊情况采用简易征收办法，对小规模纳税人及特殊情况适用的税率称为征收率。

（一）基本规定：3%

《营业税改征增值税试点实施办法》第十六条明确规定，增值税征收率为3%，财政部和国家税务总局另有规定的除外。

（1）小规模纳税人在我国境内销售货物、服务、无形资产或不动产，适用简易计税方法计税，增值税征收率为3%。

（2）一般纳税人发生特定应税行为，可以选择适用简易计税办法计税，增值税征收率为3%。

下列按简易办法征收增值税的优惠政策继续执行，不得抵扣进项税额：

1）纳税人销售自己使用过的物品，按下列政策执行：

a. 一般纳税人销售自己使用过的属于《增值税暂行条例》第十条规定不得抵扣且未抵扣进项税额的固定资产（动产），按照简易办法依照3%征收率减按2%征收增值税。

一般纳税人销售自己使用过的除固定资产（动产）以外的物品，应当按照适用税率征收增值税。

b. 小规模纳税人（除其他个人外，下同）销售自己使用过的固定资产（动产），减按2%征收率征收增值税。

小规模纳税人销售自己使用过的除固定资产（动产）以外的物品，应按3%的征收率征收增值税。

2）纳税人销售旧货，按照简易办法依照3%征收率减按2%征收增值税。

所称旧货，是指进入二次流通的具有部分使用价值的货物（含旧汽车、旧摩托车和旧游艇），但不包括自己使用过的物品。

上述纳税人销售自己使用过的固定资产（动产）、物品和旧货适用按照简易办法依3%征收率减按2%征收增值税的，按下列公式确定销售额和应纳税额：

销售额＝含税销售额÷(1＋3%)

应纳税额＝销售额×2%

3）一般纳税人销售自产的下列货物，可选择按照简易办法依照3%征收率计算缴纳增值税：

a. 县级及县级以下小型水力发电单位生产的电力。

b. 建筑用和生产建筑材料所用的砂、土、石料。

c. 以自己采掘的砂、土、石料或其他矿物连续生产的砖、瓦、石灰（不含黏土实心砖、瓦）。

d. 用微生物、微生物代谢产物、动物毒素、人或动物的血液或组织制成的生物制品。

e. 自来水。

f. 商品混凝土（仅限于以水泥为原料生产的水泥混凝土）。

g. 属于增值税一般纳税人的单采血浆站销售非临床用人体血液，可以按照简易办法依照3%征收率计算应纳税额，但不得对外开具增值税专用发票；也可以按照销项税额抵扣进项税额的办法依照增值税适用税率计算应纳税额。

一般纳税人选择简易办法计算缴纳增值税后，36个月内不得变更。

4）一般纳税人销售货物属于下列情形之一的，暂按简易办法依照3%征收率计算缴纳增值税：

a. 寄售商店代销寄售物品（包括居民个人寄售的物品在内）。

b. 典当业销售死当物品。

c. 经国务院或国务院授权机关批准的免税商店零售的物品。

（二）特别规定：5%

1. 可以选择按5%的征收率计算应纳税额的情形

（1）一般纳税人销售其2016年4月30日前取得的不动产。

（2）房地产开发企业中的一般纳税人销售自行开发的房地产老项目。

（3）一般纳税人出租其2016年4月30日前取得的不动产。

（4）一般纳税人提供人力资源外包服务。

（5）一般纳税人转让2016年4月30日前取得的土地使用权。

（6）一般纳税人2016年4月30日前签订的不动产融资租赁合同，或以2016年4月30日前取得的不动产提供的融资租赁服务。

2. 应该按5%的征收率计算应纳税额的情形

（1）小规模纳税人销售其取得的不动产。

（2）房地产开发企业中的小规模纳税人销售自行开发的房地产项目。

（3）其他个人销售其取得（不含自建）的不动产（不含其购买的住房）。

(4) 个人(含个体工商户)将购买不足2年的住房对外销售(北京市、上海市、广州市、深圳市之外地区)。

(5) 个人(含个体工商户)将购买不足2年的住房对外销售(北京市、上海市、广州市、深圳市)。

(6) 个人(含个体工商户)将购买2年以上(含2年)的非普通住房对外销售(北京市、上海市、广州市、深圳市)。

(7) 小规模纳税人出租其取得的不动产(不含个人出租住房)。

(8) 其他个人出租其取得的不动产(不含住房)。

(9) 个人出租住房,按5%的征收率减按1.5%计算应纳税额。

第四节　一般计税方法应纳税额的计算

增值税一般纳税人发生应税销售行为的应纳税额,除适用简易征税办法外的,均应适用一般计税方法,其应纳税额应等于当期销项税额抵扣当期进项税额后的余额。其计算公式如下:

当期应纳税额=当期销项税额－当期进项税额
　　　　　　=当期销售额×适用税率－当期进项税额

一、销项税额的计算

销项税额是指纳税人发生应税销售行为时,按照销售额与规定税率计算并向购买方收取的增值税税额。销项税额的计算公式为:

销项税额=销售额×适用税率

(一) 一般销售方式下的销售额

销售额是指纳税人发生应税销售行为向购买方(承受劳务和服务行为也视为购买方)收取的全部价款和价外费用,但不包括向购买方收取的销项税额。

价外费用,包括价外向购买方收取的手续费、补贴、基金、集资费、返还利润、奖励费、违约金、滞纳金、延期付款利息、赔偿金、代收款项、代垫款项、包装费、包装物租金、储备费、优质费、运输装卸费以及其他各种性质的价外收费。但下列项目不包括在内:

(1) 受托加工应征消费税的消费品所代收代缴的消费税。

(2) 同时符合以下条件的代垫运输费用:

1) 承运部门的运输费用发票开具给购买方。

2) 纳税人将该项发票转交给购买方。

(3) 同时符合以下条件代为收取的政府性基金或者行政事业性收费:

1) 由国务院或者财政部批准设立的政府性基金,由国务院或者省级人民政府及其财政、价格主管部门批准设立的行政事业性收费。

2) 收取时开具省级以上财政部门印制的财政票据。

3) 所收款项全额上缴财政。

(4) 销售货物的同时代办保险等而向购买方收取的保险费,以及向购买方收取的代购

买方缴纳的车辆购置税、车辆牌照费。

凡随同应税销售行为向购买方收取的价外费用，无论其会计制度如何核算，均应并入销售额计算应纳税额。对增值税一般纳税人（包括纳税人自己或代其他部门）向购买方收取的价外费用和逾期包装物押金，应视为含税收入，在征税时应换算成不含税收入再并入销售额。

销售额以人民币计算。纳税人以人民币以外的货币结算销售额的，应当折合成人民币计算。折合率可以选择销售额发生的当天或者当月 1 日的人民币汇率中间价。纳税人应当在事先确定采用何种折合率，确定后 12 个月内不得变更。

（二）特殊销售方式下的销售额

1. 采取折扣方式销售

折扣销售，也叫商业折扣，是指销货方在发生应税销售行为时，因购货方购货数量较大等原因而给予购货方的价格优惠（如购买 1 000 件产品，销售价格折扣 5%；购买 2 000 件，折扣 10%等）。这里需要解释的是：

第一，折扣销售不同于销售折扣。销售折扣，也叫现金折扣，是指发生应税销售行为后，为了鼓励购货方尽早偿还货款而协议许诺给予购货方的一种折扣优待（如 10 天内付款，货款折扣 2%；20 天内付款，货款折扣 1%；30 天内则全价付款）。销售折扣发生在销货之后，是一种融资性质的理财费用，因此，销售折扣不得从销售额中扣减。

第二，销售折扣又不同于销售折让。销售折让是指货物销售后，由于其品种、质量等原因购货方未予退货，但销货方需给予购货方的一种价格折让。销售折让与销售折扣相比较，虽然都是在货物销售后发生的，但因为销售折让是由于货物的品种和质量引起的销售额的减少，因此，销售折让可以折让后的货款为销售额。

第三，折扣销售仅限于货物价格的折扣，如果销货者将自产、委托加工和购买的货物用于实物折扣的，则该实物款额不能从货物销售额中减除，且该实物应按增值税条例“视同销售货物”中的“无偿赠送”计算征收增值税。

税法规定，纳税人采取折扣方式销售货物或提供应税劳务和发生应税行为，如果销售额和折扣额在同一张发票上分别注明的，可按折扣后的销售额征收增值税。销售额和折扣额在同一张发票上分别注明是指销售额和折扣额在同一张发票上的“金额”栏分别注明，则可按折扣后的销售额征收增值税。未在同一张发票的“金额”栏注明折扣额，而仅在发票的“备注”栏注明折扣额的，折扣额不得从销售额中减除。

2. 采取以旧换新方式销售

以旧换新是指纳税人在销售自己的货物时，有偿收回旧货物的行为。

税法规定，采取以旧换新方式销售货物的，应按新货物的同期销售价格确定销售额，不得扣减旧货物的收购价格。

考虑到金银首饰以旧换新业务的特殊情况，对金银首饰以旧换新业务，可以按销售方实际收取的不含增值税的全部价款征收增值税。

3. 采取还本销售方式销售

还本销售是指纳税人在销售货物后，到一定期限由销售方一次或分次退还给购货方全部或部分价款，退还的货款即为还本支出。

税法规定，采取还本销售方式销售货物，其销售额就是货物的销售价格，不得从销售

额中减除还本支出。

4. 采取以物易物方式销售

以物易物是一种较为特殊的购销活动，是指购销双方不是以货币结算，而是以同等价款的货物相互结算，实现货物购销的一种方式。

税法规定，以物易物双方都应作购销处理，以各自发出的货物核算销售额并计算销项税额，以各自收到的货物按规定核算购货额并计算进项税额。应注意，在以物易物活动中，应分别开具合法的票据，如收到的货物不能取得相应的增值税专用发票或其他合法票据的，不能抵扣进项税额。

5. 包装物押金的税务处理

纳税人销售货物时另收取包装物押金，目的是促使购货方及早退回包装物以便周转使用。

税法规定，纳税人为销售货物而出租出借包装物收取的押金，单独记账核算的，时间在1年以内，又未过期的，不并入销售额征税，但对因逾期未收回包装物不再退还的押金，应按所包装货物的适用税率计算销项税额。

上述规定中，“逾期”是指按合同约定实际逾期或以1年为期限，对收取1年以上的押金，无论是否退还均并入销售额征税。在将包装物押金并入销售额征税时，需要先将该押金换算为不含税金额。纳税人为销售货物出租出借包装物而收取的押金，无论包装物周转使用期限长短，超过1年（含1年）以上仍不退还的均并入销售额征税。

国家税务总局国税发〔1995〕192号文件规定，从1995年6月1日起，对销售除啤酒、黄酒外的其他酒类产品而收取的包装物押金，无论是否返还以及会计上如何核算，均应并入当期销售额征税。对销售啤酒、黄酒所收取的押金，按上述一般押金的规定处理。另外，包装物押金不应混同于包装物租金，包装物租金在销货时作为价外费用并入销售额计算销项税额。

6. 销售已使用过的固定资产的税务处理

（1）销售已使用过的固定资产（动产）的税务处理。

自2009年1月1日起，增值税一般纳税人销售自己使用过的固定资产（动产），应区分不同情形征收增值税：

1）销售自己使用过的2009年1月1日以后购进或者自制的固定资产（动产），按照适用税率征收增值税。

2）2008年12月31日以前未纳入扩大增值税抵扣范围试点的纳税人，销售自己使用过的2008年12月31日以前购进或者自制的固定资产（动产），按照3%的征收率减按2%征收增值税。

3）2008年12月31日以前已纳入扩大增值税抵扣范围试点的纳税人，销售自己使用过的在本地区扩大增值税抵扣范围试点以前购进或者自制的固定资产（动产）按照3%的征收率减按2%征收增值税。

4）对于纳税人发生固定资产（动产）视同销售行为，对已使用过的固定资产（动产）无法确定销售额的，以固定资产（动产）净值为销售额。

5）按照“营改增”规定认定的一般纳税人，销售自己使用过的本地区试点实施之日（含）以后购进或自制的固定资产（动产），按照适用税率征收增值税；销售自己使用过的本地区试点实施之日以前购进或者自制的固定资产（动产），按照3%的征收率减按2%征收增值税。

（2）销售已使用过的固定资产（不动产）的税务处理。

见本节转让不动产的征收管理相关内容。

7. 直销企业的税务处理

直销企业先将货物销售给直销员，直销员再将货物销售给消费者，直销企业的销售额为其向直销员收取的全部价款和价外费用。直销员将货物销售给消费者时，应按照现行规定缴纳增值税。

直销企业通过直销员向消费者销售货物，直接向消费者收取货款，直销企业的销售额为其向消费者收取的全部价款和价外费用。

8. 视同发生应税销售行为销售额的确定

税法规定，对视同发生应税销售行为价格明显偏低或者偏高且不具有合理商业目的的，或者发生应税销售行为而无销售额的，主管税务机关有权按照下列顺序确定其销售额：

（1）按纳税人最近时期发生同类应税销售行为的平均价格确定。

（2）按其他纳税人最近时期发生同类应税销售行为的平均价格确定。

（3）按组成计税价格确定。组成计税价格的公式为：

$$组成计税价格=成本\times(1+成本利润率)$$

征收增值税的货物，同时又征收消费税的，其组成计税价格中还应加上消费税税额。其组成计税价格公式为：

$$组成计税价格=成本\times(1+成本利润率)+消费税税额$$

或：$$组成计税价格=\frac{成本\times(1+成本利润率)}{1-消费税税率}$$

或：$$组成计税价格=\frac{成本\times(1+成本利润率)+课税数量\times消费税定额税率}{1-消费税税率}$$

公式中的“成本”是指销售自产货物的实际生产成本，销售外购货物的为实际采购成本。成本利润率由国家税务总局确定，一般为10%。但属于应采用从价定率征收或者复合计征消费税的货物，其组成计税价格公式中的成本利润率，为国家税务总局确定的成本利润率。

9. 转让不动产的征收管理

一般纳税人转让其直接购买、接受捐赠、接受投资入股、自建以及抵债等各种形式取得的不动产，按照以下规定缴纳增值税：

（1）一般纳税人转让其2016年4月30日前取得（不含自建）的不动产，可以选择适用简易计税方法计税，以取得的全部价款和价外费用扣除不动产购置原价或者取得不动产时的作价后的余额为销售额，按照5%的征收率计算应纳税额。

（2）一般纳税人转让其2016年4月30日前自建的不动产，可以选择适用简易计税方法计税，以取得的全部价款和价外费用为销售额，按照5%的征收率计算应纳税额。

（3）一般纳税人转让其2016年4月30日前取得（不含自建）的不动产，选择适用一般计税方法计税的，以取得的全部价款和价外费用为销售额计算应纳税额。

（4）一般纳税人转让其 2016 年 4 月 30 日前自建的不动产，选择适用一般计税方法计税的，以取得的全部价款和价外费用为销售额计算应纳税额。

（5）一般纳税人转让其 2016 年 5 月 1 日后取得（不含自建）的不动产，适用一般计税方法，以取得的全部价款和价外费用为销售额计算应纳税额。

（6）一般纳税人转让其 2016 年 5 月 1 日后自建的不动产，适用一般计税方法，以取得的全部价款和价外费用为销售额计算应纳税额。

10. “营改增”后差额征收管理办法

（1）一般纳税人跨县（市）提供建筑服务，适用一般计税方法计税的，应以取得的全部价款和价外费用为销售额计算应纳税额。纳税人应以取得的全部价款和价外费用扣除支付的分包款后的余额，按照 2%的预征率在建筑服务发生地预缴税款后，向机构所在地主管税务机关进行纳税申报。

（2）纳税人提供建筑服务适用简易计税方法的，以取得的全部价款和价外费用扣除支付的分包款后的余额为销售额。

1）小规模纳税人跨县（市）提供建筑服务，应以取得的全部价款和价外费用扣除支付的分包款后的余额为销售额，按照 3%的征收率计算应纳税额。

2）一般纳税人为建筑工程老项目提供的建筑服务，可以选择适用简易计税方法计税。建筑工程和房地产老项目，是指：

一般纳税人跨县（市）提供建筑服务，选择适用简易计税方法计税的，应以取得的全部价款和价外费用扣除支付的分包款后的余额为销售额，按照 3%的征收率计算应纳税额。

纳税人应按照上述 1）、2）计税方法在建筑服务发生地预缴税款后，向机构所在地主管税务机关进行纳税申报。

（3）房地产开发企业中的一般纳税人销售其开发的房地产项目（选择简易计税方法的房地产老项目除外），以取得的全部价款和价外费用，扣除受让土地时向政府部门支付的土地价款后的余额为销售额。

（4）一般纳税人销售其 2016 年 4 月 30 日前取得的不动产（不含自建），适用一般计税方法计税的，以取得的全部价款和价外费用为销售额计算应纳税额。上述纳税人应以取得的全部价款和价外费用减去该项不动产购置原价或者取得不动产时的作价后的余额，按照 5%的预征率向不动产所在地的主管税务机关预缴增值税，向机构所在地的主管税务机关进行纳税申报。

（5）一般纳税人销售其 2016 年 4 月 30 日前取得（不含自建）的不动产，可以选择适应简易计税方法，以全部收入减去该项不动产购置原价或者取得不动产时的作价后的余额，按照 5%的预征率向不动产所在地的主管地税机关预缴税款，向机构所在地的主管国税机关进行纳税申报。

（6）一般纳税人销售其 2016 年 5 月 1 日后取得（不含自建）的不动产，应适用一般计税方法，以取得的全部价款和价外费用为销售额计算应纳税额。纳税人应以取得的全部价款和价外费用减去该项不动产购置原价或者取得不动产时的作价后的余额，按照 5%的预征率向不动产所在地的主管地税机关预缴税款，向机构所在地的主管国税机关进行纳税申报。

(7) 小规模纳税人销售其取得（不含自建）的不动产（不含个体工商户销售购买的住房和其他个人销售不动产），应以取得的全部价款和价外费用减去该项不动产购置原价或者取得不动产时的作价后的余额为销售额，按照5%的征收率计算应纳税额。纳税人应按照上述计税方法向不动产所在地的主管地税机关预缴税款，向机构所在地主管国税机关进行纳税申报。

(8) 其他个人销售其取得（不含自建）的不动产（不含其购买的住房），应以取得的全部价款和价外费用减去该项不动产购置原价或者取得不动产时的作价后的余额为销售额，按照5%的征收率向不动产所在地的主管地税机关申报缴纳增值税。

(9) 北京市、上海市、广州市和深圳市，个体工商户和个人销售购买的住房，将购买不足2年的住房对外销售的，按照5%的征收率全额缴纳增值税；将购买2年以上（含2年）的非普通住房对外销售的，以销售收入减去购买住房价款后的差额按照5%的征收率缴纳增值税；个人将购买2年以上（含2年）的普通住房对外销售的，免征增值税。

(10) 金融商品转让，按照卖出价扣除买入价后的余额为销售额。

1) 转让金融商品出现的正负差，按盈亏相抵后的余额为销售额。

2) 若盈亏相抵后出现负差，可结转下一纳税期与下期转让金融商品销售额相抵，但年末时仍出现负差的，不得转入下一个会计年度。

3) 金融商品的买入价，可以选择按照加权平均法或者移动加权平均法进行核算，选择后36个月内不得变更。

4) 金融商品转让，不得开具增值税专用发票。

(11) 中国证券登记结算公司的销售额，不包括以下资金项目：按规定提取的证券结算风险基金；代收代付的证券公司资金交收违约垫付资金利息；结算过程中代收代付的资金交收违约罚息。

(12) 经纪代理服务，以取得的全部价款和价外费用，扣除向委托方收取并代为支付的政府性基金或者行政事业性收费后的余额为销售额。

向委托方收取的政府性基金或者行政事业性收费，不得开具增值税专用发票。

(13) 纳税人提供旅游服务，以取得的全部价款和价外费用，扣除向旅游服务购买方收取并支付给其他单位或者个人的住宿费、餐饮费、交通费、签证费、门票费和支付给其他接团旅游企业的旅游费用后的余额为销售额。

选择上述办法计算销售额的纳税人，向旅游服务购买方收取并支付的上述费用，不得开具增值税专用发票，可以开具普通发票。

(14) 融资租赁和融资性售后回租业务。

1) 经人民银行、银监会或者商务部批准从事融资租赁业务的试点纳税人，提供融资租赁服务，以收取的全部价款和价外费用，扣除支付的借款利息、发行债券利息和车辆购置税后的余额为销售额。

2) 经人民银行、银监会或者商务部批准从事融资租赁业务的试点纳税人，提供融资性售后回租服务，以取得的全部价款和价外费用（不含本金），扣除对外支付的借款利息、发行债券利息后的余额作为销售额。

3) 试点纳税人根据2016年4月30日前签订的有形动产融资性售后回租合同，在合同到期前提供的有形动产融资性售后回租服务，可继续按照有形动产融资租赁服务缴纳增

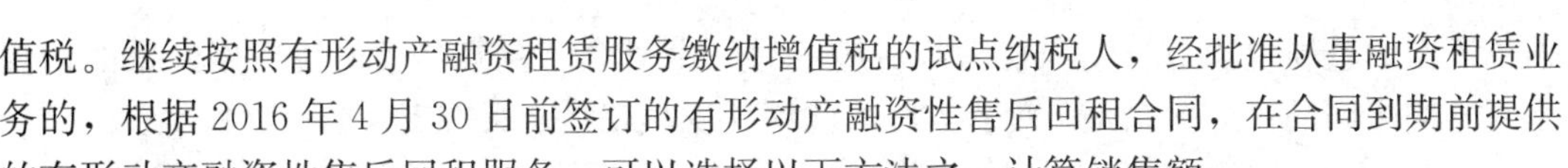

值税。继续按照有形动产融资租赁服务缴纳增值税的试点纳税人，经批准从事融资租赁业务的，根据 2016 年 4 月 30 日前签订的有形动产融资性售后回租合同，在合同到期前提供的有形动产融资性售后回租服务，可以选择以下方法之一计算销售额：

一是以向承租方收取的全部价款和价外费用，扣除向承租方收取的价款本金，以及对外支付的借款利息（包括外汇借款和人民币借款利息）、发行债券利息后的余额为销售额。

二是以向承租方收取的全部价款和价外费用，扣除支付的借款利息（包括外汇借款和人民币借款利息）、发行债券利息后的余额为销售额。

4）经商务部授权的省级商务主管部门和国家经济技术开发区批准的从事融资租赁业务的试点纳税人，2016 年 5 月 1 日后实收资本达到 1.7 亿元的，从达到标准的当月起按照上述第 1）、2）、3）点规定执行；2016 年 5 月 1 日后实收资本未达到 1.7 亿元但注册资本达到 1.7 亿元的，在 2016 年 7 月 31 日前仍可按照上述第 1）、2）、3）点规定执行，2016 年 8 月 1 日后开展的融资租赁业务和融资性售后回租业务不得按照上述第 1）、2）、3）点规定执行。

（15）航空运输企业的销售额，不包括代收的机场建设费和代售其他航空运输企业客票而代收转付的价款。

（16）一般纳税人提供客运场站服务，以其取得的全部价款和价外费用，扣除支付给承运方运费后的余额为销售额。

（17）中国移动通信集团公司、中国联合网络通信集团有限公司、中国电信集团公司及其成员单位通过手机短信公益特服号为公益性机构接受捐款，以其取得的全部价款和价外费用，扣除支付给公益性机构捐款后的余额为销售额。其接受的捐款，不得开具增值税专用发票。

（18）劳务派遣公司为了满足用工单位对于各类灵活用工的需求，将员工派遣至用工单位，接受用工单位管理并为其工作的服务为劳务派遣服务。

1）一般纳税人提供劳务派遣服务，可以选择差额纳税，以取得的全部价款和价外费用，扣除代用工单位支付给劳务派遣员工的工资、福利和为其办理社会保险及住房公积金后的余额为销售额，按照简易计税方法依 5%的征收率计算缴纳增值税。

2）小规模纳税人提供劳务派遣服务，可以选择差额纳税，以取得的全部价款和价外费用，扣除代用工单位支付给劳务派遣员工的工资、福利和为其办理社会保险及住房公积金后的余额为销售额，按照简易计税方法依 5%的征收率计算缴纳增值税。

（19）纳税人提供人力资源外包服务，按照经纪代理服务缴纳增值税，其销售额不包括受客户单位委托代为向客户单位员工发放的工资和代理缴纳的社会保险、住房公积金。

（三）含税销售额的换算

增值税是价外税，计税依据中不含增值税本身的数额。一般纳税人发生应税销售行为取得的含税销售额在计算销项税额时，必须将其换算为不含税的销售额。按以下公式进行换算：

$$不含税销售额=\frac{含税销售额}{1+适用税率}$$

二、进项税额的计算

进项税额是指纳税人购进货物、劳务、服务、无形资产、不动产所支付或者负担的增值税税额。进项税额是与销项税额相对应的另一个概念。在开具增值税专用发票的情况下，它们之间的对应关系是，销售方收取的销项税额就是购买方支付的进项税额。

（一）准予从销项税额中抵扣的进项税额

根据《增值税暂行条例》和“营改增”的规定，准予从销项税额中抵扣的进项税额，限于下列增值税扣税凭证上注明的增值税税额和按规定的扣除率计算的进项税额：

（1）从销售方取得的增值税专用发票上注明的增值税额。

（2）从海关取得的海关进口增值税专用缴款书上注明的增值税额。

（3）纳税人购进农产品的抵扣政策。

1）纳税人购进农产品，取得一般纳税人开具的增值税专用发票或海关进口增值税专用缴款书的，以增值税专用发票或海关进口增值税专用缴款书上注明的增值税额为进项税额。

2）从按照简易计税方法依照3%征收率计算缴纳增值税的小规模纳税人取得增值税专用发票的，以增值税专用发票上注明的金额和10%的扣除率计算进项税额。

3）取得（开具）农产品销售发票或收购发票的，以农产品销售发票或收购发票上注明的农产品买价和10%的扣除率计算进项税额。进项税额计算公式为：

进项税额＝买价×扣除率

上述公式中购买农产品的买价，包括纳税人购进农产品在农产品收购发票或者销售发票上注明的价款和按规定缴纳的烟叶税。

对纳税人按规定缴纳的烟叶税，准予并入烟叶产品的买价计算增值税的进项税额，并在计算缴纳增值税时予以抵扣。即购进烟叶准予抵扣的增值税进项税额，按照规定的烟叶收购金额和烟叶税及法定扣除率计算。烟叶收购金额包括纳税人支付给烟叶销售者的烟叶收购价款和价外补贴，价外补贴统一暂按烟叶收购价款的10%计算。计算公式如下：

烟叶收购金额＝烟叶收购价款×(1＋10%)

烟叶税应纳税额＝烟叶收购金额×烟叶税税率(20%)

准予抵扣的进项税额＝(烟叶收购金额＋烟叶税应纳税额)×扣除率

4）纳税人购进用于生产销售或委托加工16%税率货物的农产品，按照12%的扣除率计算进项税额。

（4）增值税一般纳税人取得的小规模纳税人由税务机关代开的增值税专用发票，按增值税专用发票注明的税额抵扣进项税额。

（5）纳税人接受境外单位或者个人提供的应税行为，从税务机关或者境内代理人取得的解缴税款的中华人民共和国税收缴款凭证上注明的增值税额，准予从销项税额中抵扣。

（6）增值税一般纳税人2016年5月1日后取得并在会计制度上按固定资产核算的不动产，以及2016年5月1日后发生的不动产在建工程，可凭取得的增值税专用发票抵扣进项税额，其进项税额应按照有关规定分2年从销项税额中抵扣，第一年抵扣比例为60%，第二年抵扣比例为40%。上述进项税额中，60%的部分于取得扣税凭证的当期从销项税额中抵扣；40%的部分为待抵扣进项税额，于取得扣税凭证的当月起第13个月从销项税额中抵扣。

（二）不得从销项税额中抵扣的进项税额

纳税人购进货物、劳务、服务、无形资产、不动产，取得的增值税扣税凭证不符合法律、行政法规或者国务院税务主管部门有关规定的，其进项税额不得从销项税额中抵扣。所称增值税扣税凭证，是指增值税专用发票、海关进口增值税专用缴款书、农产品收购发票和农产品销售发票以及从税务机关或者境内代理人取得的解缴税款的税收缴款凭证及增值税法律法规允许抵扣的其他扣税凭证。

按税法规定，下列项目的进项税额不得从销项税额中抵扣：

(1) 用于简易计税办法计税项目、免征增值税项目、集体福利或者个人消费的购进货物、加工修理修配劳务、服务、无形资产和不动产。

(2) 购进的旅客运输服务、贷款服务、餐饮服务、居民日常服务和娱乐服务。

(3) 非正常损失的购进货物及相关的应税劳务。非正常损失，是指因管理不善造成被盗、丢失、霉烂变质的损失以及被执法部门依法没收或者强令自行销毁的货物。

1) 非正常损失的购进货物以及相关的加工修理修配劳务和交通运输服务。

2) 非正常损失的在产品、产成品所耗用的购进货物（不包括固定资产）、劳务和交通运输服务。

3) 非正常损失的不动产，以及该不动产所耗用的购进货物、设计服务和建筑服务。

4) 非正常损失的不动产在建工程所耗用的购进货物、设计服务和建筑服务。

(4) 纳税人接受贷款服务向贷款方支付的与该笔贷款直接相关的投融资顾问费、手续费、咨询费等费用，其进项税额不得从销项税额中抵扣。

(5) 财政部和国家税务总局规定的其他情形。

三、应纳税额计算的相关规定

(一) 时间限定

1. 计算销项税额的时间限定（纳税义务发生时间）

关于销项税额的确定时间，总的原则是：销项税额的确定不得滞后。

(1) 应税销售行为纳税义务发生时间的一般规定。

1) 纳税人发生应税销售行为，其纳税义务发生时间为收讫销售款项或者取得索取销售款项凭据的当天；先开具发票的，为开具发票的当天。收讫销售款项，是指纳税人发生应税销售行为过程中或者完成后收到的款项。取得索取销售款项凭据的当天，是指书面合同确定的付款日期；未签订书面合同或者书面合同未确定付款日期的，为应税销售行为完成的当天或者不动产权属变更的当天。

2) 进口货物，为报关进口的当天。

3) 增值税扣缴义务发生时间为纳税人增值税纳税义务发生的当天。

(2) 应税销售行为纳税义务发生时间的具体规定。

1) 采取直接收款方式销售货物，不论货物是否发出，均为收到销售款项或者取得索取销售款项凭据的当天。

纳税人生产经营活动中采取直接收款方式销售货物，已将货物移送对方并暂估销售收入入账，但既未取得销售款或取得索取销售款凭据，也未开具销售发票的，其增值税纳税义务发生时间为取得销售款或取得索取销售款凭据的当天；先开具发票的，为开具发票的当天。

2) 采取托收承付和委托银行收款方式销售货物的，为发出货物并办妥托收手续的当天。

3）采取赊销和分期收款方式销售货物的，为书面合同约定的收款日期的当天，无书面合同的或者书面合同没有约定收款日期的，为货物发出的当天。

4）采取预收货款方式销售货物的，为货物发出的当天，但生产销售生产工期超过12个月的大型机械设备、船舶、飞机等货物，为收到预收款或者书面合同约定的收款日期的当天。

5）委托其他纳税人代销货物，为收到代销单位的代销清单或者收到全部或者部分货款的当天；未收到代销清单及货款的，为发出代销货物满180天的当天。

6）销售劳务，为提供劳务同时收讫销售款或取得索取销售款的凭据的当天。

7）纳税人发生除将货物交付其他单位或者个人代销和销售代销货物以外的视同销售货物行为，为货物移送的当天。

8）纳税人提供建筑服务、租赁服务，采取预收款方式的，其纳税义务发生时间为收到预收款的当天。

9）纳税人从事金融商品转让的，为金融商品所有权转移的当天。

10）纳税人发生视同销售服务、无形资产或者不动产情形的，其纳税义务发生时间为服务、无形资产转让完成的当天或者不动产权属变更的当天。

2. 进项税额抵扣的时间限定

关于进项税额的抵扣时间，总的原则是：进项税额的抵扣不得提前。

（1）防伪税控专用发票。

税法规定，增值税一般纳税人取得2010年1月1日以后开具的增值税专用发票、货物运输业增值税专用发票和机动车销售统一发票，应在开具之日起180日内到税务机关办理认证，并在认证通过的次月申报期内，向主管税务机关申报抵扣进项税额。

注意：根据国家税务总局的规定，从2016年7月1日起，停用货物运输业增值税专用发票，在此之后增值税一般纳税人提供货物运输服务，统一使用增值税专用发票。

（2）海关进口增值税专用缴款书。

我国对海关进口增值税专用缴款书实行“先比对后抵扣”的管理办法：纳税人进口货物取得的属于增值税扣税范围的海关缴款书，应自开具之日起180天内向主管税务机关报送“海关完税凭证抵扣清单”（电子数据），申请稽核比对，逾期未申请的，其进项税额不予抵扣。

3. 未按期申报抵扣增值税扣税凭证抵扣管理办法

增值税一般纳税人取得的增值税扣税凭证已认证或已采集上报信息但未按照规定期限申报抵扣；实行纳税辅导期管理的增值税一般纳税人以及实行海关进口增值税专用缴款书“先比对后抵扣”管理办法的增值税一般纳税人，取得的增值税扣税凭证稽核比对结果相符但未按规定期限申报抵扣，属于发生真实交易且符合规定的客观原因的，经主管税务机关审核，允许纳税人继续申报抵扣其进项税额。

（二）计算应纳税额时进项税额不足抵扣的处理

由于增值税实行购进扣税法，有时企业当期购进的货物很多，在计算应纳税额时会出现当期销项税额小于当期进项税额不足抵扣的情况。根据税法规定，当期进项税额不足抵扣的部分可以结转下期继续抵扣。

（三）扣减发生期进项税额的规定

由于增值税实行以当期进项税额抵扣当期销项税额的“购进扣税法”，当期购进的货物、劳务、服务、无形资产、不动产如果事先并未确定将用于不得抵扣进项税额项目，其进项税额会在当期销项税额中予以抵扣。但已抵进项税额的购进货物、劳务、服务、无形资产、不动产如果事后改变用途，用于简易计税办法计税项目、用于免征增值税项目、用于集体福利或者个人消费、购进货物发生非正常损失、在产品或产成品发生非正常损失，应当将该项购进货物、劳务、服务、无形资产、不动产的进项税额从当期的进项税额中扣减；无法确定该项进项税额的，按当期实际成本计算应扣减的进项税额。

（四）销售退回、中止或折让涉及销项税额和进项税额的税务处理

一般纳税人发生应税销售行为，开具增值税专用发票后，应税销售行为发生退回或者折让、开票有误等情形，应按国家税务总局的规定开具红字增值税专用发票，将发生的或折让部分的增值税额从当期销项税额中扣减；同时，购进货物、劳务、服务、无形资产、不动产或者折让而收回的增值税额，应从发生应税销售行为退出或者折让当期的进项税额中扣减。

对于一些企业在发生购进货物、劳务、服务、无形资产、不动产退出或折让并收回价款和增值税额时，没有相应减少当期进项税额，造成进项税额虚增，减少纳税的现象，都将被认定为是逃避缴纳税款的行为，并按逃避缴纳税款予以处罚。

（五）向供货方取得返还收入的税务处理

自2004年7月1日起，对商业企业向供货方收取的各种返还收入，均应按照平销返利行为的有关规定冲减当期增值税进项税额。应冲减进项税额的计算公式为：

$$当期应冲减进项税额=\frac{当期取得的返还资金}{1+所购货物适用增值税税率}\times 所购货物适用增值税税率$$

商业企业向供货方收取的各种返还收入，一律不得开具增值税专用发票。

（六）一般纳税人注销时进项税额的处理

一般纳税人注销或取消辅导期一般纳税人资格，转为小规模纳税人时，其存货不作进项税额转出处理，其留抵税额也不予以退税。

（七）关于增值税税控系统专用设备和技术维护费用抵减增值税税额的有关政策

（1）增值税纳税人2011年12月1日（含，下同）以后初次购买增值税税控系统专用设备支付的费用，可凭购买增值税税控系统专用设备取得的增值税专用发票，在增值税应纳税额中全额抵减（抵减额为价税合计额），不足抵减的可结转下期继续抵减。增值税纳税人非初次购买增值税税控系统专用设备支付的费用，由其自行负担，不得在增值税应纳税额中抵减。

（2）增值税纳税人2011年12月1日以后缴纳的技术维护费（不含补缴的2011年11月30日以前的技术维护费），可凭技术维护服务单位开具的技术维护费发票，在增值税应纳税额中全额抵减，不足抵减的可结转下期继续抵减。

（3）增值税一般纳税人支付的上述两项费用在增值税应纳税额中全额抵减的，其增值税专用发票不作为增值税抵扣凭证，其进项税额不得从销项税额中抵扣。

四、应纳税额的计算举例

【例2-1】 成都市某卷烟厂为增值税一般纳税人，2018年10月发生如下经济业务：

(1) 向农业生产者收购烟叶 100 吨用于生产卷烟，并按规定给予生产者 10%的价外补贴，取得的销售发票上注明每吨收购价款为 25 000 元；同时取得运输公司开具的增值税专用发票上注明的运费为 110 000 元、税额 11 000 元。

(2) 向某烟草专卖店销售甲类卷烟 300 标准箱，每箱含税售价为 23 200 元，共计含税销售额 6 960 000 元。由于专卖店提前支付价款，卷烟厂给予其 2%的销售折扣并于当月入账。此外，取得运输公司开具的增值税专用发票上注明的运费为 150 000 元、税额 15 000 元。

(3) 将对外销售同品牌的甲类卷烟 10 标准箱以每箱含税售价 9 360 元销售给本厂职工，开具普通发票，共计取得含税销售额 93 600 元。

(4) 将自产的新品种乙类卷烟 100 标准箱作为实物投资给某商贸公司，每箱生产成本为 11 400 元，市场上无同类产品售价。

(5) 月末盘点时发现，由于管理不善，上月购进的烟叶霉烂变质 3 吨，该烟叶购进成本与本月购进成本相同。

(6) 出租货运汽车，开具普通发票取得含税租金收入 58 000 元。

(7) 上述业务涉及的相关票据均已通过主管税务机关比对认证。

已知卷烟消费税实行复合计征，乙类卷烟的消费税比例税率为 36%，定额税率为 150 元/标准箱，乙类卷烟的成本利润率为 15%。

计算该卷烟厂 10 月应缴纳的增值税税额。

【答案解析】

业务 (1) 可抵扣的进项税额＝100×25 000× (1＋10%) × (1＋20%) ×12%＋11 000＝407 000 (元)。

业务 (2) 的销项税额＝6 960 000÷ (1＋16%) ×16%＝960 000 (元)；运费可抵扣的进项税额＝15 000 (元)。

业务 (3) 的销项税额＝10×23 200÷ (1＋16%) ×16%＝32 000 (元)。

业务 (4) 的销项税额＝［100×11 400× (1＋15%) ＋100×150］÷ (1－36%) ×16%＝331 500 (元)。

业务 (5) 转出进项税额＝3×25 000× (1＋10%) × (1＋20%) ×12%＋11 000×3÷100＝12 210 (元)。

业务 (6) 的销项税额＝58 000÷ (1＋16%) ×16%＝8 000 (元)。

本月应纳增值税＝960 000＋32 000＋331 500＋8 000－ (407 000＋15 000－12 210) ＝921 710 (元)。

【例 2－2】 位于某县城的某运输公司为增值税一般纳税人，具备国际运输资质，2018 年 10 月发生如下经济业务：

(1) 国内运送旅客，按售票统计取得价税合计金额 193.6 万元；运送旅客至境外，按售票统计取得价税合计金额 53.28 万元。

(2) 运送货物，开具增值税专用发票注明运输收入金额 260 万元、装卸收入金额 18 万元。

(3) 提供仓储服务，开具增值税专用发票注明仓储收入金额 70 万元、装卸收入金额 6 元。

(4) 修理、修配各类车辆，开具普通发票注明价税合计金额 31.59 万元。

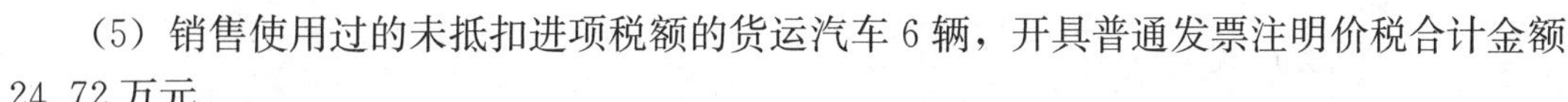

(5) 销售使用过的未抵扣进项税额的货运汽车 6 辆，开具普通发票注明价税合计金额 24.72 万元。

(6) 购进小汽车 4 辆自用，每辆单价 16 万元，取得销售公司开具的增值税专用发票注明金额 64 万元，另支付销售公司运输费用，取得运输公司开具的增值税专用发票注明运费金额 4 万元。

(7) 购进汽油取得增值税专用发票注明金额 10 万元，其中 90%用于公司运送旅客，10%用于公司接送员工上下班；购进矿泉水一批，取得增值税专用发票注明金额 2 万元，其中 70%赠送给公司运送的旅客，30%用于公司集体福利。

假定上述业务涉及的相关票据均已通过主管税务机关比对认证。

计算该运输公司本月应缴纳的增值税。(计算结果保留两位小数)

【答案解析】

业务 (1) 的销项税额＝193.6÷ (1＋10%) ×10%＝17.6 (万元)，运输至境外适用零税率。

业务 (2) 的销项税额＝260×10%＋18×6%＝27.08 (万元)。

业务 (3) 的销项税额＝ (70＋6) ×6%＝4.56 (万元)。

业务 (4) 的销项税额＝31.59÷ (1＋16%) ×16%＝4.36 (万元)。

业务 (5) 应缴纳的增值税＝24.72÷ (1＋3%) ×2%＝0.48 (万元)。

业务 (6) 购进小汽车可抵扣的进项税额＝64×16%＋4×10%＝10.64 (万元)。

业务 (7) 购进汽油、矿泉水可抵扣的进项税额＝10×16%×90%＋2×16%×70%＝1.66 (万元)。

本月应纳增值税＝ (17.6＋27.08＋4.56＋4.36) － (10.64＋1.66) ＋0.48＝41.78 (万元)。

第五节　简易计税及特殊经营行为的税务处理

一、简易计税应纳税额的计算

小规模纳税人发生增值税纳税义务、一般纳税人适用简易计税方法的，应按照销售额和征收率计算应纳税额，并不得抵扣进项税额。其应纳税额的计算公式是：

应纳税额＝销售额×征收率

上述销售额不包括其应纳的增值税税额，纳税人采用销售额和应纳增值税税额合并定价方法的，按照下列公式计算销售额：

销售额＝含税销售额÷(1＋征收率)

这里需要解释两点：第一，按简易计税方法取得的销售额指销售货物或提供应税劳务和发生应税行为向购买方收取的全部价款和价外费用，但是不包括按 3%或 5%的征收率收取的增值税税额；第二，按简易计税方法计税不得抵扣进项税额。

自 2004 年 12 月 1 日起，增值税小规模纳税人购置税控收款机，经主管税务机关审核批准后，可凭购进税控收款机取得的增值税专用发票，按照发票上注明的增值税额，抵免当期应纳增值税，或者按照购进税控收款机取得的普通发票上注明的价款，依下列公式计算可抵免的税额：

$$可抵免的税额=\frac{价款}{1+16\%}\times16\%$$

当期应纳税额不足抵免的，未抵免的部分可在下期继续抵免。

【例 2-3】 某企业为小规模纳税人，主要从事汽车修理和装饰业务。2018 年 10 月提供汽车修理业务取得收入 21 万元，销售汽车修饰用品取得收入 15 万元；购进的修理用配件被盗，账面成本 0.6 万元。计算该企业 10 月应缴纳的增值税。

【答案解析】 应纳增值税税额＝（21＋15）÷（1＋3%）×3%＝1.05（万元）。

【例 2-4】 某餐馆为增值税小规模纳税人，2018 年 10 月取得含增值税的餐饮收入总额 12.36 万元。计算该餐馆 10 月应缴纳的增值税税额。

【答案解析】

（1）10 月取得的不含税销售额＝12.36÷（1＋3%）＝12（万元）。

（2）10 月应纳增值税税额＝12×3%＝0.36（万元）。

【例 2-5】 某房地产开发企业为一般纳税人，2018 年 10 月销售一处 2016 年 4 月 30 日前竣工的房产，销售金额共计 1 560 000 元，该业务适用简易征收办法，计算企业该笔业务应缴纳的增值税税额。

【答案解析】 应纳增值税税额＝1 560 000÷（1＋5%）×5%＝74 285.71（元）。

二、特殊经营行为的税务处理

（一）兼营行为

兼营，是指纳税人的经营范围既包括销售货物和加工修理修配劳务，又包括销售服务、无形资产或者不动产。但是，销售货物、加工修理修配劳务、服务、无形资产或者不动产不同时发生在同一项销售行为中。纳税人销售货物，加工修理修配劳务，销售服务、无形资产或者不动产适用不同税率或者征收率的，应当分别核算适用不同税率或者征收率的销售额，未分别核算销售额的，一律从高适用税率或者征收率。

税法规定，一般纳税人兼营免税项目而无法划分不得抵扣的进项税额，按下列公式计算不得抵扣的进项税额：

$$不得抵扣的进项税额=\frac{当月免税项目销售额}{当月全部销售额}\times当月无法划分的全部进项税额$$

（二）混合销售行为

一项销售行为如果既涉及货物又涉及服务，称为混合销售行为。从事货物的生产、批发或者零售的单位和个体工商户的混合销售行为，按照销售货物缴纳增值税；其他单位和个人工商户的混合销售行为，按照销售服务缴纳增值税。

上述从事货物的生产、批发或者零售的单位和个体工商户，包括以从事货物的生产、批发或者零售为主，并兼营销售服务的单位和个体工商户在内。

第六节　进口货物征税

一、进口货物的征税范围及纳税人

（一）进口货物的征税范围

根据《增值税暂行条例》的规定，申报进入中华人民共和国海关境内的货物，均应缴

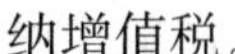

纳增值税。

确定一项货物是否属于进口货物，必须首先看其是否有报关进口手续。一般来说，境外产品要输入境内，都必须向我国海关申报进口，并办理有关报关手续。只要是报关进口的应税货物，不论其是国外产制还是我国已出口又转销国内的货物，是进口者自行采购还是国外捐赠的货物，是进口者自用还是作为贸易或其他用途等，均应按照规定缴纳进口环节的增值税。

（二）进口货物的纳税人

进口货物的收货人或办理报关手续的单位和个人，为进口货物增值税的纳税义务人，包括国内一切从事进口业务的企业事业单位、机关团体和个人。

对于企业、单位和个人委托代理进口应征增值税的货物，鉴于代理进口货物的海关完税凭证，有的开具给委托方，有的开具给受托方的特殊性，对代理进口货物以海关开具的完税凭证上的纳税人为增值税纳税人。在实际工作中，一般由进口代理者代缴进口环节增值税。纳税后，由代理者将已纳税款和进口货物价款费用等与委托方结算，由委托者承担已纳税款。

二、进口货物的适用税率

进口货物的适用税率见本章第三节。

三、进口货物应纳税额的计算

纳税人进口货物，按照组成计税价格和《增值税暂行条例》规定的税率计算应纳税额。组成计税价格是指在没有实际销售价格时，按照税法规定计算出作为计税依据的价格。进口货物计算增值税组成计税价格和应纳税额计算公式为：

$$\text{组成计税价格}=\text{关税完税价格}+\text{关税}+\text{消费税}$$

$$\text{应纳税额}=\text{组成计税价格}\times\text{税率}$$

若进口货物属于消费税应税消费品，则组成计税价格的公式还可以表示为：

从价计征时：

$$\text{组成计税价格}=\frac{\text{关税完税价格}+\text{关税}}{1-\text{消费税比例税率}}=\frac{\text{关税完税价格}\times(1+\text{关税税率})}{1-\text{消费税比例税率}}$$

复合计征时：

$$\text{组成计税价格}=\frac{\text{关税完税价格}\times(1+\text{关税税率})+\text{进口数量}\times\text{定额税率}}{1-\text{消费税比例税率}}$$

纳税人在计算进口货物的增值税时应该注意以下问题：

（1）进口货物增值税的组成计税价格中包括已纳关税税额，如果进口货物属于消费税应税消费品，其组成计税价格中还要包括进口环节已纳消费税税额。

（2）在计算进口环节的应纳增值税税额时不得抵扣任何税额，即在计算进口环节的应纳增值税税额时，不得抵扣发生在我国境外的各种税金。

（3）按照《中华人民共和国海关法》《中华人民共和国进出口关税条例》（以下简称《进出口关税条例》）的规定，一般贸易下进口货物的关税完税价格以海关审定的成交价格为基础的到岸价格作为完税价格。所谓成交价格是一般贸易项下进口货物的买方为购买该项货物向卖方实际支付或应当支付的价格；到岸价格，是指货价加上货物运抵我国关境内输入地点起卸前的包装费、运费、保险费和其他劳务费等费用构成的一种价格。特殊贸易项下进口的货物，由于进口时没有“成交价格”可作依据，为此，《进出口关税条例》对这些进口货物制定了确定其完税价格的具体办法。

（4）纳税人进口货物取得的合法海关完税凭证，是计算增值税进项税额的唯一依据，其价格差额部分以及从境外供应商取得的退还或返还的资金，不作进项税额转出处理。

四、进口货物的税收管理

进口货物的增值税由海关代征。个人携带或者邮寄进境自用物品的增值税，连同关税一并计征。

进口货物增值税纳税义务发生时间为报关进口的当天，其纳税地点应当由进口人或其代理人向报关地海关申报纳税，其纳税期限应当自海关填发海关进口增值税专用缴款书之日起 15 日内缴纳税款。

【例 2-6】 某商场 10 月进口货物一批。该批货物在国外的买价为 40 万元，另该批货物运抵我国海关前发生的包装费、运输费、保险费等共计 20 万元。货物报关后，商场按规定缴纳了进口环节的增值税并取得了海关开具的海关进口增值税专用缴款书。假定该批进口货物在国内全部销售，取得不含税销售额 80 万元。

已知货物进口关税税率为 15%，增值税税率为 16%。请回答下列问题：

（1）计算关税的组成计税价格。

（2）计算进口环节应缴纳的进口关税。

（3）计算进口环节应纳增值税的组成计税价格。

（4）计算进口环节应缴纳的增值税税额。

（5）计算国内销售环节的销项税额。

（6）计算国内销售环节应缴纳的增值税税额。

【答案解析】

（1）关税的组成计税价格＝40＋20＝60（万元）。

（2）应缴纳进口关税＝60×15%＝9（万元）。

（3）进口环节应纳增值税的组成计税价格＝60＋9＝69（万元）。

（4）进口环节应缴纳的增值税税额＝69×16%＝11.04（万元）。

（5）国内销售环节的销项税额＝80×16%＝12.8（万元）。

（6）国内销售环节应缴纳的增值税税额＝12.8－11.04＝1.76（万元）。

第七节　出口货物和服务的退（免）税

我国的出口货物退（免）税是指在国际贸易业务中，对我国报关出口的货物退还或免征其在国内各生产和流转环节按税法规定缴纳的增值税和消费税，即对增值税出口货物实行零税率，对消费税出口货物免税。

增值税出口货物的零税率，从税法上理解有两层含义：一是对本道环节生产或销售货物的增值部分免征增值税；二是对出口货物前道环节所含的进项税额进行退税。当然，由

于各种货物出口前涉及征免税的情况有所不同，且国家对少数货物有限制出口政策，因此，对货物出口的不同情况国家在遵循“征多少、退多少”“未征不退和彻底退税”基本原则的基础上，制定了不同的税务处理办法。

目前，我国根据自身情况和特点制定的出口货物税收政策主要分为以下三种形式：

（1）出口免税并退税。出口免税是指对货物在出口销售环节不征增值税、消费税；出口退税是指对货物在出口前实际承担的税收负担，按规定的退税率计算后予以退还。

（2）出口免税不退税。出口免税与上述第（1）项含义相同。出口不退税是指适用这个政策的出口货物因在前一道生产、销售环节或进口环节是免税的，因此，出口时该货物的价格中本身就不含税，也无须退税。

（3）出口不免税也不退税。出口不免税是指对国家限制或禁止出口的某些货物的出口环节视同内销环节，照常征税；出口不退税是指对这些货物出口不退还出口前其所负担的税款。

一、适用增值税退（免）税政策的范围

出口货物，是指向海关报关后实际离境并销售给境外单位或个人的货物，分为自营出口货物和委托出口货物两类。

（1）出口企业出口货物。

1）出口企业对外援助、对外承包、境外投资的出口货物。

2）出口企业经海关报关进入国家批准的出口加工区、保税物流园区、保税港区、综合保税区等特殊区域并销售给特殊区域内单位或境外单位、个人的货物。

3）免税品经营企业销售的货物。

4）出口企业或其他单位销售给用于国际金融组织或外国政府贷款国际招标建设项目的中标机电产品。

5）生产企业向海上石油天然气开采企业销售的自产的海洋工程结构物。

6）出口企业或其他单位销售给国际运输企业用于国际运输工具上的货物。

7）出口企业或其他单位销售给特殊区域内生产企业生产耗用且不向海关报关而输入特殊区域的水（包括蒸汽）、电力、燃气。

（2）视同出口货物。

1）用于对外承包工程项目下的货物。

2）用于境外投资的货物。

3）用于对外援助的货物。

4）生产自产货物的外购设备和原材料（农产品除外）。

（3）出口企业对外提供加工修理修配劳务。

（4）境内的单位和个人提供适用增值税零税率的应税服务，如果属于适用简易计税方法的，实行免征增值税办法。

（5）境内的单位和个人提供适用增值税零税率应税服务的，可以放弃适用增值税零税率，选择免税或按规定缴纳增值税。放弃适用增值税零税率后，36 个月内不得再申请适用增值税零税率。

二、增值税出口退税率

除财政部和国家税务总局根据国务院决定而明确的增值税出口退税率（以下简称“退税率”）外，出口货物的退税率为其适用税率。

三、增值税退（免）税办法

（一）“免、抵、退”办法

生产企业出口自产货物和视同自产货物及对外提供加工修理修配劳务，实行“免、抵、退”办法，即出口环节免征增值税，相应的进项税额抵减应纳增值税额，未抵减完的部分予以退还。

“免”税，是指对生产企业出口的自产货物，免征本企业生产销售环节的增值税；“抵”税，是指生产企业出口的自产货物所耗用原材料、零部件等应予退还的进项税额，抵顶内销货物的应纳税款；“退”税，是指生产企业出口的自产货物在当期内因应抵顶的进项税额大于应纳税额而未抵顶完的税额，经主管退税机关批准后，予以退税。

（1）适用“免、抵、退”税办法的企业，若当期不存在购进免税原材料的情形，按下列公式计算：

1）当期应纳税额的计算。

当期应纳税额＝当期销项税额－（当期进项税额－当期不得免征和抵扣税额）－上期留抵税额

当期不得免征和抵扣税额＝当期出口货物离岸价×外汇人民币折合率×（出口货物适用税率－出口货物退税率）

2）当期免抵退税额的计算。

当期免抵退税额＝当期出口货物离岸价×外汇人民币折合率×出口货物退税率

3）当期应退税额和免抵税额的计算。

a. 当期期末留抵税额≤当期免抵退税额，则：

当期应退税额＝当期期末留抵税额

当期免抵税额＝当期免抵退税额－当期应退税额

b. 当期期末留抵税额＞当期免抵退税额，则：

当期应退税额＝当期免抵退税额

当期免抵税额＝0

当期期末留抵税额为当期增值税纳税申报表中的“期末留抵税额”。

（2）适用“免、抵、退”税办法的企业，若当期存在购进免税原材料的情形，则按下列公式计算：

1）当期应纳税额的计算。

当期应纳税额＝当期销项税额－（当期进项税额－当期不得免征和抵扣税额）－上期留抵税额

当期不得免征和抵扣税额＝当期出口货物离岸价×外汇人民币折合率×（出口货物适用税率－出口货物退税率）－当期不得免征和抵扣税额抵减额

当期不得免征和抵扣税额抵减额＝当期免税购进原材料价格×(出口货物适用税率－出口货物退税率)

上述公式中的“当期不得免征和抵扣税额抵减额”只适用于出口企业当期存在购进免税原材料的情形，如果没有此项购进，则该抵减额为零。

2）当期免抵退税额的计算。

当期免抵退税额＝当期出口货物离岸价×外汇人民币折合率×出口货物退税率－当期免抵退税额抵减额

当期免抵退税额抵减额＝当期免税购进原材料价格×出口货物退税率

3）当期应退税额和免抵税额的计算。

a. 当期期末留抵税额≤当期免抵退税额，则：

当期应退税额＝当期期末留抵税额

当期免抵税额＝当期免抵退税额－当期应退税额

b. 当期期末留抵税额＞当期免抵退税额，则：

当期应退税额＝当期免抵退税额

当期免抵税额＝0

当期期末留抵税额为当期增值税纳税申报表中的“期末留抵税额”。

【例 2－7】 某自营出口的生产企业为增值税一般纳税人，出口货物的征税税率为16％，退税率为12％。2018年10月该企业的有关经营业务为：购进原材料一批，取得的增值税专用发票注明的价款为200万元，外购货物准予抵扣的进项税额32万元通过认证。上期末留抵税款3万元，本月内销货物不含税销售额100万元，收款116万元存入银行，本月出口货物的销售额折合人民币200万元。试计算该企业当期的“免、抵、退”税额。

【答案解析】

（1）当期免抵退税不得免征和抵扣税额＝200×（16％－12％）＝8（万元）。

（2）当期应纳税额＝100×16％－（32－8）－3＝－11（万元）。

（3）出口货物“免、抵、退”税额＝200×12％＝24（万元）。

（4）按规定，如当期期末留抵税额≤当期免抵退税额时，当期应退税额＝当期期末留抵税额。

即，该企业当期应退税额＝11（万元）。

（5）当期免抵税额＝当期免抵退税额－当期应退税额。

当期免抵税额＝24－11＝13（万元）。

期末留抵税额为0。

【例 2－8】 某自营出口的生产企业为增值税一般纳税人，出口货物的征税税率为16％，退税率为12％。2018年10月有关经营业务为：购进原材料一批，取得的增值税专用发票注明的价款为200万元，外购货物准予抵扣的进项税额64万元通过认证。上期末留抵税款5万元。本月内销货物不含税销售额100万元，收款116万元存入银行。本月出口货物的销售额折合人民币200万元。试计算该企业当期的“免、抵、退”税额。

【答案解析】

（1）当期免抵退税不得免征和抵扣额＝200×（16％－12％）＝8（万元）。

（2）当期应纳税额＝100×16％－（64－8）－5＝－45（万元）。

(3) 出口货物“免、抵、退”税额=200×12%=24(万元)。

(4) 按规定,如当期期末留抵税额>当期免抵退税额时,当期应退税额=当期免抵退税额。

即,该企业当期应退税额=24(万元)。

(5) 当期免抵税额=当期免抵退税额-当期应退税额。

该企业当期免抵税额=24-24=0(万元)。

(6) 10月期末留抵结转下期继续抵扣税额为21(45-24)万元。

(二)“先征后退”办法

外贸企业出口货物劳务增值税实行先征后退办法,计算公式如下:

增值税应退税额=增值税退(免)税计税依据×出口货物退税率

【例2-9】 某进出口公司2018年12月出口儿童玩具10 000件,进货增值税专用发票列明单价15元/件,计税金额150 000元,退税税率10%。计算该公司的应退税额。

【答案解析】 增值税应退税额=150 000×10%=15 000(元)。

【例2-10】 某进出口公司2018年12月购进牛仔布委托加工成服装出口,取得牛仔布增值税发票一张,注明计税金额10 000元(退税税率10%);取得服装加工费计税金额2 000元(退税税率16%)。计算该公司的应退税额。

【答案解析】

增值税应退税额=10 000×10%+2 000×16%=1 320(元)。

第八节 增值税的税收优惠

一、《增值税暂行条例》规定的免税项目

(1) 农业生产者销售的自产农产品。

(2) 避孕药品和用具。

(3) 古旧图书,是指向社会收购的古书和旧书。

(4) 直接用于科学研究、科学试验和教学的进口仪器、设备,来料加工、来件装配和补偿贸易所需进口的设备。

(5) 外国政府、国际组织无偿援助的进口物资和设备。

(6) 由残疾人组织直接进口供残疾人专用的物品。

(7) 销售自己使用过的物品。自己使用过的物品,是指其他个人自己使用过的物品。

二、财政部、国家税务总局规定的其他免征税项目

(1) 自2012年1月1日起,免征蔬菜流通环节增值税。

(2) 自2008年6月1日起,纳税人生产、销售和批发、零售有机肥产品免征增值税。

(3) 为进一步扶持小微企业发展,经国务院批准,对增值税小规模纳税人中月销售额不超过3万元的企业或非企业性单位,暂免征收增值税。

(4) 纳税人销售自产的综合利用产品和提供资源综合利用劳务,可享受增值税即征即退政策。

(5) 境内的单位和个人销售规定的服务和无形资产免征增值税,但财政部和国家税务

总局规定适用增值税零税率的除外。

（6）为了鼓励科学研究和技术开发，促进科技进步，经国务院批准，继续对内资研发机构和外资研发中心采购国产设备全额退还增值税。

三、营业税改征增值税试点过渡政策的规定

下列项目免征增值税：

（1）托儿所、幼儿园提供的保育和教育服务。

（2）养老机构提供的养老服务。

（3）残疾人福利机构提供的育养服务。

（4）婚姻介绍服务。

（5）殡葬服务。

（6）残疾人员本人为社会提供的服务。

（7）医疗机构提供的医疗服务。

（8）从事学历教育的学校提供的教育服务。

（9）学生勤工俭学提供的服务。

（10）农业机耕、排灌、病虫害防治、植物保护、农牧保险以及相关技术培训业务，家禽、牲畜、水生动物的配种和疾病防治。

（11）纪念馆、博物馆、文化馆、文物保护单位管理机构、美术馆、展览馆、书画院、图书馆在自己的场所提供文化体育服务取得的第一道门票收入。

（12）寺院、宫观、清真寺和教堂举办文化、宗教活动的门票收入。

（13）行政单位之外的其他单位收取的符合《营业税改征增值税试点实施办法》第十条规定条件的政府性基金和行政事业性收费。

（14）个人转让著作权。

（15）个人销售自建自用住房。

（16）2018 年 12 月 31 日前，公共租赁住房经营管理单位出租公共租赁住房。

（17）纳税人提供的直接或者间接国际货物运输代理服务。

（18）保险公司开办的一年期以上人身保险产品取得的保费收入。

（19）金融同业往来利息收入。

（20）纳税人提供技术转让、技术开发和与之相关的技术咨询、技术服务。

（21）家政服务企业由员工制家政服务员提供家政服务取得的收入。

（22）福利彩票、体育彩票的发行收入。

（23）军队空余房产租赁收入。

（24）将土地使用权转让给农业生产者用于农业生产。

（25）涉及家庭财产分割的个人无偿转让不动产、土地使用权。

四、增值税即征即退政策

（1）对安置残疾人的单位，实行由税务机关按单位实际安置残疾人的人数，限额即征即退增值税的办法。该具体限额按县级以上税务机关根据单位所在区县适用的经省（含自治区、直辖市、计划单列市）人民政府批准的最低工资标准的 4 倍确定。

（2）增值税一般纳税人销售其自行开发生产的软件产品，按16%的税率征收增值税后，对其增值税实际税负超过3%的部分实行即征即退政策。

（3）一般纳税人提供管道运输服务，对其增值税实际税负超过3%的部分实行增值税即征即退政策。

（4）经人民银行、银监会或者商务部批准从事融资租赁业务的试点纳税人中的一般纳税人，提供有形动产融资租赁服务和有形动产融资性售后回租服务，对其增值税实际税负超过3%的部分实行增值税即征即退政策。

五、增值税起征点的规定

纳税人销售额未达到国务院财政、税务主管部门规定的起征点的免征增值税；达到起征点的，全额计算缴纳增值税。增值税起征点仅适用于个人（不包括认定为一般纳税人的个体工商户）。

增值税起征点的幅度规定如下：

（1）按期纳税的，为月销售额5 000～20 000元（含本数）。

（2）按次纳税的，为每次（日）销售额300～500元（含本数）。

起征点的调整由财政部和国家税务总局规定。省、自治区、直辖市财政厅（局）和国家税务局应在规定的幅度内，根据实际情况确定本地区适用的起征点，并报财政部、国家税务总局备案。

六、其他有关减免税的规定

（1）纳税人兼营免税、减税项目的，应当分别核算免税、减税项目的销售额；未分别核算销售额的，不得免税、减税。

（2）纳税人销售货物、提供应税劳务和发生应税行为适用免税规定的，可以放弃免税，依照《增值税暂行条例》的规定缴纳增值税。放弃免税后，36个月内不得再申请免税。

纳税人销售货物、提供应税劳务和发生应税行为同时适用免税和零税率规定的，优先适用零税率。

（3）安置残疾人单位既符合促进残疾人就业增值税优惠政策条件，又符合其他增值税优惠政策条件的，可同时享受多项增值税优惠政策，但年度申请退还增值税总额不得超过本年度内应纳增值税总额。

（4）增值税小规模纳税人应分别核算销售货物或劳务和服务、无形资产的销售额。增值税小规模纳税人销售货物或劳务月销售额不超过3万元（按季纳税9万元），销售服务、无形资产月销售额不超过3万元（按季纳税9万元）的，自2018年1月1日起至2020年12月31日，可分别享受小微企业暂免征收增值税的优惠政策。

第九节　增值税的征收管理

一、纳税义务发生时间

见本章第四节相关内容。

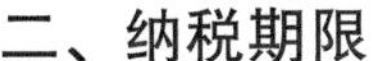

二、纳税期限

纳税期限，是指纳税人按照税法规定缴纳税款的期限。明确增值税纳税期限，是为了保证按期缴纳税款。根据《增值税暂行条例》的规定，增值税的纳税期限分别为 1 日、3 日、5 日、10 日、15 日、1 个月或者 1 个季度。

纳税人的具体纳税期限，由主管税务机关根据纳税人应纳税额的大小分别核定；不能按照固定期限纳税的，可以按次纳税。以 1 个季度为纳税期限的规定仅适用于小规模纳税人以及财政部和国家税务总局规定的其他纳税人。小规模纳税人的具体纳税期限，由主管税务机关根据其应纳税额的大小分别核定。

纳税人以 1 个月或者 1 个季度为 1 个纳税期的，自期满之日起 15 日内申报纳税；以 1 日、3 日、5 日、10 日或者 15 日为 1 个纳税期的，自期满之日起 5 日内预缴税款，于次月 1 日起 15 日内申报纳税并结清上月应纳税款。

扣缴义务人解缴税款的期限，依照前两条规定执行。

纳税人进口货物，应当自海关填发进口增值税专用缴款书之日起 15 日内缴纳税款。

纳税人出口货物适用退（免）税规定的，应当向海关办理出口手续，凭出口报关单等有关凭证，在规定的出口退（免）税申报期内按月向主管税务机关申报办理该项出口货物的退（免）税。

出口货物办理退税后发生退货或者退关的，纳税人应当依法补缴已退的税款。

三、纳税地点

为了保证纳税人按期申报纳税，根据企业跨地区经营和搞活商品流通的特点及不同情况，税法还具体规定了增值税的纳税地点：

（1）固定业户应当向其机构所在地的主管税务机关申报纳税。总机构和分支机构不在同一县（市）的，应当分别向各自所在地的主管税务机关申报纳税；但在同一省（区、市）范围内的，经省（区、市）财政厅（局）、国家税务局审批同意，可以由总机构汇总向总机构所在地的主管税务机关申报缴纳增值税。

（2）固定业户到外县（市）销售货物或者应税劳务，应当向其机构所在地的主管税务机关报告外出经营事项，并向其机构所在地的主管税务机关申报纳税。未报告的，应当向销售地或者劳务发生地的主管税务机关申报纳税；未向销售地或者劳务发生地的主管税务机关申报纳税的，由其机构所在地的主管税务机关补征税款。

（3）固定业户（指增值税一般纳税人）临时到外省、市销售货物的，必须向经营地税务机关出示《外出经营活动税收管理证明》回原地纳税，需要向购货方开具专用发票的，也回原地补开。

（4）非固定业户销售货物或者应税劳务和行为，应当向销售地或者劳务和应税行为发生地的主管税务机关申报纳税。未向销售地或者劳务和应税行为发生地的主管税务机关申报纳税的，由其机构所在地或者居住地的主管税务机关补征税款。

（5）按照现行规定应在建筑服务发生地预缴增值税的项目，纳税人收到预收款时在建筑劳务发生地预缴增值税。按现行规定无需在建筑服务发生地预缴增值税的项目，纳税人预收款时在机构所在地预缴增值税。

(6) 其他个人提供建筑服务，销售或者租赁不动产，转让自然资源使用权，应向建筑服务发生地、不动产所在地、自然资源所在地主管税务机关申报纳税。

(7) 纳税人跨县（市）提供建筑服务，在建筑服务发生地预缴税款后，向机构所在地主管税务机关进行纳税申报。

(8) 纳税人销售不动产，在不动产所在地预缴税款后，向机构所在地主管税务机关进行纳税申报。

(9) 纳税人租赁不动产，在不动产所在地预缴税款后，向机构所在地主管税务机关进行纳税申报。

(10) 进口货物，应当向报关地海关申报纳税。

(11) 扣缴义务人应当向其机构所在地或者居住地的主管税务机关申报缴纳其扣缴的税款。

第十节　增值税专用发票的使用及管理

一、增值税专用发票的联次

增值税专用发票由基本联次或者基本联次附加其他联次构成，基本联次为三联：发票联、抵扣联和记账联。发票联，作为购买方核算采购成本和增值税进项税额的记账凭证；抵扣联，作为购买方报送主管税务机关认证和留存备查的凭证；记账联，作为销售方核算销售收入和增值税销项税额的记账凭证。其他联次用途，由一般纳税人自行确定。

二、增值税专用发票的开具

增值税专用发票应按下列要求开具：

(1) 项目齐全，与实际交易相符。

(2) 字迹清楚，不得压线、错格。

(3) 发票联和抵扣联加盖财务专用章或者发票专用章。

(4) 按照增值税纳税义务的发生时间开具。

对不符合上列要求的增值税专用发票，购买方有权拒收。

(5) 一般纳税人发生应税销售行为可汇总开具增值税专用发票。汇总开具增值税专用发票的，同时使用防伪税控系统开具“销售货物或者提供应税劳务清单”，并加盖财务专用章或者发票专用章。

除上述规定外，“营改增”的相关文件还结合实际情况对增值税专用发票的开具作出了如下规定：

(1) 自2016年5月1日起，纳入新系统推行范围的试点纳税人及新办增值税纳税人，应使用新系统根据《商品和服务税收分类与编码（试行）》选择相应的编码开具增值税发票。

(2) 按照现行政策规定适用差额征税办法缴纳增值税，且不得全额开具增值税发票的（财政部、税务总局另有规定的除外），纳税人自行开具或者税务机关代开增值税发票时，通过新系统中差额征税开票功能，录入含税销售额（或含税评估额）和扣除额，系统自动计算税额和不含税金额，备注栏自动打印“差额征税”字样，发票开具不应与其他应税行

为混开。

(3) 提供建筑服务，纳税人自行开具或者税务机关代开增值税发票时，应在发票的备注栏注明建筑服务发生地县（市、区）名称及项目名称。

(4) 销售不动产，纳税人自行开具或者税务机关代开增值税发票时，应在发票“货物或应税劳务、服务名称”栏填写不动产名称及房屋产权证书号码（无房屋产权证书的可不填写），“单位”栏填写面积单位，备注栏注明不动产的详细地址。

(5) 出租不动产，纳税人自行开具或者税务机关代开增值税发票时，应在备注栏注明不动产的详细地址。

(6) 个人出租住房适用优惠政策减按1.5%征收，纳税人自行开具或者税务机关代开增值税发票时，通过新系统中征收率减按1.5%征收开票功能，录入含税销售额，系统自动计算税额和不含税金额，发票开具不应与其他应税行为混开。

(7) 税务机关代开增值税发票时，“销售方开户行及账号”栏填写税收完税凭证字轨及号码或系统税票号码（免税代开增值税普通发票可不填写）。

(8) 税务机关为跨县（市、区）提供不动产经营租赁服务、建筑服务的小规模纳税人（不包括其他个人）代开增值税发票时，在发票备注栏中自动打印“YD”字样。

三、增值税专用发票的领购

一般纳税人凭发票领购簿、IC卡和经办人身份证明领购增值税专用发票。一般纳税人有下列情形之一的，不得领购开具增值税专用发票：

(1) 会计核算不健全，不能向税务机关准确提供增值税销项税额、进项税额、应纳税额数据及其他有关增值税税务资料的。

上列其他有关增值税税务资料的内容，由省、自治区、直辖市和计划单列市税务局确定。

(2) 有《税收征收管理法》规定的税收违法行为，拒不接受税务机关处理的。

(3) 有下列行为之一，经税务机关责令限期改正而仍未改正的：

1) 虚开增值税专用发票。

2) 私自印制增值税专用发票。

3) 向税务机关以外的单位和个人买取增值税专用发票。

4) 借用他人增值税专用发票。

5) 未按要求开具专用发票的。

6) 未按规定保管专用发票和专用设备；有下列情形之一的，为未按规定保管增值税专用发票和专用设备：

a. 未设专人保管增值税专用发票和专用设备；

b. 未按税务机关要求存放增值税专用发票和专用设备；

c. 未将认证相符的增值税专用发票抵扣联、《认证结果通知书》和《认证结果清单》装订成册；

d. 未经税务机关查验，擅自销毁增值税专用发票基本联次。

7) 未按规定申请办理防伪税控系统变更发行。

8) 未按规定接受税务机关检查。

有上列情形的，如已领购增值税专用发票，主管税务机关应暂扣其结存的增值税专用发票和IC卡。

四、增值税专用发票开具范围

（1）一般纳税人发生应税销售行为，应向购买方开具增值税专用发票。

（2）商业企业一般纳税人零售的烟、酒、食品、服装、鞋帽（不包括劳保专用部分）、化妆品等消费品不得开具增值税专用发票。

（3）增值税小规模纳税人需要开具增值税专用发票的，可向主管税务机关申请代开。

（4）销售免税货物不得开具增值税专用发票，法律、法规及国家税务总局另有规定的除外。

（5）纳税人发生应税销售行为，应当向索取增值税专用发票的购买方开具增值税专用发票，并在增值税专用发票上分别注明销售额和销项税额。属于下列情形之一的，不得开具增值税专用发票：

1）应税销售行为的购买方为消费者个人的；

2）发生应税销售行为适用免税规定的。

（6）自2017年6月1日起，将建筑业纳入增值税小规模纳税人自行开具增值税专用发票试点范围。月销售额超过3万元（或季销售额超过9万元）的建筑业增值税小规模纳税人提供建筑服务、销售货物或发生其他增值税应税行为，需要开具增值税专用发票的，通过增值税发票管理新系统自行开具。主管税务机关不再为其代开。

（7）自2017年3月1日起，全国范围内月销售额超过3万元（或季销售额超过9万元）的鉴证咨询业增值税小规模纳税人提供认证服务、鉴证服务、咨询服务、销售货物或发生其他增值税应税行为，需要开具增值税专用发票的，可以通过增值税发票管理新系统自行开具，主管国税机关不再为其代开。

五、开具增值税专用发票后发生退货或开票有误的处理

（1）增值税一般纳税人开具增值税专用发票后，发生销货退回、开票有误、应税服务中止等情形但不符合发票作废条件，或者因销货部分退回及发生销售折让，需要开具红字增值税专用发票的，按以下方法处理：

1）购买方取得增值税专用发票已用于申报抵扣的，购买方可在增值税发票管理新系统（以下简称“新系统”）中填开并上传《开具红字增值税专用发票信息表》（以下简称《信息表》），在填开《信息表》时不填写相对应的蓝字增值税专用发票信息，应暂依《信息表》所列增值税税额从当期进项税额中转出，待取得销售方开具的红字增值税专用发票后，与《信息表》一并作为记账凭证。

购买方取得增值税专用发票未用于申报抵扣，但发票联或抵扣联无法退回的，购买方填开《信息表》时应填写相对应的蓝字增值税专用发票信息。

销售方开具增值税专用发票尚未交付购买方，以及购买方未用于申报抵扣并将发票联及抵扣联退回的，销售方可在新系统中填开并上传《信息表》。销售方填开《信息表》时应填写相对应的蓝字增值税专用发票信息。

2）主管税务机关通过网络接收纳税人上传的《信息表》，系统自动校验通过后，生成

带有“红字发票信息表编号”的《信息表》，并将信息同步至纳税人端系统中。

3）销售方凭税务机关系统校验通过的《信息表》开具红字增值税专用发票，在新系统中以销项负数开具。红字增值税专用发票应与《信息表》一一对应。

4）纳税人也可凭《信息表》电子信息或纸质资料到税务机关对《信息表》内容进行系统校验。

（2）税务机关为小规模纳税人代开增值税专用发票，需要开具红字增值税专用发票的，按照一般纳税人开具红字增值税专用发票的方法处理。

（3）纳税人需要开具红字增值税普通发票的，可以在所对应的蓝字发票金额范围内开具多份红字发票。红字机动车销售统一发票需与原蓝字机动车销售统一发票一一对应。

（4）按照《国家税务总局关于纳税人认定或登记为一般纳税人前进项税额抵扣问题的公告》（国家税务总局公告 2015 年第 59 号）的规定，需要开具红字增值税专用发票的，按照上述规定执行。

六、增值税专用发票不得抵扣进项税额的规定

（1）有下列情形之一的，不得作为增值税进项税额的抵扣凭证。

经认证，有下列情形之一的，不得作为增值税进项税额的抵扣凭证，税务机关退还原件，购买方可要求销售方重新开具增值税专用发票。

1）无法认证，是指增值税专用发票所列密文或者明文不能辨认，无法产生认证结果。

2）纳税人识别号认证不符，是指增值税专用发票所列购买方纳税人识别号有误。

3）增值税专用发票代码、号码认证不符，是指增值税专用发票所列密文解译后与明文的代码或者号码不一致。

（2）有下列情形之一的，暂不得作为增值税进项税额的抵扣凭证。

经认证，有下列情形之一的，暂不得作为增值税进项税额的抵扣凭证，税务机关扣留原件，查明原因，分别情况进行处理。

1）重复认证，是指已经认证相符的同一张增值税专用发票再次认证。

2）密文有误，是指增值税专用发票所列密文无法解译。

3）认证不符，是指纳税人识别号有误，或者增值税专用发票所列密文解译后与明文不一致。

认证不符不含第（1）项的第 2）、3）项所列情形。

4）列为失控增值税专用发票，是指认证时的增值税专用发票已被登记为失控增值税专用发票。

（3）对丢失已开具增值税专用发票的发票联和抵扣联的处理。

1）一般纳税人丢失已开具增值税专用发票的发票联和抵扣联，如果丢失前已认证相符的，购买方凭销售方提供的相应增值税专用发票记账联复印件及销售方所在地主管税务机关出具的《丢失增值税专用发票已报税证明单》，经购买方主管税务机关审核同意后，可作为增值税进项税额的抵扣凭证。

如果丢失前未认证的，购买方凭销售方提供的相应增值税专用发票记账联复印件到主管税务机关进行认证，认证相符的凭该增值税专用发票记账联复印件及销售方所在地主管税务机关出具的《丢失增值税专用发票已报税证明单》，可作为增值税进项税额的抵扣

凭证。

2）一般纳税人丢失已开具增值税专用发票的抵扣联，如果丢失前已认证相符的，可使用增值税专用发票发票联复印件留存备查。

如果丢失前未认证的，可使用增值税专用发票发票联到主管税务机关认证，增值税专用发票发票联复印件留存备查。

3）一般纳税人丢失已开具增值税专用发票的发票联，可将增值税专用发票抵扣联作为记账凭证，增值税专用发票抵扣联复印件留存备查。

（4）增值税专用发票抵扣联无法认证的，可使用增值税专用发票发票联到主管税务机关认证。增值税专用发票发票联复印件留存备查。

七、增值税专用发票的管理

税法除了对纳税人领购、开具增值税专用发票作了上述各项具体规定外，在严格管理上也作了多项规定。

（一）关于被盗、丢失增值税专用发票的处理

（1）纳税人必须严格按照《增值税专用发票使用规定》保管使用增值税专用发票，对违反规定发生被盗、丢失增值税专用发票的纳税人，按《税收征收管理法》《中华人民共和国发票管理办法》的规定，处以1万元以下的罚款，并可视具体情况，对丢失增值税专用发票的纳税人，在一定期限内（最长不超过半年）停止领购增值税专用发票、对纳税人申报遗失的增值税专用发票，如发现非法代开、虚开问题的，该纳税人应承担偷税、骗税的连带责任。

（2）纳税人丢失增值税专用发票后，必须按规定程序向当地主管税务机关、公安机关报失。

（二）关于对代开、虚开增值税专用发票的处理

代开发票是指为与自己没有发生直接购销关系的他人开具发票的行为；虚开发票是指在没有任何购销事实的前提下，为他人、为自己或让他人为自己或介绍他人开具发票的行为。代开、虚开发票的行为都是严重的违法行为。对代开、虚开增值税专用发票的，一律按票面所列货物的适用税率全额征补税款，并按《税收征收管理法》的规定按偷税给予处罚。对纳税人取得代开、虚开的增值税专用发票，不得作为增值税合法抵扣凭证抵扣进项税额。代开、虚开发票构成犯罪的，按全国人大常委会发布的《关于惩治虚开、伪造和非法出售增值税专用发票犯罪的决定》处以刑罚。

（三）纳税人善意取得虚开的增值税专用发票处理

根据《国家税务总局关于纳税人善意取得虚开的增值税专用发票处理问题的通知》（国税发〔2000〕187号）及其他相关规定：

（1）纳税人善意取得虚开的增值税专用发票指购货方与销售方存在真实交易，且购货方不知取得的增值税专用发票是以非法手段获得的。

纳税人善意取得虚开的增值税专用发票，如能重新取得合法、有效的增值税专用发票，准许其抵扣进项税款；如不能重新取得合法、有效的增值税专用发票，不准其抵扣进项税款或追缴其已抵扣的进项税款。

纳税人善意取得虚开的增值税专用发票被依法追缴已抵扣税款的，不属于《税收征收

管理法》第三十二条“纳税人未按照规定期限缴纳税款”的情形，不适用该条“税务机关除责令限期缴纳外，从滞纳税款之日起，按日加收滞纳税款万分之五的滞纳金”的规定。

（2）购货方与销售方存在真实的交易，销售方使用的是其所在省（自治区、直辖市和计划单列市）的增值税专用发票，增值税专用发票注明的销售方名称、印章、货物数量、金额及税额等全部内容与实际相符，且没有证据表明购货方知道销售方提供的增值税专用发票是以非法手段获得的，对购货方不以偷税或者骗取出口退税论处。但应按有关规定不予抵扣进项税款或者不予出口退税；购货方已经抵扣的进项税款或者取得的出口退税，应依法追缴。

（3）购货方能够重新从销售方取得防伪税控系统开出的合法、有效专用发票的，或者取得手工开出的合法、有效增值税专用发票且取得了销售方所在地税务机关已经或者正在依法对销售方虚开增值税专用发票行为进行查处证明的，购货方所在地税务机关应依法准予抵扣进项税款或者出口退税。

（4）如有证据表明购货方在进项税款得到抵扣或者获得出口退税前知道该增值税专用发票是销售方以非法手段获得的，对购货方应按《国家税务总局关于纳税人取得虚开的增值税专用发票处理问题的通知》（国税发〔1997〕134号）和《国家税务总局关于〈国家税务总局关于纳税人取得虚开的增值税专用发票处理问题的通知〉的补充通知》（国税发〔2000〕182号）的规定处理。

（5）国税发〔2000〕182号文件规定：有下列情形之一的，无论购货方（受票方）与销售方是否进行了实际的交易，增值税专用发票所注明的数量、金额与实际交易是否相符，购货方向税务机关申请抵扣进项税款或者出口退税的，对其均应按偷税或者骗取出口退税处理。

1）购货方取得的增值税专用发票所注明的销售方名称、印章与其进行实际交易的销售方不符的，即国税发〔1997〕134号文件第二条规定的“购货方从销售方取得第三方开具的专用发票”的情况。

2）购货方取得的增值税专用发票为销售方所在省（自治区、直辖市和计划单列市）以外地区的，即国税发〔1997〕134号文件第二条规定的“从销货地以外的地区取得专用发票”的情况。

3）其他有证据表明购货方明知取得的增值税专用发票系销售方以非法手段获得的，即国税发〔1997〕134号文件第一条规定的“受票方利用他人虚开的专用发票，向税务机关申报抵扣税款进行偷税”的情况。

（6）纳税人虚开增值税专用发票，未就其虚开金额申报并缴纳增值税的，应按照其虚开金额补缴增值税；已就其虚开金额申报并缴纳增值税的，不再按照其虚开金额补缴增值税。税务机关对纳税人虚开增值税专用发票的行为，应按《税收征收管理法》及《发票管理办法》的有关规定给予处罚。纳税人取得虚开的增值税专用发票，不得作为增值税合法有效的扣税凭证抵扣其进项税额。

（四）税控系统增值税专用发票的管理

（1）税务机关增值税专用发票管理部门在运用防伪税控发售系统进行发票入库管理或向纳税人发售增值税专用发票时，要认真录入发票代码、号码，并与纸质增值税专用发票进行仔细核对，确保发票代码、号码电子信息与纸质发票的代码、号码完全一致。

(2) 纳税人在运用防伪税控系统开具增值税专用发票时，应认真检查系统中的电子发票代码、号码与纸质发票是否一致。如发现税务机关错填电子发票代码、号码的，应持纸质增值税专用发票和税控 IC 卡到税务机关办理退回手续。

(3) 对税务机关错误录入代码或号码后又被纳税人开具的增值税专用发票，按以下办法处理：

1) 纳税人当月发现上述问题的，应按照增值税专用发票使用管理的有关规定，对纸质增值税专用发票和防伪税控开票系统中增值税专用发票电子信息同时进行作废，并及时报主管税务机关。纳税人在以后月份发现的，应按有关规定开具负数增值税专用发票。

2) 主管税务机关按照有关规定追究有关人员责任，同时将有关情况，如发生原因、主管税务机关名称、编号、纳税人名称、纳税人识别号、发票代码号码（包括错误的和正确的)、发生时间、责任人以及处理意见或请求等，逐级上报至总局。

3) 对涉及发票数量多、影响面较大的，总局将按规定程序对“全国作废发票数据库”进行修正。

(4) 在未收回增值税专用发票抵扣联及发票联，或虽已收回增值税专用发票抵扣联及发票联但购货方已将增值税专用发票抵扣联报送税务机关认证的情况下，销货方一律不得作废已开具的增值税专用发票。

(五) 关于走逃（失联）企业开具增值税专用发票的认定处理

走逃（失联）企业，是指不履行税收义务并脱离税务机关监管的企业。

根据税务登记管理有关规定，税务机关通过实地调查、电话查询、涉税事项办理核查以及其他征管手段，对企业和企业相关人员仍查无下落的，或虽然可以联系到企业代理记账、报税人员等，但其并不知情也不能联系到企业实际控制人的，可以判定该企业为走逃（失联）企业。走逃（失联）企业开具增值税专用发票的处理规定如下：

(1) 走逃（失联）企业存续经营期间发生下列情形之一的，所对应属期开具的增值税专用发票列入异常增值税扣税凭证（以下简称“异常凭证”）范围。

1) 商贸企业购进、销售货物名称严重背离的；生产企业无实际生产加工能力且无委托加工，或生产能耗与销售情况严重不符，或购进货物并不能直接生产其销售的货物且无委托加工的。

2) 直接走逃失踪不纳税申报，或虽然申报但通过填列增值税纳税申报表相关栏次，规避税务机关审核比对，进行虚假申报的。

(2) 增值税一般纳税人取得异常凭证，尚未申报抵扣或申报出口退税的，暂不允许抵扣或办理退税；已经申报抵扣的，一律先作进项税额转出；已经办理出口退税的，税务机关可按照异常凭证所涉及的退税额对该企业其他已审核通过的应退税款暂缓办理出口退税，无其他应退税款或应退税款小于涉及退税额的，可由出口企业提供差额部分的担保。经核实，符合现行增值税进项税额抵扣或出口退税相关规定的，企业可继续申报抵扣，或解除担保并继续办理出口退税。

(3) 异常凭证由开具方主管税务机关推送至接受方所在地税务机关进行处理，具体操作规程另行明确。

本章知识小结

1. 增值税征税范围的一般规定、特殊规定，尤其是视同发生应税销售行为、混合销售行为、兼营行为的规定。

2. 增值税一般纳税人和小规模纳税人的划分标准。

3. 增值税税率和征收率的适用范围。

4. 一般销售方式下和特殊销售方式下销售额的确定；进项税额的抵扣范围；不得抵扣的进项税额。

5. 一般计税方法下增值税应纳税额的计算。

6. 简易计税方法下增值税应纳税额的计算。

7. 进口货物增值税应纳税额的计算。

8. 出口货物“免、抵、退”税额的计算。

9. 增值税税收优惠政策。

10. 增值税纳税义务发生时间、纳税期限和纳税地点。

11. 增值税专用发票的使用及管理。

业务实训练习

一、单项选择题

1. 根据增值税法相关规定，下列选项中可以抵扣进项税额的是(　　)。

A. 将外购的货物用于集体福利或个人消费的进项税

B. 用于正常损失货物的进项税

C. 用于适用简易计税方法计税项目的进项税

D. 用于旅客运输服务的进项税

2. 某卷烟厂 2018 年 10 月收购烟叶用于生产卷烟，收购凭证上注明价款 80 万元，并向烟叶生产者支付了价外补贴。该卷烟厂 10 月份收购烟叶可抵扣的进项税额为(　　)万元。

A. 15　　B. 13.73　　C. 12.58　　D. 13.86

3. 对商业企业向供货方收取的与商品销售量、销售额挂钩（如以一定比例、金额、数量计算）的各种返还收入，均应按照平销返利行为的有关规定(　　)。

A. 冲减当期进项税　　B. 计算销项税

C. 冲减销项税　　D. 计入营业外收入不征流转税

4. 出租车公司向使用本公司自有出租车的出租车司机收取的管理费用，应按(　　)项目征收增值税。

A. 有形动产租赁服务　　B. 陆路运输服务

C. 物流辅助服务　　D. 管道运输服务

5. 下列不属于交通运输服务征税范围的是(　　)。

A. 光租　　B. 地铁运输　　C. 城市轻轨运输　　D. 索道运输

6. 甲企业将自己所有的一幢办公楼连同办公楼里的办公桌椅、空调转让给乙企业，针对这种转让行为，下列说法正确的是(　　)。

A. 只对转让办公楼征收增值税

B. 只对转让办公楼里的办公桌椅、空调征收增值税

C. 转让办公楼及办公楼里的办公桌椅、空调一并征收增值税

D. 转让办公楼及办公楼里的办公桌椅、空调均不征收增值税

7. 下列各项中，属于物流辅助服务的是(　　)。

A. 航空运输服务　B. 城市轻轨运输　C. 航空地面服务　D. 地铁运输

8. 一般纳税人销售的下列项目中，适用10%税率的是(　　)。

A. 销售农机整机　B. 销售农机零件

C. 受托加工农机整机的加工劳务　D. 受托加工农机零件的加工劳务

9. 按照增值税法规定，纳税人放弃免税权后，(　　)个月内不得再申请免税。

A. 3　B. 6　C. 12　D. 36

10. 可以按下列销售净额作为销售额计算增值税的是(　　)。

A. 以旧换新方式销售电冰箱，扣除旧货价值后的销售净额

B. 纳税人采用折扣方式销售货物，在同一张发票上的金额栏分别注明折扣额和销售额的折扣销售，扣除折扣额后的销售净额

C. 以物易物销售货物，减除换入货物价值后的销售净额

D. 还本销售方式销售货物的，减除还本支出后的销售净额

11. 一般纳税人外购的下列货物，不可以作进项税额抵扣的是(　　)。

A. 外购的生产经营用固定资产用于企业的生产经营活动

B. 外购的床单用于集体福利

C. 外购的电脑无偿赠送给客户

D. 外购机器设备用于对另一企业投资

12. 某生产企业（增值税一般纳税人）10月销售设备取得含税收入1 160万元，销售免税产品100万元，当月购入生产用原材料一批，取得增值税专用发票上注明税款12万元，设备与免税产品无法划分耗料情况，则该制药厂当月应纳增值税(　　)万元。

A. 160　B. 150　C. 149.09　D. 158

13. 某生产企业为增值税小规模纳税人，10月对部分资产盘点后进行处理：销售边角料，开具普通发票取得含税收入8万元；销售使用过的小汽车1辆，取得含税收入5.2万元（原值为4万元）。该企业上述业务应缴纳增值税(　　)万元。

A. 0.32　B. 0.33　C. 0.34　D. 0.35

14. 某金店（中国人民银行批准的金银首饰经营单位）为增值税一般纳税人，10月采取以旧换新方式向消费者销售金项链20条，每条新项链的零售价格为2 500元，每条旧项链作价800元，每条项链取得差价款1 700元；当月取得首饰修理费价税合计金额2 270元。该金店上述业务应缴纳增值税(　　)元。

A. 4 940.17　B. 5 002.76　C. 7 209.66　D. 7 594.79

15. 甲企业在10月签订合同，11月将一台设备出租给乙企业，合同约定租期为2年，规定11月出租时预收一年的租金12万元（不含增值税），则甲企业的下列做法符合增值

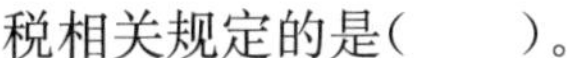

税相关规定的是(　　)。

A. 10 月开始发生纳税义务，对 12 万元预收款计算增值税

B. 10 月开始发生纳税义务，按照 1 万元/月的收入标准按月计算缴纳增值税

C. 11 月发生纳税义务，对 12 万元预收款计算增值税

D. 11 月开始发生纳税义务，按照 1 万元/月的收入标准按月计算缴纳增值税

16. 某具有出口经营权的电器生产企业（一般纳税人）自营出口自产货物，10 月末未退税前计算出的期末留抵税额为 19 万元，当期免抵退税额为 15 万元，则当期免抵税额为(　　)万元。

A. 0　　B. 6　　C. 9　　D. 15

17. 某航空公司为增值税一般纳税人，2018 年 10 月取得的含税收入包括航空培训收入 57.72 万元、航空摄影收入 222.6 万元、湿租业务收入 199.8 万元、干租业务收入 245.7 万元。该公司计算的下列增值税销项税额，不正确的是(　　)。

A. 航空培训收入的销项税额为 5.72 万元

B. 航空摄影收入的销项税额为 12.6 万元

C. 湿租业务收入的销项税额为 18.16 万元

D. 干租业务收入的销项税额为 33.89 万元

18. 某工艺品厂为增值税一般纳税人，10 月 2 日销售给甲企业 200 套工艺品，每套不含税价格为 600 元。由于部分工艺品存在瑕疵，该工艺品厂给予甲企业 15%的销售折让，已开具红字专用发票。为了鼓励甲企业及时付款，该工艺品厂给出了“2/20，n/30”的现金折扣条件，甲企业于当月 15 日付款。该工艺品厂此项业务的销项税额为(　　)元。

A. 15 993.60　　B. 16 320　　C. 19 200　　D. 20 400

19. 某酒厂为增值税一般纳税人，10 月销售粮食白酒和啤酒给副食品公司，其中白酒开具增值税专用发票，注明不含税价款 50 000 元，另收取包装物押金 3 000 元；啤酒开具普通发票，收取价税合计款 23 200 元，另外收取包装物押金 1 500 元。副食品公司按合同约定，于 11 月将白酒、啤酒包装物全部退还给酒厂，并取回全部押金。就上述业务，该酒厂 10 月增值税销项税额应为(　　)元。

A. 11 900　　B. 12 117.95　　C. 12 335.90　　D. 12 553.85

20. 某配件厂为增值税一般纳税人，10 月采用分期收款方式销售配件，合同约定不含税销售额 150 万元，当月应收取 60%的货款。由于购货方资金周转困难，本月实际收到货款 50 万元，配件厂按照实际收款额开具了增值税专用发票。当月厂房装修，购进中央空调，取得增值税专用发票，注明价款 10 万元。当月该配件厂应纳增值税(　　)万元。

A. 3.6　　B. 6.4　　C. 12.8　　D. 22.4

二、多项选择题

1. 某生产企业的下列项目中，可以抵扣进项税额的是(　　)。

A. 外购大型生产设备　　B. 购进生产设备修理用零备件

C. 购进生产车间改造用建筑材料　　D. 外购生产用水、电、气

2. 下列行为中，属于增值税视同销售行为的是(　　)。

A. 在同一个县（市）范围内设有两个机构并实行统一核算的纳税人，将货物从一个机构移送另一机构用于销售

B. 将自产货物作为股利分配给股东

C. 将外购的货物用于集体福利

D. 将委托加工收回的货物用于个人消费

3. 以下属于“有形动产租赁”项目的是(　　)。

A. 远洋运输的程租业务　　B. 航空运输的干租业务

C. 航空运输的湿租业务　　D. 远洋运输的光租业务

4. 下列货物涉及的进项税额不得从销项税额中抵扣的是(　　)。

A. 免税药品的进项税额

B. 因管理不善丢失货物的进项税额

C. 按简易办法依照征收率计算增值税的货物的进项税额

D. 集体福利所耗用外购货物的进项税额

5. 下列关于出借包装物押金的处理，正确的是(　　)。

A. 纳税人为销售货物而出借包装物收取的押金，单独记账核算的，均不并入销售额征收增值税

B. 对收取一年以上的啤酒包装物押金，无论是否退还都要并入销售额征收增值税

C. 对销售白酒收取的包装物押金，收取当期就要并入销售额征税

D. 对销售酒类产品收取的包装物押金，无论是否返还以及会计上如何核算，均应并入当期销售额征收增值税

6. 下列关于增值税纳税义务发生时间的说法中，正确的是(　　)。

A. 以预收款方式销售货物的，为收到预收款的当天

B. 委托他人代销货物的，为货物发出的当天

C. 采用赊销方式销售货物的，为书面合同约定的收款日期的当天

D. 转让无形资产的，为无形资产转让完成的当天

7. 某商场（增值税一般纳税人）与其供货企业达成协议，按销售量挂钩进行平销返利。5月向供货方购进商品取得税控增值税专用发票，注明价款120万元、进项税额19.2万元并通过主管税务机关认证，当月按平价全部销售，月末供货方向该商场支付返利4.8万元。下列该项业务的处理符合有关规定的是(　　)。

A. 商场应按120万元计算销项税额

B. 商场应按124.8万元计算销项税额

C. 商场当月应抵扣的进项税额为19.2万元

D. 商场当月应抵扣的进项税额为18.54万元

8. 某百货商场为一般纳税人，10月购进一批货物，取得增值税专用发票，含税进价为1 350万元，当月认证通过。当月将其中一部分货物分别销售给某宾馆和某个体零售户（小规模纳税人），取得含税销售收入1 250万元和250万元。个体零售户当月再将购入的货物销售给消费者，取得含税收入310万元。下列表述正确的是(　　)。

A. 百货商场本月应纳销项税额206.90万元

B. 百货商场可以抵扣的进项税额为186.21万元

C. 个体零售户本月应纳增值税9.03万元

D. 小规模纳税人征收率为3%

9. 甲公司为增值税一般纳税人，外购一批货物，取得专用发票上注明价款 200 000 元，委托乙公司加工，支付不含税加工费 20 000 元。货物加工完成收回后，甲公司将其直接销售，取得不含税销售收入 250 000 元。根据这项业务，以下各种说法正确的是(　　)。

A. 甲应该缴纳增值税 4 800 元　　B. 乙应该缴纳增值税

C. 甲应该缴纳增值税 8 000 元　　D. 乙不需缴纳增值税

10. 将自产应征消费税的货物用于个人消费，计征增值税时，在价格无法确定的情况下，可按下列(　　)组成计税价格确定。

A. 成本×（1＋成本利润率）＋消费税

B. 成本×（1＋成本利润率）÷（1－消费税税率）

C. 成本×（1＋成本利润率）÷（1＋消费税税率）

D. （成本＋利润＋消费税）÷（1＋消费税税率）

三、计算题

1. 某自行车厂（增值税一般纳税人）生产销售自行车，出厂不含税单价为 280 元/辆。2018 年 10 月末留抵税额为 3 000 元，11 月该厂购销情况如下：

（1）向当地百货大楼销售自行车 800 辆，百货大楼当月付清货款后，厂家给予了 8%的现金折扣。

（2）向外地特约经销点销售自行车 500 辆，支付运杂费 8 000 元，收到运输公司开具的增值税专用发票上注明运费 4 400 元。

（3）销售本厂 2008 年购买的自用机器一台，取得含税收入 120 000 元。

（4）当期销售自行车发出包装物收取押金 50 000 元，本月没收逾期未收回的包装物押金 60 000 元。

（5）购进自行车零部件、原材料取得的增值税专用发票上注明金额 140 000 元，增值税税额 22 400 元。

（6）从小规模纳税人处购进自行车零件，支付价税合计金额 90 000 元，取得税务机关代开的增值税专用发票。

（7）本厂直接组织收购废旧自行车，支出收购金额 60 000 元（未取得增值税专用发票）。

（其他相关资料：假定上述相关票据均在取得的当月通过认证并允许抵扣。）

要求：根据上述资料，回答下列问题：

（1）计算该自行车厂当期准予抵扣的进项税额。

（2）计算该自行车厂当期的增值税销项税额。

（3）计算该自行车厂销售自己使用过的机器应纳的增值税。

（4）计算当月该自行车厂应纳增值税的合计数。

2. 甲为生产企业，乙为运输企业，丙为商业零售企业。甲、乙、丙企业均为增值税一般纳税人，销售货物的税率为 16%，乙企业的运输服务税率为 10%。2018 年 10 月三家企业分别发生以下业务：

（1）甲企业售给丙企业一台设备用于自用，采用委托银行收款方式结算，货已发出并办妥托收手续。开具的防伪税控系统增值税专用发票上注明销售额 30 万元，税额 4.8 万元；丙企业当月付款60%，其余下月付清，本月专用发票已经税务机关认证。该货物由乙企业负责运输，乙企业收取不含税运输费用0.5万元并开具增值税专用发票，按合同规定，该款项应由丙企业承担，但是由甲企业代垫运费，甲企业将抬头为丙企业的增值税专用发票转交给丙企业，丙企业已将运费付给了甲企业。

（2）甲企业当月购进一批生产用原材料，由乙企业负责运输，已支付货款和运费，取得经税务机关认证的防伪税控系统增值税专用发票上注明货物销售额20万元，税额3.2万元，货已入库，取得乙企业开具的增值税专用发票上注明运输费0.7万元。

（3）甲企业从丙企业购进货物，取得经税务机关认证的防伪税控系统专用发票上注明销售额5万元，税额0.8万元，国庆节将上月购进的已抵税外购成本4万元（含0.2万元的运费成本）的货物作为福利发放给职工。

（4）因质量问题，丙企业退回上月从甲企业的进货50件，每件不含税价0.08万元（已抵扣过进项税额），丙企业取得税务机关开具的进货退出证明单，退货手续符合规定。

（5）本月10日甲企业销售给丙企业一批货物，开具防伪税控系统专用发票上注明销售额18万元，合同中约定的现金折扣条件是“5/10、2/20、n/30”。丙企业提货后于本月18日就全部付清了货款，并将专用发票到税务机关认证。该货物由乙企业负责运输，甲企业支付给乙企业的不含税运费为0.3万元，并取得乙企业开具的增值税专用发票。

（6）丙企业本月零售货物，取得零售收入34.8万元，当月还取得其他企业依据销售额返还的收入1.16万元。

（7）乙企业当月购入税控收款机一台（非初次购入），取得增值税专用发票，注明价款0.1万元。

要求：根据上述相关资料，计算甲、乙、丙企业当月各自应缴纳的增值税税额。

3. 某生产型企业为增值税一般纳税人，2018年10月发生以下业务：

（1）销售一批货物给某商场，取得不含税销售收入100万元，同时取得货物包装物押金10万元（单独记账）、优质费6.96万元。

（2）本月企业初次购进增值税税控系统专用设备一套，取得增值税专用发票，发票注明价款为2万元，税额为0.32万元，且当月支付税控系统专用设备的技术维护费0.5万元，取得了技术维护服务单位开具的技术维护费发票。

（3）折扣销售甲产品给A商场，在同一张增值税专用发票上注明销售额80万元、折扣额8万元；另外，销售给A商场乙产品240件，不含税售价每件0.384万元。

（4）采取以旧换新方式销售丙产品100件，每件不含税单价为0.66万元，另支付给顾客每件旧产品收购款0.06万元。

（5）销售给本企业职工外观损伤的乙产品20件，每件不含税售价0.2万元。

（6）将价值33万元（不含税）的丙产品投资于B企业，另无偿赠送给B企业价值7万元（不含税）的丙产品。

（7）外购原材料一批，取得增值税专用发票注明价款200万元、增值税额32万元，支付不含税运输费用20万元，取得增值税专用发票，当月用于免税产品的生产领用外购材料20%。

（8）从小规模纳税人处购进一批材料，取得普通发票，注明价款6万元；从另一小规模纳税人处购进一批手套作劳保用品，取得代开的增值税专用发票，注明税额0.2万元。

（9）本月外购一批小家电发给员工，每人一件，取得增值税专用发票上注明价款 1.7 万元；又向某孤儿院赠送童装一批，购进成本 1 万元，未取得专用发票，零售价 3.48 万元。

（10）进口一套生产设备，关税完税价格 15 万元，进口关税税率为 20%。

根据上述资料，回答下列问题：

（1）计算该企业进口环节应缴纳的关税税额和增值税税额。

（2）计算该企业销售环节的销项税额。

（3）计算该企业当期准予抵扣的进项税额。

（4）计算该企业当期应缴纳的增值税税额。

（5）关于本题，下列说法正确的是（　　）。

A. 增值税一般纳税人初次购置增值税税控系统专用设备支付的费用，可凭取得的增值税专用发票，在增值税应纳税额中全额抵减

B. 纳税人采取以旧换新业务销售货物的，一律按照新货物对外销售价格征税

C. 外购货物用于对外捐赠，应视同销售计算增值税

D. 本题中纳税人采取折扣方式销售货物，折扣额可以从销售额中扣除征税

第三章 消费税法

【教学目标】

1. 了解消费税的特征及特点。
2. 理解增值税和消费税的关系。
3. 掌握消费税的纳税人、义务人、征税范围。
4. 掌握消费税应纳税额及代扣代缴税额的计算方法。
5. 掌握消费税已纳税额的扣除计算方法。
6. 熟悉消费税出口退税的计算方法。
7. 熟悉消费税征收管理办法。

【重难点】

1. 委托加工环节、进口环节组成计税价格的确定。
2. 已纳税额的扣除计算。

第一节 消费税概述

一、消费税的概念

消费税法是指国家制定的用以调整消费税征收与缴纳相关权利及义务关系的法律规定。消费税是指对特定消费品和消费行为按消费流转额征收的一种商品税。广义上，消费税应对所有消费品包括生活必需品和日用品课税。但在征收实践上，消费税主要指对特定消费品或特定消费行为等课税。

二、我国消费税的特征

（一）对特定对象征税

消费税一般只对特定消费品或消费行为征税，而不是对所有消费品普遍征收。

（二）单一环节纳税

消费税属于一次课征制，除了部分商品征收两次消费税以外，其余只对应税消费品在生产、进口、批发或零售的某一环节一次征收。

（三）三种方法征税

消费税的计税方法比较灵活，有些采用从价定率的方式征收，有些采取从量定额的方式征收，有些则采取从价定率和从量定额复合计征。

（四）价内税

消费税是价格的组成部分。

（五）调节产业结构

消费税属于国家运用税收杠杆对某些消费品或消费行为特殊调节的税种。主要体现在不同的征税项目税负差异较大、配合其他税种实行双重调节两个方面。

（六）税负具有转嫁性

消费税是一种间接税，其中所含的税款会通过价格最终转嫁到消费者身上，由消费者负担。

（七）一般无减免税规定

纳入消费税征税范围的消费品一般为需求弹性较大的非生活必需品，不需要通过减免税来满足不合理的消费需求。

三、开征消费税的意义

（一）有利于优化税制结构，完善我国流转税体系

消费税是对特定的消费品和消费行为征收的一种税。消费税与增值税构成了对流转额交叉征税的格局。

（二）有利于贯彻国家的产业与消费政策，对消费、生产发挥引导和调节作用

消费税对不可再生和替代的资源征收，可促进资源的有效利用，节约一次性能源，限制过量消费；对有害人类健康、社会秩序、生态环境的特殊消费品或者高能耗、高档消费品征税，能达到寓禁于征的目的，从而实现资源优化配置，体现国家产业政策。

（三）有利于筹集财政资金，增加财政收入

消费税以应税消费品的销售额或者销售数量为计税依据，税额随着应税消费品的生产和消费的增长而增长，同时，只要消费品实现销售，就产生了消费税的纳税义务。消费税对及时、足额地保证财政收入稳定增长起重要作用。

（四）有利于缩小社会成员之间在收入水平上的差距，缓解社会分配不公的矛盾

个人生活水平或贫富状况很大程度体现在其支付能力上，因此，通过对某些奢侈品或特殊消费品征收消费税，立足于从调节个人支付能力的角度间接增加某些消费者的税收负担或增加消费支出的超额负担，使高收入者的高消费得到一定的抑制，低收入者或消费基本生活用品的消费者则不负担消费税，支付能力不受影响。所以，开征消费税有利于配合个人所得税及其他有关税种进行调节，缓解目前存在的社会分配不公平的矛盾。

第二节　消费税的纳税义务人与征税范围

一、纳税义务人

在中华人民共和国境内生产、委托加工和进口消费税条例规定的消费品的单位和个人，以及国务院确定的销售《中华人民共和国消费税暂行条例》（以下简称《消费税暂行条例》）规定的应税消费品的其他单位和个人，为消费税的纳税义务人。

单位，是指企业、行政单位、事业单位、军事单位、社会团体及其他单位。

个人，是指个体工商户及其他个人。

在中华人民共和国境内，是指生产、委托加工和进口属于应当缴纳消费税的消费品的起运地或者所在地在境内。

二、征税范围

目前，消费税的征收范围包括生产、委托加工、进口、零售、移送使用应税消费品及批发环节，需要在相应的环节征税。

（一）对生产应税消费品在生产销售环节征税

生产应税消费品销售是消费税征收的主要环节。因为一般情况下，消费税具有单一环节征税的特点，对于大多数消费税应税商品而言，在生产销售环节征税以后，流通环节不用再缴纳消费税。征税生产应税消费品，除了直接对外销售应征收消费税外，纳税人将生产的应税消费品换取生产资料或消费资料、投资入股、偿还债务，以及用于继续生产应税消费品以外的其他方面都应缴纳消费税。

另外，工业企业以外的单位和个人的下列行为视为应税消费品的生产行为，按规定征收消费税：

（1）将外购的消费税非应税产品以消费税应税产品对外销售的。

（2）将外购的消费税低税率应税产品以高税率应税产品对外销售的。

（二）对委托加工应税消费品在委托加工环节征税

由委托方提供原材料和主要材料，受托方只收取加工费和代垫部分辅助材料加工的应税消费品，属于委托加工应税消费品。由受托方提供原材料或其他情形的按照自制产品征税。委托加工的应税消费品收回后，再继续用于生产应税消费品销售且符合现行政策规定的，其加工环节缴纳的消费税款可以扣除。

（三）对进口应税消费品在进口环节征税

单位和个人进口的货物属于消费税征税范围的，在进口环节要缴纳消费税。进口环节的消费税由海关代征。

（四）对零售应税消费品在零售环节征税

1. 范围

（1）仅限于金、银和金基、银基合金首饰以及金、银和金基、银基合金的镶嵌首饰；钻石及钻石饰品。

（2）对既销售金银首饰，又销售非金银首饰的生产、经营单位，应将两类商品划分清楚，分别核算销售。凡划分不清楚或不能分别核算的，在生产环节销售的，一律从高适用税率征收消费税；在零售环节销售的，一律按金银首饰征收消费税。

（3）金银首饰与其他金银首饰组成成套消费品销售的，应按销售额全额征收消费税。

2. 税率

零售环节适用的税率为5％。

3. 计税依据

（1）纳税人销售金银首饰，其计税依据为不含增值税的销售额。

（2）金银首饰连同包装物销售的，无论包装物是否单独计价，也无论会计上如何核算，均应并入金银首饰的销售额，计征消费税。

（3）带料加工的金银首饰，应按受托方销售同类金银首饰的销售价格确定计税依据征收消费税。没有同类金银首饰销售价格，按照组成计税价格计算纳税。组成计税价格的计算公式为：

组成计税价格＝(材料成本＋加工费)÷(1－金银首饰消费税税率)

（4）纳税人采用以旧换新（含翻新改制）方式销售的金银首饰，应按实际收取的不含增值税的全部价款确定计税依据征收消费税。

（5）金银首饰消费税改变纳税环节后，用已税珠宝玉石生产的镶嵌首饰，在计税时一律不得扣除已纳的消费税税款。

（五）对移送使用应税消费品在移送使用环节征税

如果企业在生产经营的过程中，将应税消费品移送用于加工非应税消费品，则应对移送部分征收消费税。

（六）对卷烟在批发环节征税

对于卷烟，需要在卷烟批发环节加征一道消费税，在中华人民共和国境内从事卷烟批发业务的单位和个人，批发销售的所有牌号规格的卷烟，应按其销售额及批发数量复合计征消费税。纳税人兼营卷烟批发和零售业务的，应当分别核算批发和零售环节的销售额、销售数量；未分别核算批发和零售环节的销售额、销售数量的，按照全部销售额、销售数量计征批发环节消费税。

卷烟批发企业之间销售的卷烟不缴纳消费税。卷烟消费税在生产和批发两个环节征收后，批发企业在计算纳税时不得扣除已含的生产环节的消费税税款。

第三节　消费税的税目和税率

一、税目

《消费税暂行条例》所规定的应税消费品共15个税目：烟、酒、高档化妆品、贵重首饰及珠宝玉石、鞭炮、焰火、成品油、摩托车、小汽车、高尔夫球及球具、高档手表、游艇、木制一次性筷子、实木地板、电池及涂料。

（一）烟

凡是以烟叶为原材料加工生产的产品，不论使用何种辅料，均属于本税目的征税范围。该税目包括卷烟（进口卷烟、白包卷烟、手工卷烟和未经国务院批准纳入计划的企业及个人生产的卷烟）、雪茄烟和烟丝。

（二）酒

酒是酒精度在1度以上的各种酒类饮料，酒类包括粮食白酒、薯类白酒、黄酒、啤酒和其他酒。

粮食白酒是指以高粱、玉米、大米、糯米、大麦、小麦、小米、青稞等各种粮食为原料，经过糖化、发酵后，采用蒸馏方法酿制的白酒。

薯类白酒是指以白薯（红薯、地瓜）、木薯、马铃薯（土豆）、芋头、山药等各种干鲜薯类为原料，经过糖化、发酵后，采用蒸馏方法酿制的白酒。用甜菜酿制的白酒，比照薯类白酒征税。

黄酒是指以糯米、粳米、籼米、大米、黄米、玉米、小麦、薯类等为原料，经加温、糖化、发酵、压榨酿制的酒。由于工艺、配料和含糖量的不同，黄酒分为干黄酒、半干黄酒、半甜黄酒、甜黄酒四类。黄酒的征税范围包括各种原材料酿制的黄酒和酒度超过 12 度（含 12 度）的土甜酒。

啤酒是指以大麦或其他粮食为原料，加入啤酒花，经糖化、发酵、过滤酿制的含有二氧化碳的酒。啤酒按照杀菌方法的不同，可分为熟啤酒和生啤酒或鲜啤酒。

其他酒是指除粮食白酒、薯类白酒、黄酒、啤酒以外，酒度在 1 度以上的各种酒。其征收范围包括糠麸白酒、其他原料白酒、土甜酒、复制酒、果木酒、汽酒、药酒等。

（三）高档化妆品

本税目“高档化妆品”的征税范围，包括“高档美容、修饰类化妆品，高档护肤类化妆品和成套化妆品”。

所谓“高档美容、修饰类化妆品，高档护肤类化妆品和成套化妆品”是指“生产（进口）环节销售（完税）价格（不含增值税）在 10 元/毫升（克）或 15 元/片（张）及以上的美容、修饰类化妆品和护肤类化妆品。”

舞台、戏剧、影视演员化妆用的上妆油、卸装油、油彩，不属于本税目的征收范围。

（四）贵重首饰及珠宝玉石

本税目征收范围包括：各种金银珠宝首饰和经采掘、打磨、加工的各种珠宝玉石。

金银珠宝首饰包括：凡以金、银、白金（铂金）、宝石、珍珠、钻石、翡翠、珊瑚、玛瑙等高贵稀有物质以及其他金属、人造宝石等制作的各种纯金银首饰及镶嵌首饰（含人造金银、合成金银首饰等）。金银首饰不包括镀金（银）、包金（银）首饰，以及镀金（银）、包金（银）的镶嵌首饰。

金、银和金基、银基合金首饰，以及金、银和金基、银基合金的镶嵌首饰，钻石及钻石饰品，适用税率为 5%，不在上述范围内的应税首饰及珠宝玉石按 10%的税率征收消费税。

（五）鞭炮、焰火

鞭炮，又称爆竹，是用多层纸密裹火药，接以药引线，制成的一种爆炸品。焰火，指烟火剂，一般系包扎品，内装药剂，点燃后烟火喷射，呈各种颜色，有的还变幻成各种景象，分平地小焰火和空中大焰火两类。本税目征收范围包括各种鞭炮、焰火。通常分为 13 类，即喷花类、旋转类、旋转升空类、火箭类、吐珠类、线香类、小礼花类、烟雾类、造型玩具类、炮竹类、摩擦炮类、组合烟花类、礼花弹类。

体育上用的发令纸，鞭炮药引线，不按本税目征收。

（六）成品油

本税目包括汽油、柴油、石脑油、溶剂油、航空煤油、润滑油、燃料油共 7 个子目。

（七）摩托车

摩托车包括轻便摩托车和摩托车两种，对最大设计车速不超过 50 千米/小时，发动机气缸总工作容量不超过 50 毫升的三轮摩托车不征收消费税。气缸容量 250 毫升（不含）以下的小排量摩托车不征消费税。

（八）小汽车

小汽车是指由动力驱动，具有 4 个或 4 个以上车轮的非轨道承载的车辆。征税范围包括：乘用车、中轻型商用客车和超豪华小汽车。

超豪华小汽车为每辆零售价格 130 万元（不含增值税）及以上的乘用车和中轻型商用

客车，即乘用车和中轻型商用客车子税目中的超豪华小汽车。对超豪华小汽车，在生产（进口）环节按现行税率征收消费税的基础上，在零售环节加征消费税，税率为10%。

将超豪华小汽车销售给消费者的单位和个人为超豪华小汽车零售环节纳税人。

超豪华小汽车零售环节消费税应纳税额计算公式：

应纳税额＝零售环节销售额(不含增值税,下同)×零售环节税率

国内汽车生产企业直接销售给消费者的超豪华小汽车，消费税税率按照生产环节税率和零售环节税率加总计算。消费税应纳税额计算公式：

应纳税额＝销售额×(生产环节税率＋零售环节税率)

用排气量小于1.5升（含）的乘用车底盘（车架）改装、改制的车辆属于乘用车征收范围。用排气量大于1.5升的乘用车底盘（车架）或用中轻型商用客车底盘（车架）改装、改制的车辆属于中轻型商用客车征收范围。

对于购进乘用车或中轻型商用客车整车改装生产的汽车，应按规定征收消费税。

车身长度大于7米（含），并且座位在10～23座（含）以下的商用客车，不属于中轻型商用客车征税范围，不征收消费税。

电动汽车不属于本税目征收范围；货车或厢式货车改装生产的商务车、卫星通信车等专用汽车不征消费税；沙滩车、雪地车、卡丁车、高尔夫车不属消费税征收范围，不征消费税。

（九）高尔夫球及球具

高尔夫球及球具是指从事高尔夫球运动所需的各种专用装备，包括高尔夫球、高尔夫球杆、高尔夫球包（袋）。高尔夫球杆的杆头、杆身和握把也属于本税目的征收范围。

（十）高档手表

高档手表是指销售价格（不含增值税）每只在10 000元（含）以上的各类手表。

（十一）游艇

游艇是指长度大于8米（含）小于90米（含），船体由玻璃、钢、铝合金、塑料等各种材料制作，可以在水上移动的水上浮载体。按照动力分为无动力艇、帆艇和机动艇。

（十二）木制一次性筷子

木制一次性筷子，又称卫生筷子，是指以木材为原料经过锯段、浸泡、旋切、刨切、烘干、筛选、打磨、倒角、包装等环节加工而成的各类一次性使用的筷子。

本税目征收范围包括各种规格的木制一次性筷子。未经打磨、倒角的木制一次性筷子属于本税目的征税范围。

（十三）实木地板

实木地板是指以木材为原料，经锯割、干燥、刨光、截断、开榫、涂漆等工序加工而成的块状或条状的地面装饰材料。实木地板按生产工艺不同，可分为独板（块）实木地板、实木指接地板、实木复合地板三类；按表面处理状态不同，可分为未涂饰地板（白坯板、素板）和漆饰地板两类。

本税目征收范围包括各类规格的实木地板、实木指接地板、实木复合地板，以及用于装饰墙壁、天棚的侧端面为榫、槽的实木装饰板。未经涂饰的素板属于本税目的征税范围。

（十四）电池

电池是指一种将化学能、光能等直接转换为电能的装置，一般由电极、电解质、容器、极端，通常还有隔离层组成的基本功能单元，以及用一个或多个基本功能单元装配成

的电池组。范围包括：原电池、蓄电池、燃料电池、太阳能电池和其他电池。

（十五）涂料

涂料是涂于物体表面能形成具有保护、装饰或特殊性能的固态涂膜的一类液体或固体材料之总称。

从消费税的税目分析可见，征收消费税的消费品可以分为以下几类：

（1）过度消费会对人身健康、社会秩序和生态环境造成危害的特定消费品，如烟、酒、鞭炮焰火等。

（2）非生活必需品中的奢侈品，如高档化妆品、贵重首饰及珠宝玉石。

（3）高能耗及高档消费品，如摩托车、小汽车、游艇等。

（4）不可再生且不易替代的稀缺性资源消费品，如成品油等。

二、税率

消费税的税率有比例税率、定额税率（只适用于啤酒、黄酒、成品油）及定额税率和比例税率相结合（只适用于卷烟、白酒）三种形式。消费税的税目和税率见表3-1。

表3-1　　消费税税目税率（税额）表

<table>
<tr><th>税目</th><th colspan="2">子目</th><th>税率</th></tr>
<tr><td rowspan="5">一、烟</td><td rowspan="3">1. 卷烟</td><td>（1）甲类卷烟：每标准条（200支）调拨价70元以上的（含70元，不含增值税）（生产或进口环节）</td><td>比率税率：56%；
定额税率：0.003元/支</td></tr>
<tr><td>（2）乙类卷烟：每标准条（200支）调拨价70元以下的（不含增值税）（生产或进口环节）</td><td>比率税率：36%；
定额税率：0.003元/支</td></tr>
<tr><td>批发环节</td><td>比率税率：11%；
定额税率：0.005元/支</td></tr>
<tr><td colspan="2">2. 雪茄烟（生产环节）</td><td>36%</td></tr>
<tr><td colspan="2">3. 烟丝（生产环节）</td><td>30%</td></tr>
<tr><td rowspan="5">二、酒</td><td colspan="2">1. 粮食白酒、薯类白酒</td><td>比率税率：20%；
定额税率：0.5元/斤
（500克或500毫升）</td></tr>
<tr><td colspan="2">2. 黄酒</td><td>240元/吨</td></tr>
<tr><td rowspan="2">3. 啤酒</td><td>（1）甲类啤酒：每吨出厂价格（含包装物及包装物押金，不含增值税）3 000元（含）以上的</td><td>250元/吨</td></tr>
<tr><td>（2）乙类啤酒：每吨出厂价格（含包装物及包装物押金，不含增值税）3 000元以下的</td><td>220元/吨</td></tr>
<tr><td colspan="2">4. 其他酒</td><td>10%</td></tr>
<tr><td>三、高档化妆品[①]</td><td colspan="2">—</td><td>15%</td></tr>
</table>

续前表

税目	子目	税率
四、贵重首饰及珠宝玉石	1. 金银首饰、铂金首饰、钻石及钻石饰品（零售环节）	5%
	2. 其他贵重首饰和珠宝玉石（生产环节）	10%
五、鞭炮、焰火	—	15%
六、成品油	1. 汽油	1.52 元/升
	2. 柴油	1.2 元/升
	3. 石脑油	1.52 元/升
	4. 溶剂油	1.52 元/升
	5. 润滑油	1.52 元/升
	6. 燃料油	1.2 元/升
	7. 航空煤油	1.2 元/升
七、摩托车	1. 气缸容量（排气量，下同）为 250 毫升的	3%
	2. 气缸容量为 250 毫升以上的	10%
八、小汽车	1. 乘用车	
	(1) 气缸容量（排气量，下同）在 1.0 升（含）以下的	1%
	(2) 气缸容量在 1.0 升以上至 1.5 升（含）	3%
	(3) 气缸容量在 1.5 升以上至 2.0 升（含）	5%
	(4) 气缸容量在 2.0 升以上至 2.5 升（含）	9%
	(5) 气缸容量在 2.5 升以上至 3.0 升（含）	12%
	(6) 气缸容量在 3.0 升以上至 4.0 升（含）	25%
	(7) 气缸容量在 4.0 升以上的	40%
	2. 中轻型商用客车	5%
	3. 超豪华小汽车②（按子税目 1 和子税目 2 的规定征收外，另外在零售环节加征）	10%
九、高尔夫球及球具	—	10%
十、高档手表	销售价格（不含增值税）每只在 10 000 元（含）以上的各类手表	20%
十一、游艇	—	10%
十二、木制一次性筷子	—	5%
十三、实木地板	—	5%
十四、电池	—	4%
十五、涂料	—	4%

①高档化妆品消费税规定从 2016 年 10 月 19 日执行。

②超豪华小汽车消费税规定从 2016 年 12 月 1 日执行。

第四节　消费税应纳税额的计算

一、生产销售环节应纳消费税的计算

纳税人在生产销售环节应缴纳的消费税，包括直接对外销售应税消费品应缴纳的消费税和自产自用应税消费品应缴纳的消费税。

（一）直接对外销售应纳消费税的计算

1. 从价定率计算

其基本计算公式为：

应纳税额＝应税消费品的销售额×比例税率

销售额为纳税人销售应税消费品向购买方收取的全部价款和价外费用。

价外费用，是指价外向购买方收取的手续费、补贴、基金、集资费、返还利润、奖励费、违约金、滞纳金、延期付款利息、赔偿金、代收款项、代垫款项、包装费、包装物租金、储备费、优质费、运输装卸费以及其他各种性质的价外收费。但不包括以下项目：

（1）同时符合以下条件的代垫运输费用：承运部门的运输费用发票开具给购买方的；纳税人将该项发票转交给购买方的。

（2）同时符合以下条件代为收取的政府性基金或者行政事业性收费：由国务院或者财政部批准设立的政府性基金，由国务院或者省级人民政府及其财政、价格主管部门批准设立的行政事业性收费；收取时开具省级以上财政部门印制的财政票据；所收款项全额上缴财政。

注意：

应税消费品连同包装物销售的，无论包装物是否单独计价以及在会计上如何核算，包装物押金均应并入应税消费品的销售额中缴纳消费税。

如果包装物不作价随同产品销售，而是收取押金，此项押金则不应并入应税消费品的销售额中征税。但对因逾期未收回的包装物不再退还的或者已收取的时间超过 12 个月的押金，应并入应税消费品的销售额，按照应税消费品的适用税率缴纳消费税。

对酒类产品生产企业销售酒类产品（黄酒、啤酒除外）而收取的包装物押金，无论押金是否返还与会计上如何核算，均需并入酒类产品销售额中，依酒类产品的适用税率征收消费税。

注意：销售额当中不包括应向购货方收取的增值税税款。

应税消费品的销售额＝含增值税的销售额÷(1＋增值税税率或者征收率)

如果消费税的纳税人同时又是增值税一般纳税人的，应适用 16％的增值税税率；如果消费税的纳税人同时又是增值税小规模纳税人的，应适用 3％的征收率。

【例 3－1】 某化妆品生产企业为增值税一般纳税人，7 月 15 日向某大型商场销售高档化妆品一批，开具增值税专用发票，取得不含增值税销售额 30 万元，增值税税额 4.8 万元；10 月 20 日向某单位销售高档化妆品一批，开具普通发票，取得含增值税销售额 4.64 万元。计算该生产企业上述业务应缴纳的消费税额。

【答案解析】

高档化妆品适用消费税税率为15%。

高档化妆品的应税销售额=30+4.64÷（1+16%）=34（万元）。

应缴纳的消费税税额=34×15%=5.1（万元）。

2. 从量定额计算

其基本计算公式为：

应纳税额=应税消费品的销售数量×定额税率

（1）销售数量的确定。

销售数量是指纳税人生产、加工和进口应税消费品的数量，具体规定为：

1）销售应税消费品的，为应税消费品的销售数量。

2）自产自用应税消费品的，为应税消费品的移送使用数量。

3）委托加工应税消费品的，为纳税人收回的应税消费品数量。

4）进口的应税消费品，为海关核定的应税消费品进口征税数量。

（2）计量单位的换算标准。

实行从量定额办法计算应纳税额的应税消费品，其计量单位的换算标准如表3-2所示。

表3-2　应税消费品计算单位的换算

序号	名称	计量单位的换算标准
1	黄酒	1吨=962升
2	啤酒	1吨=988升
3	汽油	1吨=1 388升
4	柴油	1吨=1 176升
5	航空煤油	1吨=1 246升
6	石脑油	1吨=1 385升
7	溶剂油	1吨=1 282升
8	润滑油	1吨=1 126升
9	燃料油	1吨=1 015升

【例3-2】 某啤酒厂8月份销售啤酒400吨，每吨出厂价格2 800元。计算该啤酒厂8月应缴纳的消费税税额。

【答案解析】

1）每吨啤酒售价在3 000元以下的，适用单位税额220元/吨。

2）应缴纳的消费税税额=应税消费品的销售数量×定额税率=400×220=88 000（元）。

3. 从价定率和从量定额复合计算

现行消费税的征税范围中，只有卷烟、白酒采用复合计算方法。

应纳税额=应税消费品的销售额×比例税率+应税消费品的销售数量×定额税率

【例3-3】 某白酒生产企业为增值税一般纳税人，8月份销售粮食白酒50吨，取得

不含增值税的销售额150万元。计算白酒企业8月应缴纳的消费税税额。

【答案解析】

(1) 白酒适用20%的比例税率，定额税率为每500克0.5元。

(2) 应缴纳的消费税税额=150×20%+100 000×0.5=35（万元）。

4. 特殊规定

(1) 纳税人通过自设非独立核算门市部销售的自产应税消费品，应当按照门市部对外销售额或者销售数量征收消费税。

【例3-4】 某高尔夫球具厂为增值税一般纳税人，下设一非独立核算的门市部，该厂8月将生产的一批成本价为65万元的高尔夫球具移送门市部，门市部将其中的80%零售，取得含税销售额76.56万元。高尔夫球具的消费税税率为10%，请计算该项业务应缴纳的消费税税额。

【答案解析】 应缴纳的消费税税额=76.56÷（1+16%）×10%=6.6（万元）。

(2) 纳税人用于换取生产资料和消费资料，投资入股和抵偿债务等方面的应税消费品，应当以纳税人同类应税消费品的最高销售价格作为计税依据计算消费税。

【例3-5】 某汽车修理厂以自产小汽车20辆换取某钢厂生产的400吨钢材，每吨钢材不含税单价为3 800元。该厂生产的同一型号的小汽车不含税销售单价分别为10万元/辆、8万元/辆、7万元/辆，计算换取钢材的小汽车应纳消费税的销售额。

【答案解析】 换取钢材的小汽车应纳消费税的销售额=20×10=200（万元）。

(3) 兼营不同税率应税消费品的税务处理。

1) 纳税人兼营不同税率的应税消费品（即生产销售两种税率以上的应税消费品时）应当分别核算不同税率应税消费品的销售额或销售数量，未分别核算的，按最高税率征税。

2) 纳税人将应税消费品与非应税消费品以及适用税率不同的应税消费品组成成套消费品销售的，应根据成套消费品的销售金额按应税消费品中适用最高税率的消费品税率征税。

【例3-6】 某酒厂主要生产白酒和其他酒，现将白酒和药酒各1斤组装成套装，白酒80元/斤，药酒100元/斤，组装套装每套不含税价格为200元。请问该如何计算缴纳消费税?

【答案解析】 本题中由不同税率商品组装成的成套消费品应从高适用税率，即全部采用白酒的税率进行计算。

(二) 自产自用应纳消费税的计算

所谓自产自用，就是纳税人生产应税消费品后，不是用于直接对外销售，而是用于自己连续生产应税消费品或用于其他方面。

1. 用于连续生产应税消费品

连续生产应税消费品是指纳税人将自产自用的应税消费品作为直接材料生产最终应税消费品。自产自用应税消费品构成最终应税消费品的实体。纳税人自产自用的应税消费品，用于连续生产应税消费品的，不纳税。

例如，卷烟厂生产出烟丝，烟丝已是应税消费品，卷烟厂再用生产出的烟丝连续生产卷烟，用于连续生产卷烟的烟丝就不缴纳消费税，只对生产的卷烟征收消费税。

2. 用于其他方面的应税消费品

用于其他方面是指纳税人将自产自用应税消费品用于生产非应税消费品、在建工程、管理部门、非生产机构、提供劳务、馈赠、赞助、集资、广告、样品、职工福利、奖励等方面。纳税人自产自用的应税消费品，除用于连续生产应税消费品外，凡用于其他方面的，于移送使用时纳税。

3. 自产自用应税消费品的税额计算

纳税人自产自用的应税消费品，凡用于其他方面的，按照纳税人生产的同类消费品的销售价格计算纳税。同类消费品的销售价格，是指纳税人当月销售的同类消费品的销售价格，如果当月同类消费品各期销售价格高低不同，应按销售数量加权平均计算。但销售的应税消费品有下列情况之一的，不得列入加权平均计算：

（1）销售价格明显偏低且无正当理由的。

（2）无销售价格的。

如果当月无销售或者当月未完结，应按照同类消费品上月或者最近月份的销售价格计算纳税。

没有同类消费品销售价格的，按照组成计税价格计算纳税。

（1）从价定率计算纳税。

组成计税价格＝(成本＋利润)÷(1－比例税率)

＝成本×(1＋成本利润率)÷(1－比例税率)

应纳消费税税额＝组成计税价格×比例税率

公式中的“成本”，是指应税消费品的产品生产成本。

公式中的“利润”，是指根据应税消费品的全国平均成本利润率计算的利润，即成本×成本利润率。应税消费品全国平均成本利润率（见表 3－3）由国家税务总局确定。

表 3－3　应税消费品的平均成本利润率表

货物名称	平均成本利润率/%	货物名称	平均成本利润率/%
甲类卷烟	10	摩托车	6
乙类卷烟	5	高尔夫球及球具	10
雪茄烟	5	高档手表	20
烟丝	5	游艇	10
粮食白酒	10	木制一次性筷子	5
薯类白酒	5	实木地板	5
其他酒	5	乘用车	8
高档化妆品	5	中轻型商用客车	5
鞭炮、焰火	5	电池	4
贵重首饰及珠宝玉石	6	涂料	7

【例 3－7】 某化妆品公司将一批自产的高档化妆品用作职工福利，高档化妆品的成本 8 000 元，该高档化妆品无同类产品市场销售价格可参考，但已知其成本利润率为 5%，消费税税率为 15%。计算该批高档化妆品应缴纳的增值税销项税额和消费税税额。

【答案解析】

组成计税价格＝成本×（1＋成本利润率）÷（1－比例税率）

＝8 000×（1＋5%）÷（1－15%）＝9 882.35（元）。

应纳增值税销项税额＝9 882.35×16%＝1 581.18（元）。

应纳消费税税额＝9 882.35×15%＝1 482.35（元）。

（2）从量定额计算纳税。

从量定额不需要组价，消费税计税依据是移送使用数量。但增值税仍然需要组价。

应纳消费税税额＝移送使用数量×定额税率

【例 3－8】 某黄酒厂将 2 吨黄酒发放给职工作福利，其成本 4 000 元/吨（消费税税额为 240 元/吨），计算该批黄酒应缴纳的消费税税额和增值税销项税额。

【答案解析】 应纳消费税税额＝2×240＝480（元）。

应纳增值税销项税额＝［2×4 000×（1＋10%）＋480］×16%＝1 484.80（元）。

注：在平均成本利润率表上查不到的，采用 10%的平均成本利润率计算。

（3）从价定率和从量定额复合计算纳税。

消费税计税依据：

组成计税价格＝(成本＋利润＋自产自用数量×定额税率)÷(1－比例税率)

应纳消费税税额＝组成计税价格×比例税率＋自产自用数量×定额税率

增值税计税依据与消费税计税依据相同。

【例 3－9】 某酒厂以自产特制薯类白酒 1 吨（2 000 斤）用于厂庆活动，其成本为 4 000 元/吨，无同类产品售价，计算此笔业务应缴纳的增值税销项税额和消费税税额。

【答案解析】 从量征收消费税＝2 000×0.5＝1 000（元）。

从价征收的组价＝［4 000×（1＋5%）＋1 000］÷（1－20%）＝6 500（元）。

应纳消费税税额＝1 000＋6 500×20%＝2 300（元）。

应纳增值税销项税额＝6 500×16%＝1 040（元）。

二、委托加工环节应纳消费税的计算

（一）委托加工应税消费品的确定

委托加工应税消费品是指委托方提供原料和主要材料，受托方只收取加工费和代垫部分辅助材料加工的应税消费品。

如果出现下列情形，无论纳税人在财务上如何处理，都不得作为委托加工应税消费品，而应按销售自制应税消费品缴纳消费税：

（1）受托方提供原材料生产的应税消费品。

（2）受托方先将原材料卖给委托方，然后再接受加工的应税消费品。

（3）受托方以委托方名义购进原材料生产的应税消费品。

（二）代收代缴税款的规定

对属于委托加工应税消费品，税法规定，受托方加工完毕向委托方交货时代收代缴消费税。如果受托方是个人（含个体工商户），委托方须在收回加工应税消费品后向所在地主管税务机关缴纳消费税。

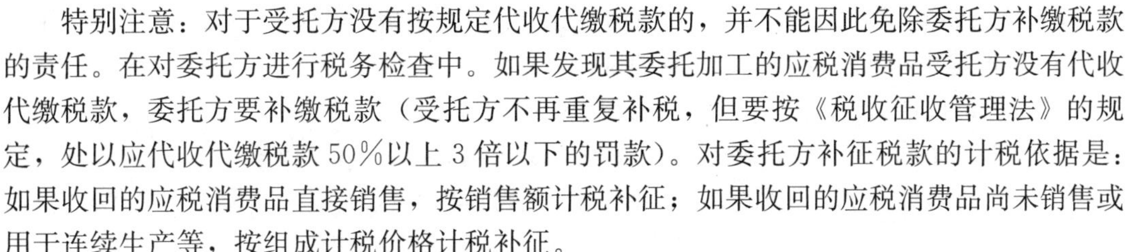

特别注意：对于受托方没有按规定代收代缴税款的，并不能因此免除委托方补缴税款的责任。在对委托方进行税务检查中。如果发现其委托加工的应税消费品受托方没有代收代缴税款，委托方要补缴税款（受托方不再重复补税，但要按《税收征收管理法》的规定，处以应代收代缴税款50%以上3倍以下的罚款）。对委托方补征税款的计税依据是：如果收回的应税消费品直接销售，按销售额计税补征；如果收回的应税消费品尚未销售或用于连续生产等，按组成计税价格计税补征。

委托加工的应税消费品，受托方在交货时已代收代缴消费税，委托方将收回的应税消费品，以不高于受托方的计税价格出售的，为直接出售，不再缴纳消费税；委托方以高于受托方的计税价格出售的，不属于直接出售，需按规定申报缴纳消费税，在计税时准予扣除受托方已代收代缴的消费税。

（三）委托加工应税消费品组成计税价格的计算

委托加工的应税消费品，按照受托方的同类消费品的销售价格计算纳税。同类消费品的销售价格，是指受托方（即代收代缴义务人）当月销售的同类消费品的销售价格，如果当月同类消费品各期销售价格高低不同，应按销售数量加权平均计算。但销售的应税消费品有下列情况之一的，不得列入加权平均计算：

（1）销售价格明显偏低且无正当理由的。

（2）无销售价格的。

如果当月无销售或者当月未完结，应按照同类消费品上月或者最近月份的销售价格计算纳税。

没有同类消费品销售价格的，按照组成计税价格计算纳税。

1. 从价定率计算纳税

组成计税价格＝(材料成本＋加工费)÷(1－比例税率)

代收代缴消费税税额＝组成计税价格×比例税率

上述公式的“材料成本”是指委托方所提供加工材料的实际成本；“加工费”是指受托方加工应税消费品向委托方所收取的全部费用（包括代垫辅助材料的实际成本，不包括增值税税金）。

【例3-10】 甲企业委托乙企业加工一批应税消费品，甲企业为乙企业提供原材料等，实际成本为7 000元，支付乙企业加工费2 000元，其中包括乙企业代垫的辅助材料500元（以上价格均不含增值税）。已知适用的消费税税率为10%，同时该应税消费品，受托方无同类消费品销售价格，试计算乙企业代扣代缴应税消费品的消费税税额。

【答案解析】 组成计税价格＝（材料成本＋加工费）÷（1－比例税率）＝（7 000＋2 000）÷（1－10%）＝10 000（元）。

代扣代缴消费税税额＝10 000×10%＝1 000（元）。

2. 从量定额计算纳税

从量定额不需要组价，消费税计税依据是收回的应税消费品的数量。

代收代缴消费税税额＝委托方收回的应税消费品的数量×定额税率

【例3-11】 甲企业委托乙企业加工黄酒10吨，甲企业为乙企业提供原材料等，实际成本为7 000元，支付乙企业加工费2 000元，其中包括乙企业代垫的辅助材料500元（以上价格均不含增值税）。试计算乙企业代扣代缴应税消费品的消费税税额。

【答案解析】 黄酒从量计征，不需要组价。代扣代缴消费税税款＝10×240＝2 400（元）。

3. 从价定率和从量定额复合计算纳税

消费税计税依据：

组成计税价格＝(材料成本＋加工费＋委托加工数量×定额税率)÷(1－比例税率)

代收代缴消费税税额＝组成计税价格×比例税率＋委托方收回的应税消费品的数量×定额税率

【例 3－12】 某酒厂11月份接受甲企业委托加工白酒10吨，甲企业提供原材料和主料，其账面成本为26万元。另外酒厂收取不含增值税加工费13万元，求该酒厂应代扣代缴的消费税税额。

【答案解析】 从量征税＝10×2 000×0.5÷10 000＝1（万元）。

组成计税价格＝(26＋13＋1) ÷ (1－20％)＝50（万元）。

代收代缴的消费税税额＝50×20％＋1＝11（万元）。

【例 3－13】 甲企业为增值税一般纳税人，该企业4月接受某烟厂委托加工烟丝7吨，甲企业自行提供烟叶的成本为35 000元，代垫辅助材料2 000元，发生加工支出4 000元(以上价格均不含增值税)；甲企业同类烟丝不含税售价为每吨10 000元，当月允许抵扣的进项税额为3 400元。请问甲企业是否应该代收代缴消费税？若不需要，则计算甲企业应缴纳的增值税税额和消费税税额。

【答案解析】 由于甲企业作为受托方自行提供原料主料，不属于委托加工业务，而属于甲企业自制应税消费品销售，所以甲企业不应该代收代缴消费税。

甲企业应纳增值税税额＝7×10 000×16％－3 400＝7 800（元）。

甲企业应纳消费税税额＝7×10 000×30％＝21 000（元）。

三、进口环节应纳消费税的计算

（一）进口应税消费品的基本规定

企业进口应税消费品，于报关进口时按规定缴纳消费税；进口的应税消费品的消费税由海关代征；进口的应税消费品，由进口人或者其代理人向报关海关申报纳税；纳税人进口应税消费品，应当自海关填发税款缴纳证的次日起15日内缴纳税款。

（二）进口应税消费品组成计税价格的计算

进口的应税消费品，按照组成计税价格计算纳税。

1. 实行从价定率计征应纳税额

组成计税价格＝(关税完税价格＋关税)÷(1－比例税率)

应纳消费税税额＝组成计税价格×比例税率

【例 3－14】 甲商贸公司5月从国外进口一批应税消费品，已知该批应税消费品的关税完税价格为90万元，按规定应缴纳关税18万元，假定进口的应税消费品的消费税税率为10％。请计算该批消费品进口环节应缴纳的消费税税额。

【答案解析】 应税消费品的组成计税价格＝(90＋18) ÷ (1－10％)＝120（万元）。

应纳消费税税额＝120×10％＝12（万元）。

2. 实行从量定额计征应纳税额

从量定额不需要组价，消费税计税依据是海关核定的应税消费品的进口数量。

应纳消费税税额＝进口数量×定额税率

【例 3－15】 某公司进口 1 000 箱乙类啤酒，每箱 24 听，每听净重 335 毫升，到岸价格 CIF 为 624 000 元，关税普通税率 7.5 元/升，请计算该批啤酒进口环节应缴纳的消费税税额。

【答案解析】 进口啤酒数量＝335×1 000×24÷1 000＝8 040（升）＝8.137 7（吨）。

应纳消费税税额＝220×8.137 7＝1 790.29（元）。

3. 实行复合计税计征应纳税额

组成计税价格＝(关税完税价格＋关税＋进口数量×定额税率)÷(1－比例税率)

应纳消费税税额＝组成计税价格×比例税率＋进口数量×定额税率

【例 3－16】 某商贸公司 1 月从国外进口一批粮食白酒（合计 6 000 千克），已知该批白酒关税完税价格为 120 万元，按规定应缴纳关税 18 万元，粮食白酒的消费税税率为 20%，定额消费税为 0.5/斤。请计算该批白酒进口环节应缴纳的消费税税额。

【答案解析】 从量征税＝2×6 000×0.5÷10 000＝0.6（万元）。

组成计税价格＝(120＋18＋0.6) ÷ (1－20%)＝173.25（万元）。

代收代缴的消费税税额＝173.25×20%＋0.6＝35.25（万元）。

【例 3－17】 某商业企业 2 月从国外进口一批高档化妆品，海关核定的关税完税价格为 82 000 元（关税税率为 40%，消费税税率为 15%），已取得海关开具的完税凭证，2 月份该企业把其中的一部分化妆品在国内市场销售，取得不含税销售收入 212 000 元。假定该企业没发生其他增值税业务，请计算该批高档化妆品在进口环节和国内销售环节应纳税额。

【答案解析】

组成计税价格＝(82 000＋82 000×40%) ÷ (1－15%)＝135 058.82（元）。

进口环节应纳增值税税额＝135 058.82×16%＝21 609.41（元）。

进口环节应纳消费税税额＝135 058.82×15%＝20 258.82（元）。

销售进口应税消费品应纳增值税税额＝212 000×16%－21 609.41＝12 310.59（元）。

国内销售环节不需要再缴纳消费税。

四、已纳消费税扣除的计算

为了避免重复征税，现行消费税规定，将外购应税消费品和委托加工收回的应税消费品继续生产应税消费品销售的，可以将外购应税消费品和委托加工收回应税消费品已缴纳的消费税给予扣除。

（一）外购应税消费品已纳税额的扣除

1. 外购应税消费品连续生产应税消费品

对用外购已缴纳消费税的应税消费品连续生产应税消费品，税法规定准予按当期生产领用数量计算扣除外购的应税消费品已纳的消费税税款。扣除范围包括：

（1）外购已税烟丝生产的卷烟。

（2）外购已税高档化妆品生产的高档化妆品。

（3）外购已税珠宝玉石为原料生产的贵重首饰及珠宝玉石。

（4）外购已税鞭炮、焰火生产的鞭炮、焰火。

（5）外购已税杆头、杆身和握把为原料生产的高尔夫球杆。

（6）外购已税木制一次性筷子为原料生产的木制一次性筷子。

（7）外购已税实木地板为原料生产的实木地板。

（8）外购已税汽油、柴油、石脑油、燃料油、润滑油为原料连续生产应税成品油。

（9）外购已税摩托车为原料连续生产应税摩托车（如用外购两轮摩托车改装成三轮摩托车）。

上述当期准予扣除外购应税消费品已纳消费税税款的计算公式为：

当期准予扣除的外购应税消费品已纳税款＝当期准予扣除的外购应税消费品买价×外购应税消费品的适用税率

当期准予扣除的外购应税消费品买价＝期初库存的外购应税消费品的买价＋当期购进的应税消费品的买价－期末库存的外购应税消费品的买价

其中，外购应税消费品买价是指购货发票上注明的销售额（不包括增值税税额）。

【例 3－18】 某工厂期初外购未经打磨的一次性筷子 50 000 元，本期外购 100 000 元，本期月末库存 20 000 元，生产出一次性筷子对外销售，取得不含税销售额 200 000 元，木制一次性筷子消费税税率为 5%。请计算该工厂当期应缴的消费税。

【答案解析】 准予扣除消费税＝（50 000＋100 000－20 000）×5%＝6 500（元）。

应纳消费税税额＝200 000×5%－6 500＝3 500（元）。

需要说明的是，纳税人用外购的已税珠宝玉石生产的改在零售环节征收消费税的金银首饰（镶嵌首饰），在计税时一律不得扣除外购珠宝玉石的已纳税款。

2. 外购应税消费品后销售

对自己不生产应税消费品，而只是购进后再销售应税消费品的工业企业，其销售的化妆品、鞭炮焰火和珠宝玉石，凡不能构成最终消费品直接进入消费品市场，而需进一步生产加工的深加工、包装、贴标，组合的珠宝玉石、化妆品、酒、鞭炮焰火等，应当征收消费税，同时允许扣除上述外购应税消费品的已纳税款。

（二）委托加工收回的应税消费品已纳税额的扣除

委托加工的应税消费品因为已由受托方代收代缴消费税，因此，委托方收回货物后用于连续生产应税消费品的，其已纳税款准予按照规定从连续生产的应税消费品应纳消费税税额中抵扣。税法规定准予按当期生产领用数量计算扣除委托加工收回的应税消费品已纳的消费税税款。扣除范围包括：

（1）以委托加工收回的已税烟丝生产的卷烟。

（2）以委托加工收回的已税高档化妆品为原料生产的高档化妆品。

（3）以委托加工收回的已税珠宝玉石为原料生产的贵重首饰及珠宝玉石。

（4）以委托加工收回的已税鞭炮、焰火为原料生产的鞭炮、焰火。

（5）以委托加工收回的已税杆头、杆身和握把为原料生产的高尔夫球杆。

（6）以委托加工收回的已税木制一次性筷子为原料生产的木制一次性筷子。

（7）以委托加工收回的已税实木地板为原料生产的实木地板。

（8）以委托加工收回的已税汽油、柴油、石脑油、燃料油、润滑油为原料用于连续生产的应税成品油。

(9) 以委托加工收回的已税摩托车连续生产应税摩托车（如用外购两轮摩托车改装成三轮摩托车）。

上述当期准予扣除委托加工收回的应税消费品已纳消费税税款的计算公式为：

当期准予扣除的委托加工应税消费品已纳税款＝期初库存的委托加工应税消费品已纳税额＋当期收回的委托加工应税消费品已纳税额－期末库存的委托加工应税消费品已纳税额

【例3-19】 甲企业为高尔夫球及球具生产厂家，是增值税一般纳税人。甲企业10月发生以下业务：

(1) 购进一批碳素材料、钛合金，增值税专用发票注明价款150万元、增值税税款24万元，委托丙企业将其加工成高尔夫球杆，支付加工费用30万元、增值税税款4.8万元。

(2) 委托加工收回的高尔夫球杆的80%当月已经销售，收到不含增值税价款300万元，尚有20%留存仓库。要求：

(1) 计算丙企业代收代缴消费税税额。

(2) 计算甲企业销售高尔夫球杆应缴纳的消费税。

(3) 假设丙企业未履行代收代缴消费税，计算留存仓库的高尔夫球杆应纳消费税税额。

【答案解析】

(1) 丙企业代收代缴的消费税＝(150＋30) ÷ (1－10%) ×10%＝200×10%＝20（万元）。

(2) 甲企业销售高尔夫球杆应缴纳的消费税＝300×10%－20×80%＝30－16＝14（万元）。

(3) 假设丙企业未履行代收代缴消费税，留存仓库的高尔夫球杆应纳消费税税额＝(150＋30) ÷ (1－10%) ×10%×20%＝4（万元）。

需要说明的是，纳税人用委托加工收回的已税珠宝玉石生产的改在零售环节征收消费税的金银首饰（镶嵌首饰），在计税时一律不得扣除外购珠宝玉石的已纳税款。

第五节　出口货物退（免）税

对纳税人出口应税消费品，免征消费税；另有规定的除外。消费税的出口退税和增值税的出口“免、抵、退”税相似，都是在出口环节涉及的问题，都有免退税的计算，都是本税种一个比较特殊的问题。但消费税的出口退税问题又相对简单许多，特别是通过前面章节掌握了增值税的出口退税之后，因为相关计算方法相似，因而消费税的出口退税更容易掌握。

一、出口免税并退税

有出口经营权的外贸企业购进应税消费品直接出口，以及外贸企业受其他外贸企业委托代理出口应税消费品。

注意：外贸企业受其他企业（主要是非生产性的商贸企业）委托，代理出口应税消费品是不予退（免）税的。

出口货物的消费税应退税额的计税依据，按购进出口货物的消费税专用缴款书和海关进口消费税专用缴款书确定。

（1）属于从价定率计征消费税的，为已征且未在内销应税消费品应纳税额中抵扣的购进出口货物的金额。

（2）属于从量定额计征消费税的，为已征且未在内销应税消费品应纳税额中抵扣的购进出口货物的数量。

（3）属于复合计征消费税的，按从价定率和从量定额的计税依据分别确定。

消费税应退税额＝从价定率计征消费税的退税计税依据×比例税率＋从量定额计征消费税的退税计税依据×定额税率

【例 3-20】 某外贸公司（增值税一般纳税人）3 月从生产企业购进高档化妆品一批，取得增值税专用发票注明价款 25 万元，增值税税额 4 万元，当月该批高档化妆品全部出口取得收入 35 万元。请计算该外贸公司出口高档化妆品应退的消费税税额。

【答案解析】 该外贸公司出口高档化妆品应退的消费税税额＝25×15％＝3.75（万元）。

二、出口免税但不退税

有出口经营权的生产性企业自营出口或生产企业委托外贸企业代理出口自产的应税消费品，依据其实际出口数量免征消费税，不予办理退还消费税。

三、出口不免税也不退税

除生产企业、外贸企业外的其他企业（指一般商贸企业），这类企业委托外贸企业代理出口应税消费品一律不予退（免）税。

第六节　消费税的征收管理

一、纳税义务发生时间

消费税纳税义务发生时间分为以下几种情况：

（1）纳税人销售应税消费品，其纳税义务发生时间为：

1）纳税人采取赊销和分期收款结算方式的，其纳税义务发生时间，为销售合同规定的收款日期的当天。

2）纳税人采取预收货款结算方式的，其纳税义务发生时间，为发出应税消费品的当天。

3）纳税人采取托收承付和委托银行收款方式销售的应税消费品，其纳税义务发时间，为发出应税消费品并办妥托收手续的当天。

4）纳税人采取其他结算方式的，其纳税义务发生时间，为收讫销售款或者取得索取凭证的当天。

（2）纳税人自产自用的应税消费品，其纳税义务发生时间，为移送使用的当天。

（3）纳税人委托加工的应税消费品，其纳税义务发生时间，为纳税人提货的当天。

(4) 纳税人进口的应税消费品，其纳税义务发生时间，为报送进口的当天。

二、纳税期限

消费税的纳税期限分别为1日、3日、5日、10日、15日、1个月或者1个季度。纳税人的具体纳税期限，由主管税务机关根据纳税人应纳税额的大小分别核定；不能按照固定期限纳税的，可以按次纳税。

纳税人以1个月或者1个季度为一个纳税期的，自期满之日起15日内申报纳税；以1日、3日、5日、10日或者15日为一个纳税期的，自期满之日起5日内预缴税款，于次月1日起15日内申报纳税并结清上月应纳税款。

纳税人进口应税消费品，应当自海关填发海关进口消费税专用缴款书之日起15日内缴纳税款。

三、纳税地点

消费税由税务机关征收，进口的应税消费品的消费税由海关代征。

个人携带或者邮寄进境的应税消费品的消费税，连同关税一并计征。具体办法由国务院关税税则委员会会同有关部门制定。

纳税人销售的应税消费品，以及自产自用的应税消费品，除国务院财政、税务主管部门另有规定外，应当向纳税人机构所在地或者居住地的主管税务机关申报纳税。

委托加工的应税消费品，除受托方为个人外，由受托方向机构所在地或者居住地的主管税务机关解缴消费税税款。

进口的应税消费品，应当向报关地海关申报纳税。

本章知识小结

1. 消费税是对在我国境内从事生产、委托加工和进口应税消费品的单位和个人，就其销售额或销售数量，在特定环节征收的一种税。消费税的特点主要有：征税项目具有选择性；征税环节具有单一性；征收方法具有多样性；税收调节具有特殊性；消费税具有转嫁性。

2. 消费税的征收范围是在中华人民共和国境内生产、委托加工和进口《消费税暂行条例》规定的消费品。

3. 消费税的纳税义务人为在中华人民共和国境内生产、委托加工和进口应税消费品的单位和个人。

4. 消费税应纳税额的计算方法主要有从价定率、从量定额、从价从量复合计税三种。

5. 将外购应税消费品和委托加工收回的应税消费品继续生产应税消费品销售的，可以将外购应税消费品和委托加工收回应税消费品已缴纳的消费税给予扣除。注意扣除范围和扣除税额的计算。

业务实训练习

一、单项选择题

1. 下列应税消费品，应在零售环节缴纳消费税的是(　　)。

A. 高档化妆品　　B. 柴油　　C. 小汽车　　D. 金银首饰

2.《消费税暂行条例》及其实施细则规定，下列各项中，纳税人不用缴纳消费税的是(　　)。

A. 将自产的应税消费品用于馈赠

B. 将自产的烟丝用于连续生产卷烟

C. 随同应税消费品销售而取得的包装物作价收入

D. 销售应税消费品并提供运输而收取的运费和装卸费

3. 纳税人将应税消费品与非应税消费品以及适用税率不同的应税消费品组成成套消费品销售的，应按(　　)。

A. 应税消费品的平均税率计征　　B. 应税消费品的最高税率计征

C. 应税消费品的不同税率，分别计征　　D. 应税消费品的最低税率计征

4. 下列环节既征消费税又征增值税的是(　　)。

A. 粮食白酒的生产和批发环节　　B. 金银首饰的生产和零售环节

C. 金银首饰的进口环节　　D. 高档化妆品的生产环节

5. 某化工企业为增值税一般纳税人。20××年 4 月销售一批高档化妆品，取得销售收入（含增值税）81 200 元。已知该高档化妆品适用的消费税税率为 15%。该化工企业 4 月应缴纳的消费税税额为(　　)元。

A. 10 500　　B. 22 200　　C. 24 570　　D. 25 770

6. 某公司将自制高档化妆品作为职工福利发放，该产品成本为 100 万元，核定的利润为 40 万元，适用 15%的消费税税率，则该产品应缴纳消费税(　　)万元。

A. 21　　B. 30　　C. 24.71　　D. 42

7. 某贸易公司委托甲公司加工应税消费品一批，贸易公司发出材料成本 110 万元，支付不含增值税加工费 100 万元，消费税税率为 30%，则甲公司应代收代缴消费税(　　)万元。

A. 90　　B. 51　　C. 63　　D. 35.7

8. 某进出口公司 20××年 9 月 7 日报关进口一批小轿车，海关于当日填开完税凭证，该公司进口消费税和增值税最后的纳税时间为(　　)。

A. 9 月 13 日　　B. 9 月 14 日　　C. 9 月 16 日　　D. 9 月 21 日

9. 下列各项中，符合消费税纳税义务发生时间规定的是(　　)。

A. 自产自用的应税消费品，为该货物生产的当天

B. 进口的应税消费品，为报关进口的当天

C. 委托加工的应税消费品，为支付加工费的当天

D. 采取预收货款结算方式的，为收到预收款的当天

10. 某卷烟厂为增值税一般纳税人，其消费税以一个月为一期缴纳，其申报纳税的期

限为自期满之日起(　　)日内。

A. 10　　B. 5　　C. 15　　D. 30

11. 下列各项中，与我国现行出口应税消费品的退（免）消费税政策不符的是(　　)。

A. “免税但不退税”　　B. “不免税也不退税”

C. “不免税但退税”　　D. “免税并退税”

12. 下列各项中，符合消费税法有关应按当期生产领用数量计算准予扣除外购的应税消费品已纳消费税税款规定的是(　　)。

A. 外购已税白酒生产的药酒

B. 外购已税实木地板为原料生产的实木地板

C. 外购已税白酒生产的酒心巧克力

D. 外购已税小汽车改装生产的小汽车

13. 委托加工的应税消费品所缴纳的消费税，应由受托方解缴的地点是(　　)。

A. 委托方机构所在地税务机关　　B. 受托方所在地税务机关

C. 销售地主管税务机关　　D. 委托方核算地税务机关

14. 纳税人将自产的应税消费品用于换取生产资料、投资入股或抵偿债务等，其计算消费税的计税依据是(　　)。

A. 按同类应税消费品的成本价　　B. 按同类应税消费品的最低价

C. 按同类应税消费品的最高价　　D. 按同类应税消费品的加权平均价

15. 按消费税条例规定，在委托加工应税消费品业务中，受托方成为应纳消费税的(　　)。

A. 纳税人　　B. 负税人　　C. 代扣代缴义务人　　D. 代理人

二、多项选择题

1. 下列各项自产自用应税消费品的处理中，应当征收消费税的是(　　)。

A. 用于奖励本企业职工的应税消费品

B. 用于奖励代理商销售业绩的应税消费品

C. 本企业用于连续生产的应税消费品

D. 用于捐助国家指定的慈善机构的应税消费品

2. 销售下列货物时应征收消费税的有(　　)。

A. 汽车销售公司代销的小汽车

B. 汽车修理厂销售汽车轮胎

C. 金店零售金银首饰

D. 手表厂生产销售高档手表（不含税价为 12 000 元/块）

3. 关于零售环节征税的陈述，下列说法正确的是(　　)。

A. 改在零售环节征收消费税的金银首饰仅限于金基、银基合金首饰以及金、银和金基、银基合金的镶嵌首饰

B. 零售环节适用税率为 5%，在纳税人销售金银首饰、钻石及钻石饰品时征收

C. 金银首饰与其他产品组成成套消费品销售的，应按销售额全额征收消费税

D. 金银首饰连同包装物销售的，无论包装是否单独计价，也无论会计上如何核算，

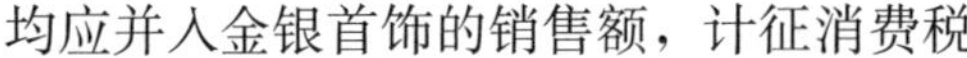

均应并入金银首饰的销售额，计征消费税

4. 下列各项中，应当以纳税人同类应税消费品的最高销售价格作为计税依据计算消费税的是(　　)。

A. 将应税消费品抵偿债务

B. 将自产应税消费品作为福利用品发放给本公司员工

C. 将自产应税消费品作为股利进行分配

D. 以自产应税消费品向他人换取生产设备

5. 下列项目中，属于消费税“高档化妆品”税目征收范围的是(　　)。

A. 高档口红　　B. 高档胭脂

C. 演员化妆用的高档上妆油　　D. 高档眉笔

6. 某一般纳税人为生产酒类产品的企业，该企业销售自产粮食白酒收取的包装物押金正确的处理是(　　)。

A. 无论是否返还均并入销售额缴纳增值税

B. 逾期 1 年以上的并入销售额缴纳消费税

C. 逾期 1 年以上的并入销售额缴纳增值税

D. 无论是否返还均并入销售额缴纳消费税

7. 某企业生产的某系列高档化妆用品，用于(　　)时应征收消费税。

A. 促销活动中的赠送品　　B. 本企业职工运动会的奖品

C. 加工生产其他系列高档化妆用品　　D. 电视广告的样品

8. 下列各项中，符合《消费税暂行条例》规定的是(　　)。

A. 外购烟丝时缴纳的消费税允许从用该烟丝生产的卷烟应交消费税中扣除

B. 消费税的计征有从量定额、从价定率和复合计征三种

C. 酒类生产企业销售酒产品而收取的包装物押金，一律视同酒产品销售额计征消费税

D. 纳税人将不同税率的应税消费品成套销售的，一律从高适用税率计征消费税

9. 下列情形属于出口免税但不退消费税的是(　　)。

A. 有出口经营权的外贸企业受其他外贸企业代理出口的应税消费品

B. 有出口经营权的生产型企业自营出口的自产应税消费品

C. 有出口经营权的外贸企业购进应税消费品直接出口

D. 生产企业委托外贸企业代理出口自产的应税消费品

10. 根据我国《消费税暂行条例》的规定，下列各项中，符合消费税纳税地点规定的有(　　)。

A. 委托加工的应税消费品，由委托方向所在地税务机关申报缴纳

B. 进口的应税消费品，由进口人或其代理人向报关地海关申报缴纳

C. 纳税人的总机构与分支机构不在同一县（市）的，分支机构应回总机构申报缴纳

D. 纳税人到外县（市）销售自产应税消费品的，应回纳税人核算地或所在地申报缴纳

三、判断题

1. 我国现行消费税的征税对象大多为最终消费品，因此选择在零售环节征

收。(　　)

2. 我国消费税的纳税人包括在我国境内从事生产、委托加工和进口应税消费品的单位和个人，但不包括外国企业和外国人。(　　)

3. 纳税人用于换取生产资料和消费资料，投资入股和抵偿债务等方面的应税消费品，应当以纳税人同类应税消费品的加权平均销售价格作为计税依据计算消费税。(　　)

4. 纳税人将不同税率的应税消费品组成成套消费品销售的，如果分别核算不同税率应税消费品的销售额、销售数量的，应按不同税率分别计算不同消费品应纳的消费税。(　　)

5. 委托加工应税消费品，受托方为消费税的纳税人。(　　)

6. 委托加工组价公式中的"加工费"，是指受托方加工应税消费品向委托方收取的全部费用，含代垫辅料的成本，但不含增值税。(　　)

7. 如委托方只提供主要原材料，辅助材料由受托方提供，受托方收取加工费所加工出来的应税消费品，按销售自制应税消费品处理，缴纳消费税。(　　)

8. 卷烟批发企业将卷烟销售给同类卷烟批发企业，不再征收消费税。(　　)

9. 金银首饰应在零售环节缴纳消费税时，同时缴纳增值税。进口环节由海关代征增值税，不代征消费税。(　　)

10. 将不同税率应税消费品组成成套消费品销售的，即使分别核算也从高税率。(　　)

四、计算题

1. 甲卷烟厂为增值税一般纳税人，生产A、B两种卷烟，A种卷烟不含税调拨价为每标准条73元，最高不含税售价为每标准条78元；B种卷烟不含税调拨价为每标准条58元，最高不含税售价为每标准条62元。该厂20××年6月有关业务资料如下：

(1) 月初库存外购应税烟丝金额为0，当月从乙卷烟厂购入一批已税烟丝，取得增值税专用发票，注明价款30万元，增值税税额4.8万元，已经验收入库。

(2) 领用购入烟丝的50%，生产A种卷烟200箱（250条/箱，200支/条）。100箱销售给某商场，当月结清款项；另100箱用于抵偿所欠外单位货款。

(3) 领用购入烟丝的40%，生产B种卷烟200箱，作为股本与某企业合资成立一家烟草零售经销商M公司。

(4) 领用购入烟丝的10%，委托W企业加工一种新型低焦油卷烟3箱，W企业按每箱0.2万元收取加工费（不含税），当月加工完成后全部交给甲卷烟厂，W企业代扣代缴消费税。甲卷烟厂将这3箱新型卷烟销售给某商场，售价3.2万元/箱。

要求：

(1) 计算该卷烟厂销售A种卷烟应缴纳的消费税。

(2) 该卷烟厂用于抵债的A种卷烟是否需要缴纳消费税？如需要，应缴纳的消费税税额是多少？

(3) 计算该卷烟厂向M公司投资应缴纳的消费税税额。

(4) 计算W企业应代扣代缴的消费税和甲卷烟厂销售新型低焦油卷烟应缴纳的消费税税额。

(5) 计算该卷烟厂当月应缴纳的消费税税额。

2. 顺达摩托厂是增值税一般纳税人，增值税和消费税的纳税期限均为 1 个月。该厂 20××年 7 月有关业务资料如下：

(1) 购进生产用原材料并取得增值税专用发票，发票中注明的价款、税款分别为 310 000元、49 600 元；材料已运抵企业，货款已转账付讫。

(2) 购进生产用辅助材料并取得增值税专用发票，发票中注明的价款、税款分别为 10 000 元、1 600 元；材料已运抵企业，货款已转账付讫。

(3) 将定做的轮胎运回企业并取得增值税专用发票，发票中注明的价款、税款分别为 200 000 元、32 000 元；货款已转账付讫，轮胎已运抵企业。

(4) 支付水费，取得自来水公司开具的增值税专用发票，发票中注明的价款、税款分别为 10 000 元、1 600 元；支付电费，取得供电部门开具的增值税专用发票，发票中注明的价款、税款分别为 21 000 元、3 360 元；上述水电均为生产、经营、管理耗用。

(5) 购进装修材料，取得增值税普通发票，金额 29 250 元。该批材料已运抵企业，并用于办公室装修，货款已转账付讫。

(6) 购进生产设备并取得增值税专用发票，发票中注明的价款、税款分别为 300 000 元、48 000 元；该设备已运抵企业，款项未付。

(7) 销售自产摩托车，取得销售额（不含增值税）936 000 元。

(8) 销售摩托车零部件，取得销售额（不含增值税）55 000 元。

本题涉及的增值税法定扣税凭证已通过主管税务机关认证；该摩托车适用的消费税税率为 10%。

要求：(1) 计算该厂 7 月应缴纳的增值税税额。

(2) 计算该厂 7 月应缴纳的消费税税额。

3. 利民商场是增值税一般纳税人，采取售价核算制，各类商品的进销差价率均为 20%；增值税和消费税的纳税期限均为 1 个月。该商场 20××年 8 月有关业务资料如下：

(1) 账面零售收入（含增值税）：服装鞋帽 243 600 元；高档化妆品 464 000 元；护肤护发品 174 000 元；金银首饰及珠宝玉石 348 000 元（其中：金银首饰 92 800 元，钻石及钻石饰品 208 800 元）；其他商品 162 400 元。各类商品适用的增值税税率均为 16%。

(2) 将部分金银首饰赠给客户，其成本价为 18 000 元，同类货物的含税价格为 23 200元。

(3) 购进服装并取得增值税专用发票，发票上注明价款、税款分别为 305 000 元、48 800元；发生运输费用，取得增值税专用发票注明价款、税款分别为 30 000 元、3 000 元；上述款项已付讫，商品已运抵商场。

(4) 因管理不善致使库存高档化妆品丢失，账面价值 5 500 元。

(5) 购进护肤护发品并取得增值税专用发票，发票上注明的价款、增值税分别为 250 000元、40 000 元；商品已经运抵商场，并按价税合计数向对方开具商业承兑汇票。

(6) 支付水费、电费并取得增值税专用发票，按专用发票确认的增值税税额共计 2 620元；水电均为经营管理耗用。

本题涉及的增值税法定扣税凭证已通过主管税务机关认证。

要求：(1) 计算该厂 8 月应缴纳的增值税税额。

(2) 计算该厂 8 月应缴纳的消费税税额。

第四章 城市维护建设税和教育费附加

【教学目标】

1. 掌握城市维护建设税的计税原理和计算方法。

2. 掌握教育费附加的计税原理和计算方法。

【重难点】

城市维护建设税和教育费附加税收优惠和应纳税额计算的结合。

第一节 城市维护建设税

一、城市维护建设税概述

城市维护建设税法，是指国家制定的用以调整城市维护建设税征收与缴纳权利及义务关系的法律规范。现行城市维护建设税的基本规范，是1985年2月8日国务院发布并于同年1月1日实施的《中华人民共和国城市维护建设税暂行条例》（以下简称《城市维护建设税暂行条例》）。

城市维护建设税与其他税种相比较，具有以下特点：

（1）税款专款专用。所征税款要求保证用于城市公用事业和公共设施的维护和建设。

（2）属于一种附加税。城市维护建设税与其他税种不同，没有独立的征税对象或税基，而是以纳税人实际缴纳的增值税和消费税（以下简称“两税”）税额为计税依据，随“两税”同时征收，其征管方法也完全比照“两税”的有关规定办理。

（3）根据城镇规模设计税率。根据纳税人所在城镇的规模及其资金需要设计不同的比例税率。

（4）征收范围较广。除了减免税等特殊情况以外，任何从事生产经营活动的企业单位和个人，只要缴纳了增值税和消费税中的任一税种，都要缴纳城市维护建设税。

二、征税范围

城市维护建设税的征税范围比较广。具体包括城市市区、县城、建制镇，以及税法规定征收“两税”的其他地区。

三、纳税义务人

城市维护建设税的纳税义务人，是指负有缴纳增值税和消费税义务的单位和个人，包括国有企业、集体企业、私营企业、股份制企业、其他企业和行政单位、事业单位、军事单位、社会团体、其他单位，以及个体工商户及其他个人。

自 2010 年 12 月 1 日起，对外商投资企业、外国企业及外籍个人开始征收城市维护建设税。

城市维护建设税的代扣代缴、代收代缴，一律比照增值税和消费税的有关规定办理。增值税和消费税的代扣代缴、代收代缴义务人同时也是城市维护建设税的代扣代缴、代收代缴义务人。

四、税率

城市维护建设税的税率，是指纳税人应缴纳的城市维护建设税税额与纳税人实际缴纳的“两税”税额之间的比率。城市维护建设税按纳税人所在地的不同，设置了三档地区差别比例税率，除特殊规定外，具体为：

(1) 纳税人所在地为市区的，税率为 7%。

(2) 纳税人所在地为县城、建制镇的，税率为 5%。

(3) 纳税人所在地不在市区、县城、建制镇的，税率为 1%。

城市维护建设税的适用税率，应当按照纳税人所在地的规定税率执行。但是，对下列两种情况，可按缴纳“两税”所在地的规定税率就地缴纳城市维护建设税：

(1) 由受托方代扣代缴、代收代缴“两税”的单位和个人，其代扣代缴、代收代缴的城市维护建设税按受托方所在地适用税率执行。

(2) 流动经营等无固定纳税地点的单位和个人，在经营地缴纳“两税”的，其城市维护建设税的缴纳按经营地适用税率执行。

五、计税依据

城市维护建设税的计税依据，是指纳税人实际缴纳的“两税”税额。纳税人违反“两税”有关税法而加收的滞纳金和罚款，是税务机关对纳税人违法行为的经济制裁，不作为城市维护建设税的计税依据，但纳税人在被查补“两税”和被处以罚款时，应同时对其偷漏的城市维护建设税进行补税、征收滞纳金和罚款。

城市维护建设税以“两税”税额为计税依据并同时征收，如果要免征或者减征“两税”，也就要同时免征或者减征城市维护建设税。

但对出口产品退还增值税、消费税的，不退还已缴纳的城市维护建设税。

自 2005 年 1 月 1 日起，经国家税务总局正式审核批准的当期免抵的增值税税额应纳入城市维护建设税和教育费附加的计征范围，分别按规定的税（费）率征收城市维护建设税和教育费附加。

六、应纳税额的计算

城市维护建设税的应纳税额按以下公式计算：

应纳税额=(实际缴纳的增值税税额+实际缴纳的消费税税额)×适用税率

【例 4-1】 地处市区的某企业，2018 年 10 月应缴纳增值税 231 万元，其中因符合有关政策规定而被退库 13 万元；缴纳消费税 87 万元，因故被加收滞纳金 0.25 万元。计算该企业当月实际应缴纳的城市维护建设税税额。

【答案解析】 应缴纳的城市维护建设税税额＝（231－13＋87）×7%＝21.35（万元）。

七、税收优惠

城市维护建设税原则上不单独减免，但因城市维护建设税又具附加税性质，当主税发生减免时，城市维护建设税相应发生税收减免。城市维护建设税的税收减免具体有以下几种情况：

（1）城市维护建设税按减免后实际缴纳的“两税”税额计征，即随“两税”的减免而减免。

（2）对于因减免税而需进行“两税”退库的，城市维护建设税也可同时退库。

（3）海关对进口产品代征的增值税、消费税，不征收城市维护建设税。

（4）对“两税”实行先征后返、先征后退、即征即退办法的，除另有规定外，对随“两税”附征的城市维护建设税和教育费附加，一律不退（返）还。

（5）为支持国家重大水利工程建设，对国家重大水利工程建设基金免征城市维护建设税。

（6）对出口产品退还增值税、消费税，不征收城市维护建设税。

八、征收管理

城市维护建设税的征收管理、纳税环节等事项，比照增值税和消费税的有关规定办理。

根据税法规定的原则，针对一些比较复杂并有特殊性的纳税地点，财政部和国家税务总局作了如下规定：

（1）纳税人直接缴纳“两税”的，在缴纳“两税”地缴纳城市维护建设税。

（2）代扣代缴的纳税地点。代征、代扣、代缴“两税”的单位和个人，同时也要代征、代扣、代缴城市维护建设税，其城市维护建设税的纳税地点在代扣代收地。没有代扣城市维护建设税的，应由纳税人回到其所在地申报纳税。

（3）对流动经营等无固定纳税地点的单位和个人，应随同“两税”在经营地按适用税率缴纳。

第二节　教育费附加

一、教育费附加概述

教育费附加和地方教育附加是以单位和个人缴纳的增值税和消费税（以下简称“两税”）税额为计算依据征收的一种附加费。教育费附加名义上是一种专项资金，实质上具

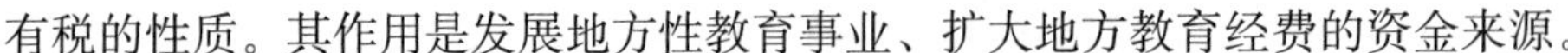
有税的性质。其作用是发展地方性教育事业、扩大地方教育经费的资金来源。

二、教育费附加的征收范围和计税依据

教育费附加和地方教育附加对缴纳“两税”的单位和个人征收，以其实际缴纳的增值税税额和消费税税额为计税依据，分别与增值税和消费税同时缴纳。自2010年12月1日起，对外商投资企业、外国企业和外籍个人开始征收教育费附加。

三、教育费附加征收率

现行全国教育费附加的征收率为3%，地方教育附加征收率从2010年起统一为2%。除国务院另有规定者外，任何地区、部门不得擅自提高或者降低教育费附加率。

四、教育费附加的计算

应纳教育费附加=(实际缴纳的增值税税额+实际缴纳的消费税税额)×征收率

【例4-2】 某市区一企业2018年10月实际缴纳增值税30万元、消费税25万元，计算该企业当月应缴纳的教育费附加和地方教育附加。

【答案解析】 应纳教育费附加=（35+25）×3%=1.8（万元）。

应纳地方教育附加=（35+25）×2%=1.2（万元）。

五、教育费附加的减免规定

（1）对海关进口的产品征收的增值税、消费税，不征收教育费附加和地方教育附加。

（2）对由于减免增值税、消费税和发生退库的，可以同时退还已征收的教育费附加和地方教育附加。但对出口产品返还增值税和消费税的，不返还已征收的教育费附加和地方教育附加。

（3）自2016年2月1日起，对月销售额不超过10万元的缴纳义务人，免征教育费附加。

（4）对国家重大水利工程建设基金免征教育费附加和地方教育附加。

本章知识小结

1. 城市维护建设税的计税原理和计算方法。
2. 教育费附加的计税原理和计算方法。

业务实训练习

一、单项选择题

1. 下列关于城市维护建设税的说法，正确的是（　　）。

A. 只要缴纳增值税就要缴纳城市维护建设税

B. 只有同时缴纳增值税和消费税的纳税人才能成为城市维护建设税的纳税人

C. 只要退还“两税”就应退还城市维护建设税

D. 城市维护建设税的纳税人是负有缴纳增值税和消费税义务的单位和个人

2. 甲生产企业地处市区，10 月实际缴纳增值税 28 万元，当月委托位于县城的乙企业加工应税消费品，乙企业代收代缴消费税 15 万元。甲企业当月应缴纳（含被代收代缴）城市维护建设税(　　)万元。

A. 1.96　　B. 0.75　　C. 2.71　　D. 1.31

3. 流动经营等无固定纳税地点的单位和个人，在经营地缴纳“两税”的，其城市维护建设税税率按(　　)执行。

A. 经营地适用税率　　B. 居住地适用税率

C. 7%税率　　D. 1%税率

4. 位于某市区的一卷烟厂委托位于某县城的一卷烟厂加工一批雪茄烟，双方均为增值税一般纳税人。委托方提供原材料 40 000 元（不含增值税），支付加工费 5 000 元（不含增值税），雪茄烟消费税税率为 36%，受托方无同类雪茄烟市场价格。受托方代收代缴消费税时，应代收代缴的城市维护建设税为(　　)元。

A. 810　　B. 1 120.24　　C. 1 265.63　　D. 1 334.23

5. 下列表述中，符合城市维护建设税有关规定的是(　　)。

A. 缴纳增值税的个体经营者不缴纳城市维护建设税

B. 流动经营的无固定纳税地点的纳税人在经营地缴纳城市维护建设税

C. 流动经营的无固定纳税地点的纳税人在居住地缴纳城市维护建设税

D. 对于因减免税而需进行“两税”退库的，其缴纳的城市维护建设税一律不予退还

6. 某生产企业为增值税一般纳税人（位于市区），主要经营内销和出口业务，10 月实际向税务机关缴纳增值税 40 万元，出口货物免抵税额 4 万元。另外，进口应税消费品缴纳增值税 17 万元、缴纳消费税 30 万元。该企业当月应缴纳城市维护建设税(　　)万元。

A. 2.80　　B. 3.08　　C. 2.52　　D. 5.81

二、多项选择题

1. 下列项目中，不属于城市维护建设税计税依据的是(　　)。

A. 纳税人实际缴纳的“两税”

B. 纳税人违反“两税”有关规定而被处以的罚款

C. 纳税人实际缴纳的土地增值税

D. 受托方代收代缴的消费税

2. 某生产企业（小规模纳税人）生产销售柴油，某月取得的销售收入应缴纳的税费是(　　)。

A. 增值税　　B. 消费税　　C. 城市维护建设税　D. 教育费附加

3. 以下关于城市维护建设税和教育费附加的说法中，正确的是(　　)。

A. 对出口产品退还增值税、消费税的，也应同时退还已缴纳的城市维护建设税

B. 进口环节代征增值税也要代征教育费附加和地方教育附加

C. 对增值税实行先征后返办法的，一般情况下附征的城市维护建设税不予返还

D. 纳税人直接缴纳“两税”的，在缴纳“两税”地缴纳城市维护建设税

4. 根据城市维护建设税的有关规定，下列说法中正确的有（　　）。

A. 城市维护建设税适用的税率均应按纳税人所在地的税率执行

B. 城市维护建设税计税依据是实际缴纳的“两税”税额，不包括加收的滞纳金

C. 海关对进口产品代征增值税、消费税的，不代征城市维护建设税

D. 对出口产品退还增值税、消费税的，同时退还已缴纳的城市维护建设税

三、计算分析题

1. 甲公司为某市化妆品生产企业，2018 年计划将购进的不含增值税价格 100 万元、增值税进项税额为 16 万元的化妆品原材料加工成高档化妆品销售。甲公司委托另一长期合作的同市乙公司生产一批高档化妆品，乙公司收取的不含增值税加工费为 50 万元，开具增值税专用发票，增值税税额 8 万元，价税合计 58 万元。乙公司当年没有同类高档化妆品的销售价格。收回化妆品后，甲公司将高档化妆品对外销售，不含税销售价格为 260 万元。高档化妆品消费税税率为 15%，不考虑地方教育附加。

要求：根据上述资料，回答下列问题（计算结果保留两位小数）：

（1）分别计算乙公司应代收代缴的消费税、城市维护建设税和教育费附加。

（2）分别计算乙公司自行缴纳的增值税、城市维护建设税和教育费附加。

（3）分别计算甲公司的增值税、消费税、城市维护建设税和教育费附加。

2. 某位于市区的化妆品生产企业为增值税一般纳税人，2018 年 10 月发生如下经济业务：

（1）从国外进口一批散装高档化妆品，关税完税价格 150 万元，关税税率 40%，散装高档化妆品已验收入库。

（2）本月内企业将进口的散装高档化妆品的 80%生产加工为高档化妆品 6 800 件，对外批发销售 6 000 件，取得不含税销售额 290 万元。

（3）向消费者零售成套高档化妆品 800 件，取得含税销售额 51.48 万元。

已知高档化妆品消费税税率为 15%，不考虑地方教育附加。

要求：根据上述资料，回答下列问题：

（1）计算该企业在进口环节应缴纳的增值税税额和消费税税额。

（2）计算该企业国内生产销售环节应缴纳的增值税税额和消费税税额。

（3）计算该企业应缴纳的城市维护建设税和教育费附加。

3. 某汽车制造企业为增值税一般纳税人，2018 年 10 月发生如下经济业务：

（1）购进汽车座椅一批，取得增值税专用发票注明金额 280 万元，支付不含税运费 10 万元，并取得增值税专用发票。

（2）销售发动机 10 台给某小规模纳税人，取得含税收入 27.84 万元。

（3）进口汽车配件一批，支付给国外供货商的买价 60 万元，同时支付运抵我国海关前的装卸费、运输费 6 万元，保险费 2 万元。

（4）购进钢材，取得增值税专用发票注明金额 300 万元，另支付运费 12 万元，取得货运增值税专用发票上注明的增值税税额 1.2 万元；当月将其中的 60%用于对外投资。

（5）从再生资源经营单位购入报废汽车部件，取得再生资源经营单位开具的增值税专用发票，注明金额 90 万元。

（6）将 A 型小汽车 130 辆赊销给境内某汽车销售公司，约定 10 月 15 日付款，15 日

汽车制造企业开具增值税专用发票，注明货物金额 2 340 万元，销售公司实际 30 日才将货款和延迟付款的违约金 8 万元支付给企业。

（7）以成本销售 A 型小汽车 10 辆（总成本 80 万元）给本企业有突出贡献的业务人员。

（8）将企业新设计生产的 B 型小汽车 2 辆赠送给某汽车俱乐部，每辆成本价 12 万元，市场上无 B 型小汽车销售价格。

（9）其他资料：进口汽车配件的关税税率为 10%；生产销售的小汽车适用消费税税率为 12%；B 型小汽车成本利润率为 8%；城市维护建设税税率为 7%；教育费附加征收率为 3%，不考虑地方教育附加；相关票据在有效期内均通过主管税务机关认证。

要求：根据上述资料，回答下列问题（计算结果保留两位小数）：

（1）计算该企业进口环节应缴纳的增值税税额。

（2）计算该企业本月应缴纳的增值税税额。

（3）计算该企业本月应缴纳的消费税税额。

（4）计算该企业本月应缴纳的城市维护建设税和教育费附加。

第五章 关税法

【教学目标】

1. 掌握关税完税价格的计算方法。
2. 掌握关税应纳税额的计算方法。
3. 熟悉关税的征税对象和纳税义务人。
4. 了解进出口税则和原产地原则。
5. 熟悉关税的税收优惠政策和征收管理方法。
6. 了解关税的纳税申报。

【重难点】

1. 关税完税价格的确认。
2. 关税应纳税额的计算方法。
3. 关税的征收管理。

关税法是指国家制定的调整关税征收与缴纳权利义务关系的法律规范。现行关税法律规范以全国人民代表大会于 2000 年 7 月修正颁布的《中华人民共和国海关法》(以下简称《海关法》)为法律依据，以国务院于 2003 年 11 月发布的《中华人民共和国进出口关税条例》(以下简称《进出口关税条例》)，以及由国务院关税税则委员会审定并报国务院批准，作为条例组成部分的《中华人民共和国海关进出口税则》(以下简称《海关进出口税则》)和《中华人民共和国海关关于入境旅客行李物品和个人邮递物品征收进口税办法》为基本法规，由负责关税政策制定和征收管理的主管部门依据基本法规拟订的管理办法和实施细则为主要内容。

第一节 关税概述

一、关征的概念

关税是海关依法对进出境货物、物品征收的一种税。所谓“境”是指关境，又称“海关境域”或“关税领域”，是国家海关法全面实施的领域。通常情况下，一国关境与国境是一致的，包括国家全部的领土、领海、领空。但当某一国家在国境内设立了自由港、自

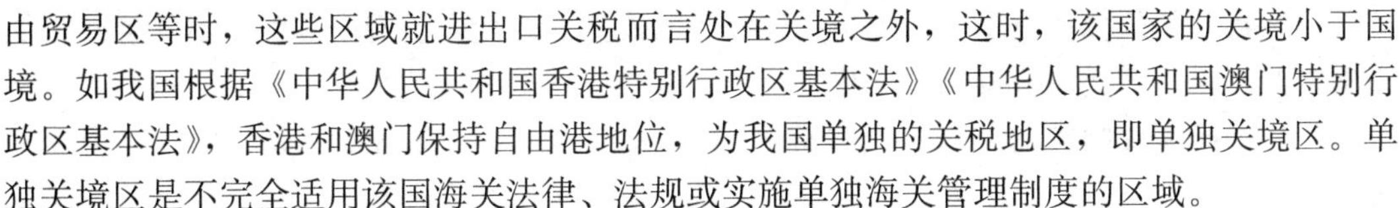

由贸易区等时，这些区域就进出口关税而言处在关境之外，这时，该国家的关境小于国境。如我国根据《中华人民共和国香港特别行政区基本法》《中华人民共和国澳门特别行政区基本法》，香港和澳门保持自由港地位，为我国单独的关税地区，即单独关境区。单独关境区是不完全适用该国海关法律、法规或实施单独海关管理制度的区域。

二、关税的征税对象

关税的征税对象是准许进出境的货物和物品。货物是指贸易性商品；物品指入境旅客随身携带的行李物品、个人邮递物品、各种运输工具上的服务人员携带进口的自用物品、馈赠物品以及其他方式进境的个人物品。

三、纳税义务人

进口货物的收货人、出口货物的发货人、进出境物品的所有人，是关税的纳税义务人。进出口货物的收、发货人是依法取得对外贸易经营权，并进口或者出口货物的法人或者其他社会团体。进出境物品的所有人包括该物品的所有人和推定为所有人的人。一般情况下，对于携带进境的物品，推定其携带人为所有人；对分离运输的行李，推定相应的进出境旅客为所有人；对以邮递方式进境的物品，推定其收件人为所有人；以邮递或其他运输方式出境的物品，推定其寄件人或托运人为所有人。

第二节　关税进出口税则

一、进出口税则概况

进出口税则是一国政府根据国家关税政策和经济政策，通过一定的立法程序制定公布实施的进出口货物和物品应税的关税税率表。进出口税则以税率表为主体，通常还包括实施税则的法令、使用税则的有关说明和附录等。《海关进出口税则》是我国海关凭以征收关税的法律依据，也是我国关税政策的具体体现。我国现行税则包括《进出口关税条例》《税率适用说明》《海关进口税则》《海关出口税则》《进口商品从量税、复合税、滑准税税目税率表》《进口商品关税配额税目税率表》《进口商品税则暂定税率表》《出口商品税则暂定税率表》《非全税目信息技术产品税率表》等附录。

税率表作为税则主体，包括税则商品分类目录和税率栏两大部分。税则商品分类目录是把种类繁多的商品加以综合，按照其不同特点分门别类地简化成数量有限的商品类目，分别编号按序排列，称为税则号列，并逐号列上该号中应列入的商品名称。商品分类的原则即归类规则，包括归类总规则和各类、章、目的具体注释。税率栏是按商品分类目录逐项定出的税率栏目。我国现行进口税则为四栏税率，出口税则为一栏税率。从 1992 年 1 月起，我国开始实施以《商品名称及编码协调制度》为基础的进出口税则，适应了国内改革开放和对外经济贸易发展的需要。

二、税则归类

税则归类，就是按照税则的规定，将每项具体进出口商品按其特性在税则中找出其最适合的某一个税号，即“对号入座”，以便确定其适用的税率，计算关税税负。税则归类错误会导致关税的多征或少征，影响关税作用的发挥。因此，税则归类关系到关税政策的正确贯彻。税则归类一般按以下步骤进行：

(1) 了解需要归类的具体进出口商品的构成、材料属性、成分组成、特性、用途和功能。

(2) 查找有关商品在税则中拟归的类、章及税号。对于原材料性质的货品，应首先考虑按其属性归类；对于制成品，应首先考虑按其用途归类。

(3) 将考虑采用的有关类、章及税号进行比较，筛选出最为合适的税号。在比较、筛选时，首先看类、章的注释有无具体描述归类对象或其他类似品，已具体描述的，按类、章的规定办理；其次是查阅《HS注释》，确切地了解有关类、章及税号范围。

(4) 通过以上方法也难以确定的税则归类商品，可运用归类总规则的有关条款来确定其税号。如进口地海关无法解决的税则归类问题，应报海关总署明确。

三、关税税率

(一) 进口关税税率

1. 税率设置与适用

在我国加入世界贸易组织（WTO）之前，我国进口税则设有两栏税率，即普通税率和优惠税率。对原产于与我国未订有关税互惠协议的国家或者地区的进口货物，按照普通税率征税；对原产于与我国订有关税互惠协议的国家或者地区的进口货物，按照优惠税率征税。在我国加入WTO之后，为履行我国在加入WTO关税减让谈判中承诺的有关义务，享有WTO成员应有的权利，自2002年1月1日起，我国进口税则设有最惠国税率、协定税率、特惠税率、普通税率、关税配额税率等税率。对进口货物在一定期限内可以实行暂定税率。最惠国税率适用原产于与我国共同适用最惠国待遇条款的WTO成员或地区的进口货物，或原产于与我国签订有相互给予最惠国待遇条款的双边贸易协定的国家或地区进口的货物，以及原产于我国境内的进口货物；协定税率适用原产于我国参加的含有关税优惠条款的区域性贸易协定有关缔约方的进口货物；特惠税率适用原产于与我国签订有特殊优惠关税协定的国家或地区的进口货物；普通税率适用于原产于上述国家或地区以外的其他国家或地区的进口货物。按照普通税率征税的进口货物，经国务院关税税则委员会特别批准，可以适用最惠国税率。适用最惠国税率、协定税率、特惠税率的国家或者地区名单，由国务院关税税则委员会决定，报国务院批准后执行；关税配额税率是进口国限制进口货物数量的措施，把征收关税和进口配额相结合以限制进口，对于在配额内进口货物可以适用较低的关税配额税率，对于配额之外的则适用较高税率。

2. 税率种类

按征收关税的标准，关税可以分为从价税、从量税、复合税、选择税、滑准税。

(1) 从价税。从价税是一种最常用的关税计税标准。它是以货物的价格或者价值为征税标准，以应征税额占货物价格或者价值的百分比为税率，价格越高，税额越高。货物进口时，以此税率与海关审定的实际进口货物完税价格相乘计算应征税额。目前，我国海关计征关税的标准主要是从价税。

(2) 从量税。从量税是以进口货物的长度、重量、体积、容量等计量单位为计税标准，以每计量单位货物的应征税额为税率。我国目前对原油、啤酒和胶卷等进口商品征收

从量税。

（3）复合税。复合税又称混合税，它是对某种进口货物混合使用从价税和从量税的一种关税计征标准。我国目前仅对录像机、放像机、摄像机、数字照相机和摄录一体机等进口商品征收复合税。

（4）选择税。选择税是对一种进口商品同时定有从价税和从量税两种税率，但征税时选择其税额较高的一种征税。

（5）滑准税。滑准税是一种关税税率随进口货物价格由高至低而由低至高设置计征关税的方法。简单地讲，就是进口货物的价格越高，其进口关税税率越低；进口商品的价格越低，其进口关税税率越高。滑准税的特点是可保持实行滑准税商品的国内市场价格的相对稳定，而不受国际市场价格波动的影响。

3. 暂定税率与关税配额税率

根据经济发展需要，国家对部分进口原材料、零部件、农药原药和中间体、乐器及生产设备实行暂定税率。《进出口关税条例》规定，适用最惠国税率的进口货物有暂定税率的，应当适用暂定税率；适用特惠税率、协定税率的进口货物有暂定税率的，应当从低适用税率；适用普通税率的进口货物，不适用暂定税率。同时，对部分进口农产品和化肥产品实行关税配额，即一定数量内的上述进口商品适用税率较低的配额内税率，超出该数量的进口商品适用税率较高的配额外税率。现行税则对700多个税目进口商品实行了暂定税率，对小麦、玉米等7种农产品和尿素等3种化肥产品实行关税配额管理。

（二）出口关税税率

我国出口税则为一栏税率，即出口税率。国家仅对少数资源性产品及易于竞相杀价、盲目进口、需要规范出口秩序的半制成品征收出口关税。现行税则对100余种商品计征出口关税，主要是鳗鱼苗、部分有色金属矿砂及其精矿、生锑、磷、氟钽酸钾、苯、山羊板皮、部分铁合金、镍锭、锌锭、锑锭。但对上述范围内的部分商品实行0～25%的暂定税率，此外，根据需要对其他200多种商品征收暂定税率。与进口暂定税率一样，出口暂定税率优先适用于出口税则中规定的出口税率。

（三）特别关税

特别关税包括报复性关税、反倾销税与反补贴税、保障性关税。征收特别关税的货物、适用国别、税率、期限和征收办法，由国务院关税税则委员会决定，海关总署负责实施。

（四）税率的运用

进出口货物，应当依照税则规定的归类原则归入合适的税号，并按照适用的税率征税。我国《进出口关税条例》和《中华人民共和国海关进出口货物征税管理办法》（以下简称《进出口货物征税管理办法》）对税率的运用作出了明确规定，具体如下：

（1）进出口货物，应当适用海关接受该货物申报进口或者出口之日实施的税率。

（2）进口货物到达前，经海关核准先行申报的，应当适用装载该货物的运输工具申报进境之日实施的税率。

（3）进口转关运输货物，应当适用指运地海关接受该货物申报进口之日实施的税率；货物运抵指运地前，经海关核准先行申报的，应当适用装载该货物的运输工具抵达指运地之日实施的税率。

(4) 出口转关运输货物，应当适用启运地海关接受该货物申报出口之日实施的税率。

(5) 经海关批准，实行集中申报的进出口货物，应当适用每次货物进出口时海关接受该货物申报之日实施的税率。

(6) 因超过规定期限未申报而由海关依法变卖的进口货物，其税款计征应当适用装载该货物的运输工具申报进境之日实施的税率。

(7) 因纳税义务人违反规定需要追征税款的进出口货物，应当适用违反规定的行为发生之日实施的税率；行为发生之日不能确定的，适用海关发现该行为之日实施的税率。

(8) 已申报进境并放行的保税货物、减免税货物、租赁货物或者已申报进出境并放行的暂时进出境货物，有下列情形之一需缴纳税款的，应当适用海关接受纳税义务人再次填写报关单申报办理纳税及有关手续之日实施的税率：

1) 保税货物经批准不复运出境的。

2) 保税仓储货物转入国内市场销售的。

3) 减免税货物经批准转让或者移作他用的。

4) 可暂不缴纳税款的暂时进出境货物，经批准不复运出境或者进境的。

5) 租赁进口货物，分期缴纳税款的。

(9) 补征和退还进出口货物关税，应当按照前述规定确定适用的税率。

【例 5-1】 根据关税法律制度的规定，原产地不明的进口货物适用的关税税率是(　　)。

A. 协定税率　　B. 最惠国税率　　C. 特惠税率　　D. 普通税率

【答案解析】 本题答案为 D。普通税率适用于原产于未与我国共同适用最惠国条款的世界贸易组织成员国或地区，未与我国订有相互给予最惠国待遇、关税优惠条款贸易协定和特殊关税优惠条款贸易协定的国家或者地区的进口货物，以及原产地不明的进口货物。

【例 5-2】 对从境外采购进口的原产于中国境内的货物，不征收进口关税。(　　)

【答案解析】 ×。对从境外采购进口的原产于中国境内的货物，按照最惠国税率征税。

【例 5-3】 根据关税法律制度的规定，对原产于与我国签订含有关税优惠条款的区域性贸易协定的国家或地区的进口货物征收关税时，适用的税率形式是(　　)。

A. 最惠国税率　　B. 普通税率　　C. 特惠税率　　D. 协定税率

【答案解析】 本题答案为 D。对原产于与我国签订含有关税优惠条款的区域性贸易协定的国家或地区的进口货物，按协定税率征收关税。

第三节　关税完税价格与应纳税额的计算

一、原产地规定

确定进境货物原产国的主要原因之一是，便于正确运用进口税则的各栏税率，对产自不同国家或地区的进口货物适用不同的关税税率。我国原产地规定基本上采用了“全部产地生产标准”“实质性加工标准”两种国际上通用的原产地标准。

(一) 全部产地生产标准

全部产地生产标准是指进口货物“完全在一个国家内生产或制造”，生产国或制造国

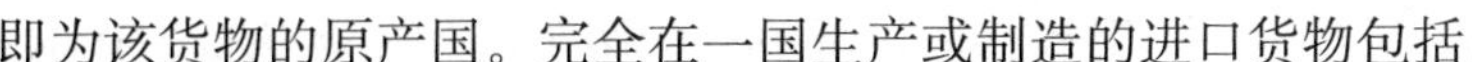

即为该货物的原产国。完全在一国生产或制造的进口货物包括：

（1）在该国领土或领海内开采的矿产品。

（2）在该国领土上收获或采集的植物产品。

（3）在该国领土上出生或由该国饲养的活动物及从其所得产品。

（4）在该国领土上狩猎或捕捞所得的产品。

（5）在该国的船只上卸下的海洋捕捞物，以及由该国船只在海上取得的其他产品。

（6）在该国加工船加工上述第（5）项所列物品所得的产品。

（7）在该国收集的只适用于做再加工制造的废碎料和废旧物品。

（8）在该国完全使用上述（1）～（7）项所列产品加工成的制成品。

（二）实质性加工标准

实质性加工标准是适用于确定有两个或两个以上国家参与生产的产品的原产国的标准，其基本含义是：经过几个国家加工、制造的进口货物，以最后一个对货物进行经济上可以视为实质性加工的国家作为有关货物的原产国。"实质性加工"是指产品加工后，在进出口税则中四位数税号一级的税则归类已经有了改变，或者加工增值部分所占新产品总值的比例已超过30%及以上的。

（三）其他

对机器、仪器、器材或车辆所用零件、部件、配件、备件及工具，如与主件同时进口且数量合理的，其原产地按主件的原产地确定，分别进口的则按各自的原产地确定。

二、关税完税价格

《海关法》规定，进出口货物的完税价格，由海关以该货物的成交价格为基础审查确定。成交价格不能确定时，完税价格由海关依法估定。自我国加入WTO后，我国海关已全面实施《世界贸易组织估价协定》，遵循客观、公平、统一的估价原则，并依据2014年2月1日起实施的《中华人民共和国海关审定进出口货物完税价格办法》（以下简称《完税价格办法》），审定进出口货物的完税价格。

（一）一般进口货物的完税价格

根据《海关法》规定，进口货物的完税价格包括货物的货价、货物运抵我国境内输入地点起卸前的运输及其相关费用、保险费。进口货物完税价格的确定方法大致可以划分为两类，一类是以进口货物的成交价格为基础进行调整，从而确定进口货物完税价格的估价方法（以下简称"成交价格估价方法"），另一类则是在进口货物的成交价格不符合规定条件或者成交价格不能确定的情况下，海关用以审查确定进口货物完税价格的估价方法（以下简称"海关估价方法"）。

1. 成交价格估价方法

进口货物的成交价格，是指卖方向我国境内销售该货物时买方为进口该货物向卖方实付、应付的，并且按照《完税价格办法》有关规定调整后的价款总额，包括直接支付的价款和间接支付的价款。

（1）进口货物的成交价格应当符合的条件：

1）对买方处置或者使用进口货物不予限制，但是法律、行政法规规定实施的限制、对货物销售地域的限制和对货物价格无实质性影响的限制除外。有下列情形之一的，应当视为对买方处置或者使用进口货物进行了限制：进口货物只能用于展示或者免费赠送的；进口货物只能销售给指定第三方的；进口货物加工为成品后只能销售给卖方或者指定第三方的；其他经海关审查，认定买方对进口货物的处置或者使用受到限制的。

2）进口货物的价格不得受到使该货物成交价格无法确定的条件或者因素的影响。有下列情形之一的，应当视为进口货物的价格受到了使该货物成交价格无法确定的条件或者因素的影响：进口货物的价格是以买方向卖方购买一定数量的其他货物为条件而确定的；进口货物的价格是以买方向卖方销售其他货物为条件而确定的；其他经海关审查，认定货物的价格受到使该货物成交价格无法确定的条件或者因素影响的。

3）卖方不得直接或者间接获得因买方销售、处置或者使用进口货物而产生的任何收益，或者虽然有收益但是能够按照《完税价格办法》的规定做出调整。

4）买卖双方之间没有特殊关系，或者虽然有特殊关系但是按照规定未对成交价格产生影响。有下列情形之一的，应当认为买卖双方存在特殊关系：买卖双方为同一家族成员的；买卖双方互为商业上的高级职员或者董事的；一方直接或者间接地受另一方控制的；买卖双方都直接或者间接地受第三方控制的；买卖双方共同直接或者间接地控制第三方的；一方直接或者间接地拥有、控制或者持有对方5%以上（含5%）公开发行的有表决权的股票或者股份的；一方是另一方的雇员、高级职员或者董事的；买卖双方是同一合伙的成员的。买卖双方在经营上相互有联系，一方是另一方的独家代理、独家经销或者独家受让人，如果符合前款的规定，也应当视为存在特殊关系。需要注意的是，买卖双方之间存在特殊关系，但是纳税义务人能证明其成交价格与同时或者大约同时发生的下列任何一款价格相近的，应当视为特殊关系未对进口货物的成交价格产生影响：向境内无特殊关系的买方出售的相同或者类似进口货物的成交价格；按照倒扣价格估价方法所确定的相同或者类似进口货物的完税价格；按照计算价格估价方法所确定的相同或者类似进口货物的完税价格。

（2）应计入完税价格的调整项目。采用成交价格估价方法，以成交价格为基础审查确定进口货物的完税价格时，未包括在该货物实付、应付价格中的下列费用或者价值应当计入完税价格：

1）由买方负担的除购货佣金以外的佣金和经纪费。“购货佣金”指买方为购买进口货物向自己的采购代理人支付的劳务费用。“经纪费”指买方为购买进口货物向代表买卖双方利益的经纪人支付的劳务费用。

2）由买方负担的与该货物视为一体的容器费用。

3）由买方负担的包装材料费用和包装劳务费用。

4）与该货物的生产和向中华人民共和国境内销售有关的，由买方以免费或者以低于成本的方式提供并可以按适当比例分摊的料件、工具、模具、消耗材料及类似货物的价款，以及在境外开发、设计等相关服务的费用。

5）与该货物有关并作为卖方向我国销售该货物的一项条件，应当由买方向卖方或者有关方直接或间接支付的特许权使用费。“特许权使用费”是指进口货物的买方为取得知识产权权利人及权利人有效授权人关于专利权、商标权、专有技术、著作权、分销权或者销售权的许可或者转让而支付的费用。

6）卖方直接或间接从买方对该货物进口后转售、处置或使用所得中获得的收益。纳

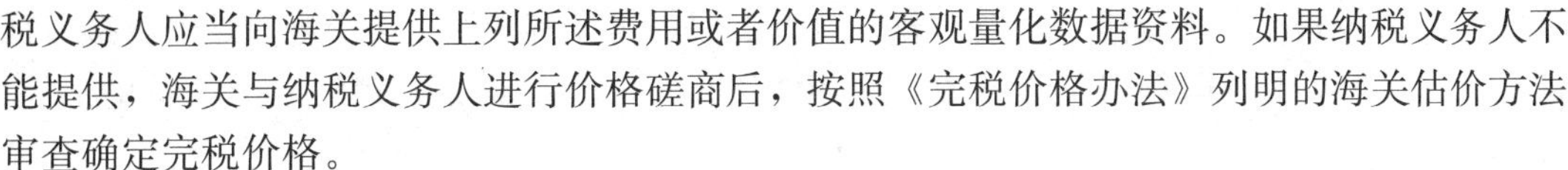

税义务人应当向海关提供上列所述费用或者价值的客观量化数据资料。如果纳税义务人不能提供，海关与纳税义务人进行价格磋商后，按照《完税价格办法》列明的海关估价方法审查确定完税价格。

（3）不计入完税价格的调整项目。进口货物的价款中单独列明的下列税收、费用，不计入该货物的完税价格：

1）厂房、机械或者设备等货物进口后发生的建设、安装、装配、维修或者技术援助费用，但是保修费用除外。

2）进口货物运抵中华人民共和国境内输入地点起卸后发生的运输及其相关费用、保险费。

3）进口关税、进口环节海关代征税及其他国内税。

4）为在境内复制进口货物而支付的费用。

5）境内外技术培训及境外考察费用。

6）同时符合下列条件的利息费用：利息费用是买方为购买进口货物而融资所产生的；有书面的融资协议的；利息费用单独列明的；纳税义务人可以证明有关利率不高于在融资当时当地此类交易通常应当具有的利率水平，且没有融资安排的相同或者类似进口货物的价格与进口货物的实付、应付价格非常接近的。

2. 进口货物海关估价方法

进口货物的成交价格不符合规定条件或者成交价格不能确定的，海关经了解有关情况，并且与纳税义务人进行价格磋商后，依次以相同货物成交价格估价方法、类似货物成交价格估价方法、倒扣价格估价方法、计算价格估价方法及其他合理方法审查确定该货物的完税价格。纳税义务人向海关提供有关资料后，可以提出申请，颠倒倒扣价格估价方法和计算价格估价方法的适用次序。

（1）相同货物成交价格估价方法。

相同货物成交价格估价方法，是指海关以与进口货物同时或者大约同时向中华人民共和国境内销售的相同货物的成交价格为基础，审查确定进口货物的完税价格的估价方法。

1）按照该方法审查确定进口货物的完税价格时，应当使用与该货物具有相同商业水平且进口数量基本一致的相同货物的成交价格。使用上述价格时，应当以客观量化的数据资料，对该货物与相同货物之间由于运输距离和运输方式不同而在成本和其他费用方面产生的差异进行调整。在没有前述的相同货物的成交价格的情况下，可以使用不同商业水平或者不同进口数量的相同货物的成交价格。使用上述价格时，应当以客观量化的数据资料，对因商业水平、进口数量、运输距离和运输方式的不同而在价格、成本和其他费用方面产生的差异做出调整。

2）按照该方法审查确定进口货物的完税价格时，应当首先使用同一生产商生产的相同货物的成交价格；没有同一生产商生产的相同货物的成交价格的，可以使用同一生产国或者地区其他生产商生产的相同货物的成交价格；如果有多个相同货物的成交价格，应当以最低的成交价格为基础审查确定进口货物的完税价格。

上述“相同货物”，是指与进口货物在同一国家或地区生产的，在物理性质、质量和信誉等所有方面都相同的货物，但是表面的微小差异允许存在。“大约同时”，是指海关接受货物申报之日的大约同时，最长不应当超过前后 45 日。按照倒扣价格法审查确定进口货物的完税价格时，如果进口货物、相同或者类似货物没有在海关接受进口货物申报之日前后 45 日内在境内销售，可以将在境内销售的时间延长至接受货物申报之日前后 90 日内。

（2）类似货物成交价格估价方法。

类似货物成交价格估价方法，是指海关以与进口货物同时或者大约同时向中华人民共和国境内销售的类似货物的成交价格为基础，审查确定进口货物的完税价格的估价方法。

1）按照该方法审查确定进口货物的完税价格时，应当使用与该货物具有相同商业水平且进口数量基本一致的类似货物的成交价格。使用上述价格时，应当以客观量化的数据资料，对该货物与类似货物之间由于运输距离和运输方式不同而在成本和其他费用方面产生的差异进行调整。在没有前述的类似货物的成交价格的情况下，可以使用不同商业水平或者不同进口数量的类似货物的成交价格。使用上述价格时，应当以客观量化的数据资料，对因商业水平、进口数量、运输距离和运输方式的不同而在价格、成本和其他费用方面产生的差异做出调整。

2）按照该方法审查确定进口货物的完税价格时，应当首先使用同一生产商生产的类似货物的成交价格；没有同一生产商生产的类似货物的成交价格的，可以使用同一生产国或者地区其他生产商生产的类似货物的成交价格；如果有多个类似货物的成交价格，应当以最低的成交价格为基础审查确定进口货物的完税价格。

上述“类似货物”是指与进口货物在同一国家或地区生产的，虽然不是在所有方面都相同，但是却具有相似的特征、相似的组成材料、同样的功能，并且在商业中可以互换的货物。

（3）倒扣价格估价方法。

倒扣价格估价方法，是指海关以进口货物、相同或者类似进口货物在境内的销售价格为基础，扣除境内发生的有关费用后，审查确定进口货物完税价格的估价方法。该销售价格应当同时符合下列条件：

1）在该货物进口的同时或者大约同时，将该货物、相同或者类似进口货物在境内销售的价格。

2）按照货物进口时的状态销售的价格。

3）在境内第一销售环节销售的价格。

4）向境内无特殊关系方销售的价格。

5）按照该价格销售的货物合计销售总量最大。

按照倒扣价格估价方法审查确定进口货物完税价格的，下列各项应当扣除：

1）同等级或者同种类货物在境内第一销售环节销售时，通常的利润和一般费用（包括直接费用和间接费用）以及通常支付的佣金。

2）货物运抵境内输入地点起卸后的运输及其相关费用、保险费。

3）进口关税、进口环节海关代征税及其他国内税。

（4）计算价格估价方法。

计算价格估价方法，是指海关以下列各项的总和为基础，审查确定进口货物完税价格的估价方法。

1）生产该货物所使用的料件成本和加工费用。

2）向境内销售同等级或者同种类货物通常的利润和一般费用（包括直接费用和间接费用）。

3）该货物运抵境内输入地点起卸前的运输及相关费用、保险费。

按照上述规定审查确定进口货物的完税价格时，海关在征得境外生产商同意并且提前通知有关国家或者地区政府后，可以在境外核实该企业提供的有关资料。

（5）合理方法。

合理方法，是指当海关不能根据成交价格估价方法、相同货物成交价格估价方法、类似货物成交价格估价方法、倒扣价格估价方法和计算价格估价方法确定完税价格时，海关遵循客观、公平、统一的原则，以客观量化的数据资料为基础审查确定进口货物完税价格的估价方法。海关在采用合理方法确定进口货物的完税价格时，不得使用以下价格：

1）境内生产的货物在境内的销售价格。

2）可供选择的价格中较高的价格。

3）货物在出口地市场的销售价格。

4）以计算价格估价方法规定之外的价值或者费用计算的相同或者类似货物的价格。

5）出口到第三国或者地区的货物的销售价格。

6）最低限价或者武断、虚构的价格。

（二）进口货物完税价格中的运输及相关费用、保险费的计算

（1）进口货物的运输及其相关费用，应当按照由买方实际支付或者应当支付的费用计算。如果进口货物的运输及其相关费用无法确定，海关应当按照该货物进口同期的正常运输成本审查确定。

（2）运输工具作为进口货物，利用自身动力进境的，海关在审查确定完税价格时，不再另行计入运输及其相关费用。

（3）进口货物的保险费，应当按照实际支付的费用计算。如果进口货物的保险费无法确定或者未实际发生，海关应当按照“货价加运费”两者总额的3‰计算保险费，其计算公式如下：

保险费＝（货价＋运费）×3‰

（4）邮运进口的货物，应当以邮费作为运输及其相关费用、保险费。

（三）出口货物的完税价格

1. 以成交价格为基础的完税价格

出口货物的完税价格，由海关以该货物的成交价格为基础审查确定，并且应当包括货物运至我国境内输出地点装载前的运输及其相关费用、保险费。

出口货物的成交价格，是指该货物出口销售时，卖方为出口该货物应当向买方直接收取和间接收取的价款总额。下列税收、费用不计入出口货物的完税价格：

（1）出口关税。

（2）在货物价款中单独列明的货物运至我国境内输出地点装载后的运输及其相关费用、保险费。

2. 出口货物海关估价方法

出口货物的成交价格不能确定时，海关经了解有关情况，并且与纳税义务人进行价格磋商后，依次以下列价格审查确定该货物的完税价格：

（1）同时或者大约同时向同一国家或者地区出口的相同货物的成交价格。

（2）同时或者大约同时向同一国家或者地区出口的类似货物的成交价格。

（3）根据境内生产相同或者类似货物的成本、利润和一般费用（包括直接费用和间接费用）、境内发生的运输及其相关费用、保险费计算所得的价格。

（4）按照合理方法估定的价格。

三、应纳税额的计算

（一）从价税应纳税额的计算

关税税额＝应税进(出)口货物数量×单位完税价格×税率

（二）从量税应纳税额的计算

关税税额＝应税进(出)口货物数量×单位货物税额

（三）复合税应纳税额的计算

关税税额＝应税进(出)口货物数量×单位货物税额＋应税进(出)口货物数量×单位完税价格×税率

（四）滑准税应纳税额的计算

关税税额＝应税进(出)口货物数量×单位完税价格×滑准税税率

现行税则《进（出）口商品从量税、复合税、滑准税税目税率表》后注明了滑准税税率的计算公式，该公式是一个与应税进（出）口货物完税价格相关的取整函数。

【例 5-4】 某商场于 2018 年 2 月进口一批高档美容修饰类化妆品。该批货物在国外的买价为 120 万元，货物运抵我国入关前发生的运输费、保险费和其他费用分别为 10 万元、6 万元、4 万元。货物报关后，该商场按规定缴纳了进口环节的增值税和消费税并取得了海关开具的缴款书。将化妆品从海关运往商场所在地取得增值税专用发票，注明运输费用 5 万元，增值税进项税额 0.5 万元，该批化妆品当月在国内全部销售，取得不含税销售额 520 万元（假定化妆品进口关税税率 20%，增值税税率 16%，消费税税率 15%）。

要求：计算该批化妆品进口环节应缴纳的关税、增值税、消费税和国内销售环节应缴纳的增值税。

【答案解析】

（1）关税完税价格＝120＋10＋6＋4＝140（万元）。

（2）应缴纳进口关税＝140×20%＝28（万元）。

（3）进口环节的组成计税价格＝（140＋28）÷（1－15%）＝197.65（万元）。

（4）进口环节应缴纳增值税＝197.65×16%＝31.62（万元）。

（5）进口环节应缴纳消费税＝197.65×15%＝29.65（万元）。

（6）国内销售环节应缴纳增值税＝520×16%－0.5－31.62＝51.08（万元）。

【例 5-5】 根据关税法律制度的规定，下列进口货物中，实行从价加从量的复合税率计征进口关税的有（　　）。

A. 摄影机　　B. 啤酒　　C. 放像机　　D. 广播用录像机

【答案解析】 本题答案为 ACD。进口关税一般采用比例税率，实行从价计征的办法，但对啤酒、原油等少数货物则实行从量计征，对广播用录像机、放像机、摄像机等实行从价加从量的复合税率。

【例 5-6】 根据关税法律制度的规定，下列进口货物中，实行从量计征进口关税的有（　）。

A. 啤酒　　B. 汽车　　C. 高档手表　　D. 原油

【答案解析】 本题答案为 AD。选项 BC 实行从价计征进口关税。

四、跨境电子商务零售进口税收政策

自 2016 年 4 月 8 日起，跨境电子商务零售进口商品按照货物征收关税和进口环节增值税、消费税，购买跨境电子商务零售进口商品的个人作为纳税义务人，实际交易价格（包括货物零售价格、运费和保险费）作为完税价格，电子商务企业、电子商务交易平台企业或物流企业可作为代收代缴义务人。

（一）适用范围

跨境电子商务零售进口税收政策适用于从其他国家或地区进口的、《跨境电子商务零售进口商品清单》范围内的以下商品：

（1）所有通过与海关联网的电子商务交易平台交易，能够实现交易、支付、物流电子信息“三单”比对的跨境电子商务零售进口商品。

（2）未通过与海关联网的电子商务交易平台交易，但快递、邮政企业能够统一提供交易、支付、物流等电子信息，并承诺承担相应法律责任进境的跨境电子商务零售进口商品。

不属于跨境电子商务零售进口的个人物品以及无法提供交易、支付、物流等电子信息的跨境电子商务零售进口商品，按现行规定执行。

（二）计征限额

跨境电子商务零售进口商品的单次交易限值为人民币 2 000 元，个人年度交易限值为人民币 20 000 元。在限值以内进口的跨境电子商务零售进口商品，关税税率暂设为 0%；进口环节增值税、消费税取消免征税额，暂按法定应纳税额的 70%征收。超过单次限值、累加后超过个人年度限值的单次交易，以及完税价格超过 2 000 元限值的单个不可分割商品，均按照一般贸易方式全额征税。

（三）计征规定

跨境电子商务零售进口商品自海关放行之日起 30 日内退货的，可申请退税，并相应调整个人年度交易总额。

跨境电子商务零售进口商品购买人（订购人）的身份信息应进行认证；未进行认证的，购买人（订购人）身份信息应与付款人一致。

《跨境电子商务零售进口商品清单》由财政部商有关部门另行公布。

第四节 关税减免规定

关税减免是对某些纳税人和征税对象给予鼓励和照顾的一种特殊调节手段。正是有了这一手段，使关税政策工作兼顾了普遍性和特殊性、原则性和灵活性。因此，关税减免是贯彻国家关税政策的一项重要措施。关税减免分为法定减免税、特定减免税和临时减免税。根据《海关法》的规定，除法定减免税外的其他减免税均由国务院决定。减征关税在

我国加入世界贸易组织之前以税则规定税率为基准，在我国加入世界贸易组织之后以最惠国税率或者普通税率为基准。

一、法定减免税

法定减免税是税法中明确列出的减税或免税。符合税法规定可予减免税的进出口货物，纳税义务人无须提出申请，海关可按规定直接予以减免税。海关对法定减免税货物一般不进行后续管理。

我国《海关法》和《进出口关税条例》明确规定，下列货物、物品予以减免关税：

（1）关税税额在人民币50元以下的一票货物，可免征关税。

（2）无商业价值的广告品和货样，可免征关税。

（3）外国政府、国际组织无偿赠送的物资，可免征关税。

（4）进出境运输工具装载的途中必需的燃料、物料和饮食用品，可予免税。

（5）在海关放行前损失的货物，可免征关税。

（6）在海关放行前遭受损坏的货物，可以根据海关认定的受损程度减征关税。

（7）我国缔结或者参加的国际条约规定减征、免征关税的货物、物品，按照规定予以减免关税。

（8）法律规定减征、免征关税的其他货物、物品。

二、特定减免税

在法定减免税之外，国家按照国际通行规则和我国实际情况，制定发布的有关进出口货物减免关税的政策，称为特定或政策性减免税。特定减免税货物一般有地区、企业和用途的限制，海关需要进行后续管理，也需要进行减免税统计。

（一）科教用品

为有利于我国科研、教育事业发展，推动科教兴国战略的实施，经国务院批准，财政部、海关总署、国家税务总局制定了《科学研究和教学用品免征进口税收规定》，对科学研究机构和学校，以科学研究和教学为目的，在合理数量范围内进口国内不能生产或者性能不能满足需要的科学研究和教学用品，免征进口关税和进口环节增值税、消费税。该规定对享受该优惠的科研机构和学校资格、类别以及可以免税的物品都作了明确规定。

（二）残疾人专用品

为支持残疾人的康复工作，经国务院批准，海关总署发布了《残疾人专用品免征进口税收暂行规定》，对规定的残疾人个人专用品，免征进口关税和进口环节增值税、消费税；对康复、福利机构、假肢厂和荣誉军人康复医院进口国内不能生产的、该规定明确的残疾人专用品，免征进口关税和进口环节增值税。该规定对可以免税的残疾人专用品种类和品名作了明确规定。

（三）慈善捐赠物资

为促进慈善事业的健康发展，支持慈善事业发挥扶贫济困积极作用，经国务院批准，财政部、国家税务总局、海关总署发布了《慈善捐赠物资免征进口税收暂行办法》。对境外自然人、法人或者其他组织等境外捐赠人，无偿向国务院有关部门和各省、自治区、直辖市人民政府，中国红十字会总会，中华全国妇女联合会，中国残疾人联合会，中华慈善总会，中国初级卫生保健基金会，中国宋庆龄基金会和中国癌症基金会，以及经民政部或省级民政部门登记注册且被评定为5A级的以人道救助和发展慈善事业为宗旨的社会团体或基金会等受赠人捐赠的直接用于慈善事业的物资，免征进口关税和进口环节增值税。所称“慈善事业”是指非营利的慈善救助等社会慈善和福利事业，包括以捐赠财产方式自愿开展的扶贫济困、扶助老幼病残等困难群体，促进教育、科学、文化、卫生、体育等事业发展，防治污染和其他公害，保护和改善环境等慈善活动。该办法对可以免税的捐赠物资种类和品名作了明确规定。

其他还有加工贸易产品、边境贸易进口物资等的减免关税规定。

三、暂时免税

暂时进境或者暂时出境的下列货物，在进境或者出境时纳税义务人向海关缴纳相当于应纳税款的保证金或者提供其他担保的，可以暂不缴纳关税，并应当自进境或者出境之日起6个月内复运出境或者复运进境；需要延长复运出境或者复运进境期限的，纳税义务人应当根据海关总署的规定向海关办理延期手续：

（1）在展览会、交易会、会议及类似活动中展示或者使用的货物。

（2）文化、体育交流活动中使用的表演、比赛用品。

（3）进行新闻报道或者摄制电影、电视节目使用的仪器、设备及用品。

（4）开展科研、教学、医疗活动使用的仪器、设备及用品。

（5）在上述第（1）项至第（4）项所列活动中使用的交通工具及特种车辆。

（6）货样。

（7）供安装、调试、检测设备时使用的仪器、工具。

（8）盛装货物的容器。

（9）其他用于非商业目的的货物。

暂时进境货物在规定的期限内未复运出境的，或者暂时出境货物在规定的期限内未复运进境的，海关应当依法征收关税。

可以暂时免征关税范围以外的其他暂时进境货物，应当按照该货物的完税价格和其在境内滞留时间与折旧时间的比例计算征收进口关税。具体办法由海关总署规定。

四、临时减免税

临时减免税是指法定和特定减免税以外的其他减免税，即由国务院根据《海关法》对某个单位、某类商品、某个项目或某批进出口货物的特殊情况，给予特别照顾，一案一批，专文下达的减免税。一般有单位、品种、期限、金额或数量等限制，不能比照执行。

我国已加入世界贸易组织，为遵循统一、规范、公平、公开的原则，有利于统一税法、公平税负、平等竞争，国家严格控制减免税，一般不办理个案临时性减免税，对特定减免税也在逐步规范、清理，对不符合国际惯例的税收优惠政策将逐步予以废止。

【例5-7】 无商业价值的广告品及货样，经海关审核无误后可以免征关税。（ ）

【答案解析】 √

【例5-8】 根据关税法律制度的规定，下列各项中，海关可以酌情减免关税的是（ ）。

A. 进出境运输工具装载的途中必需的燃料、物料和饮食用品

B. 无商业价值的广告品及货样

C. 国际组织无偿赠送的物资

D. 在境外运输途中受到损坏的进口货物

【答案解析】 本题的正确答案是 D。选项 ABC 均属于法定性减免税的情形，经海关审查无误可以免税。

【例 5-9】 下列各项中，经海关审查无误后可以免征关税的是(　　)。

A. 关税税额为人民币 200 元的一票货物

B. 广告品和货样

C. 外国公司无偿赠送的物资

D. 进出境运输工具装载的途中必需的燃料、物料和饮食用品

【答案解析】 本题的正确答案是 D。(1) 选项 A：一票货物关税税额、进口环节增值税或者消费税税额在人民币 50 元以下的，经海关审查无误后免征关税；(2) 选项 B："无商业价值的"广告品及货样，经海关审查无误后免征关税；(3) 选项 C：国际组织、外国政府无偿赠送的物资，经海关审查无误后免征关税。

第五节　关税的征收管理

一、关税缴纳

进口货物的纳税义务人应当自运输工具申报进境之日起 14 日内，出口货物的纳税义务人除海关特准的外，应当在货物运抵海关监管区后、装货的 24 小时以前，向货物的进出境地海关申报，海关根据税则归类和完税价格计算应缴纳的关税和进口环节代征税，并填发税款缴款书。纳税义务人应当自海关填发税款缴款书之日起 15 日内，向指定银行缴纳税款。如关税缴款期限届满日遇星期六、星期日等休息日或者法定节假日，则关税缴纳期限顺延至休息日或者法定节假日之后的第一个工作日。为方便纳税义务人，经申请且海关同意，进（出）口货物的纳税义务人可以在设有海关的指运地（启运地）办理海关申报、纳税手续。

关税纳税义务人因不可抗力或者在国家税收政策调整的情形下，不能按期缴纳税款的，经依法提供税款担保后，可以延期缴纳税款，但最长不得超过 6 个月。

二、关税的强制执行

纳税义务人未在关税缴纳期限内缴纳税款，即构成关税滞纳。为保证海关征收关税决定的有效执行和国家财政收入的及时入库，《海关法》赋予海关对滞纳关税的纳税义务人强制执行的权利。强制措施主要有以下两类。

（一）征收关税滞纳金

滞纳金自关税缴纳期限届满滞纳之日起，至纳税义务人缴纳关税之日止，按滞纳税款万分之五的比例按日征收，周末或法定节假日不予扣除。具体计算公式为：

关税滞纳金金额＝滞纳关税税额×滞纳金征收比率×滞纳天数

（二）强制征收

如纳税义务人自缴纳税款期限届满之日起 3 个月仍未缴纳税款，经直属海关关长或者其授权的隶属海关关长批准，海关可以采取强制扣缴、变价抵缴等强制措施。强制扣缴即海关书面通知纳税义务人开户银行或者其他金融机构从其存款中扣缴税款。变价抵缴即海关将纳税义务人的应税货物依法变卖或者扣留，并依法变卖其价值相当于应纳税款的货物或者其他财产，以变卖所得抵缴税款。

三、关税退还

关税退还是关税纳税义务人按海关核定的税额缴纳关税后，因某种原因的出现，海关将实际征收多于应当征收的税额（称为溢征关税）退还给原纳税义务人的一种行政行为。根据《海关法》和《进出口关税条例》的规定，海关多征的税款，海关发现后应当立即退还；纳税义务人发现多缴税款的，自缴纳税款之日起 1 年内，可以以书面形式要求海关退还多缴的税款并加算银行同期活期存款利息；海关应当自受理退税申请之日起 30 日内查实并通知纳税义务人办理退还手续。此外，有下列情形之一的，纳税义务人自缴纳税款之日起 1 年内，可以申请退还关税，并应当以书面形式向海关说明理由，提供原缴款凭证及相关资料：

（1）已征进口关税的货物，因品质或者规格原因，原状退货复运出境的。

（2）已征出口关税的货物，因品质或者规格原因，原状退货复运进境，并已重新缴纳因出口而退还的国内环节有关税收的。

（3）已征出口关税的货物，因故未装运出口，申报退关的。

海关应当自受理退税申请之日起 30 日内查实通知纳税义务人办理退还手续；纳税义务人应当自收到通知之日起 3 个月内办理有关退税手续。前述第（1）项和第（2）项规定强调的是，“因货物品质或者规格原因，原状复运进境或者出境的”。如果属于其他原因且不能以原状复运进境或者出境，不能退税。

四、关税补征和追征

补征和追征是海关在关税纳税义务人按海关核定的税额缴纳关税后，发现实际征收的税额少于应当征收的税额（称为短征关税）时，责令纳税义务人补缴所差税款的一种行政行为。海关法根据短征关税的原因，将海关征收原短征关税的行为分为追征和补征两种。由于纳税人违反海关规定造成短征关税的，称为追征；非因纳税人违反海关规定造成短征关税的，称为补征。区分关税追征和补征的目的是区别不同情况适用不同的征收时效，超过时效规定的期限，海关就丧失了追补关税的权力。

根据《海关法》和《进出口关税条例》的规定，进出境货物和物品放行后，海关发现少征或者漏征税款，应自缴纳税款或者货物、物品放行之日起 1 年内，向纳税义务人补征税款；因纳税义务人违反规定而造成的少征或者漏征的税款，海关可以自纳税义务人缴纳税款或者货物、物品放行之日起 3 年以内追征，并从缴纳税款或者货物、物品放行之日起按日加收少征或者漏征税款万分之五的滞纳金；海关发现其监管货物因纳税义务人违反规定造成少征或者漏征税款的，应当自纳税义务人应缴纳税款之日起 3 年内追征税款，并从应缴纳税款之日起按日加收少征或者漏征税款万分之五的滞纳金。

五、关税纳税争议的处理

为保护纳税人的合法权益，我国《海关法》和《进出口关税条例》都规定了纳税义务人对海关确定的进出口货物的征税、减税、补税或者退税等有异议时，有提出申诉的权利。在纳税义务人同海关发生纳税争议时，可以向海关申请复议，但同时应当在规定期限内按海关核定的税额缴纳关税，逾期则构成滞纳，海关有权按规定采取强制执行措施。

纳税争议的内容一般为进出境货物和物品的纳税义务人对海关在原产地认定，税则归类，税率或汇率适用，完税价格确定，关税减征、免征、追征、补征和退还等征税行为是否合法或适当，是否侵害了纳税义务人的合法权益，而对海关征收关税的行为表示异议。

纳税争议的申诉程序：纳税义务人自海关填发税款缴款书之日起 60 日内，向原征税海关的上一级海关提出复议申请。逾期申请复议的，海关不予受理。海关行政复议机关应当自受理复议申请之日起 60 日内做出复议决定，并以复议决定书的形式正式答复纳税义务人；纳税义务人对海关复议决定仍然不服的，可以自收到复议决定书之日起 15 日内，向人民法院提起诉讼。

本章知识小结

1. 纳税人及征税对象：了解关税纳税义务人的规定；了解关税征税对象。

2. 税率的适用：了解关税税则制度；了解进口关税税率规定；了解出口关税税率规定；熟悉进出口关税的税率适用。

3. 完税价格：掌握关税的完税价格；掌握对实付或应付价格的调整；熟悉特殊进口货物的完税价格；了解进口货物相关费用核定的规定；了解出口货物的完税价格。

4. 税收优惠：熟悉法定减免税；熟悉特定减免税；了解临时减免税。

5. 应纳税额的计算：熟悉从价税应纳税额的计算；了解从量税应纳税额的计算；了解复合税应纳税额的计算；了解滑准税应纳税额的计算。

6. 征收管理：了解关税缴纳；了解关税的强制执行；了解关税退还；熟悉关税补征和追征；了解关税纳税争议。

业务实训练习

一、单项选择题

1. 下列关于关税计税依据的表述中，不正确的是(　　)。

A. 一般贸易项下进口的货物以海关审定的成交价格为基础的到岸价格作为完税价格

B. 运往境外加工的货物出境时已向海关报明，并在海关规定期限内复运进境的，以加工后货物进境时的到岸价格与原出境货物价格的差额作为完税价格

C. 运往境外修理的机械器具、运输工具或者其他货物出境时已向海关报明并在海关规定期限内复运进境的，以经海关审定的修理费和料件费作为完税价格

D. 租借、租赁方式进境的货物，以海关审查确定的货物价值作为完税价格

2. 甲公司从境外的乙公司进口一批木材，合同约定的商品价格为800万元，由乙公司负责运输，甲公司于2月15日前支付定金160万元，乙公司于2016年3月8日前发货。后甲公司如约交付定金，但由于乙公司的原因，导致该木材于3月20日才发出，后经双方协商，由乙公司向甲公司赔偿违约金50万元，由甲公司向乙公司支付剩余货款590万元，则该批进口木材的关税完税价格为(　　)万元。

A. 800　　B. 750　　C. 590　　D. 160

3. 根据关税法律制度的规定，下列不属于进境物品的纳税义务人的是(　　)。

A. 个人邮递物品的寄件人

B. 个人邮递物品的收件人

C. 携带物品进境的入境人员

D. 以其他方式入境个人物品的所有人

4. 根据关税法律制度的规定，下列不属于进境物品的纳税义务人的是(　　)。

A. 个人邮递物品的寄件人

B. 外贸进出口公司

C. 携带物品进境的入境人员

D. 馈赠物品入境的物品所有人

5. 根据关税法律制度的规定，进口原产于与我国签订含有特殊关税优惠条款的贸易协定的国家的货物，适用的关税税率是(　　)。

A. 最惠国税率　　B. 协定税率　　C. 特惠税率　　D. 关税配额税率

6. 根据关税法律制度的规定，一票货物关税税额在人民币一定金额以下的，可以免征关税。该金额是(　　)元。

A. 10　　B. 30　　C. 50　　D. 100

7. 某企业2015年3月进口一台机器设备，设备价款80万元，支付运抵我国关境内输入地点起卸前的包装费、运费2万元，成交价格外另支付给卖方的佣金1万元。进口关税税率为10%，则该企业应纳进口关税的下列计算中，正确的是(　　)。

A. 80×10%＝8（万元）

B. (80＋2)×10%＝8.2（万元）

C. (80＋1)×10%＝8.1（万元）

D. (80＋2＋1)×10%＝8.3（万元）

8. 根据关税法律制度的规定，对原产于与我国签订含有关税优惠条款的区域性贸易协定的国家或地区的进口货物征收关税时，适用的税率形式是(　　)。

A. 最惠国税率　　B. 普通税率　　C. 特惠税率　　D. 协定税率

9. 某企业进口一批货物，核定货价为90万元。货物运抵我国关境内输入地点起卸前的包装费2万元，运费5万元，保险费0.3万元，关税税率为10%，以下应纳关税的计算公式中正确的是(　　)。

A. (90＋2)×10%　　B. (90＋5＋0.3)×10%

C. (90＋2＋5)×10%　　D. (90＋2＋5＋0.3)×10%

10. 根据关税法律制度的规定，下列关于出口货物关税完税价格的计算公式中，正确的是(　　)。

A. 关税完税价格=离岸价格÷（1-出口税率）

B. 关税完税价格=离岸价格÷（1+出口税率）

C. 关税完税价格=离岸价格×（1-出口税率）

D. 关税完税价格=离岸价格×（1+出口税率）

11. 根据关税法律制度的规定，下列各项中，海关可以酌情减免关税的是(　　)。

A. 进出境运输工具装载的途中必需的燃料、物料和饮食用品

B. 无商业价值的广告品及货样

C. 国际组织无偿赠送的物资

D. 在境外运输途中遭受到损坏的进口货物

二、多项选择题

1. 根据关税法律制度的规定，下列进口货物中，实行复合计征关税的是(　　)。

A. 原油　　B. 广播用摄像机　　C. 广播用放像机　　D. 啤酒

2. 关于关税的减免税规定，下列表述正确的是(　　)。

A. 无商业价值的广告样品进口征收关税

B. 在起卸后海关放行前，因不可抗力遭受损坏或损失的，可酌情减免关税

C. 因故退还的中国出口货物，可以免征进口关税，同时已征收的出口关税可以退还

D. 关税税额在人民币50元以下的一票货物免征关税

3. 根据关税征收管理相关规定，下列旅客携运进出境行李物品中，海关暂不予放行的是(　　)。

A. 旅客不能当场缴纳进境货物税款的

B. 进出境物品属于许可证件管理的范围，但旅客不能当场提交的

C. 进出境物品超出自用合理数量，按规定应当办理货物报关手续或其他海关手续，尚未办理的

D. 对进出境物品的属性、内容存疑，需要由有关主管部门进行鉴定的

4. 根据关税法律制度的规定，下列各项中，属于关税纳税人的是(　　)。

A. 进口货物的收货人　　B. 进口货物的代理人

C. 出口货物的发货人　　D. 个人邮递物品的发件人

5. 根据关税法律制度的规定，下列各项中，应计入进口货物关税完税价格的是(　　)。

A. 货物运抵我国关境内输入地点起卸前的运费、保险费

B. 货物运抵我国关境内输入地点起卸后的运费、保险费

C. 支付给卖方的佣金

D. 向境外采购代理人支付的买方佣金

6. 根据关税法律制度相关规定，下列进口货物中，实行从价加从量复合计征进口关税的是(　　)。

A. 啤酒　　B. 放像机　　C. 广播用录像机　　D. 摄影机

三、判断题

1. 根据关税法律制度的规定，出口货物应当以海关审定的货物售予境外的离岸价格

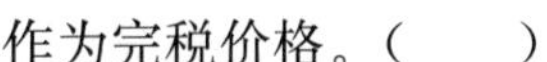

作为完税价格。(　　)

2. 进出口货物的收发货人或其代理人应当在海关签发税款缴款凭证之日起 15 日内(星期日和法定节假日除外)，向指定银行缴纳税款。(　　)

3. 对海关进口产品征收的增值税、消费税，不征收教育费附加。(　　)

4. 对于从境外采购进口的原产于中国境内的货物，应按规定征收进口关税。(　　)

5. 在进口货物成交过程中，卖方付给进口人的正常回扣，在计算进口货物完税价格时不得从成交价格中扣除。(　　)

6. 进口货物适用的关税税率是以进口货物原产地为标准的。(　　)

四、计算题

甲公司为一家化妆品生产企业，8 月从美国进口一批高档化妆品，已知高档化妆品的离岸价格为 173 万元，运抵我国关境内输入地点起卸前的运费、保险费合计为 2 万元，高档化妆品的关税税率为 20%，消费税税率为 15%，增值税税率为 16%。

要求：计算该企业进口环节应缴纳的关税、增值税、消费税。

第六章 企业所得税法

【教学目标】

1. 掌握企业所得税的纳税人义务人、税率及应纳税额的计算方法。
2. 掌握企业所得税的税收优惠。
3. 熟悉企业所得税的征收管理办法。

【重难点】

1. 企业所得税扣除项目及其标准。
2. 加计扣除项目及计算。
3. 企业所得税的计算。
4. 企业所得税的税收优惠。

第一节 企业所得税法概述

一、企业所得税法的概念

企业所得税是对我国境内的企业和其他取得收入的组织生产经营所得和其他所得征收的税。企业所得税法是指国家制定的用以调整企业所得税征收与缴纳之间权利及义务关系的法律规范。

二、企业所得税的特点

(1) 通常以纯所得为征税对象。

(2) 通常以经过计算得出的应纳税所得额（不等于企业计算的会计利润）为计税依据。

(3) 纳税人和实际负担人通常是一致的，因而可以直接调节纳税人所得。

三、企业所得税法的作用

企业所得税是对所得征税，无所得者不缴税，所起作用体现在以下三个方面。

(一) 促进企业改善经营者的管理活动，提升企业的盈利能力

由于企业所得税只对利润征税，一般情况下采用比例税率，因此投资能力和盈利能力

较强的企业能够获得较多的利润。但在适应比例税率的情况下盈利能力越强，税赋承担能力也就越强，相对降低企业税负水平，也相对增加了企业的税后利润。并在征税过程中，对企业的收入、成本、费用等进行检查，对企业的管理活动和财务管理活动展开监督，促进企业改善经营管理活动，提高盈利能力。

（二）调节生产结构，促进经济发展

企业所得税的调节作用在于公平税负、量能负担。通过政策优惠，发挥对其纳税人投资、产业结构、环境治理等方面的调控作用。

（三）为国家建设筹集财政资金

税收的首要职能是筹集财政收入。企业所得税的收入在全部税收中的比例逐渐增大，成为我国税制的主体税种之一。

第二节　企业所得税的纳税义务人、征税对象与税率

一、纳税义务人

企业所得税的纳税义务人是指在中华人民共和国境内的企业和其他取得收入的组织。要注意以下两点。

（1）取得收入的组织也要缴纳企业所得税，包括依法注册、登记的事业单位和社会团体。

（2）个人独资企业、合伙企业不适用企业所得税法。企业所得税的纳税人分为居民企业和非居民企业，这是根据企业纳税义务范围的宽窄进行的分类，不同的企业在向我国政府缴纳所得税时，纳税义务不同。把企业分为居民企业和非居民企业，是为了更好地保障我国税收管辖权的有效行使。

（一）居民企业

居民企业是指依法在中国境内成立，或者依照外国（地区）法律成立但实际管理机构在中国境内的企业。

实际管理机构是指对企业的生产经营、人员、账务、财产等实施实质性全面管理和控制的机构。

（二）非居民企业

非居民企业是指依照外国（地区）法律成立且实际管理机构不在中国境内，但在中国境内设立机构、场所的，或者在中国境内未设立机构、场所，但有来源于中国境内所得的企业。

机构、场所具体是指：

（1）管理机构、营业机构、办事机构。

（2）工厂、农场、开采自然资源的场所。

（3）提供劳务的场所。

（4）从事建筑、安装、装配、修理、勘探等工程作业的场所。

（5）其他从事生产经营活动的机构、场所。

（6）非居民企业委托营业代理人在中国境内从事生产经营活动的，包括委托单位或者个人经常代其签订合同，或者储存、交付货物等，该营业代理人视为非居民企业在中国境

内设立的机构、场所。

二、征税对象

企业所得税的征税对象包括生产经营所得、其他所得和清算所得。

（一）居民企业的征税对象

就来源于中国境内、境外的所得作为征税对象。具体包括销售货物所得、提供劳务所得、转让财产所得、股息红利等权益性投资所得，利息所得、租金所得、特许权使用费所得、接受捐赠所得和其他所得。

（二）非居民企业的征税对象

（1）在中国境内设立机构、场所的，应当就其所设机构、场所取得的来源于中国境内的所得，以及发生在中国境外但与其所设机构、场所有实际联系的所得，缴纳企业所得税。

（2）在中国境内未设立机构、场所的，或者虽设立机构、场所但取得的所得与其所设机构、场所没有实际联系的，应当就其来源于中国境内的所得缴纳企业所得税。

（三）所得来源地的确定

（1）销售货物所得，按照交易活动发生地确定。

（2）提供劳务所得，按照劳务发生地确定。

（3）转让财产所得。不动产转让所得按照不动产所在地确定；动产转让所得按照转让动产的企业或者机构、场所所在地确定；权益性投资资产转让所得按照被投资企业所在地确定。

（4）股息、红利等权益性投资所得，按照分配所得的企业所在地确定。

（5）利息所得、租金所得、特许权使用费所得，按照负担、支付所得的企业或者机构、场所所在地确定，或者按照负担、支付所得的个人的住所地确定。

（6）其他所得，由国务院财政、税务主管部门确定。

三、税率

企业所得税税率是体现国家与企业分配关系的核心要素。我国企业所得税实行比例税率。透明度高、简便易行，不会因征税改变企业间收入分配比例。现行规定是：

（1）基本税率为25%。主要是适用居民企业和在中国境内设立机构、场所且所得与机构、场所有关联的非居民企业。

（2）低税率为20%。适用于在中国境内未设立机构、场所的，或者虽设立机构、场所但取得的所得与其所设机构、场所没有实际联系的非居民企业（在征收时实际采用10%的税率。）

（3）经认定的小型微利企业采用20%的税率。

（4）经认定的高新技术企业采用15%的税率。

第三节　企业所得税应纳税所得额的计算

应纳税所得额是企业所得税的计税依据，按照《企业所得税法》的规定，应纳税所得额为企业每一个纳税年度的收入总额减除不征税收入、免税收入、各项扣除以及允许弥补的以前年度亏损后的余额。基本计算公式：

应纳税所得额＝收入总额－不征税收入－免税收入－各项扣除－弥补亏损

以上方法为直接计算法，但是在实际操作过程中，一般是以企业核算出的会计利润为基础进行调整。即采用间接计算法计算应纳税所得额，其计算公式为：

应纳税所得额＝会计利润总额±纳税调整项目金额

一、收入总额

企业的收入总额包括货币形式和非货币形式从各种来源取得的收入。具体有：销售货物收入，提供劳务收入，转让财产收入，股息、红利等权益性投资收益，利息收入，租金收入，特许权使用费收入，接受捐赠收入以及其他收入。

企业取得收入的形式有货币形式和非货币形式。

（1）货币形式包括现金、存款、应收账款、应收票据、准备持有至到期的债券投资以及债务的豁免等。

（2）非货币形式包括固定资产、生物资产、无形资产、股权投资、存货、不准备持有至到期的债券投资、劳务以及有关权益等，这些非货币资产应当按照公允价值确定收入额，公允价值是指按照市场价格确定的价值。

（一）一般收入的确认

1. 销售货物收入

销售货物收入指销售商品、产品、原材料、包装物、低值易耗品以及其他存货取得的收入，在会计上主要体现为主营业务收入或者其他业务收入。

2. 提供劳务收入

劳务收入是指企业从事建筑安装、修理修配、交通运输、仓储租赁、金融保险、邮电通信、咨询经纪、文化体育、科学研究、技术服务、教育培训、餐饮住宿、中介代理、卫生保健、社区服务、旅游、娱乐、加工以及其他劳务服务活动取得的收入。在会计上主要体现为主营业务收入或者其他业务收入。

3. 转让财产收入

转让财产收入是指企业转让固定资产、生物资产、无形资产、股权、债权等财产取得的收入。会计上一般体现为营业外收入或者投资收益。

4. 股息、红利等权益性投资收益

股息、红利等权益性投资收益是指企业因权益性投资从被投资方取得的收入。股息、红利等权益性投资收益，除国务院财政、税务主管部门另有规定外，应以被投资企业股东会或股东大会作出利润分配或转股决定的日期确认收入的实现。被投资企业将股权（票）溢价所形成的资本公积转增股本的，不得作为投资方企业的股息、红利收入，投资企业也不得增加该项长期股权投资的计税基础。

5. 利息收入

利息收入是指企业将资金提供给他人使用但不构成权益性投资，或者因他人占用本企业资金取得的收入，包括存款利息、贷款利息、债券利息、欠款利息等收入。一般情况下按照合同约定的债务人应付利息的日期确认收入的实现。

6. 租金收入

租金收入是指企业提供固定资产、包装物或者其他有形资产的使用权取得的收入。会计上一般计入其他业务收入。按照合同约定的承租人应付租金的日期确认收入的实现。

如果交易合同或协议中规定租赁期限跨年度，且租金提前一次性支付的，出租人可对上述已确认的收入，在租赁期内，分期均匀计入相关年度收入。

7. 特许权使用费收入

特许权使用费收入是指企业提供专利权、非专利技术、商标权、著作权以及其他特许使用权取得的收入。按照合同约定的特许权使用人应付特许权使用费的日期确认收入。会计上的处理一般是计入其他业务收入。

8. 接受捐赠收入

接受捐赠收入是指企业接受的来自其他企业、组织或者个人无偿给予的货币性资产、非货币性资产。一般按照实际收到捐赠资产的日期确认收入的实现，计入企业的营业外收入。如果取得增值税的专用发票，是可以在当期抵扣进项税的。

9. 其他收入

其他收入是指企业取得的除以上收入外的其他收入，包括企业资产溢余收入、逾期未退包装物押金收入、确实无法偿付的应付款项、已作坏账损失处理后又收回的应收款项、债务重组收入、补贴收入、违约金收入、汇兑收益等。

（二）特殊收入的确认

（1）分期收款方式销售货物的，按照合同约定的收款日期确认收入的实现。

（2）企业受托加工制造大型机械设备、船舶、飞机等，以及从事建筑、安装、装配工程业务或者提供其他劳务等，持续时间超过 12 个月的，按照纳税年度内完工进度或者完成的工作量确认收入的实现。

（3）采取产品分成方式取得收入的，按照企业分得产品的日期确认收入的实现，其收入额按产品的公允价值确定。

（4）企业发生非货币性资产交换，以及将货物、财产、劳务用于捐赠、偿债、赞助、集资、广告、样品、职工福利或者利润分配等用途的，应当视同销售货物、转让财产或者提供劳务。

（三）处置资产收入的确认

资产的处置分为内部处置（所有权不发生转移）和外部处置（所有权发生转移）。

对于发生资产的内部处置，由于资产所有权属在形式和实质上都没有发生改变，一般情况下不确认收入。主要有以下情况：

（1）将资产用于生产、制造、加工另一产品。

（2）改变资产形状、结构或性能。

（3）改变资产用途（如自建商品房转为自用或经营）。

（4）将资产在总机构及其分支机构之间转移。

（5）上述两种或两种以上情形的混合。

（6）其他不改变资产所有权属的用途。

对于资产的外部处置则在企业所得税法上一般是视同销售，要确认收入。主要有以下情况：

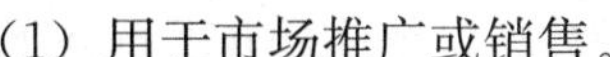

（1）用于市场推广或销售。

（2）用于交际应酬。

（3）用于职工奖励或福利。

（4）用于股息分配。

（5）用于对外捐赠。

（6）其他改变资产所有权属的用途。

二、不征税收入和免税收入

（一）不征税收入

1. 财政拨款

各级人民政府对纳入预算管理的事业单位、社会团体等组织拨付的财政资金。

2. 依法收取并纳入财政管理的行政事业性收费、政府性基金

具体规定如下：

（1）企业按照规定缴纳的、由国务院或财政部批准设立的政府性基金以及由国务院和省、自治区、直辖市人民政府及其财政、价格主管部门批准设立的行政事业性收费，准予在计算应纳税所得额时扣除。

企业缴纳的不符合上述第（1）条审批管理权限设立的基金、收费，不得在计算应纳税所得额时扣除。

（2）企业收取的各种基金、收费，应计入企业当年收入总额。

（3）对企业依照法律、法规及国务院有关规定收取并上缴财政的政府性基金和行政事业性收费，准予作为不征税收入，于上缴财政的当年在计算应纳税所得额时从收入总额中减除；未上缴财政的部分，不得从收入总额中减除。

3. 国务院规定的其他不征税收入

企业取得的，由国务院财政、税务主管部门规定专项用途并经国务院批准的财政性资金。财政性资金，是指企业取得的来源于政府及其有关部门的财政补助、补贴、贷款贴息，以及其他各类财政专项资金，包括直接减免的增值税和即征即退、先征后退、先征后返的各种税收，但不包括企业按规定取得的出口退税款。

上述不征税收入用于支出所形成的费用，不得在计算应纳税所得额时扣除；用于支出所形成的资产，其计算的折旧、摊销不得在计算应纳税所得额时扣除。

企业将符合上述条件的财政性资金作不征税收入处理后，在5年（60个月）内未发生支出且未缴回财政部门或其他拨付资金的政府部门的部分，应计入取得该资金第六年的应税收入总额；计入应税收入总额的财政性资金发生的支出，允许在计算应纳税所得额时扣除。

（二）免税收入

企业的下列收入为免税收入：

（1）国债利息收入。

（2）符合条件的居民企业之间的股息、红利等权益性收益。指居民企业直接投资于其他居民企业取得的投资收益。

（3）在中国境内设立机构、场所的非居民企业从居民企业取得与该机构、场所有实际

联系的股息、红利等权益性投资收益。该收益不包括连续持有居民企业公开发行并上市流通的股票不足12个月取得的投资收益。

(4) 符合条件的非营利组织的收入。

(5) 非营利组织的下列收入为免税收入:

1) 接受其他单位或者个人捐赠的收入。

2) 财政拨款以外的其他政府补助收入,但不包括因政府购买服务取得的收入。

3) 按照省级以上民政、财政部门规定收取的会费。

4) 不征税收入和免税收入孳生的银行存款利息收入。

5) 财政部、国家税务总局规定的其他收入。

对企业取得的2009年及以后发行的地方政府债券利息所得,免征企业所得税。

【例6-1】 企业取得的下列收入,属于企业所得税免税收入的是( )。

A. 国债利息收入

B. 金融债券的利息收入

C. 居民企业直接投资于其他居民企业取得的投资收益

D. 在中国境内设立机构、场所的非居民企业连续持有居民企业公开发行并上市流通的股票1年以上取得的投资收益

【答案解析】 ACD。B选项金融债券的利息收入不属于免税收入。

三、扣除原则和范围

(一) 税前扣除项目的原则

税前扣除一般应遵循以下原则:

(1) 权责发生制原则,是指企业发生的费用应该在发生的所属期间扣除。

(2) 配比原则,是指企业发生的费用应当与收入配比扣除。除特殊规定外,企业发生的费用不得提前或滞后申报扣除。

(3) 相关性原则,是指企业发生可以扣除费用从性质和根源上必须与取得应税收入直接相关。

(4) 确定性原则,即扣除的金额必须是确定的。

(5) 合理性原则,即符合经营活动常规,应当计入当期的损益或有关资产成本的必要和正常支出。

(二) 扣除项目的范围

税前扣除项目包括成本、费用、税金、损失和其他支出。

1. 成本

成本指生产经营成本。值得注意的是,购进免税货物不得抵扣的增值税、出口货物不得免抵和退税税额可以计入当期的成本扣除。

2. 费用

费用指三项期间费用,即销售费用、管理费用和财务费用。

(1) 销售费用:特别关注其中的广告及业务宣传费、销售佣金等费用。

(2) 管理费用:特别关注其中的业务招待费、职工福利费、工会经费、职工教育经费、为管理组织经营活动提供各项支援性服务而发生的费用等。

(3) 财务费用：特别关注其中的利息支出、借款费用等。

3. 税金

税金指销售税金及附加，包括缴纳的消费税、城建税、资源税、土地增值税、出口关税、房产税、车船税、土地使用税、印花税等及教育费附加。

需要注意：增值税为价外税，不包含在计税中，计算企业所得税应纳税所得额时不得扣除。

4. 损失

损失指企业在生产经营活动中的损失和其他损失。

(1) 范围：固定资产和存货的盘亏、毁损、报废损失，转让财产损失，呆账损失，坏账损失，自然灾害等不可抗力因素造成的损失以及其他损失。

(2) 税前可以扣除的损失为净损失，即企业的损失减除责任人赔偿和保险赔款后的余额按规定扣除。

(3) 企业已经作为损失处理的资产，在以后纳税年度又全部收回或者部分收回时，应当计入当期收入。

5. 其他支出

其他支出指除成本、费用、税金、损失外，企业在生产经营活动中发生的与生产经营活动有关的、合理的支出。

(三) 扣除项目及其标准

1. 工资薪金支出

企业发生的合理工资薪金支出准予据实扣除。

工资薪金，是指企业每一纳税年度支付给在本企业任职或者受雇的员工的所有现金或者非现金形式的劳动报酬，包括基本工资、奖金、津贴、补贴、年终加薪、加班工资，以及与任职或者受雇有关的其他支出。

“合理工资薪金”，是指企业按照股东大会、董事会、薪酬委员会或相关管理机构制定的工资薪金制度规定实际发放给员工的工资薪金。

属于国有性质的企业，其工资薪金，不得超过政府有关部门给予的限定数额；超过部分，不得计入企业工资薪金总额，也不得在计算企业应纳税所得额时扣除。

企业因雇用季节工、临时工、实习生、返聘离退休人员以及接受外部劳务派遣用工所实际发生的费用，应区分为工资薪金支出和职工福利费支出，并按规定在企业所得税前扣除。其中属于工资薪金支出的，准予计入企业工资薪金总额的基数，作为计算其他各项相关费用扣除的依据。

2. 职工福利费、工会经费、职工教育经费

规定标准以内按实际数扣除，超过标准的只能按标准扣除。标准为：

(1) 企业发生的职工福利费支出，不超过工资薪金总额14%的部分准予扣除。

企业职工福利费是指企业为职工提供的除职工工资、奖金、津贴、纳入工资总额管理的补贴、职工教育经费、社会保险费和补充养老保险费（年金）、补充医疗保险费及住房公积金以外的福利待遇支出，包括发放给职工或为职工支付的各项现金补贴和非货币性集体福利。

(2) 企业拨缴的工会经费，不超过工资薪金总额2%的部分准予扣除。

企业拨缴的职工工会经费，不超过工资薪金总额2%的部分，凭工会组织开具的“工会经费收入专用收据”在企业所得税税前扣除。

委托税务机关代收工会经费的，企业拨缴的工会经费也可凭合法、有效的工会经费代收凭据依法在税前扣除。

(3) 除国务院财政、税务主管部门另有规定外，企业发生的职工教育经费支出，不超过工资薪金总额2.5%的部分准予扣除，超过部分准予结转以后纳税年度扣除。

【例6-2】 成都市一家企业20××年已计入成本、费用中的全年实发工资总额为400万元（属于合理限度的范围），实际发生的职工工会经费6万元、职工福利费60万元、职工教育经费15万元。

要求：计算三项经费的纳税调整额。

【答案解析】

允许扣除的工会经费限额=400×2%=8（万元），实际发生6万元，因此按发生额扣除，不需调整。

允许扣除的职工福利费限额=400×14%=56（万元），实际发生额60万元，超标，调增4万元。

允许扣除的职工教育经费限额=400×2.5%=10（万元），实际发生额15万元，超标，调增5万元。

3. 社会保险费

(1) 企业按照政府规定的范围和标准缴纳的“五险一金”，即基本养老保险费、基本医疗保险费、失业保险费、工伤保险费、生育保险费等基本社会保险费和住房公积金，准予扣除。

(2) 企业为投资者或者职工支付的补充养老保险费、补充医疗保险费，分别在不超过实际发放工资总额的5%范围以内和标准内，准予扣除。企业依照国家有关规定为特殊工种职工支付的人身安全保险费和符合国务院财政、税务主管部门规定可以扣除的商业保险费准予扣除。

(3) 企业参加财产保险，按照规定缴纳的保险费，准予扣除。企业为投资者或者职工支付的商业保险费，不得扣除。

4. 利息费用

企业在生产经营活动过程中发生的利息费用，按下列规定扣除：

(1) 非金融企业向金融企业借款的利息支出、金融企业的各项存款利息支出和同业拆借利息支出、企业经批准发行债券的利息支出可据实扣除。

其中金融机构是指各类银行、保险公司以及经中国人民银行批准所从事金融业务的非银行金融机构。

(2) 非金融企业向非金融企业借款的利息支出，不超过按照金融企业同期同类贷款利率计算的数额的部分可据实扣除，超过部分不许扣除。

【例6-3】 某居民企业20××年发生财务费用40万元，其中含向非金融企业借款250万元所支付的年利息20万元（当年金融企业贷款的年利率为5.8%）。

要求：计算财务费用的纳税调整额。

【答案解析】 利息税前扣除额=250×5.8%=14.5（万元）。

财务费用调增应纳税所得额＝20－14.5＝5.5（万元）。

5. 借款费用

（1）企业在生产经营活动中发生的合理的不需要资本化的借款费用，准予扣除。

（2）企业为购置、建造固定资产、无形资产和经过12个月以上的建造才能达到预定可销售状态的存货发生借款的——资本化，作为资本性支出计入有关资产的成本；有关资产交付使用后发生的借款利息，可在发生当期扣除。

（3）通过发行债券、取得贷款等方式融资发生的合理费用，按资本化和费用化处理。

【例6-4】 某企业4月1日向银行借款500万元用于建造厂房，借款期限1年，当年向银行支付了3个季度的借款利息22.5万元，该厂房于10月31日竣工结算并投入使用，税前可扣除的利息费用为多少万元？

【答案解析】 税前可扣除的借款费用＝22.5÷9×2＝5（万元）。

6. 汇兑损失

除已计入有关资产成本以及向所有者进行利润分配外，准予扣除。

7. 业务招待费

（1）企业发生的与生产经营活动有关的业务招待费支出，按照发生额的60%扣除，但最高不得超过当年销售（营业）收入的5‰，即允许扣除的标准是实际发生额的60%与销售（营业）收入的5‰相比较小者。

（2）销售（营业）收入主要包括销售货物收入、劳务收入、租金收入、特许权使用费收入、视同销售收入等，即会计核算中的“主营业务收入”、“其他业务收入”和“视同销售收入”，但不包括“营业外收入”和“投资收益”。

【例6-5】 某企业本年度业务资料如下：

（1）全年直接销售彩电取得销售收入8 000万元（不含换取原材料的部分）。

（2）2月，企业将自产的一批彩电换取A公司原材料，市场价值为200万元，成本为130万元，企业已做销售账务处理，换取的原材料价值200万元，双方均开具了增值税专用发票。

（3）企业接受捐赠原材料一批，价值100万元并取得捐赠方开具的增值税专用发票，进项税额16万元，该项捐赠收入企业已计入营业外收入核算。

（4）1月1日，企业将闲置的办公室出租给B公司，全年收取租金120万元。

（5）企业全年发生的管理费用为800万元（其中业务招待费为90万元），销售费用为1 800万元（其中广告费为1 500万元）。

要求：计算业务招待费纳税调整金额。

【答案解析】

业务招待费扣除限额的计算基数＝8 000（销售货物收入）＋200（视同销售收入）＋120（其他业务收入）＝8 320（万元）。

招待费扣除限额＝8 320×5‰＝41.6（万元），实际发生额的60%＝90×60%＝54（万元），二者取其低数，税前允许扣除招待费41.6万元，应该调增所得额48.4（90－41.6）万元。

8. 广告费和业务宣传费

企业发生的符合条件的广告费和业务宣传费支出，除国务院财政、税务主管部门另有规定外，不超过当年销售（营业）收入15%的部分，准予扣除；超过部分，准予结转以后纳税年度扣除。

其中：销售（营业）收入主要包括销售货物收入、劳务收入、租金收入、特许权使用费收入、视同销售收入等，即会计核算中的"主营业务收入"、"其他业务收入"和"视同销售收入"，但不包括"营业外收入"和"投资收益"。

企业筹建期间，发生的广告费、业务宣传费，按实际发生额计入筹办费，按规定税前扣除。

以例6-5的资料为例，计算广告费纳税调整金额。广告费扣除限额=8 320×15%=1 248（万元），实际发生的广告费为1 500万元，超限额，应该调增所得额252（1 500－1 248）万元。

9. 环境保护专项资金

企业依照法律、行政法规有关规定提取的用于环境保护、生态恢复等方面的专项资金，准予扣除；上述专项资金提取后改变用途的，不得扣除。

10. 财产保险费

企业参加财产保险，按照规定缴纳的保险费，准予扣除。

11. 租赁费

租入固定资产的方式分为两种：经营租赁和融资租赁。经营租赁是指所有权不转移的租赁；融资租赁是指在实质上转移了与一项资产所有权有关的全部风险和报酬的一种租赁。租入固定资产支付的租赁费，按照以下方法扣除：

（1）属于经营租赁发生的租入固定资产租赁费：根据租赁期限均匀扣除。

（2）属于融资租赁发生的租入固定资产租赁费：构成融资租入固定资产价值的部分应当提取折旧费用，分期扣除；租赁费支出不得扣除。

12. 劳动保护费

企业发生的合理的劳动保护支出，准予扣除。如为员工统一定制工作服装的费用。

13. 公益性捐赠支出

公益性捐赠，是指企业通过公益性社会团体或者县级（含县级）以上人民政府及其部门，用于规定的公益事业的捐赠。

企业发生的公益性捐赠支出，不超过年度利润总额12%的部分，准予扣除。年度利润总额，是指年度会计利润。

14. 总机构分摊的费用

非居民企业在中国境内设立的机构、场所，就其中国境外总机构发生的与该机构、场所生产经营有关的费用，能够提供总机构出具的费用汇集范围、定额、分配依据和方法等证明文件，并合理分摊的，准予扣除。

15. 资产损失

企业当期发生的固定资产和流动资产盘亏、毁损净损失，由其提供清查盘存资料，经主管税务机关审核后，准予扣除；企业因存货盘亏、毁损、报废等原因不得从销项税金中抵扣的进项税金，应视同企业财产损失，准予与存货损失一起在所得税前按规定扣除。

【例6-6】 某外商投资者开办的摩托车生产企业。发生非正常损失，损失不含增值税的原材料金额32.79万元（其中含运费金额2.79万元），其中保险公司赔偿6万元，经

认定仓库管理员赔偿 2 万元。问该企业能够在税前扣除的损失是多少？

【答案解析】　进项税额转出＝（32.79－2.79）×16％＋2.79×10％＝4.8＋0.279＝5.079（万元）。

资产损失＝32.79＋5.079－6－2＝29.869（万元）。

16. 其他项目

依照有关法律、行政法规和国家有关税法规定准予扣除的其他项目。如会员费、合理的会议费、差旅费、违约金、诉讼费用等。

四、不得扣除的项目

在计算企业所得税应纳税所得额时，下列支出不得扣除：

（1）向投资者支付的股息、红利等权益性投资收益款项。

（2）企业所得税税款。

（3）税收滞纳金。

（4）罚金、罚款和被没收财物的损失。

（5）超过规定标准的捐赠支出。

（6）赞助支出，是指企业发生的与生产经营活动无关的各种非广告性质支出。

（7）未经核定的准备金支出，是指不符合国务院财政、税务主管部门规定的各项资产减值准备、风险准备等准备金支出。

（8）企业之间支付的管理费、企业内营业机构之间支付的租金和特许权使用费，以及非银行企业内营业机构之间支付的利息，不得扣除。

（9）与取得收入无关的其他支出。

五、亏损弥补

税法规定，企业某一纳税年度发生的亏损可以用下一年度的所得弥补，下一年度的所得不足以弥补的，可以逐年延续弥补，但最长不得超过 5 年。而且，企业在汇总计算缴纳企业所得税时，其境外营业机构的亏损不得抵减境内营业机构的盈利。

企业筹办期间不计算为亏损年度，企业自开始生产经营的年度，为开始计算企业损益的年度。企业从事生产经营之前进行筹办活动期间发生筹办费用支出，不得计算为当期的亏损，企业可以在开始经营之日的当年一次性扣除，也可以按照有关长期待摊费用的处理规定处理，但一经选定，不得改变。

税务机关对企业以前年度纳税情况进行检查时调增的应纳税所得额，凡企业以前年度发生亏损，且该亏损属于企业所得税法规定允许弥补的，应允许调增的应纳税所得额弥补该亏损。弥补该亏损后仍有余额的，按照企业所得税法规定计算缴纳企业所得税。

第四节　资产的税务处理

资产是由于资本投资而形成的资产，对于资本性支出以及无形资产受让、开办、开发费用，不允许作为成本、费用从纳税人的收入总额中作一次性扣除，只能采取分次计提折旧或分次摊销的方式予以扣除。

企业持有各项资产期间资产增值或减值，除按规定可以确认损益外，不得调整该资产的计税基础。

一、固定资产的税务处理

（一）固定资产的计税基础

（1）外购的固定资产，以购买价款和相关税费以及直接归属于该资产达到预定用途发生的其他支出作为计税基础。购进固定资产的增值税符合规定的可以扣除。

（2）自行建造的固定资产，以竣工结算前发生的支出为计税基础。

（3）融资租入的固定资产，以合同约定的付款总额和签订合同发生的相关费用为计税基础。合同未约定付款总额的，以资产的公允价值和签订合同发生的相关费用为计税基础。

（4）盘盈的固定资产，以同类固定资产的重置完全价值为计税基础。

（5）通过捐赠、投资、非货币性资产交换、债务重组等方式取得的固定资产，以该资产的公允价值和支付相关税费为计税基础。

（6）改建的固定资产，除已足额提取折旧的固定资产和租入的固定资产以外的其他固定资产，以改建过程中发生的改建支出增加计税基础。

（二）固定资产折旧的范围

在计算应纳税所得额时，企业按照规定计算的固定资产折旧，准予扣除。但是下列固定资产不得计算折旧扣除：

（1）房屋、建筑物以外未投入使用的固定资产。

（2）以经营租赁方式租入的固定资产。

（3）以融资租赁方式租出的固定资产。

（4）已足额提取折旧仍继续使用的固定资产。

（5）与经营活动无关的固定资产。

（6）单独估价作为固定资产入账的土地。

（7）其他不得计算折旧扣除的固定资产。

（三）固定资产折旧的计提方法

（1）企业应当自固定资产投入使用月份的次月起计算折旧；停止使用的固定资产，应当自停止使用月份的次月起停止计算折旧。

（2）企业应当根据固定资产的性质和使用情况，合理确定固定资产的预计净残值。固定资产的预计净残值一经确定，不得变更。

（3）固定资产按照直线法计算的折旧，准予扣除。

【例6-7】 20××年6月，企业为了提高产品性能与安全度，从国内购入2台安全生产设备并于当月投入使用，增值税专用发票注明价款400万元，进项税64万元，企业采用直线法按5年计提折旧，残值率8%（经税务机构认可），税法规定该设备直线法折旧年限为10年。计算安全设备折旧费应调整的金额。

【答案解析】

会计上的折旧＝400×（1－8%）÷5÷12×6＝36.8（万元）。

所得税允许的折旧＝400×（1－8%）÷10÷12×6＝18.4（万元）。

所以，安全设备折旧费应调增的金额是18.4（36.8−18.4）万元。

（四）固定资产折旧的计提年限

除国务院财政、税务主管部门另有规定外，固定资产计算折旧的最低年限如下：

（1）房屋、建筑物，为20年。

（2）飞机、火车、轮船、机器、机械和其他生产设备，为10年。

（3）与生产经营活动有关的器具、工具、家具等，为5年。

（4）飞机、火车、轮船以外的运输工具，为4年。

（5）电子设备，为3年。

（五）房屋、建筑物在未足额提取折旧前进行改扩建的税务处理

（1）属于推倒重置：净值并入重置后的固定资产计税成本。

（2）属于提升功能、增加面积：改扩建支出并入该固定资产计税基础，按尚可使用的年限与税法规定的最低年限孰低原则选择年限计提折旧。

【例6-8】 成都光大公司（增值税一般纳税人）20××年10月为一名高管配备一辆轿车并投入使用，用于企业的业务经营管理，取得的机动车销售统一发票上注明价款40万元，增值税6.4万元，缴纳车辆购置税和牌照费支出12.8万元（该公司确定折旧年限4年，残值率5%）。年底，会计师事务所审计时发现此项业务尚未进行会计处理。

要求：计算上述业务的纳税调整额。

【答案解析】 固定资产应于投入使用的下月起计提折旧，折旧额可以税前扣除。

调减应纳税所得额＝52.8×（1−5%）÷4÷12×2＝2.09（万元）。

二、无形资产的税务处理

（一）无形资产摊销的范围

在计算应纳税所得额时，企业按照规定计算的无形资产推销费用，准予扣除。

下列无形资产不得计算摊销费用扣除：

（1）自行开发的支出已在计算应纳税所得额时扣除的无形资产。

（2）自创商誉。另外外购商誉，在企业持续经营阶段不予扣除；整体转让或者清算时准予扣除。

（3）与经营活动无关的无形资产。

（4）其他不得计算摊销费用扣除的无形资产。

（二）无形资产的摊销方法及年限

无形资产的摊销采取直线法计算。无形资产的摊销不得低于10年。企事业单位外购的软件，凡符合固定资产或无形资产确认条件的，可以按照固定资产或无形资产进行核算，其折旧或摊销年限可以适当缩短，最短可为2年（含）。

【例6-9】 20××年1月成都正宇公司购进一套价值60万元的管理软件，符合无形资产确认条件，公司按照无形资产进行核算。根据企业所得税相关规定，该公司计算企业所得税应纳税所得额时摊销无形资产费用的最高金额是多少万元？

【答案解析】 企业购进软件，凡符合固定资产或无形资产确认条件的，可以根据固定资产或无形资产进行摊销，其折旧或者摊销年限可以适当缩短，最短可为2年。该公司计算应纳税所得额时摊销无形资产费用的最高金额＝60÷2＝30（万元）。

三、长期待摊费用的税务处理

长期待摊费用是指企业发生在一个年度或几个年度应该进行摊销的费用，企业发生的下列费用应该归属于长期待摊费用：

(1) 已足额提取折旧的固定资产的改建支出。

(2) 租入固定资产的改建支出。

(3) 固定资产的大修理支出。

(4) 其他应当作为长期待摊费用的支出。

大修理支出，按照固定资产尚可使用年限分期摊销。企业所得税法所指固定资产的大修理支出，是指同时符合下列条件的支出：

(1) 修理支出达到取得固定资产时的计税基础 50%以上。

(2) 修理后固定资产的使用年限延长 2 年以上。

其他应当作为长期待摊费用的支出，自支出发生月份的次月起，分期摊销，摊销年限不得低于 3 年。

四、存货的税务处理

(一) 存货的计税基础

(1) 现金方式：购买价款与相关税费作为其计税基础。

(2) 现金以外的方式：以取得该存货公允价值与相关税费作为其计税基础。

(二) 企业的成本计算方法

企业使用或者销售的存货的成本计算方法，可以在先进先出法、加权平均法、个别计价法中选用一种。计价方法一经选用，不得随意变更。

五、投资资产的税务处理

(1) 企业对外投资期间，投资资产的成本在计算应纳税所得额时不得扣除。

(2) 企业在转让或者处置投资资产时，投资资产的成本准予扣除。

(3) 投资企业撤回或减少投资的税务处理。

1) 自 2011 年 7 月 1 日起，投资企业从被投资企业撤回或减少投资，其取得的资产，分三部分处理：

相当于初始出资的部分，应确认为投资收回——不属于应税收入；

相当于被投资企业累计未分配利润和累计盈余公积按减少实收资本比例计算的部分，应确认为股息所得，属于应税收入，但免税；

其余部分确认为投资资产转让所得，属于应税收入。

2) 被投资企业发生的经营亏损，由被投资企业按规定结转弥补；投资企业不得调整减低其投资成本，也不得将其确认为投资损失。

六、税法规定与会计规定差异的处理

企业不能提供完整、准确的收入及成本、费用凭证，不能正确计算应纳税所得额的，由税务机关核定其应纳税所得额。

2011年7月1起，企业实际发生的成本费用，因各种原因未能及时取得有效凭证，季度预缴时可按账面发生额核算；年度汇算清缴时，补充有效凭证。

企业依法清算时，以其清算终了后的清算所得为应纳税所得额，按规定缴纳企业所得税。

清算所得＝企业全部资产可变现价值或交易价格－(资产净值＋清算费用＋相关税费)

投资方从被清算企业分得的剩余资产：

(1) 相当于从被清算企业累计未分配利润和累计盈余公积中应分得的部分，应确认为股息所得——属于应税收入，但免税。

(2) 剩余资产减除股息后的余额，超过投资成本的部分，确认为投资转让所得；低于投资成本的部分，确认为投资转让损失。

第五节　企业所得税应纳税额的计算

一、居民企业应纳税额的计算

居民企业应纳税额是在应纳税所得额的基础上乘以所得税率得出的。因此，如何计算应纳税所得额是关键环节。居民企业计算纳税所得额一般有两种方式：

直接法，即

应纳税所得额＝收入总额－不征税收入－免税收入－各项扣除金额－弥补亏损

间接法，即

应纳税所得额＝会计利润总额±纳税调整项目金额

【例6-10】 某企业为居民企业，20××年发生经营业务下：

(1) 取得产品销售收入4 000万元。

(2) 发生产品销售成本2 600万元。

(3) 发生销售费用770万元（其中广告费660万元）；管理费用480万元（其中业务招待费25万元）；财务费用60万元。

(4) 销售税金160万元（含增值税120万元）。

(5) 营业外收入80万元，营业外支出50万元（含通过公益性社会团体向贫困山区捐款40万元，支付税收滞纳金6万元）。

(6) 计入成本、费用中的实发工资总额200万元、拨款职工工会经费5万元、发生职工福利费31万元，发生职工教育经费7万元。

要求：计算该企业20××年度实际应缴纳的企业所得税税额。

【答案解析】 (1) 会计利润总额＝4 000＋80－2 600－770－480－60－40－50＝80(万元)。

(2) 广告费和业务宣传费调增所得额＝660－4 000×15％＝660－600＝60（万元）。

(3) 因为4 000×5‰＝20（万元）＞25×60％＝15（万元），所以业务招待费调增所得额＝25－25×60％＝25－15＝10（万元）。

(4) 捐赠支出调增所得额＝40－80×12％＝30.4（万元）。

（5）工会经费应调增所得额＝5－200×2%＝1（万元）。

（6）职工福利费应调增所得额＝31－200×14%＝3（万元）。

（7）职工教育经费应调增所得额＝7－200×2.5%＝2（万元）。

（8）应纳税所得额＝80＋60＋10＋30.4＋6＋1＋3＋2＝192.4（万元）。

（9）该企业20××年度应缴纳的企业所得税税额＝192.4×25%＝48.1（万元）。

二、境外所得抵扣税额的计算

（一）对居民企业的税收管辖权和避免国际重复征税

企业取得的下列所得已在境外缴纳的所得税税额，可以从其当期应纳税额中限额抵免：

（1）居民企业来源于中国境外的应税所得。

（2）非居民企业在中国境内设立机构、场所，取得发生在中国境外但与该机构、场所有实际联系的应税所得。

（二）境外所得已纳税额抵扣方法——分国别（地区）、不分项目的限额抵免法

抵免限额＝中国境内、境外所得依照《企业所得税法》及其实施条例的规定计算的应纳税总额×来源于某国（地区）的应纳税所得额÷中国境内、境外应纳税所得额总额

该公式可以简化成：

抵免限额＝来源于某国（地区）的应纳税所得额（境外税前所得额）×25%

【例6-11】 某企业20××年度境内应纳税所得额为100万元，适用25%的企业所得税税率。另外，该企业分别在A、B两国设有分支机构（我国与A、B两国已经缔结避免双重征税协定），在A国分支机构的应纳税所得额为50万元，A国税率为20%；在B国分支机构的应纳税所得额为30万元，B国税率为30%。假设该企业在A、B两国所得按我国税法计算的应纳税所得额和按A、B两国税法计算的应纳税所得额一致，两个分支机构在A、B两国分别缴纳了10万元和9万元的企业所得税。

要求：计算该企业汇总时在我国应缴纳的企业所得税税额。

【答案解析】

（1）境内、境外所得的应纳税额＝（100＋50＋30）×25%＝45（万元）。

（2）A、B两国的扣除限额：

A国扣除限额＝50×25%＝12.5（万元）。

B国扣除限额＝30×25%＝7.5（万元）。

（3）汇总时在我国应缴纳的所得税税额＝45－10－7.5＝27.5（万元）。

三、居民企业核定征收应纳税额的计算

（一）核定征收企业所得税的范围

《税收征收管理法》适用于居民企业纳税人，纳税人具有下列情形之一的，核定征收企业所得税：

（1）依照法律、行政法规的规定可以不设置账簿的。

（2）依照法律、行政法规的规定应当设置但未设置账簿的。

(3) 擅自销毁账簿或者拒不提供纳税资料的。

(4) 虽设置账簿，但账目混乱或者成本资料、收入凭证、费用凭证残缺不全，难以查账的。

(5) 发生纳税义务，未按照规定的期限办理纳税申报，经税务机关责令限期申报，逾期仍不申报的。

(二) 核定征收的办法

采用应税所得率方式核定征收企业所得税的，计算公式如下：

应纳税所得额＝应税收入额×应税所得率

＝成本(费用)支出额÷(1－应税所得率)×应税所得率

应纳所得税税额＝应纳税所得额×适用税率

【例 6-12】 某食品加工厂雇用职工 10 人，资产总额 200 万元，税务机关对其20××年经营业务进行检查时发现食品销售收入为 50 万元、转让国债收入 4 万元、国债利息收入 1 万元，但无法查实成本费用，税务机关采用核定办法对其征收所得税，应税所得率为15%。计算 20××年该食品加工厂应缴纳的企业所得税税额。

【答案解析】 成本费用无法核实，按照应税收入额核定计算所得税。国债利息收入免征企业所得税。应纳所得税额＝（50＋4）×15%×25%＝2.03（万元）。

四、非居民企业应纳税额的计算

对于在中国境内未设立机构、场所的，或者虽设立机构、场所但取得的所得与其所设机构、场所没有实际联系的非居民企业的所得，按照下列方法计算应纳税所得额：

(1) 股息、红利等权益性投资收益和利息、租金、特许权使用费所得，以收入全额为应纳税所得额。

(2) 转让财产所得，以收入全额减除财产净值后的余额为应纳税所得额。

财产净值是指财产的计税基础减除已经按照规定扣除的折旧、折耗、摊销、准备金等后的余额。

(3) 其他所得，参照前两项计算所得额。

第六节　企业所得税的税收优惠

税收优惠是指国家运用税收政策在税收法律、行政法规中规定对某一部分特定企业和课税对象给予减轻或免除税收负担的一种措施。税法规定的企业所得税的税收优惠方式包括免税、减税、加计扣除、加速折旧、减计收入、税额抵免等。

一、免征与减征优惠

企业的下列所得，可以免征、减征企业所得税。企业如果从事国家限制和禁止发展的项目，不得享受企业所得税优惠。

(一) 从事农、林、牧、渔业项目的所得

企业从事农、林、牧、渔业项目的所得，包括免征和减征两部分。

(1) 企业从事下列项目的所得，免征企业所得税：

1）蔬菜、谷类、薯类、油料、豆类、棉花、麻类、糖料、水果、坚果的种植。

2）农作物新品种的选育。

3）中药材的种植。

4）林木的培育和种植。

5）牲畜、家禽的饲养。

6）林产品的采集。

7）灌溉、农产品初加工、兽医、农技推广、农机作业和维修等农、林、牧、渔服务业项目。

8）远洋捕捞。

（2）企业从事下列项目的所得，减半征收企业所得税：

1）花卉、茶以及其他饮料作物和香料作物的种植；

2）海水养殖、内陆养殖。

（二）从事国家重点扶持的公共基础设施项目投资经营的所得

《企业所得税法》所称“国家重点扶持的公共基础设施项目”，是指《公共基础设施项目企业所得税优惠目录》中规定的港口码头、机场、铁路、公路、电力、水利等项目。

企业从事国家重点扶持的公共基础设施项目的投资经营的所得，自项目取得第一笔生产经营收入所属纳税年度起，第一年至第三年免征企业所得税，第四年至第六年减半征收企业所得税。

企业承包经营、承包建设和内部自建自用上述规定的项目，不得享受企业所得税优惠。

（三）从事符合条件的环境保护、节能节水项目的所得

从事环境保护、节能节水项目的所得，自项目取得第一笔生产经营收入所属纳税年度起，第一年至第三年免征企业所得税，第四年至第六年减半征收企业所得税。

符合条件的环境保护、节能节水项目，包括公共污水处理、公共垃圾处理、沼气综合开发利用、节能减排技术改造、海水淡化等。项目的具体条件和范围由国务院财政、税务主管部门会同国务院有关部门制定，报国务院批准后公布施行。

但是，以上规定的享受减、免税优惠的项目，在减、免税期限内转让的，受让方自受让之日起，可以在剩余期限内享受规定的减、免税优惠；减、免税期限届满后转让的，受让方不得就该项目重复享受减、免税优惠。

（四）符合条件的技术转让所得

《企业所得税法》所称符合条件的技术转让所得免征、减征企业所得税，是指一个纳税年度内，居民企业转让技术所有权所得不超过500万元的部分，免征企业所得税；超过500万元的部分，减半征收企业所得税。

二、高新技术企业优惠

国家需要重点扶持的高新技术企业减按15%的所得税税率征收企业所得税。国家需要重点扶持的高新技术企业，是指符合下列条件的企业：

（1）拥有核心自主知识产权。

（2）产品（服务）属于《国家重点支持的高新技术领域》规定的范围。

（3）研究开发费用占销售收入的比例不低于规定比例。

（4）高新技术产品（服务）收入占企业总收入的比例不低于规定比例。

（5）科技人员占企业职工总数的比例不低于规定比例。

（6）《高新技术企业认定管理办法》规定的其他条件。《国家重点支持的高新技术领域》和《高新技术企业认定管理办法》由国务院科技、财政、税务主管部门会同国务院有关部门制定，报国务院批准后公布施行。

三、小型微利企业优惠

小型微利企业减按20%的税率征收企业所得税。小型微利企业的条件如下：

（1）工业企业，年度应纳税所得额不超过30万元，从业人数不超过100人，资产总额不超过3 000万元。

（2）其他企业，年度应纳税所得额不超过30万元，从业人数不超过80人，资产总额不超过1 000万元。

四、加计扣除优惠

加计扣除优惠包括以下两项内容。

（一）研究开发费

研究开发费是指企业为开发新技术、新产品和新工艺发生的研究开发费用，未形成无形资产计入当期损益的，在按照规定据实扣除的基础上，按照研究开发费用的50%加计扣除；形成无形资产的，按照无形资产成本的150%摊销。

（二）企业安置残疾人员所支付的工资

企业安置残疾人员所支付的工资是指企业安置残疾人员的，在按照支付给残疾职工工资据实扣除的基础上，按照支付给残疾职工工资的100%加计扣除。残疾人员的范围适用《中华人民共和国残疾人保障法》的有关规定。企业安置国家鼓励安置的其他就业人员所支付的工资加计扣除办法，由国务院另行规定。

五、创投企业优惠

创投企业从事国家需要重点扶持和鼓励的创业投资，可以按投资额的一定比例抵扣应纳税所得额。

创投企业优惠，是指创业投资企业采取股权投资方式投资于未上市的中小高新技术企业2年以上的，可以按照其投资额的70%在股权持有满2年的当年抵扣该创业投资企业的应纳税所得额；当年不足抵扣的，可以在以后纳税年度结转抵扣。

六、加速折旧优惠

企业的固定资产由于技术进步等原因，确需加速折旧的，可以缩短折旧年限或者采取加速折旧的方法。可采用以上折旧方法的固定资产包括：

（1）由于技术进步，产品更新换代较快的固定资产。

（2）常年处于强震动、高腐蚀状态的固定资产。

采取缩短折旧年限方法的，最低折旧年限不得低于规定折旧年限的60%；采取加速

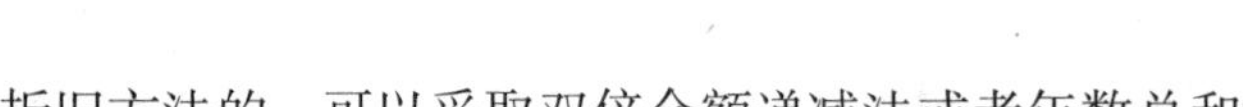

折旧方法的，可以采取双倍余额递减法或者年数总和法。

七、减计收入优惠

减计收入优惠，是指企业综合利用资源，生产符合国家产业政策规定的产品所取得的收入，可以在计算应纳税所得额时减计收入。

综合利用资源，是指企业以《资源综合利用企业所得税优惠目录》中规定的资源作为主要原材料，生产国家非限制和禁止并符合国家和行业相关标准的产品所取得的收入，减按90%计入收入总额。

上述所称原材料，占生产产品材料的比例不得低于《资源综合利用企业所得税优惠目录》规定的标准。

八、税额抵免优惠

税额抵免，是指企业购置并实际使用《环境保护专用设备企业所得税优惠目录》、《节能节水专用设备企业所得税优惠目录》和《安全生产专用设备企业所得税优惠目录》规定的环境保护、节能节水、安全生产等专用设备的，该专用设备投资额的10%可以从企业当年的应纳税额中抵免；当年不足抵免的，可以在以后5个纳税年度结转抵免。

九、民族自治地方企业的优惠

民族自治地方的自治机关对本民族自治地方的企业应缴纳的企业所得税中属于地方分享的部分，可以决定减征或者免征。自治州、自治县决定减征或免征的，须报省、自治区、直辖市人民政府批准。

《企业所得税法》所称“民族自治地方”，是指依照《中华人民共和国民族区域自治法》的规定，实行民族区域自治的自治区、自治州、自治县。

对民族自治地方内从事国家限制和禁止行业的企业，不得减征或者免征企业所得税。

十、非居民企业优惠

非居民企业减按10%的税率征收企业所得税。这里的非居民企业，是指在中国境内未设立机构、场所的，或者虽设立机构、场所但取得的所得与其所设机构、场所没有实际联系的企业。该类非居民企业取得的下列所得免征企业所得税：

(1) 外国政府向中国政府提供贷款取得的利息所得。

(2) 国际金融组织向中国政府和居民企业提供优惠贷款取得的利息所得。

(3) 经国务院批准的其他所得。

第七节　企业所得税的征收管理

一、纳税地点

除税收法律、行政法规另有规定外，居民企业以企业登记注册地为纳税地点；但登记注册地在境外的，以实际管理机构所在地为纳税地点。企业注册登记地，是指企业依照国

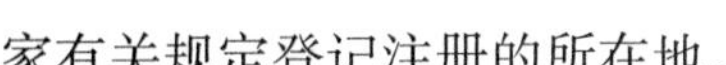

家有关规定登记注册的所在地。

居民企业在中国境内设立不具有法人资格的营业机构，应当汇总计算并缴纳企业所得税。企业汇总计算并缴纳企业所得税时，应当统一核算应纳税所得额，具体办法由国务院财政、税务主管部门另行制定。

非居民企业在中国境内设立机构、场所的，应当就其所设机构、场所取得的来源于中国境内的所得，以及发生在中国境外但与其所设机构、场所有实际联系的所得，以机构、场所所在地为纳税地点缴纳企业所得税。非居民企业在中国境内设立两个及两个以上机构、场所的，经税务机关审核批准，可以选择由其主要机构、场所汇总缴纳企业所得税。非居民企业经批准汇总缴纳企业所得税后，需要增设、合并、迁移、关闭机构、场所或者停止机构、场所业务的，应当事先由负责汇总申报缴纳企业所得税的主要机构、场所向其所在地税务机关报告；需要变更汇总缴纳企业所得税的主要机构、场所的，依照前述规定办理。

非居民企业在中国境内未设立机构、场所的，或者虽设立机构、场所但取得的所得与其所设机构、场所没有实际联系的，以扣缴义务人所在地为纳税地点。

除国务院另有规定外，企业之间不得合并缴纳企业所得税。

二、纳税期限

企业所得税按年计征，分月或者分季度预缴，年终汇算清缴，多退少补。

企业所得税的纳税年度，自公历每年 1 月 1 日起至 12 月 31 日止。企业在一个纳税年度的中间开业，或者由于合并、关闭等原因终止经营活动，使该纳税年度的实际经营期不足 12 个月的，应当以其实际经营期为一个纳税年度。企业清算时，应当以清算期间作为一个纳税年度。企业应当自清算结束之日起 15 日内，向主管税务机关报送企业所得税纳税申报表，并结清税款。

企业应自年度终了之日起 5 个月内，向税务机关报送年度企业所得税纳税申报表，并汇算清缴，结清应缴税款。

企业在年度中间终止经营活动的，应当自实际经营终止之日起 60 日内，向税务机关办理当期企业所得税汇算清缴。

三、纳税申报

按月或按季度预缴税款的，应当自月份或者季度终了之日起 15 日内，向税务机关报送预缴企业所得税纳税申报表，预缴税款。

企业在报送企业所得税纳税申报表时，应当按照规定附送财务会计报告和其他相关资料。

企业应当在办理注销登记前，就其清算所得向税务机关申报并依法缴纳企业所得税。

依照《企业所得税法》缴纳的企业所得税，以人民币计算。所得以人民币以外的货币计算的，应当折合成人民币后缴纳税款。

企业在纳税年度内无论盈利或者亏损，都应当在《企业所得税法》第五十四条规定的期限内，向税务机关报送预缴企业所得税纳税申报表、年度企业所得税纳税申报表、财务会计报告和税务机关规定应当报送的其他相关资料。

四、源泉扣缴

为了保证税源，降低纳税成本，防止偷税漏税，税法对非居民企业作了源泉扣缴的规定。

五、扣缴义务人

（1）对非居民企业在中国境内未设立机构、场所的，或者虽设立机构、场所但取得的所得与其所设机构、场所没有实际联系的，应缴纳的所得税实行源泉扣缴，以支付人为扣缴义务人，税款由扣缴义务人在每次支付或者到期应支付时，从支付或者到期应支付的款项中扣缴。

这里的支付人是指依照有关法律规定或者合同约定对非居民企业直接负有支付相关款项义务的单位或者个人。

（2）对于非居民企业在中国境内就其取得的工程作业和劳务所得应缴纳的所得税，税务机关可以指定工程价款或者劳务费的支付人为扣缴义务人。

六、扣缴方法

（1）扣缴义务人扣缴税款时，按前述非居民企业计算方法计算税款。

（2）应当扣缴的所得税，扣缴义务人未依法扣缴或者无法履行扣缴义务的，由企业在所得发生地缴纳。企业未依法缴纳的，税务机关可以从该企业在中国境内其他收入项目的支付人应付的款项中，追缴该企业的应纳税款。

（3）税务机关在追缴该企业应纳税款时，应当将追缴理由、追缴数额、缴纳期限和缴纳方式等告知该企业。

（4）扣缴义务人每次代扣的税款，应当自代扣之日起 7 日内缴入国库，并向所在地的税务机关报送扣缴企业所得税报告表。

本章知识小结

1. 企业所得税是对我国境内的企业和其他取得收入的组织的生产经营所得和其他所得所征收的一种税。它是国家参与企业利润分配的重要手段。

2. 企业所得税的纳税人分为居民企业和非居民企业，居民企业承担无限纳税义务，非居民企业承担有限纳税义务。

3. 应纳税所得额是企业所得税的计税基础，按照《企业所得税法》的规定，应纳税所得额为企业每一个纳税年度的收入总额，减除不征税收入、免税收入、各项扣除以及允许弥补的以前年度亏损后的余额，它是计算企业所得税应纳税额的基础。

4. 企业所得税按年计征，分月或者分季度预缴，年终汇缴清算，多退少补。

业务实训练习

一、单项选择题

1. 企业所得税的纳税义务人不包括(　　)。

A. 个人独资企业　　B. 中外合作企业

C. 一人有限责任公司　　D. 国有企业

2. 下列各项支出中，可以在计算企业所得税应纳税所得额时扣除的是(　　)。

A. 向投资者支付的股息　　B. 合理的劳动保护支出

C. 为投资者支付的商业保险费　　D. 内设营业机构之间支付的租金

3. 企业处置资产的下列情形中，应视同销售确定企业所得税应税收入的是(　　)。

A. 将资产用于股息分配　　B. 将资产用于生产另一产品

C. 将资产从总机构转移至分支机构　　D. 将资产用途由自用转为经营性租赁

4. 以下各项支出中，可以在计算企业所得税应纳税所得额时扣除的是(　　)。

A. 支付给母公司的管理费　　B. 按规定缴纳的财产保险费

C. 向环保局支付的罚款　　D. 赴灾区慰问时直接向灾民发放的慰问金

5. 某企业20××年4月1日向银行借款600万元用于建造厂房，借款期限1年，当年向银行支付了9个月借款利息30万元，该厂房于9月30日完工结算并投入使用，当年税前允许扣除的利息费用为(　　)万元。

A. 10　　B. 30　　C. 21　　D. 20

6. 按照《企业所得税法》的规定，下列各项中哪个属于非居民企业？(　　)

A. 在黑龙江省工商局登记注册的企业

B. 在美国注册但实际管理机构在哈尔滨的外商独资企业

C. 在美国注册的企业设在苏州的办事处

D. 在四川注册但在中东开展工程承包的企业

7. 依据企业所得税法的规定，下列处置资产的行为中，不应当视同销售确认收入的是(　　)。

A. 销售部门从仓库领用啤酒，用于交际应酬

B. 销售部门从仓库领用啤酒，用于样品

C. 管理部门领用产品，用于偿债

D. 自建商品房转为自用

8. 依据企业所得税法的规定，下列各项中按交易活动发生地确定所得来源地的是(　　)。

A. 销售货物所得　　B. 权益性投资所得

C. 动产转让所得　　D. 租金所得

9. 某小型微利企业经主管税务机关核定，20×5年度亏损13万元，20×6年度盈利6万元、20×7年度盈利12万元。该企业20×7年度应缴纳的企业所得税为(　　)万元。

A. 0.5　　B. 1　　C. 1.25　　D. 2.4

10. 依据《企业所得税法》的规定，财务会计制度与税收法规的规定不同而产生的差

异，在计算企业所得税应纳税所得额时应按照税收法规的规定进行调整。下列各项中，属于时间性差异的是(　　)。

A. 业务招待费用产生的差异　　B. 职工福利费用产生的差异

C. 职工工会费用产生的差异　　D. 职工教育费用产生的差异

11. 某企业某年度境内所得应纳税所得额为400万元，全年已预缴企业所得税税款25万元，来源于境外某国税前所得100万元，境外实际缴纳税款20万元，该企业当年汇算清缴应补（退）的税款为(　　)万元。

A. 50　　B. 60　　C. 70　　D. 80

12. 下列各项中，在计算企业所得税应纳税所得额时准予扣除的是(　　)。

A. 企业之间支付的管理费　　B. 企业内营业机构之间支付的租金

C. 企业向投资者支付的股息　　D. 银行企业内营业机构之间支付的利息

13. 某大型企业某年3月1日，以经营租赁方式租入固定资产使用，租期1年，一次性支付租金12万元；6月1日以融资租赁租入机器设备一台，租期2年，当年支付租金15万元。公司计算当年企业应纳税所得额时应扣除的租赁费为(　　)万元。

A. 10　　B. 12　　C. 15　　D. 27

14. 企业由于管理不善，引起库存外购材料损毁100万元，其中责任人张某赔偿3万元，材料购入时已抵扣增值税，税率为16%，则企业此项损失税前可以抵扣的金额为(　　)万元。

A. 97　　B. 100　　C. 113　　D. 116

二、多项选择题

1. 下列利息所得中，免征企业所得税的是(　　)。

A. 外国政府向中国政府提供贷款取得的利息所得

B. 国际金融组织向中国政府提供优惠贷款取得的利息所得

C. 国际金融组织向中国居民企业提供优惠贷款取得的利息所得

D. 外国银行的中国分行向中国居民企业提供贷款取得的利息所得

2. 企业发生的下列支出中，在计算企业所得税应纳税所得额时不得扣除的是(　　)。

A. 税收滞纳金　　B. 企业所得税税款

C. 计入产品成本的车间水电费用支出　　D. 向投资者支付的权益性投资收益款项

3. 注册地与实际管理机构所在地均在法国的某银行，取得的下列各项所得中，应按规定缴纳我国企业所得税的是(　　)。

A. 转让位于我国的一处不动产取得的财产转让所得

B. 在香港证券交易所购入我国某公司股票后取得的分红所得

C. 在我国设立的分行为我国某公司提供理财咨询服务取得的服务费收入

D. 在我国设立的分行为位于日本的某电站提供流动资金贷款取得的利息收入

4. 下列属于《企业所得税法》规定的“其他收入”的项目的是（　　）。

A. 债务重组收入　　B. 补贴收入

C. 违约金收入　　D. 接受捐赠收入

5. 下列项目中，计算企业所得税应纳税所得额时，不准予从收入总额中扣除的是(　　)。

A. 赞助支出　　B. 在经营过程中发生的咨询费用

C. 未履行合同规定支付的违约金　　D. 向投资者支付的股息

E. 企业内营业机构之间支付的租金和特许权使用费

6. 根据企业所得税的规定，以下适用25%税率的是(　　)。

A. 在中国境内的居民企业

B. 在中国境内设有机构场所，且所得与其机构、场所有关联的非居民企业

C. 在中国境内设有机构场所，且所得与其机构、场所没有实际联系的非居民企业

D. 在中国境内未设立机构场所的非居民企业

7. 某公司20××年度实现的会计利润总额为30万元。经某注册税务师审核，“财务费用”账户中列支有两笔利息费用：向银行借入生产用资金100万元，借用期限6个月，支付借款利息3万元；经过批准向本企业职工借入生产用资金80万元，借用期限9个月，支付借款利息4万元。该公司该年度的应纳税所得额为(　　)万元。

A. 20　　B. 30　　C. 31　　D. 30.4

8. 纳税人下列行为应视同销售确认所得税收入的是(　　)。

A. 将货物用于投资　　B. 将商品用于捐赠

C. 将商品用于个人福利　　D. 将商品用于在建工程

9. 根据《企业所得税法》的规定，准予在税前扣除的保险费用是(　　)。

A. 参加运输保险支付的保险费

B. 按规定缴纳的职工养老保险

C. 企业为职工支付的工伤保险费、医疗保险费

D. 按国家规定为特殊工种职工支付的法定人身安全保险费

E. 企业为投资者或者员工支付的商业保险费

10. 根据企业所得税法的规定，在计算企业所得税应纳税所得额时，下列项目不得在企业所得税税前扣除的是(　　)。

A. 外购货物管理不善发生的损失　　B. 违反法律被司法部门处以的罚金

C. 非广告性质的赞助支出　　D. 银行按规定加收的罚息

三、计算题

1. 20××年成都海星公司（居民企业）取得主营业务收入4 000万元，发生主营业务成本2 600万元，发生销售费用770万元（其中广告费650万元），管理费480万元（其中新产品技术开发费用40万元），财务费用60万元，税金及附加160万元（含增值税120万元）。用直接法和间接法计算该企业的企业所得税应纳税所得额。

2. 成都一家公司20××年全年取得产品销售收入5 600万元，发生产品销售成本4 000万元；其他业务收入800万元，其他业务成本660万元；取得购买国债的利息收入40万元；缴纳非增值税销售税金及附加300万元；发生的管理费用760万元，其中新技术的研究开发费用60万元、业务招待费用70万元；发生财务费用200万元；取得直接投资其他居民企业的权益性收益30万元（已在投资方所在地按15%的税率缴纳了所得税）；取得营业外收入100万元；发生营业外支出250万元（其中含公益捐赠38万元）。

要求：计算该企业20××年应缴纳的企业所得税税额。

3. 某境内居民企业20××年发生下列业务：

（1）销售产品收入 2 000 万元。

（2）接受捐赠材料一批，价值 11.7 万元。

（3）转让一项商标所有权，取得营业外收入 60 万元。

（4）收取当年让渡资产使用权的专利实施许可费，取得其他业务收入 10 万元。

（5）取得国债利息 2 万元；直接投资境内另一居民企业，分得红利 50 万元。

（6）全年销售成本 1 000 万元；销售税金及附加 100 万元。

（7）全年销售费用 500 万元，含广告费 400 万元；全年管理费用 205 万元，含业务招待费 80 万元；全年财务费用 45 万元。

（8）全年营业外支出 40 万元，含通过政府部门向灾区捐款 20 万元；直接对私立小学捐款 10 万元；违反政府规定被工商局罚款 2 万元。

其他资料：

（1）企业当年发生新技术研究开发费用，单独归集记账发生额 80 万元，尚未计入期间费用和损益。

（2）企业当年购置并实际使用节能节水设备一台，取得并认证了增值税专用发票，注明价款 90 万元，增值税 14.4 万元，已按照规定入账并计提了折旧。

要求：计算该企业应缴纳的企业所得税税额。

第七章 个人所得税法

【教学目标】

1. 掌握个人所得税的居民纳税人和非居民纳税人。

2. 掌握个人所得税应纳税所得额的确认、税率的使用、应纳税额的计算方法和税收优惠。

3. 熟悉个人所得税的纳税申报。

【重难点】

1. 个人所得税税率的运用、应纳税所得额的确认、应纳税额的计算方法。

2. 个人所得税的税收优惠。

3. 应纳税额的具体计算。

个人所得税法是指国家制定的用以调整个人所得税征收与缴纳之间权利及义务关系的法律规范。个人所得税的基本规范是1980年9月10日第五届全国人民代表大会第三次会议制定、1993年10月31日第八届全国人民代表大会常务委员会第四次会议决定修改的《中华人民共和国个人所得税法》(以下简称《个人所得税法》)。2018年,《个人所得税法》进行了第七修订。个人所得税是目前我国仅次于增值税、企业所得税的第三大税种,在筹集财政收入、调节收入分配方面发挥着重要作用。党中央、国务院高度重视推进个人所得税改革工作。财政是国家治理的基础和重要支柱,科学的财税体制是优化资源配置、维护市场统一、促进社会公平、实现国家长治久安的制度保障,要深化税收制度改革,逐步建立综合与分类相结合的个人所得税制。李克强总理在2018年《政府工作报告》中提出,改革个人所得税,提高个人所得税起征点,增加子女教育、大病医疗等专项费用扣除,合理减负,鼓励人民群众通过劳动增加收入、迈向富裕。

个人所得税是以自然人取得的各类应税所得为征税对象而征收的一种所得税,是政府利用税收对个人收入进行调节的一种手段。个人所得税的纳税人不仅包括个人还包括具有自然人性质的企业(非法人企业)。从世界范围看,个人所得税的税制模式有三种:分类征收制、综合征收制与混合征收制。分类征收制,就是将纳税人不同来源、不同性质的所得项目,分别规定不同的税率征税;综合征收制,是对纳税人全年的各项所得加以汇总,就其总额进行征税;混合征收制,是对纳税人不同来源、不同性质的所得先分别按照不同的税率征税，然后将全年的各项所得进行汇总征税。三种不同的征收模式各有其优缺点。2019 年 1 月 1 日起，我国采用综合与分类相结合的个人所得税征收模式。个人所得税在组织财政收入、提高公民纳税意识，尤其是在调节个人收入分配差距方面具有重要作用。

2019 年《政府工作报告》提出，实施更大规模的减税降费和加大支出力度，实施减税降费方面，实施增值税改革，将制造业等行业的现行增值税税率从 16%降为 13%，将交通运输业、建筑业等行业的现行增值税税率从 10%降为 9%，确保 6%税率一档不变。但是通过采取对生产、生活性服务业增加税收抵扣等配套措施，确保所有行业税负只减不增，继续推进税率三档变两档。

第一节　个人所得税纳税人和所得来源的确定

在我国，将个人所得税纳税人分为居民个人和非居民个人，各自承担不同纳税义务。具体包括中国公民（含港澳台同胞）、个体工商户、外籍个人等。

在中国境内有住所，或者无住所而一个纳税年度内在中国境内居住累计满 183 天的个人，为居民个人，其从中国境内和境外取得的所得，依照《个人所得税法》的规定缴纳个人所得税。在中国境内无住所又不居住，或者无住所而一个纳税年度内在中国境内居住累计不满 183 天的个人，为非居民个人，其从中国境内取得的所得，依照《个人所得税法》的规定缴纳个人所得税。

个人独资企业和合伙企业不缴纳企业所得税，只对投资者个人或自然人合伙人取得的生产经营所得征收个人所得税。

个人独资企业和合伙企业分别是指依照我国相关法律登记成立的个人独资、合伙性质的企业以及其他相关机构或组织。个人独资企业以投资者个人为纳税义务人，合伙企业以每一个合伙人为纳税义务人。

一、居民纳税人和非居民纳税人

各国对个人所得税的纳税人的界定通常有两种管辖权，即来源地税收管辖权和居民税收管辖权。在界定两者管辖权的标准上，通常采用住所标准和居住时间标准。我国的个人所得税制在纳税人的界定上既行使来源地税收管辖权，又行使居民税收管辖权，即把个人所得税的纳税义务人划分为居民和非居民两类。居民纳税义务人承担无限纳税义务（即来源于境内外的全部所得都应纳税），非居民纳税义务人承担有限纳税义务（即只限来源于境内的所得纳税）。

（一）住所标准

住所通常是指公民长期生活和活动的主要场所。我国《民法通则》规定：“公民以他的户籍所在地的居住地为住所。”

住所分为永久性住所和习惯性住所。永久性住所通常指《民法通则》上规定的住所，具有法律意义。习惯性住所则是指经常居住地，它与永久性住所有时是一致的，有时又不一致。我国个人所得税法律制度采用习惯性住所的标准，将在中国境内有住所的个人界定为：因户籍、家庭、经济利益关系而在中国境内习惯性居住的个人。这样就将中、外籍人员，以及港澳台同胞与内地公民区别开来。所谓习惯性住所，是在税收上判断居民和非居

民的一个法律意义上的标准，不是指实际居住或在某一特定时期内的居住地。例如，个人因学习、工作、探亲、旅游等而在中国境外居住的，当其在境外居住的原因消除后，则必须回到中国境内居住，即使该人并未居住在中国境内，仍应将其判定为在中国习惯性居住。

（二）居住时间标准

居住时间是指个人在一国境内实际居住的时间天数。在实际生活中，有时个人在境内并无住所，又无经常性居住地，但是却在该国内停留的时间较长，从该国取得了收入，应对其行使税收管辖权，甚至视为该国的居民征税。各国在对个人所得征税的实践中，以个人居住时间长短作为衡量居民与非居民的居住时间标准。我国《个人所得税法》也采用了这一标准。

我国《个人所得税法》规定，在一个纳税年度内在中国境内累计居住满 183 天，即以居住满 1 年为时间标准，达到这个标准的个人为居民纳税人。在居住期间内临时离境的，即在一个纳税年度中一次离境不超过 30 日或者多次离境累计不超过 90 日的，不扣减日数，连续计算。我国税法规定的住所标准和居住时间标准，是判定居民身份的两个要件，只要符合或达到其中任何一个条件，就可以被认定为居民纳税人。

二、居民纳税人和非居民纳税人的纳税义务

（一）居民纳税人的纳税义务

居民纳税人，应就其来源于中国境内和境外的所得，依照个人所得税法律制度的规定向中国政府履行全面纳税义务，缴纳个人所得税。

对于在中国境内无住所，但居住 1 年以上且未超过 5 年的个人，其来源于中国境内的所得应全部依法缴纳个人所得税。对于其来源于中国境外的各种所得，经主管税务机关批准，可以只就由中国境内公司、企业以及其他经济组织或个人支付的部分缴纳个人所得税。如果上述个人在居住期间临时离境，在临时离境工作期间的工资、薪金所得，仅就由中国境内企业或个人雇主支付的部分纳税。对于居住超过 5 年的个人，从第 6 年起，以后的各年度中，凡在境内居住满 1 年的，就其来源于中国境内、境外的全部所得缴纳个人所得税。

个人在中国境内居住满 5 年，是指个人在中国境内连续居住满 5 年，即在连续 5 年中的每一个纳税年度内均居住满 1 年。个人从第 6 年起以后的各年度中，凡在境内居住满 1 年的，应当就其来源于境内、境外的所得申报纳税；在境内居住不满 1 年的，仅就其该年内来源于境内的所得申报纳税；如某一纳税年度在境内居住不足 90 日，其来源于中国境内的所得，由境外雇主支付并且国境内的机构、场所负担的部分，免予缴纳个人所得税，并从再次居住满 1 年的年度计算 5 年期限。

（二）非居民纳税人的纳税义务

非居民纳税人，仅就其来源于中国境内取得的所得，向我国政府履行有限纳税义务，缴纳个人所得税。

（1）对于在中国境内无住所而一个纳税年度内在中国境内连续或累计工作不超过 90 日，或者在税收协定规定的期间内，在中国境内连续或累计居住不超过 183 日的个人，其来源于中国境内的所得，由中国境外雇主支付并且不是由该雇主设在中国境内机构负担的

工资、薪金所得，免予缴纳个人所得税，仅就其实际在中国境内工作期间由中国境内企业或个人雇主支付或者由中国境内机构负担的工资、薪金所得纳税。不过，如果该中国境内企业、机构属于采取核定利润方法计征企业所得税，在该企业机构任职、受雇的个人实际在中国境内工作期间取得的工资、薪金，不论是否在该企业、机构会计账簿中记载，均应视为该中国境内企业、机构支付或负担的工资、薪金，应予以征税。

(2) 对于在中国境内无住所，但在一个纳税年度中在中国境内连续或累计工作超过90日，或在税收协定规定的期间内，在中国境内连续或累计居住超过183日但不满1年的个人，其来源于中国境内的所得，无论是由中国境内企业或个人雇主支付，还是由境外企业或个人雇主支付，均应缴纳个人所得税。个人在中国境外取得的工资、薪金所得，除担任中国境内企业董事或高层管理人员，并在境外履行职务而由境内企业支付董事费或工资、薪金所得之外，不缴纳个人所得税。担任中国境内企业董事或高层管理人员取得的由中国境内企业支付的董事费或工资、薪金，不论个人是否在中国境外履行职务，均应申报缴纳个人所得税。对于上述涉及的境外雇主支付并且不是由中国境内机构负担工资、薪金所得的个人，如事先可预定在一个纳税年度中连续或累计居住超过90日或183日的，其每月应纳税额按期申报缴纳。事先不能预定的，可以待达到90日或183日后的次月15日内，就以前月份应纳的税款一并申报纳税。

三、扣缴义务人

我国实行个人所得税代扣代缴和个人自行申报纳税相结合的征收管理制度。税法规定，凡支付应纳税所得的单位或个人，都是个人所得税的扣缴义务人。扣缴义务人在向纳税人支付各项应纳税所得（个体工户的生产、经营所得和对企事业单位的承包经营、承租经营所得除外）时，必须履行代扣代缴税款的义务。

四、所得来源的确定

下列所得，不论支付地点是否在中国境内，均为来源于中国境内的所得：

(1) 因任职、受雇、履约等，在中国境内提供劳务取得的所得。

(2) 将财产出租给承租人，在中国境内使用取得的所得。

(3) 转让中国境内的不动产等财产或者在中国境内转让其他财产取得的所得。

(4) 许可各种特许权在中国境内使用而取得的所得。

(5) 从中国境内企业、事业单位、其他经济组织以及居民个人取得的利息、股息、红利所得。

【例7-1】 根据《个人所得税法》的规定，下列个人所得中，不论支付地点是否在境内，均为来源于中国境内所得的是(　　)。

A. 转让境内房产取得的所得

B. 许可专利权在境内使用取得的所得

C. 因任职在境内提供劳务取得的所得

D. 将财产出租给承租人在境内使用取得的所得

【答案解析】 本题的正确选项为ABCD。

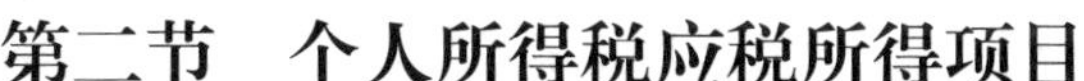

第二节　个人所得税应税所得项目

下列各项个人所得应纳个人所得税：（1）工资、薪金所得；（2）劳务报酬所得；（3）稿酬所得；（4）特许权使用费所得；（5）经营所得；（6）利息、股息、红利所得；（7）财产租赁所得；（8）财产转让所得；（9）偶然所得；（10）经国务院财政部门确定征税的其他所得。

其中第一项至第四项所得（以下简称“综合所得”），居民个人按纳税年度合并计算个人所得税，非居民个人按月或者按次分项计算个人所得税；第五项至第十项所得，按照规定分别计算个人所得税。

一、综合所得

（一）工资、薪金所得

工资、薪金所得，是指个人因任职或者受雇取得的工资、薪金、奖金、年终加薪、劳动分红、津贴、补贴以及与任职或者受雇有关的其他所得。工资、薪金所得属于非独立个人劳动所得。除工资、薪金以外，奖金、年终加薪、劳动分红、津贴、补贴也被列入“工资、薪金所得”项目。其中，年终加薪、劳动分红不分种类和取得情况，一律按“工资、薪金所得”项目课税。

下列项目不属于工资、薪金性质的补贴、津贴，不征收个人所得税。这些项目包括：（1）独生子女补贴；（2）执行公务员工资制度未纳入基本工资总额的补贴、津贴差额和家属成员的副食补贴；（3）托儿补助费；（4）差旅费津贴、误餐补助。误餐补助是指按照财政部规定，个人因公在城区、郊区工作，不能在工作单位或返回就餐的，根据实际误餐顿数，按规定的标准领取的误餐费。单位以误餐补助名义发给职工的补助、津贴不包括在内。

1. 内部退养取得一次性收入的征税问题

内部退养是个人未办理离休手续，只是提前离开工作岗位。

企业减员增效和行政、事业单位、社会团体在机构改革过程中实行内部退养的人员在办理内部退养手续后从原任职单位取得的一次性收入，应按办理内部退养手续至法定离退休之间的所属月份进行平均，并与领取当月的工资、薪金所得合并后减除当月费用扣除标准，以余额为基数确定适用税率，再将当月工资、薪金加上取得的一次性收入，减去费用扣除标准，按适用税率计征个人所得税。

个人在办理内部退养手续后至法定退休年龄之间重新就业取得的工资、薪金所得应与其从原任职单位取得的同一月份的工资、薪金所得合并，并依法自行向主管税务机关申报缴纳个人所得税。

2. 提前退休取得一次性补贴收入的征税问题

机关、企事业单位对未达到法定退休年龄、正式办理提前退休手续的个人，按照统一标准向提前退休工作人员支付一次性补贴，不属于免税的离退休工资收入，应按照个人因办理提前退休手续而取得的一次性补贴收入，按照办理提前退休手续至法定退休年龄之间所属月份平均分摊计算个人所得税。

3. 个人因与用人单位解除劳动关系而取得的一次性补偿收入的征税问题

个人因与用人单位解除劳动关系而取得的一次性补偿收入（包括用人单位发放的经济补偿金、生活补助费和其他补助费用），其收入超过当地上年职工平均工资 3 倍数额部分的一次性补偿收入，可视为一次取得数月的工资、薪金收入，允许在一定期限内平均计算。方法为：以超过 3 倍数额部分的一次性补偿收入，除以个人在本企业的工作年限数（超过 12 年的按 12 年计算），以其商数作为个人的月工资、薪金收入，按照税法规定计算缴纳个人所得税。

个人领取一次性补偿收入时，按照国家和地方政府规定的比例实际缴纳的住房公积金、医疗保险费、基本养老保险费、失业保险费可以在计征其一次性补偿收入的个人所得税时予以扣除。

4. 退休人员再任职取得收入的征税问题

退休人员再任职取得的收入，符合相关条件的，在减除按税法规定的费用扣除标准后，按"工资、薪金所得"项目缴纳个人所得税。

5. 离退休人员从原任职单位取得补贴等的征税问题

离退休人员除按规定领取离退休工资或养老金外，另从原任职单位取得的各类补贴奖金、实物，不属于免税的退休工资、离休工资、离休生活补助费，应按"工资、薪金所得"项目缴纳个人所得税。

6. 个人取得公务交通、通信补贴收入的征税问题

个人因公务用车和通信制度改革而取得的公务用车、通信补贴收入，扣除一定标准的公务费用后，按照"工资、薪金所得"项目计征个人所得税。按月发放的，并入当月工资、薪金所得计征个人所得税；不按月发放的，分解到所属月份并与该月份工资、薪金所得合并后计征个人所得税。

公务费用的扣除标准，由省级地方税务局根据纳税人公务交通、通信费用的实际发生情况调查测算，报经各级人民政府批准后确定，并报国家税务总局备案。

7. 公司职工取得的用于购买企业国有股权的劳动分红的征税问题

公司职工取得的用于购买企业国有股权的劳动分红按"工资、薪金所得"项目计征个人所得税。

8. 个人取得股票增值权所得和限制性股票所得的征税问题

个人因任职、受雇从上市公司取得的股票增值权所得和限制性股票所得，由上市公司或其境内机构按照"工资、薪金所得"项目和股票期权所得个人所得税计税方法，依法扣缴其个人所得税。

9. 关于失业保险费的征税问题

城镇企业事业单位及其职工个人实际缴付的失业保险费，超过《失业保险条例》规定比例的，应将其超过规定比例缴付的部分计入职工个人当期的工资、薪金收入，依法计征个人所得税。

10. 关于保险金的征税问题

企业为员工支付各项免税之外的保险金，应在企业向保险公司缴付时（即该保险落到被保险人的保险账户）并入员工当期的工资收入，按"工资、薪金所得"项目计征个人所得税，税款由企业负责代扣代缴。

11. 企业年金、职业年金的征税问题

企业和事业单位超过国家有关政策规定的标准，为在本单位任职或者受雇的全体职工缴付的企业年金或职业年金（以下统称“年金”）单位缴费部分，应并入个人当期的工资、薪金所得，依法计征个人所得税。税款由建立年金的单位代扣代缴，并向主管税务机关申报解缴。

个人根据国家有关政策规定缴付的年金个人缴费部分，超过本人缴费工资计税基数的4%的部分，应并入个人当期的工资、薪金所得，依法计征个人所得税。税款由建立年金的单位代扣代缴，并向主管税务机关申报解缴。

个人达到国家规定的退休年龄之后按月领取的年金，按照“工资、薪金所得”项目适用的税率，计征个人所得税；按年或按季领取的年金，平均分摊计入各月，每月领取额按照“工资、薪金所得”项目适用的税率，计征个人所得税。

12. 兼职律师从律师事务所取得工资、薪金性质的所得的征税问题

兼职律师是指取得律师资格和律师执业证书，不脱离本职工作，从事律师职业的人员。兼职律师从律师事务所取得工资、薪金性质的所得，律师事务所在代扣代缴其个人所得税时，不再减除《个人所得税法》规定的费用扣除标准，以收入全额（取得分成收入的为扣除办理案件支出费用后的余额）直接确定适用税率，计算扣缴个人所得税。兼职律师应自行向主管税务机关申报两处或两处以上取得的工资、薪金所得，合并计算缴纳个人所得税。

【例 7-2】 根据个人所得税法律制度的规定，下列各项中，不属于工资、薪金性质的补贴、津贴的是（　　）。

A. 工龄补贴　　B. 加班补贴　　C. 差旅费津贴　　D. 岗位津贴

【答案解析】 本题的选项为 C。“不属于工资、薪金性质的补贴、津贴”包括：(1) 独生子女补贴；(2) 执行公务员工资制度未纳入基本工资总额的补贴、津贴差额和家属成员的副食补贴；(3) 托儿补助费；(4) 差旅费津贴、误餐补助。

【例 7-3】 根据个人所得税法律制度的规定，下列各项中，应征收个人所得税的是（　　）。

A. 托儿补助费　　B. 独生子女补贴

C. 离退休人员从原任职单位取得的补贴　　D. 差旅费津贴

【答案解析】 本题的选项为 C。解析见例 7-2 的答案解析。

【例 7-4】 20××年 9 月，退休职工刘某取得的下列收入中，免予缴纳个人所得税的是（　　）。

A. 退休工资 5 000 元

B. 商场有奖销售中奖 210 元

C. 其任职单位重阳节发放补贴 800 元

D. 报刊上发表文章取得报酬 1 000 元

【答案解析】 本题的选项为 A。(1) 选项 A：免征个人所得税；(2) 选项 B：按照“偶然所得”计征个人所得税；(3) 选项 C：离退休人员除按规定领取退休工资或养老金外，另从原任职单位取得的各类补贴、奖金、实物，不属于免税的退休工资、离休工资、离休生活补助费，应按“工资、薪金所得”应税项目缴纳个人所得税；(4) 选项 D：应按

照“稿酬所得”计征个人所得税。

（二）劳务报酬所得

劳务报酬所得，是指个人独立从事非雇佣的各种劳务所取得的所得。内容包括：设计、装潢、安装、制图、化验、测试、医疗、法律、会计、咨询、讲学、新闻、广播、翻译、审稿、书画、雕刻、影视、录音、录像、演出、表演、广告、技术服务、介绍服务、经纪服务、代办服务、其他劳务。

区分“劳务报酬所得”和“工资、薪金所得”，主要看是否存在雇佣与被雇佣的关系。“工资、薪金所得”是个人从事非独立劳动，从所在单位（雇主）领取的报酬，存在雇佣与被雇佣的关系，即在机关、团体、学校、部队、企事业单位及其他组织中任职受雇而得到的报酬。而“劳务报酬所得”则是指个人独立从事某种技艺，独立提供某种劳务而取得的报酬，一般不存在雇佣关系。个人所得税所列各项“劳务报酬所得”一般属于个人独立从事自由职业取得的所得或属于独立个人劳动所得。如果从事某项劳务活动取得的报酬是以工资、薪金形式体现的，如演员从其所属单位领取工资，教师从学校领取工资，就属于“工资、薪金所得”，而不属于“劳务报酬所得”。如果从事某项劳务活动取得的报酬不是来自聘用、雇佣或工作单位，如演员“走穴”演出取得的报酬，教师自行举办学习班、培训班等取得的收入，就属于“劳务报酬所得”或“个体工商户”的经营所得。

（1）个人兼职取得的收入应按照“劳务报酬所得”项目缴纳个人所得税。

（2）律师以个人名义再聘其他人员为其工作而支付的报酬，应由该律师按“劳务报酬所得”项目负责代扣代缴个人所得税。为了便于操作，税款可由其任职的律师事务所代为缴入国库。

（3）证券经纪人从证券公司取得的佣金收入，应按照“劳务报酬所得”项目缴纳个人所得税。证券经纪人的收入由展业成本和劳务报酬构成，对展业成本部分不征收个人所得税。根据目前实际情况，证券经纪人展业成本的比例暂定为每次收入额的40%。

（4）个人保险代理人以其取得的佣金、奖金和劳务费等相关收入（不含增值税）减去地方税费附加及展业成本，按照规定计算个人所得税。展业成本，为佣金收入减去地方余额的40%。个人保险代理人，是指根据保险企业的委托，在保险企业授权范围内代为办理保险业务的自然人，不包括个体工商户。

【例7-5】 根据个人所得税法律制度的规定，下列收入中，应按“劳务报酬所得”税目缴纳个人所得税的是(　　)。

A. 退休人员再任职取得的收入

B. 从非任职公司取得的董事费收入

C. 从任职公司取得的监事费收入

D. 从任职公司关联企业取得的监事费收入

【答案解析】 本题的选项为B。(1) 选项A：退休人员再任职取得的收入，在减除按税法规定的费用扣除标准后，按“工资、薪金所得”项目缴纳个人所得税；(2) 选项BCD：个人担任公司董事、监事，但不在公司任职、受雇，其取得的董事费、监事费收入，按照“劳务报酬所得”项目征税；个人在公司（包括关联公司）任职、受雇，同时兼任董事、监事的，应将董事费、监事费与个人工资收入合并，统一按“工资、薪金所得”项目缴纳个人所得税。

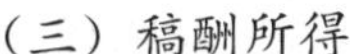

(三) 稿酬所得

稿酬所得，是指个人因其作品以图书、报刊形式出版、发表而取得的所得。作品包括文学作品、书画作品、摄影作品，以及其他作品。作者去世后，财产继承人取得的遗作稿，也应征收个人所得税。

【例 7-6】 个人出版画作取得的所得，应按“劳务报酬所得”项目计缴个人所得税。(　　)

【答案解析】 本题的表述为×。出版、发表画作，应按“稿酬所得”项目计缴个人所得税。

【例 7-7】 大学教授张某取得的下列收入中，应按“稿酬所得”税目计缴个人所得税的是(　　)。

A. 作品参展收入

B. 出版书画作品收入

C. 学术报告收入

D. 审稿收入

【答案解析】 本题的选项为 B。选项 ACD 均与“出版、发表”无关，应按“劳务报酬所得”计征个人所得税。

(四) 特许权使用费所得

特许权使用费所得，是指个人提供专利权、商标权、著作权、非专利技术以及其他特许权的使用权取得的所得。

(1) 我国个人所得税法律制度规定，提供著作权的使用权取得的所得，不包括稿酬所得。对于作者将自己的文字作品手稿原件或复印件公开拍卖（竞价）取得的所得，属于提供著作权的使用所得，应按“特许权使用费所得”项目征收个人所得税。

(2) 个人取得特许权的经济赔偿收入，应按“特许权使用费所得”项目缴纳个人所得税，税款由支付赔偿的单位或个人代扣代缴。

(3) 从 2002 年 5 月 1 日起，编剧从电视剧的制作单位取得的剧本使用费，不再区分剧本的使用方是否为其任职单位，统一按“特许权使用费所得”项目征收个人所得税。

【例 7-8】 根据个人所得税法律制度的规定，下列各项中，不属于特许权使用费所得的是(　　)。

A. 提供著作权的使用权取得的所得

B. 提供专利权的使用权取得的所得

C. 提供房屋使用权取得的所得

D. 提供商标权的使用权取得的所得

【答案解析】 本题的选项为 C。选项 C 属于财产租赁所得。

二、经营所得

(一) 个体工商户的生产、经营所得

个体工商户的生产、经营所得包括：

(1) 个体工商户从事工业、手工业、建筑业、交通运输业、商业、饮食业、服务业、修理业以及其他行业取得的所得。

(2) 个人经政府有关部门批准，取得执照，从事办学、医疗、咨询以及其他有偿服务的所得。

(3) 其他个人从事个体工商业生产、经营取得的所得。

(4) 个体工商户和个人取得的与生产、经营有关的各项应税所得。

(5) 实行查账征税办法的个人独资企业和合伙企业的个人投资者的生产经营所得比照个体工商户和从事生产经营的个人，取得与生产、经营活动无关的其他各项应税所得，应分别按照有关规定，计算征收个人所得税。

个人因从事彩票代销业务而取得所得，应按照“个体工商户的生产、经营所得”项目计征个人所得税。

(二) 对企事业单位的承包经营、承租经营所得

对企事业单位的承包经营、承租经营所得，是指个人承包经营或承租经营以及转包转租取得的所得，还包括个人按月或按次取得的工资、薪金性质的所得。承包经营、承租经营形式较多，分配方式各有不同，主要分为两类：

(1) 个人对企事业单位承包、承租经营后，工商登记改变为个体工商户的。这类承包、承租经营所得，实际上属于个体工商户的生产、经营所得，应按“个体工商户的生产、经营所得”项目征收个人所得税，不再征收企业所得税。

(2) 个人对企事业单位承包、承租经营后，工商登记仍为企业的，不论其分配方式如何，均应先按照企业所得税的有关规定缴纳企业所得税，然后根据承包、承租经营者按合同（协议）规定取得的所得，依照《个人所得税法》的有关规定缴纳个人所得税。具体包括以下两种情况：

1) 承包、承租人对企业经营成果不拥有所有权，仅按合同（协议）规定取得一定所得的，应按“工资、薪金所得”项目征收个人所得税。

2) 承包、承租按合同（协议）规定只向发包方、出租方缴纳一定的费用，缴纳承包、承租费后的企业的经营成果归承包、承租人所有的，其取得的所得，按“对企事业单位的承包经营、承租经营所得”项目征收个人所得税。

三、利息、股息、红利所得

利息、股息、红利所得，是指个人拥有债权、股权而取得的利息、股息、红利所得。其中，利息一般是指存款、贷款和债券的利息。股息、红利是指个人拥有股权取得的公司、企业分红。按照一定的比率派发的每股息金，称为股息。根据公司、企业应分配的超过股息部分的利润，按股派发的红股，称为红利。

个人从公开发行和转让市场取得的上市公司股票，持股期限在 1 个月以内（含 1 个月）的，其股息、红利所得全额计入应纳税所得额；持股期限在 1 个月以上至 1 年（含 1 年）的，暂减按 50%计入应纳税所得额；上述所得统一适用 20%的税率计征个人所得税。

对个人持有的上市公司限售股，解禁后取得的股息、红利，按照上市公司股息、红利差别化个人所得税政策计算纳税，持股时间自解禁日起计算，解禁前取得的股息、红利继续暂减按 50%计入应纳税所得额，适用 20%的税率计征个人所得税。

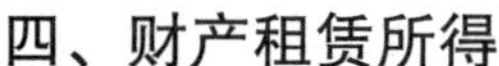

四、财产租赁所得

财产租赁所得，是指个人出租建筑物、土地使用权、机器设备、车船以及其他财产的所得。

（1）个人取得的房屋转租收入，属于“财产租赁所得”项目。取得转租收入的个人向房屋出租方支付的租金，凭房屋租赁合同和合法支付凭据允许在计算个人所得税时，从该项转租收入中扣除。

（2）房地产开发企业与商店购买者个人签订协议，以优惠价格出售其商店给购买者个人，购买者个人在一定期限内必须将购买的商店无偿提供给房地产开发企业对外出租使用。该行为实质上是购买者个人以所购商店交由房地产开发企业出租而取得的房屋租赁收入支付了部分购房价款。对购买者个人少支出的购房价款，应视同个人财产租赁所得，按照“财产租赁所得”项目征收个人所得税。每次财产租赁所得的收入额，按照少支出的购房价款和协议规定的租赁月份数平均计算确定。

【例 7－9】 根据个人所得税法律制度的规定，下列各项中，暂减按 10%税率征收个人所得税的是（　　）。

A. 周某出租机动车取得的所得

B. 夏某出租住房取得的所得

C. 林某出租商铺取得的所得

D. 刘某出租电子设备取得的所得

【答案解析】 本题的选项为 B。

五、财产转让所得

财产转让所得，是指个人转让有价证券、股权、建筑物、土地使用权、机器设备、车船以及其他财产取得的所得。

（1）个人将投资于在中国境内成立的企业或组织（不包括个人独资企业和合伙企业）的股权或股份，转让给其他个人或法人的行为，按照“财产转让所得”项目，依法计算缴纳个人所得税。具体包括以下情形：

1）出售股权。

2）公司回购股权。

3）发行人首次公开发行新股时，被投资企业股东将其持有的股份以公开发行方式一并向投资者发售。

4）股权被司法或行政机关强制过户。

5）以股权对外投资或进行其他非货币性交易。

6）以股权抵偿债务。

7）其他股权转移行为。

（2）个人因各种原因终止投资、联营、经营合作等行为，从被投资企业或合作项目、被投资企业的其他投资者以及合作项目的经营合作人取得股权转让收入、违约金、补偿金及以其他名目收回的款项等，均属于个人所得税应税收入，应按照“财产转让所得”项目适用的规定计算缴纳个人所得税。

(3) 个人以非货币性资产投资，属于个人转让非货币性资产和投资同时发生。对个人转让货币性资产的所得，应按照“财产转让所得”项目，依法计算缴纳个人所得税。

(4) 纳税人收回转让的股权征收个人所得税的方法。

1) 股权转让合同履行完毕、股权已作变更登记，且所得已经实现的，转让人取得的股权转让收入应当依法缴纳个人所得税。转让行为结束后，当事人双方签订并执行解除原股权转让合同、退回股权的协权，是另一次股权转让行为，对前次转让行为征收的个人所得税款不予退回。

2) 股权转让合同未履行完毕，因执行仲裁委员会作出的解除股权转让合同及补充协议的裁决、停止执行原股权转让合同，并原价收回已转让股权的，由于其股权转让行为尚未完成、收入未完全实现，随着股权转让关系的解除，股权收益不复存在，纳税人不应缴纳个人所得税。

(5) 自 2010 年 1 月 1 日起，对个人转让限售股取得的所得，按照“财产转让所得”项目征收个人所得税。

(6) 个人通过招标、竞拍或其他方式购置债权以后，通过相关司法或行政程序主张债权取得的所得，应按“财产转让所得”项目缴纳个人所得税。

(7) 个人通过网络收购玩家的虚拟货币，加价后向他人出售取得的收入，应按照“财产转让所得”项目计算缴纳个人所得。

【例 7－10】 集体所有制企业职工个人在企业改制过程中，以股份形式取得的仅作为分红依据，不拥有所有权的企业量化资产，应按“股息、利息、红利所得”计缴个人所得税。(　　)

【答案解析】 ×。集体所有制企业职工个人在企业改制过程中，以股份形式取得的仅作为分红依据，不拥有所有权的企业量化资产，不征收个人所得税。

六、偶然所得

偶然所得，是指个人得奖、中奖、中彩以及其他偶然性质的所得。得奖是指参加各种有奖竞赛活动，取得名次得到的奖金；中奖、中彩是指参加各种有奖活动，如有奖储蓄或者购买彩票，经过规定程序，抽中、摇中号码而取得的奖金。

(1) 企业对累积消费达到一定额度的顾客，给予额外抽奖机会，个人的获奖所得，按照“偶然所得”项目，全额缴纳个人所得税。

(2) 个人取得单张有奖发票奖金所得超过 800 元的，应全额按照“偶然所得”项目征收个人所得税。税务机关或其指定的有奖发票兑奖机构，是有奖发票奖金所得个人所得税的扣缴义务人。

七、经国务院财政部门确定征税的其他所得

除上述列举的各项个人应税所得外，其他确有必要征税的个人所得，由国务院财政部门确定。例如，个人为单位或他人提供担保获得的报酬；房屋产权所有人将房屋产权无偿赠与他人的，受赠人因无偿受赠房屋取得的受赠所得；企业在业务宣传、广告等活动中，随机向本单位以外的个人赠送礼品，对个人取得的礼品所得；企业在年会、座谈会、庆典以及其他活动中向本单位以外的个人赠送礼品，对个人取得的礼品所得

等按照“经国务院财政部门确定征税的其他所得”项目，全额适用20%的税率缴纳个人所得税。

个人取得的所得，难以界定应纳税所得项目的，由主管税务机关确定。

【例7-11】 根据个人所得税法律制度的规定，下列情形中，应缴纳个人所得税的是(　　)。

A. 王某将房屋无偿赠与其子

B. 张某转让自用达5年以上且唯一家庭生活用房

C. 赵某转让无偿受赠的商铺

D. 杨某将房屋无偿赠与其外孙女

【答案解析】 本题的选项为C。(1) 选项AD：房屋产权所有人将房屋产权无偿赠与配偶、父母、子女、祖父母、外祖父母、孙子女、外孙子女、兄弟姐妹的，对双方当事人均不征收个人所得税；(2) 选项B：对个人转让自用达5年以上并且是家庭唯一生活用房取得的所得，暂免征收个人所得税。

第三节　个人所得税税率与应纳税所得额的确定

一、个人所得税税率

(一) 综合所得的适用税率

工资、薪金所得，劳务报酬所得，稿酬所得，特许权使用费所得，统称为综合所得。综合所得适用的个人所得税税率表，如表7-1所示。

表7-1　　个人所得税税率表（综合所得适用）

级数	全年应纳税所得额	税率（%）	速算扣除数
1	不超过36 000元的	3	0
2	超过36 000元至144 000元的部分	10	2 520
3	超过144 000元至300 000元的部分	20	16 920
4	超过300 000元至420 000元的部分	25	31 920
5	超过420 000元至660 000元的部分	30	52 920
6	超过660 000元至960 000元的部分	35	85 920
7	超过960 000元的部分	45	181 920

注：1. 本表所称全年应纳税所得额是指依照《个人所得税法》第六条的规定，居民个人取得综合所得以每一纳税年度收入额减除费用60 000元以及专项扣除、专项附加扣除和依法确定的其他扣除后的余额。

2. 非居民个人取得综合所得依照表7-1按月换算后计算应纳税额。

(二) 经营所得的适用税率

个体工商户包括：依法取得个体工商户营业执照，从事生产经营的个体工商户；经政府有关部门批准，从事办学、医疗、咨询等有偿服务活动的个人以及其他从事个体生产、经营的个人。个体工商户以业主为个人所得税纳税义务人。经营所得适用的个人所得税税率表，如表7-2所示。

表 7-2　　个人所得税税率表（经营所得适用）

级数	全年应纳税所得额	税率（%）	速算扣除数
1	不超过 30 000 元的	5	0
2	超过 30 000 元至 90 000 元的部分	10	1 500
3	超过 90 000 元至 300 000 元的部分	20	10 500
4	超过 300 000 元至 500 000 元的部分	30	40 500
5	超过 500 000 元的部分	35	65 500

注：本表所称全年应纳税所得额是指依照《个人所得税法》第六条的规定，以每一纳税年度的收入总额减除成本、费用以及损失后的余额。

这里值得注意的是，由于目前实行承包（租）经营的形式较多，分配方式也不相同，因此，承包、承租人按照承包、承租经营合同（协议）规定取得所得的适用税率也不一致。

（1）承包、承租人对企业经营成果不拥有所有权，仅是按合同（协议）规定取得一定所得的，其所得按“工资、薪金”所得项目征税，适用 3%～45%的七级超额累进税率。

（2）承包、承租人按合同（协议）的规定只向发包、出租方缴纳一定费用后，企业经营成果归其所有的，承包、承租人取得的所得，按对企事业单位的承包经营、承租经营所得项目，适用 5%～35%的五级超额累进税率。

个人独资企业和合伙企业的个人投资者取得的生产经营所得也适用 5%～35%的五级超额累进税率。

（三）利息、股息、红利所得，财产租赁所得，财产转让所得和偶然所得的适用税率

利息、股息、红利所得，财产租赁所得，财产转让所得和偶然所得，适用比例税率，税率为 20%。

二、应纳税所得额的规定

由于个人所得税的应税项目不同，并且取得某项所得所需费用也不相同，因此，计算个人应纳税所得额，需按不同应税项目分项计算。以某项应税项目的收入额减去税法规定的该项目费用减除标准后的余额，为该应税项目的应纳税所得额。

（一）居民个人的综合所得

居民个人的综合所得，以每一纳税年度的收入额减除费用 60 000 元以及专项扣除、专项附加扣除和依法确定的其他扣除后的余额为应纳税所得额。专项扣除包括居民个人按照国家规定的范围和标准缴纳的基本养老保险、基本医疗保险、失业保险等社会保险费和住房公积金等；专项附加扣除包括子女教育、继续教育、大病医疗、住房贷款利息、住房租金、赡养老人等支出。

劳务报酬所得、稿酬所得、特许权使用费所得以收入减除 20%的费用后的余额为收入额。稿酬所得的收入额按照所取得收入的 70%计算。

（二）非居民个人的工资、薪金所得

非居民个人的工资、薪金所得，以每月收入额减除费用 5 000 元后的余额为应纳税所得额。

（三）非居民个人劳务报酬所得、稿酬所得、特许权使用费所得

非居民个人劳务报酬所得、稿酬所得、特许权使用费所得，以每次收入额为应纳税所得额。

（四）经营所得

经营所得，以每一纳税年度的收入总额减除成本、费用以及损失后的余额，为应纳税所得额。

（五）财产租赁所得

财产租赁所得，每次收入不超过 4 000 元的，减除费用 800 元；4 000 元以上的，减除 20%的费用，其余额为应纳税所得额。

（六）财产转让所得

财产转让所得，以转让财产的收入额减除财产原值和合理费用后的余额为应纳税所得额。

（七）利息、股息、红利所得和偶然所得

利息、股息、红利所得和偶然所得，以每次收入额为应纳税所得额。

三、每次收入的确定

个人所得税的征税方法有三种：一是按年计征，如个体工商户和承包、承租经营所得；二是按月计征，如工资、薪金所得；三是按次计征，如劳务报酬所得，稿酬所得，特许权使用费所得，利息、股息、红利所得，财产租赁所得，偶然所得和其他所得等。在按次征收的情况下，由于扣除费用依据每次应纳税所得额的大小，分别规定了定额和定率两种标准。因此，无论是从正确贯彻税法的立法精神、维护纳税义务人的合法权益方面来看，还是从避免税收漏洞、防止税款流失、保证国家税收收入方面来看，如何准确划分“次”是十分重要的。对劳务报酬所得等项目的“次”，《个人所得税法实施条例》中作出了明确规定。具体是：

劳务报酬所得，根据不同劳务项目的特点，分别规定为：

只有一次性收入的，以取得该项收入为一次。例如，从事设计、安装、装潢、制图、化验、测试等劳务，往往是接受客户的委托，按照客户的要求，完成一次劳务后取得收入。因此，属于只有一次性的收入，应以每次提供劳务取得的收入为一次。

属于同一事项连续取得收入的，以 1 个月内取得的收入为一次。例如，某歌手与一卡拉 OK 厅签约，在 1 年内每天到卡拉 OK 厅演唱一次，每次演出后付酬 50 元。在计算其劳务报酬所得时，应视为同一事项的连续性收入，以其 1 个月内取得的收入为一次计征个人所得税，而不能以每天取得的收入为一次。

稿酬所得，以每次出版、发表取得的收入为一次。具体又可细分为：

1）同一作品再版取得的所得，应视作另一次稿酬所得计征个人所得税。

2）同一作品先在报刊上连载，然后再出版，或先出版，再在报刊上连载的，应视为两次稿酬所得征税。即连载作为一次，出版作为另一次。

3）同一作品在报刊上连载取得收入的，以连载完成后取得的所有收入合并为一次，计征个人所得税。

4）同一作品在出版和发表时，以预付稿酬或分次支付稿酬等形式取得的稿酬收入，应合并计算为一次。

5）同一作品出版、发表后，因添加印数而追加稿酬的，应与以前出版、发表时取得的稿酬合并计算为一次，计征个人所得税。

特许权使用费所得，以某项使用权的一次转让所取得的收入为一次。一个纳税义务人，可能不仅拥有一项特许权，每一项特许权的使用权也可能不止一次地向他人提供。因此，对特许权使用费所得的“次”的界定，明确为每一项使用权的每次转让所取得的收入为一次。如果该次转让取得的收入是分笔支付的，则应将各笔收入相加为一次的收入，计征个人所得税。

财产租赁所得，以1个月内取得的收入为一次。

利息、股息、红利所得，以支付利息、股息、红利时取得的收入为一次。

偶然所得，以每次收入为一次。

其他所得，以每次收入为一次。

四、公益性捐赠

（一）全额扣除

1. 向红十字事业的捐赠

个人通过非营利的社会团体和国家机关向红十字事业的捐赠，在计算缴纳个人所得税时，准予在税前的所得额中全额扣除。

2. 向农村义务教育的捐赠

个人通过非营利的社会团体和国家机关向农村义务教育的捐赠，在计算缴纳个人所得税时，准予在税前的所得额中全额扣除。

3. 向公益性青少年活动场所（其中包括新建）的捐赠

个人通过非营利的社会团体和国家机关对公益性青少年活动场所（其中包括新建）的捐赠，在计算缴纳个人所得税时，准予在税前的所得额中全额扣除。

4. 向福利性、非营利性老年服务机构的捐赠，以及通过特定基金会用于公益救济性的捐赠

个人通过非营利的社会团体和国家机关向福利性、非营利性老年服务机构捐赠，以及通过特定的基金会用于公益救济性的捐赠，符合相关条件的，准予在缴纳个人所得税税前全额扣除。

（二）限额扣除

对个人将其所得通过中国境内非营利的社会团体、国家机关向教育、公益事业和遭受严重自然灾害地区、贫困地区的捐赠，捐赠额不超过应纳税所得额（而非“收入额”）的30%的部分，可以从其应纳税所得额中扣除。

第四节　个人所得税专项附加扣除

一、基本原则

（1）个人所得税专项附加扣除在纳税人本年度综合所得应纳税所得额中扣除，本年度扣除不完的，不得结转以后年度扣除。个人所得税专项附加扣除，是指《个人所得税法》

规定的子女教育、继续教育、大病医疗、住房贷款利息、住房租金和赡养老人等六项专项附加扣除。

（2）个人所得税专项附加扣除遵循公平合理、简便易行、切实减负、改善民生的原则。

（3）根据教育、住房、医疗等民生支出变化情况，适时调整专项附加扣除的范围和标准。

二、类型

（一）子女教育专项附加扣除

纳税人的子女接受学前教育和学历教育的相关支出，按照每个子女每年 12 000 元（每月 1 000 元）的标准定额扣除。

学前教育包括年满 3 岁至小学入学前教育。学历教育包括义务教育（小学和初中教育）、高中阶段教育（普通高中、中等职业教育）、高等教育（大学专科、大学本科、硕士研究生、博士研究生教育）。

受教育子女的父母分别按扣除标准的 50%扣除；经父母约定，也可以选择由其中一方按扣除标准的 100%扣除。具体扣除方式在一个纳税年度内不得变更。

（二）继续教育专项附加扣除

纳税人接受学历继续教育的支出，在学历教育期间按照每年 4 800 元（每月 400 元）定额扣除。纳税人接受技能人员职业资格继续教育、专业技术人员职业资格继续教育支出，在取得相关证书的年度，按照每年 3 600 元定额扣除。

个人接受同一学历教育事项，符合规定扣除条件的，该项教育支出可以由其父母按照子女教育支出扣除，也可以由本人按照继续教育支出扣除，但不得同时扣除。

（三）大病医疗专项附加扣除

一个纳税年度内，在社会医疗保险管理信息系统记录的（包括医保目录范围内的自付部分和医保目录范围外的自费部分）由个人负担超过 15 000 元的医药费用支出部分，为大病医疗支出，可以按照每年 60 000 元标准限额据实扣除。大病医疗专项附加扣除由纳税人办理汇算清缴时扣除。

纳税人发生的大病医疗支出由纳税人本人扣除。

纳税人应当留存医疗服务收费相关票据原件（或复印件）。

（四）住房贷款利息专项附加扣除

纳税人本人或配偶使用商业银行或住房公积金个人住房贷款为本人或其配偶购买住房，发生的首套住房贷款利息支出，在偿还贷款期间，可以按照每年 12 000 元（每月 1 000元）标准定额扣除。非首套住房贷款利息支出，纳税人不得扣除。纳税人只能享受一套首套住房贷款利息扣除。

经夫妻双方约定，可以选择由其中一方扣除，具体扣除方式在一个纳税年度内不得变更。

纳税人应当留存住房贷款合同、贷款还款支出凭证。

（五）住房租金专项附加扣除

纳税人本人及配偶在纳税人的主要工作城市没有住房，而在主要工作城市租赁住房发生的租金支出，可以按照以下标准定额扣除：

（1）承租的住房位于直辖市、省会城市、计划单列市以及国务院确定的其他城市，扣除标准为每年 14 400 元（每月 1 200 元）。

（2）承租的住房位于其他城市的，市辖区户籍人口超过 100 万的，扣除标准为每年 12 000 元（每月 1 000 元）。

（3）承租的住房位于其他城市的，市辖区户籍人口不超过 100 万（含）的，扣除标准为每年 9 600 元（每月 800 元）。

主要工作城市是指纳税人任职受雇所在城市，无任职受雇单位的，为其经常居住城市。城市范围包括直辖市、计划单列市、副省级城市、地级市（地区、州、盟）全部行政区域范围。

夫妻双方主要工作城市相同的，只能由一方扣除住房租金支出。夫妻双方主要工作城市不相同的，且各自在其主要工作城市都没有住房的，可以分别扣除住房租金支出。

住房租金支出由签订租赁住房合同的承租人扣除。

纳税人应当留存住房租赁合同。

纳税人及其配偶不得同时分别享受住房贷款利息专项附加扣除和住房租金专项附加扣除。

（六）赡养老人专项附加扣除

纳税人赡养 60 岁（含）以上父母以及其他法定赡养人的赡养支出，可以按照以下标准定额扣除：

（1）纳税人为独生子女的，按照每年 24 000 元（每月 2 000 元）的标准定额扣除。

（2）纳税人为非独生子女的，应当与其兄弟姐妹分摊每年 24 000 元（每月 2 000 元）的扣除额度，分摊方式包括平均分摊、被赡养人指定分摊或者赡养人约定分摊，具体分摊方式在一个纳税年度内不得变更。采取指定分摊或约定分摊方式的，每一纳税人分摊的扣除额最高不得超过每年 12 000 元（每月 1 000 元），并签订书面分摊协议。指定分摊与约定分摊不一致的，以指定分摊为准。纳税人赡养 2 个及以上老人的，不按老人人数加倍扣除。

父母，是指生父母、继父母、养父母。所称子女，是指婚生子女、非婚生子女、继子女、养子女。父母之外的其他人担任未成年人的监护人的，比照规定执行。其他法定赡养人是指祖父母、外祖父母的子女已经去世，实际承担对祖父母、外祖父母赡养义务的孙子女、外孙子女。

三、征收管理

（一）专项附加扣除的信息内容

纳税人向收款单位索取发票、财政票据、支出凭证，收款单位不得拒绝提供。

纳税人首次享受专项附加扣除，应当将相关信息提交扣缴义务人或者税务机关，扣缴义务人应尽快将相关信息报送税务机关，纳税人对所提交信息的真实性负责。专项附加扣除信息发生变化的，应当及时向扣缴义务人或者税务机关提供相关信息。专项附加扣除相关信息，包括纳税人本人、配偶、未成年子女、被赡养老人等个人身份信息，以及国务院税务主管部门规定的其他与专项附加扣除相关的信息。

有关部门和单位应当向税务部门提供或协助核实以下与专项附加扣除有关的信息：

（1）公安部门有关身份信息、户籍信息、出入境证件信息、出国留学人员信息、公民死亡标识等信息。

（2）卫生健康部门有关出生医学证明信息、独生子女信息。

（3）民政部门、外交部门、最高法院有关婚姻登记信息。

（4）教育部门有关学生学籍信息（包括学历继续教育学生学籍信息）或者在相关部门备案的境外教育机构资质信息。

（5）人力资源社会保障等部门有关学历继续教育（职业技能教育）学生学籍信息、职业资格继续教育、技术资格继续教育信息。

（6）财政部门有关继续教育收费财政票据信息。

（7）住房城乡建设部门有关房屋租赁信息、住房公积金管理机构有关住房公积金贷款还款支出信息。

（8）自然资源部门有关不动产登记信息。

（9）人民银行、金融监督管理部门有关住房商业贷款还款支出信息。

（10）医疗保障部门有关个人负担的医药费用信息。

（11）其他信息。

上述数据信息的格式、标准、共享方式，由国务院税务主管部门商有关部门确定。

（二）专项附加扣除信息收集

有关部门和单位拥有专项附加扣除涉税信息，但拒绝向税务部门提供的，由税务部门提请同级国家监察机关依法追究其主要负责人及相关人员的法律责任。

扣缴义务人应当按照纳税人提供的信息计算办理扣缴申报，不得擅自更改纳税人提供的相关信息。扣缴义务人发现纳税人申报虚假信息的，应当提醒纳税人更正；纳税人拒不改正的，扣缴义务人应当告知税务机关。

税务机关核查专项附加扣除情况时，有关部门、企事业单位和个人应当协助核查。核查时首次发现纳税人拒不提供或者提供虚假资料凭据的，应通报纳税人和扣缴义务人，五年内再次发现上述情形的，记入纳税人信用记录，会同有关部门实施联合惩戒。

第五节　个人所得税的税收优惠

《个人所得税法》及其实施条例以及财政部、国家税务总局的若干规定中，都对个人所得项目给予了减税、免税的优惠。

一、免征个人所得税的优惠

（1）省级人民政府、国务院部委和中国人民解放军军以上单位，以及外国组织颁发的科学、教育、技术、文化、卫生、体育、环境保护等方面的奖金。

（2）国债和国家发行的金融债券利息。国债利息，是指个人持有中华人民共和国财政部发行的债券而取得的利息所得，以及 2009 年、2010 年和 2011 年发行的地方政府债券利息所得；国家发行的金融债券利息，是指个人持有经国务院批准发行的金融债券而取得的利息所得。

(3) 按照国家统一规定发给的补贴、津贴。按照国家统一规定发给的补贴、津贴，是指按照国务院规定发给的政府特殊津贴和国务院规定免纳个人所得税的补贴、津贴。

(4) 福利费、抚恤金、救济金。福利费，是指根据国家有关规定，从企业、事业单位、国家机关、社会团体提留的福利费或者工会经费中支付给个人的生活补助费；救济金，是指国家民政部门支付给个人的生活困难补助费。

(5) 保险赔款。

(6) 军人的转业费、复员费。

(7) 按照国家统一规定发给干部、职工的安家费、退职费、退休工资、离休工资、离休生活补助费。

(8) 依照我国有关法律规定应予免税的各国驻华使馆、领事馆的外交代表、领事官员和其他人员的所得。上述“所得”，是指依照《中华人民共和国外交特权与豁免条例》《中华人民共和国领事特权与豁免条例》规定免税的所得。

(9) 中国政府参加的国际公约以及签订的协议中规定免税的所得。

(10) 对乡、镇（含乡、镇）以上人民政府或经县（含县）以上人民政府主管部门批准成立的有机构、有章程的见义勇为基金或者类似性质组织，奖励见义勇为者的奖金或奖品，经主管税务机关核准，免征个人所得税。

(11) 企业和个人按照省级以上人民政府规定的比例提取并缴付的住房公积金、医疗保险金、基本养老保险金、失业保险金，不计入个人当期的工资、薪金收入，免予征收个人所得税。超过规定的比例缴付的部分计征个人所得税。

(12) 个人领取原提存的住房公积金、医疗保险金、基本养老保险金时，免予征收个人所得税。

(13) 对个人取得的教育储蓄存款利息所得以及国务院财政部门确定的其他专项储蓄存款或者储蓄性专项基金存款的利息所得，免征个人所得税。自 2008 年 10 月 9 日起，对居民储蓄存款利息暂免征收个人所得税。

(14) 储蓄机构内从事代扣代缴工作的办税人员取得的扣缴利息税手续费所得，免征个人所得税。

(15) 生育妇女按照县级以上人民政府根据国家有关规定制定的生育保险办法，取得的生育津贴、生育医疗费或其他属于生育保险性质的津贴、补贴，免征个人所得税。

(16) 对工伤职工及其近亲属按照《工伤保险条例》规定取得的工伤保险待遇，免征个人所得税。工伤保险待遇，包括工伤职工按照该条例规定取得的一次性伤残补助金、伤残津贴、一次性工伤医疗补助金、一次性伤残就业补助金、工伤医疗待遇、住院伙食补助费、外地就医交通食宿费用、工伤康复费用、辅助器具费用、生活护理费等，以及职工因工死亡，其近亲属按照该条例规定取得的丧葬补助金、供养亲属抚恤金和一次性工亡补助金等。

(17) 外籍个人以非现金形式或实报实销形式取得的住房补贴、伙食补贴、搬迁费、洗衣费。外籍个人按合理标准取得的境内、外出差补贴，外籍个人取得的探亲费、语言训练费、子女教育费等，经当地税务机关审核批准为合理的部分。可以享受免征个人所得税优惠的探亲费，仅限于外籍个人在我国的受雇地与其家庭所在地（包括配偶或父母居住地）之间搭乘交通工具且每年不超过两次的费用。

(18) 个人举报、协查各种违法、犯罪行为而获得的奖金。

(19) 个人办理代扣代缴税款手续，按规定取得的扣缴手续费。

(20) 个人转让自用达5年以上并且是唯一的家庭居住用房取得的所得。

(21) 对按《国务院关于高级专家离休退休若干问题的暂行规定》和《国务院办公厅关于杰出高级专家暂缓离休审批问题的通知》精神，达到离休、退休年龄，但确因工作需要，适当延长离休、退休年龄的高级专家，其在延长离休、退休期间的工资、薪金所得，视同退休工资、离休工资，免征个人所得税。

延长离休退休年龄的高级专家是指：享受国家发放的政府特殊津贴的专家、学者；中国科学院、中国工程院院士。

高级专家延长离休、退休期间取得的工资、薪金所得，其免征个人所得税政策口径按下列标准执行：

对高级专家从其劳动人事关系所在单位取得的，单位按国家有关规定向职工统一发放的工资、薪金、奖金、津贴、补贴等收入，视同离休、退休工资，免征个人所得税。

除上述收入以外各种名目的津贴、补贴收入等，以及高级专家从其劳动人事关系所在单位之外的其他地方取得的培训费、讲课费、顾问费、稿酬等各种收入，依法计征个人所得税。

高级专家从两处以上取得应税工资、薪金所得以及具有税法规定应当自行纳税申报的其他情形的，应在税法规定的期限内自行向主管税务机关办理纳税申报。

(22) 外籍个人从外商投资企业取得的股息、红利所得。

(23) 凡符合下列条件之一的外籍专家取得的工资、薪金所得可免征个人所得税：根据世界银行专项贷款协议由世界银行直接派往我国工作的外国专家；联合国组织直接派往我国工作的专家；为联合国援助项目来华工作的专家；援助国派往我国专为该国无偿援助项目工作的专家；根据两国政府签订文化交流项目来华工作2年以内的文教专家，其工资、薪金所得由该国负担的；根据我国大专院校国际交流项目来华工作2年以内的文教专家，其工资、薪金所得由该国负担的；通过民间科研协定来华工作的专家，其工资、薪金所得由该国政府机构负担的。

(24) 股权分置改革中非流通股股东通过对价方式向流通股股东支付的股份、现金等收入，暂免征收流通股股东应缴纳的个人所得税。

(25) 对被拆迁人按照国家有关城镇房屋拆迁管理办法规定的标准取得的拆迁补偿款，免征个人所得税。

(26) 自2006年6月1日起，对保险营销员佣金中的展业成本，免征个人所得税；对佣金中的劳务报酬部分，扣除实际缴纳的税金及附加后，依照税法有关规定计算征收个人所得税。保险营销员的佣金由展业成本和劳务报酬构成，所谓“展业成本”即营销费。根据目前保险营销员展业的实际情况，佣金中展业成本的比例暂定为40%。

(27) 证券经纪人从证券公司取得的佣金收入，应按照“劳务报酬所得”项目缴纳个人所得税。证券经纪人佣金收入由展业成本和劳务报酬构成，对展业成本部分不征收个人所得税，证券经纪人展业成本的比例暂定为每次收入额的40%。证券经纪人以1个月内取得的佣金收入为一次收入，其每次收入先减去实际缴纳的税金及附加，再减去规定的展业成本，余额按个人所得税法规定计算缴纳个人所得税。

(28) 个人从公开发行和转让市场取得的上市公司股票，持股期限超过1年的，股息、红利所得暂免征收个人所得税。个人从公开发行和转让市场取得的上市公司股票，持股期限在1个月以内（含1个月）的，其股息红利所得全额计入应纳税所得额；持股期限在1个月以上至1年（含1年）的，暂减按50%计入应纳税所得额；上述所得统一适用20%的税率计征个人所得税。

全国中小企业股份转让系统挂牌公司股息、红利差别化个人所得税政策也按上述政策执行。

（29）经国务院财政部门批准免税的所得。

二、减征个人所得税的优惠

（1）残疾、孤老人员和烈属的所得。

（2）因严重自然灾害造成重大损失的。

（3）其他经国务院财政部门批准减税的。

【例7-12】 根据个人所得税法律制度的规定，下列各项中，免征个人所得税的是（　　）。

A. 保险赔款

B. 国家发行的金融债券利息

C. 军人转业费

D. 劳动分红

【答案解析】 ABC。（1）选项ABC：均免征个人所得税；（2）选项D：按“工资、薪金所得”计算缴纳个人所得税。

【例7-13】 根据个人所得税法律制度的规定，下列所得中，属于免税项目的是（　　）。

A. 保险赔款

B. 军人的转业费

C. 国债利息

D. 退休人员再任职取得的收入

【答案解析】 ABC。选项D：退休人员再任职取得的收入，按照“工资、薪金所得”缴纳个人所得税。

【例7-14】 根据个人所得税法律制度的规定，下列各项中，免征个人所得税的是（　　）。

A. 李某取得的保险赔款

B. 张某取得的加班补贴

C. 陈某取得特许权的经济赔偿收入

D. 王某获得的县级人民政府颁发的教育方面的奖金

【答案解析】 A。（1）选项B：加班补贴不属于不予征收个人所得税的补贴（如独生子女补贴、托儿补助费等），应按照“工资、薪金所得”项目征收个人所得税。（2）选项C：个人取得特许权的经济赔偿收入，应按“特许权使用费所得”项目缴纳个人所得税，税款由支付赔偿的单位或个人代扣代缴。（3）选项D：“省级”人民政府、国务院部委和中国人民解放军军以上单位，以及外国组织、国际组织颁发的科学、教育、技术、文化、

卫生、体育、环境保护等方面的奖金，免征个人所得税。在本题中，王某获得的是“县级”人民政府颁发的奖金，应当按照“偶然所得”项目征收个人所得税。

第六节 个人所得税的征收管理

一、纳税申报

个人所得税的纳税办法，有代扣代缴纳税和自行纳税申报两种。一些地方为了提高征管效率、方便纳税人，对个别应税所得项目，采取了委托代征的方式。

（一）代扣代缴纳税

以支付所得的单位或者个人为扣缴义务人。税务机关应根据扣缴义务人所扣缴的税款，付给2%的手续费，由扣缴义务人用于代扣代缴费用开支和奖励代扣代缴工作做得较好的办税人员。

（二）自行纳税申报

纳税义务人有下列情形之一的，应当按照规定到主管税务机关办理纳税申报：

（1）取得综合所得需要办理汇算清缴。

（2）取得应税所得没有扣缴义务人。

（3）扣缴义务人未扣缴税款。

（4）取得境外所得。

（5）因移居境外注销中国户籍。

（6）非居民个人在中国境内从两处以上取得工资、薪金所得。

（7）国务院规定的其他情形。

【例7-15】 居民纳税人发生的下列情形中，应当按照规定向主管税务机关办理个人所得税自行纳税申报的是（　　）。

A. 王某从英国取得所得

B. 林某从出版社取得稿酬所得1万元

C. 李某从境内两家公司取得工资、薪金所得

D. 张某2015年度取得所得15万元

【答案解析】 本题正确选项为ACD。选项B：应由支付稿酬的出版社代扣代缴个人所得税。

【例7-16】 根据个人所得税法律制度的规定，下列情形中，纳税人应当按照规定到主管税务机关办理自行纳税申报的是（　　）。

A. 年所得12万元以上的

B. 取得应纳税所得，没有扣缴义务人的

C. 从中国境外取得所得的

D. 从中国境内两处或者两处以上取得工资、薪金所得的

【答案解析】 本题正确选项为BCD。

二、纳税程序及期限

（一）纳税程序

居民个人取得综合所得按年计算个人所得税；有扣缴义务人的，由扣缴义务人按月或

者按次预扣预缴税款，居民个人年度终了后需要补税或者退税的，按照规定办理汇算清缴。预扣预缴办法由国务院税务主管部门制定。

居民个人向扣缴义务人提供专项附加扣除信息的，扣缴义务人按月预扣预缴税款时应当按照规定予以扣除，不得拒绝。非居民个人取得综合所得，有扣缴义务人的，由扣缴义务人按月或者按次扣缴税款，不办理汇算清缴。

公安、人民银行、金融监督管理等相关部门应当协助税务机关确认纳税人的身份、银行账户信息。教育、卫生、医疗保障、民政、人力资源社会保障、住房城乡建设、人民银行、金融监督管理等相关部门应当向税务机关提供纳税人子女教育、继续教育、大病医疗、住房贷款利息、住房租金等专项附加扣除信息。

个人转让不动产的，税务机关应当依据不动产登记信息核验应缴的个人所得税，登记机构办理转移登记时，应当查验与该不动产转让相关的个人所得税的完税凭证。

（二）纳税期限

扣缴义务人每月所扣的税款，应当在次月 15 日内缴入国库，并向税务机关报送纳税申报表。

纳税人取得综合所得需要办理汇算清缴的，应当在取得所得的次年 3 月 1 日至 6 月 30 日内办理汇算清缴。

纳税人取得经营所得的，应当在月度或者季度终了后 15 日内向税务机关报送纳税申报表并预缴税款；次年 3 月 31 日前办理汇算清缴。

纳税人取得应税所得没有扣缴义务人的，应当在取得所得的次月 15 日内向税务机关报送纳税申报表，并缴纳税款纳税人取得应税所得，扣缴义务人未扣缴税款的，纳税人应当在次年 6 月 30 日前缴纳税款；税务机关通知限期缴纳的，纳税人应当按照期限缴纳税款。

三、纳税地点

（1）个人所得税自行申报的，其申报地点一般应为收入来源地的主管税务机关。

（2）纳税人从两处或两处以上取得工资、薪金的，可选择并固定在其中一地税务机关申报纳税。

（3）境外取得所得的，应向其境内户籍所在地或经营居住地税务机关申报纳税。

（4）扣缴义务人应向其主管税务机关进行纳税申报。

（5）纳税人要求变更申报纳税地点的，须经原主管税务机关批准。

（6）个人独资企业和合伙企业投资者个人所得税纳税地点。投资者应向企业实际经营管理所在地主管税务机关申报缴纳个人所得税。投资者兴办两个或两个以上企业的，应分别向企业实际经营管理所在地主管税务机关预缴税款。

本章知识小结

1. 征税对象：熟悉工资、薪金所得的内容；熟悉个体工商户、个人独资企业和合伙企业的生产、经营所得的内容；熟悉对企事业单位的承包、承租经营所得的内容；熟悉劳

务报酬所得的内容；熟悉稿酬所得的内容；熟悉特许权使用费所得的内容；熟悉利息、股息、红利所得的内容；熟悉财产租赁所得的内容；熟悉财产转让所得的内容；熟悉偶然所得的内容；熟悉其他所得的内容。

2. 纳税人、税率与应纳税所得额的确定：熟悉居民纳税人和非居民纳税人的判定标准；掌握居民纳税人和非居民纳税人的纳税义务范围；熟悉所得来源的确定；熟悉扣缴义务人；掌握适用税率的具体规定；掌握稿酬所得减征、劳务报酬所得加成征税的规定；掌握应纳税所得额的一般规定；掌握应纳税所得额的特殊规定。

3. 减免税优惠：掌握免税的项目；熟悉减税的项目；熟悉暂免征税的项目；熟悉纳税人享受个人所得税优惠政策时的审批原则。

4. 应纳税额的计算：掌握工资、薪金所得的计税方法；掌握个体工商户、个人独资企业和合伙企业的生产、经营所得的计税方法；掌握对企事业单位承包、承租经营所得的计税方法；掌握劳务报酬所得的计税方法；掌握稿酬所得的计税方法；掌握特许权使用费所得的计税方法；掌握利息、股息、红利所得的计税方法；掌握财产租赁所得的计税方法；掌握财产转让所得的计税方法；掌握偶然所得的计税方法；掌握特殊情形下个人所得税的计税方法。

5. 征收管理：熟悉代扣代缴纳税的方法；掌握自行申报纳税的方法；掌握个人所得税的纳税程序、纳税期限和纳税地点。

业务实训练习

一、单项选择题

1. 下列各项中，应征收个人所得税的是(　　)。

A. 托儿补助　　B. 独生子女补贴

C. 离退休人员从原任职单位取得的补贴　　D. 差旅费津贴

2. 个体工商户张某 2016 年度取得营业收入 200 万元，当年发生业务宣传费 25 万元，上年度结转未扣除的业务宣传费 15 万元。已知业务宣传费不得超过当年营业收入 15%的部分，准予扣除，个体工商户张某在计算当年个人所得税应纳税所得额时，允许扣除的业务宣传费金额为(　　)万元。

A. 30　　B. 25　　C. 40　　D. 15

3. 下列收入中，应按“劳务报酬所得”税目缴纳个人所得税的是(　　)。

A. 退休人员于其他单位再任职取得的收入

B. 从非任职公司取得的董事费收入

C. 从任职公司取得的监事费收入

D. 从任职公司关联企业取得的监事费收入

4. 作家马某 2017 年 12 月从某电视剧制作中心取得剧本使用费 50 000 元。关于马某该项收入计缴个人所得税的下列表述中，正确的是(　　)。

A. 应按“稿酬所得”计缴个人所得税

B. 应按“工资、薪金所得”计缴个人所得税

C. 应按“劳务报酬所得”计缴个人所得税

D. 应按“特许权使用费所得”计缴个人所得税

5. 2016 年 5 月，张某转让一项专利权，取得转让收入 150 000 元，专利开发支出 10 000元。已知特许权使用费所得个人所得税税率为 20%；每次收入超过 4 000 元的，减除 20%的费用。张某当月该笔收入应缴纳个人所得税税额的下列计算中，正确的是(　　)。

A. (150 000－10 000) × (1－20%) ×20%＝22 400 (元)

B. (150 000－10 000) ×20%＝28 000 (元)

C. [150 000× (1－20%) －10 000] ×20%＝22 000 (元)

D. 150 000× (1－20%) ×20%＝24 000 (元)

6. 下列各项中，暂减按 10%税率征收个人所得税的是(　　)。

A. 王某出租机动车取得的所得　　B. 李某出租住房取得的所得

C. 张某出租商铺取得的所得　　D. 刘某出租电子设备取得的所得

7. 赵某以含增值税 126 万元的价格出售普通住宅一套，该住宅系 1 年半前以 40 万元的价格购买，交易过程中支付除增值税以外的其他相关税费等共计 8 万元（发票为证)，则赵某出售住房应缴纳个人所得税税额的下列计算列式中，正确的是(　　)。

A. 0

B. [126÷ (1+5%) －40－8] ×20%＝14.4 (万元)

C. [126÷ (1+5%) －40] ×20%＝16 (万元)

D. 126÷ (1+5%) ×20%＝24 (万元)

8. 对个人转让自用一定期限并且是家庭唯一生活用房取得的所得，暂免征收个人所得税。该期限是(　　)。

A. 1 年以上　　B. 2 年以上　　C. 3 年以上　　D. 5 年以上

9. 根据个人所得税法律制度的规定，受赠人无偿受赠所得适用的税目是(　　)。

A. 偶然所得　　B. 劳务报酬所得　　C. 其他所得　　D. 财产转让所得

10. 赵某购买福利彩票支出 500 元，取得中奖收入 15 000 元，赵某中奖所得应缴纳个人所得税税额的下列计算列式中，正确的是(　　)。

A. (15 000－500) ×20%＝2 900 (元)

B. 15 000× (1－20%) ×20%＝2 400 (元)

C. 15 000×20%＝3 000 (元)

D. 0

11. 赵某 2017 年取得 3 年期银行存款利息总收入 800 元。二级市场股票买卖所得 2 000元。已知：利息、股息、红利所得适用的个人所得税税率为 20%，以收入全额为应纳税所得额，财产转让所得适用的个人所得税税率为 20%，以收入全额扣除原值及合理费用后的余额为应纳税所得额。则赵某 2017 年上述所得应缴纳个人所得税税额的下列计算列式中，正确的是(　　)。

A. 0　　B. 800×20%＝160 (元)

C. 2 000×20%＝400 (元)　　D. 800×20%+2 000×20%＝560 (元)

12. 2014 年 5 月，李某花费 500 元购买体育彩票，一次中奖 30 000 元，将其中 1 000

元直接捐赠给甲小学，已知偶然所得个人所得税税率为20%，李某彩票中奖收入应缴纳个人所得税税额的下列计算中，正确的是(　　)。

A. (30 000－500) ×20%＝5 900 (元)

B. 30 000×20%＝6 000 (元)

C. (30 000－1 000) ×20%＝5 800 (元)

D. (30 000－1 000－500) ×20%＝5 700 (元)

二、多项选择题

1. 根据个人所得税法律制度的规定，下列个人所得中，不论支付地点是否在境内，均为来源于中国境内所得的是(　　)。

A. 转让境内房产取得的所得

B. 许可专利权在境内使用取得的所得

C. 因任职在境内提供劳务取得的所得

D. 将财产出租给承租人在境内使用取得的所得

2. 下列人员取得工资、薪金所得，计算个人所得税时费用扣除标准为 4 800 元的是(　　)。

A. 在境内外商投资企业工作的中国公民

B. 在境内事业单位工作的外籍专家

C. 在境外任职的中国公民

D. 在境内外国企业工作的外籍人员

3. 下列支出中，在计算个体工商户个人所得税应纳税所得额时，不得扣除的是(　　)。

A. 从业人员合理工资　　B. 计提的各项准备金

C. 业主本人工资　　D. 业主家庭生活费用

4. 关于劳务报酬所得按“每次”取得收入计缴个人所得税的下列表述中，正确的是(　　)。

A. 孙某用 3 个月时间为某网站提供设计服务，服务完成后一次取得报酬 18 000 元，孙某应将 18 000 元平均分配到 3 个月，以每月分配的金额 6 000 元作为一次收入计缴个人所得税

B. 张某兼职为某企业授课，每月 4 次，每次报酬 1 000 元，张某应以 1 000 元作为 1 次收入计缴个人所得税

C. 陈某用 2 个月时间为某公司翻译外国专著，翻译完成后一次取得报酬 5 000 元，陈某应将 5 000 元作为一次收入计缴个人所得税

D. 王某为某卡拉 OK 厅演唱，每月 8 次，每次报酬 800 元，王某应当以当月报酬合计 6 400 元作为一次收入计缴个人所得税

5. 下列各项中，应按照“工资、薪金所得”税目计缴个人所得税的是(　　)。

A. 出租车驾驶员采取单车承包方式承包出租汽车经营单位的出租车，从事客货运营取得的收入

B. 杂志社的编辑在本单位杂志上发表作品取得的所得

C. 出版社的专业作者撰写的作品，由本社以图书形式出版而取得的稿费收入

D. 个人在公司任职，同时兼任董事取得的董事费收入

6. 下列收入中，按照“特许权使用费所得”税目缴纳个人所得税的是(　　)。

A. 提供商标权的使用权收入　　B. 转让土地使用权收入

C. 转让著作权收入　　D. 转让专利权收入

7. 赵某有 A、B、C 三套住房，其中 A、B 两套用于出租，3 月份共收取租金 9 600 元，其中住宅 A 租金 4 799 元，住宅 B 租金 4 801 元，同时两套住宅分别发生修缮费用，各 900 元，则下列说法中正确的是(　　)。(不考虑个人出租住房应缴纳的其他税费)

A. 出租 A 住房应缴纳个税［(4 799－0－800)－800］×10%＝319.9 (元)

B. 出租 A 住房应缴纳个税 (4 799－0－900)×(1－20%)×10%＝311.92 (元)

C. 出租 B 住房应缴纳个税 (4 801－0－900)×(1－20%)×10%＝312.08 (元)

D. 出租 B 住房应缴纳个税 (4 801－0－800)×(1－20%)×10%＝320.08 (元)

8. 下列各项中，应按“财产转让所得”税目计征个人所得税的是(　　)。

A. 转让机器设备所得　　B. 提供著作权的使用权所得

C. 转让股权所得　　D. 提供非专利技术使用权所得

9. 根据个人所得税法律制度的规定，个人发生的下列公益救济性捐赠支出，准予税前全额扣除的是(　　)。

A. 通过国家机关向红十字事业的捐赠

B. 通过国家机关向农村义务教育的捐赠

C. 通过非营利社会团体向公益性青少年活动场所的捐赠

D. 通过非营利社会团体向贫困地区的捐赠

10. 根据个人所得税法律制度的规定，下列情形中，以 1 个月内取得的收入为一次计算缴纳个人所得税的是(　　)。

A. 李某将小说在某报刊上连载 6 个月，每月取得稿酬收入 1 500 元

B. 张某在某培训机构连续授课 2 个月，每月取得课酬收入 8 800 元

C. 赵某将一项专利转让给甲企业使用 1 年，专利使用费分 3 个月收取，每月 10 000元

D. 王某出租住房 1 套，租期 1 年，每月收取租金 3 000 元

三、判断题

1. 合伙企业的自然人合伙人，为个人所得税纳税人。(　　)

2. 中国居民张某，在境外工作，只就来源于中国境外的所得征收个人所得税。(　　)

3. 离退休人员再任职取得的收入，免征个人所得税。(　　)

4. 商品营销活动中，企业对营销业绩突出的雇员以研讨会的名义组织旅游活动，通过免收旅游费对个人实行营销业绩奖励的，应根据所发生的费用，按照“劳务报酬所得”项目征收个人所得税。(　　)

5. 作者去世后其财产继承人的遗作稿酬免征个人所得税。(　　)

6. 个人取得的住房转租收入，应按“财产转让所得”征收个人所得税。(　　)

7. 个人通过网络收购玩家的虚拟货币，加价后向他人出售取得的收入，不征收个人所得税。(　　)

8. 集体所有制企业职工个人在企业改制过程中，以股份形式取得的仅作为分红依据、不拥有所有权的企业量化资产，应按“利息、股息、红利所得”计缴个人所得税。（　　）

9. 偶然所得按次计征个人所得税。（　　）

10. 对国有企业职工，因企业依照《中华人民共和国企业破产法》宣告破产，从破产企业取得的一次性安置费收入，免予征收个人所得税。（　　）

第八章 资源税法与土地税法

【教学目标】

1. 掌握资源税城镇土地使用税、土地增值税和耕地占用税的纳税义务人、征税范围、计税依据及应纳税额的计算。

2. 熟悉资源税城镇土地使用税、土地增值税和耕地占用税的税收优惠及征收管理办法。

【重难点】

1. 资源税征税界限的划分。

2. 资源税计税依据的一般规定和特殊规定。

3. 资源税的纳税义务发生时间及纳税地点。

4. 土地增值税征税范围的具体规定、应税收入、各个扣除项目的具体内容及计算、税收优惠政策以及土地增值税的清算。

5. 土地增值税超率累进税率的计算。

6. 土地增值税扣除项目的确定。

第一节 资源税法

一、资源税法概述

（一）资源税的概念

资源税是对在我国境内从事应税矿产品开采和生产盐的单位和个人，就其应税数量征收的一种税。在中华人民共和国境内开采《中华人民共和国资源税暂行条例》规定的矿产品或者生产盐的单位和个人，为资源税的纳税义务人，应缴纳资源税。

资源税是对自然资源征税的税种的总称。

级差资源税是国家对开发和利用自然资源的单位和个人，由于资源条件的差别所取得的级差收入课征的一种税。

一般资源税是国家对国有资源，如我国宪法规定的城市土地、矿产、水流、森林、山岭、草原、荒地、滩涂等，根据国家的需要，对使用某种自然资源的单位和个人，为取得应税资源的使用权而征收的一种税。

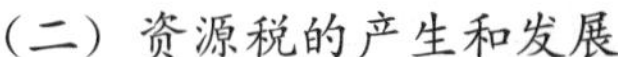

（二）资源税的产生和发展

1984 年，为了逐步建立和健全我国的资源税体系，我国开始征收资源税。鉴于当时的一些客观原因，资源税税目只有煤炭、石油和天然气三种，后来又扩大到对铁矿石征税。

1987 年 4 月和 1988 年 11 月我国相继建立了耕地占用税制度和城镇土地使用税制度。国务院于 1993 年 12 月 25 日重新修订颁布了《中华人民共和国资源税暂行条例》，财政部同年还发布了资源税实施细则，自 1994 年 1 月 1 日起执行。2011 年 9 月 30 日，国务院公布了《国务院关于修改〈中华人民共和国资源税暂行条例〉的决定》，2011 年 10 月 28 日，财政部公布了修改后的《中华人民共和国资源税暂行条例实施细则》，两个文件都于 2011 年 11 月 1 日起施行。

修订后的“条例”扩大了资源税的征收范围，由过去的煤炭、石油，天然气、铁矿石少数几种资源扩大到原油、天然气、煤炭、其他非金属矿原矿、黑色金属矿原矿、有色金属矿原矿和盐等七种。其中，原油仅指开采的天然原油，不包括以油母页岩等炼制的原油天然气，暂不包括煤矿生产的天然气煤炭，不包括以原煤加工的洗煤和选煤等；金属矿产品和非金属矿产品，均指原矿石；盐，系指固体盐、液体盐。但总的来看，资源税仍只囿于矿藏品，对大部分非矿藏品资源都没有征税。

2016 年 5 月 10 日，财政部、国家税务总局联合对外发文《关于全面推进资源税改革的通知》(以下简称《通知》)。《通知》宣布，自 2016 年 7 月 1 日起，我国全面推开资源税改革，根据通知要求，我国将开展水资源税改革试点工作，并率先在河北试点，采取水资源费改税方式，将地表水和地下水纳入征税范围，实行从量定额计征。对高耗水行业、超计划用水以及在地下水超采地区取用地下水，适当提高税额标准，正常生产、生活用水维持原有负担水平不变。在总结试点经验的基础上，财政部、国家税务总局将选择其他地区逐步扩大试点范围，条件成熟后在全国推开。其他自然资源将逐步纳入征收范围。考虑到森林、草场、滩涂等资源在各地区的市场开发利用情况不尽相同，对其全面开征资源税的条件尚不成熟，此次改革不在全国范围统一规定对森林、草场、滩涂等资源征税。但对具备征收条件的，授权省级政府可结合本地实际，根据森林、草场、滩涂等资源开发利用情况提出征收资源税具体方案建议，报国务院批准后实施。

（三）资源税的特点

1. 征税范围较窄

自然资源是生产资料或生活资料的天然来源，它包括的范围很广，如矿产资源、土地资源、水资源、动植物资源等。我国的资源税征税范围较窄，仅选择了部分级差收入差异较大、资源较为普遍、易于征收管理的矿产品和盐等列为征税范围。随着我国经济的快速发展，对自然资源的合理利用和有效保护将越来越重要，因此，资源税的征税范围应逐步扩大。

2. 实行差别税额从价征收

2016 年 7 月 1 日我国实行资源税改革，资源税征收方式为从价计征为主、从量计征为辅。

3. 实行源泉课征

不论采掘或生产单位是否属于独立核算，资源税均规定在采掘或生产地源泉控制征收，这样既照顾了采掘地的利益，又避免了税款的流失。这与其他税种由独立核算的单位统一缴纳不同。

（四）资源税的作用

（1）调节资源级差收入，有利于企业在同一水平上竞争。

(2) 加强资源管理，有利于促进企业合理开发、利用资源。

(3) 与其他税种配合，有利于发挥税收杠杆的整体功能。

(4) 以国家矿产资源的开采和利用为对象所课征的税，旨在使自然资源条件优越的级差收入归国家所有，排除因资源优劣造成企业利润分配上的不合理状况。

二、资源税的纳税义务人与扣缴义务人

(一) 纳税义务人

资源税的纳税义务人是指在中华人民共和国领域及管辖海域开采应税资源的矿产品或者生产盐的单位和个人。单位是指国有企业、集体企业、私营企业、股份制企业、其他企业和行政单位、事业单位、军事单位、社会团体及其他单位；个人是指个体经营者和其他个人；其他单位和其他个人包括外商投资企业、外国企业及外籍人员。

资源税规定仅对在中国境内开采或生产应税产品的单位和个人征收，因此，进口的矿产品和盐不征收资源税。由于对进口应税产品不征收资源税，相应的，对出口应税产品也不免征或退还已缴纳的资源税。单位和个人以应税产品投资、分配、抵债、赠与、以物易物等，视同销售，应按规定计算缴纳资源税。开采海洋或陆上油气资源的中外合作油气田，在 2011 年 11 月 1 日前已签订的合同继续缴纳矿区使用费，不缴纳资源税；自 2011 年 11 月 1 日起新签订的合同缴纳资源税，不再缴纳矿区使用费。开采海洋油气资源的自营油气田，自 2011 年 11 月 1 日起缴纳资源税，不再缴纳矿区使用费。

(二) 扣缴义务人

收购未税矿产品的单位为资源税的扣缴义务人。规定资源税的扣缴义务人，主要是针对零星、分散、不定期开采的情况，加强管理，避免漏税，由扣缴义务人在收购矿产品时代扣代缴资源税。

收购未税矿产品的单位是指独立矿山、联合企业和其他收购未税矿产品的单位。独立矿山是指只有采矿或只有采矿和选矿，独立核算、自负盈亏的单位，其生产的原矿和精矿主要用于对外销售。联合企业是指采矿、选矿、冶炼（或加工）连续生产的企业或采矿、冶炼（或加工）连续生产的企业。其采矿单位，一般是该企业的二级或二级以下核算单位。其他单位也包括收购未税矿产品的个体户在内。

扣缴义务具体包括：

(1) 独立矿山、联合企业收购未税矿产品的单位，按照本单位应税产品税额、税率标准，依据收购的数量代扣代缴资源税。

(2) 其他收购单位收购的未税矿产品，按税务机关核定的应税产品税额、税率标准，依据收购的数量代扣代缴资源税。

三、资源税税目与税率

(一) 税目

资源税税目包括 6 大类，在 6 个税目下面又设有若干个子目。现行资源税的税目及子目主要是根据资源税应税产品和纳税人开采资源的行业特点设置的。

(1) 原油，是指开采的天然原油，不包括人造石油。

(2) 天然气，是指专门开采的或者与原油同时开采的天然气。

(3) 煤炭，包括原煤和以未税原煤（即自采原煤）加工的洗选煤。

（4）金属矿，包含铁矿、金矿、铜矿、铝土矿、铅锌矿、镍矿、锡矿、稀土矿、钨、钼，以及未列举名称的其他金属矿产品原矿或精矿。

（5）其他非金属矿，包含石墨、硅藻土、高岭土、萤石、石灰石、硫铁矿、磷矿、氯化钾、硫酸钾、井矿盐、湖盐、提取地下卤水晒制的盐、煤层（成）气、砂石、粘土，以及未列举名称的其他非金属矿产品。纳税人在开采主矿产品的过程中伴采的其他应税矿产品，凡未单独规定适用税额的，一律按主矿产品或视同主矿产品税目征收资源税。

（二）税率

资源税采取从价定率或者从量定额的办法计征，分别以应税产品的销售额乘以纳税人具体适用的比例税率，或者以应税产品的销售数量乘以纳税人具体适用的定额税率计算，实施“级差调节”的原则。级差调节是指运用资源税对因资源、贮存状况、开采条件、资源优劣、地理位置等客观存在的差别而产生的资源级差收入，通过实施差别税率或差别税额进行调节。资源税税目税率表，如表 8-1 所示。

表 8-1　　资源税税目税率表

序号	税目		征税对象	税率幅度
1	金属矿	铁矿	精矿	1%～6%
2		金矿	金锭	1%～4%
3		铜矿	精矿	2%～8%
4		铝土矿	原矿	3%～9%
5		铅锌矿	精矿	2%～6%
6		镍矿	精矿	2%～6%
7		锡矿	精矿	2%～6%
8		未列举名称的其他金属矿产品	原矿或精矿	税率不超过 20%
9	非金属矿	石墨	精矿	3%～10%
10		硅藻土	精矿	1%～6%
11		高岭土	原矿	1%～6%
12		萤石	精矿	1%～6%
13		石灰石	原矿	1%～6%
14		硫铁矿	精矿	1%～6%
15		磷矿	原矿	3%～8%
16		氯化钾	精矿	3%～8%
17		硫酸钾	精矿	6%～12%
18		井矿盐	氯化钠初级产品	1%～6%
19		湖盐	氯化钠初级产品	1%～6%
20		提取地下卤水晒制的盐	氯化钠初级产品	3%～15%
21		煤层（成）气	原矿	1%～2%
22		粘土、砂石	原矿	每吨或立方米 0.1 元～5 元
23		未列举名称的其他非金属矿产品	原矿或精矿	从量税率每吨或立方米不超过 30 元；从价税率不超过 20%
24	海盐		氯化钠初级产品	1%～5%
25	原油		原油	6%～10%
26	天然气		原矿	6%～10%
27	煤炭		原煤或洗选煤	2%～10%

备注：

1. 铝土矿包括耐火级矾土、研磨级矾土等高铝粘土。
2. 氯化钠初级产品是指井矿盐、湖盐原盐、提取地下卤水晒制的盐和海盐原盐，包括团体和液体形态的初级产品。
3. 海盐是指海水晒制的盐，不包括提取地下卤水晒制的盐。
4. 轻稀土按地区执行不同的适用税率；重稀土资源税适用税率为 27%；钨资源税选用税率为 6.5%；钼资源税适用税率为 11%。

四、资源税的计税依据

资源税的计税依据为应税产品的销售额或销售量，各税目的征税对象包括原矿、精矿（或原矿加工品，下同）、金锭、氯化钠初级产品，具体按照“资源税税目税率表”相关规定执行。对未列举名称的其他矿产品，省级人民政府可对本地区主要矿产品按矿种设定税目，对其余矿产品按类别设定税目，并按其销售的主要形态（如原矿、精矿）确定征税对象。

对“资源税税目税率表”中列举名称的资源、品目和未列举名称的其他金属矿实行从价计征；对经营分散、多为现金交易且难以控管的粘土、砂石，按照便利征管原则，仍实行从量定额计征；对“资源税税目税率表”未列举名称的其他非金属矿产品，按照从价计征为主、从量计征为辅的原则，由省级人民政府确定计征方式。

（一）从价定率征收的计税依据

1. 销售额的认定

从价定率征收的计税依据为销售额，它是指纳税人销售应税产品向购买方收取的全部价款和价外费用，不包括增值税销项税额和运杂费用。

运杂费用是指应税产品从坑口或洗选（加工）地到车站、码头或购买方指定地点的运输费用、建设基金以及随运销产生的装卸、仓储、港杂费用。运杂费用应与销售额分别核算，凡未取得相应凭据或不能与销售额分别核算的，应当一并计征资源税。

价外费用，包括价外向购买方收取的手续费、补贴、基金、集资费、返还利润、奖励费、违约金、滞纳金、延期付款利息、赔偿金、代收款项、代垫款项、包装费、包装物租金、储备费、优质费以及其他各种性质的价外收费。但下列项目不包括在内：

（1）同时符合以下条件的代垫运输费用：

1）承运部门的运输费用发票开具给购买方的。

2）纳税人将该项发票转交给购买方的。

（2）同时符合以下条件代为收取的政府性基金或者行政事业性收费：

1）由国务院或者财政部批准设立的政府性基金，由国务院或者省级人民政府及其财政、价格主管部门批准设立的行政事业性收费。

2）收取时开具省级以上财政部门印制的财政票据。

3）所收款项全额上缴财政。

纳税人以人民币以外的货币结算销售额的，应当折合成人民币计算。其销售额的人民币折合率可以选择销售额发生的当天或者当月1日的人民币汇率中间价。纳税人应事先确定采用何种折合率计算，确定后1年内不得变更。

2. 原矿销售额与精矿销售额的换算或折算

为公平原矿与精矿之间的税负，对同一种应税产品，征税对象为精矿的，纳税人销售原矿时，应将原矿销售额换算为精矿销售额缴纳资源税；征税对象为原矿的，纳税人销售自采原矿加工的精矿，应将精矿销售额折算为原矿销售额缴纳资源税。换算比或折算率原则上应通过原矿售价、精矿售价和选矿比计算，也可通过原矿销售额、加工环节平均成本和利润计算。

金矿以标准金锭为征税对象，纳税人销售金原矿、金精矿的，应比照上述规定将其销

售额换算为金锭销售额缴纳资源税。

换算比或折算率应按简便可行、公平合理的原则，由省级财税部门确定，并报财政部、国家税务总局备案。

3. 特殊情形下销售额的确定

（1）纳税人开采应税矿产品由其关联单位对外销售的，按其关联单位的销售额征收资源税。

（2）纳税人既有对外销售应税产品，又有将应税产品用于除连续生产应税产品以外的其他方面的（包括用于非生产项目和生产非应税产品），则自用的这部分应税产品按纳税人对外销售应税产品的平均价格计算销售额征收资源税。

（3）纳税人将其开采的应税产品直接出口的，按其离岸价格（不含增值税）计算销售额征收资源税。

（4）纳税人申报的应税产品销售额明显偏低并且无正当理由的、有视同销售应税产品行为而无销售额的，除财政部、国家税务总局另有规定外，按下列顺序确定销售额：

1）按纳税人最近时期同类产品的平均销售价格确定。

2）按其他纳税人最近时期同类产品的平均销售价格确定。

3）按组成计税价格确定。

组成计税价格＝成本×（1＋成本利润率）÷（1－资源税税率）

公式中的“成本”是指应税产品的实际生产成本，“成本利润率”由省、自治区、直辖市税务机关确定。

（5）纳税人用已纳资源税的应税产品进一步加工应税产品销售的，不再缴纳资源税。纳税人以自采未税产品和已税产品混合销售或者混合加工为应税产品销售的，应当准确核算已税产品的购进金额，在计算加工后的应税产品销售额时，准予扣减已税产品的购进金额；未分别核算的，一并计算缴纳资源税。

（二）从量定额征收的计税依据

实行从量定额征收的以销售数量为计税依据。

（1）销售数量，包括纳税人开采或者生产应税产品的实际销售数量和视同销售的自用数量。

（2）纳税人不能准确提供应税产品销售数量的，以应税产品的产量或者主管税务机关确定的折算比换算成的数量为计征资源税的销售数量。

（3）资源税纳税人自产自用应税产品，因无法准确提供移送使用量而采取折算比换算课税数量办法的，按以下方法处理：

1）煤炭，对于连续加工前无法正确计算原煤移送使用量的，可按加工产品的综合回收率，将加工产品实际销量和自用量折算成的原煤数量作为课税数量。

2）金属和非金属矿产品原矿，因无法准确掌握纳税人移送使用原矿数量的，可将其精矿按选矿比折算成的原矿数量作为课税数量。

（4）纳税人以自产的液体盐加工固体盐，按固体盐税额征税，以加工的固体盐数量为课税数量；纳税人以外购的液体盐加工固体盐，其加工固体盐所耗用液体盐的已纳税额准予抵扣。

五、资源税应纳税额的计算

资源税的应纳税额，按照从价定率或者从量定额的办法，分别以应税产品的销售额乘以纳税人具体适用的比例税率或者以应税产品的销售数量乘以纳税人具体适用的定额税率计算。

（一）从价定率方法计算应纳税额

实行从价定率方法计算资源税的，具体计算公式为：

应纳税额＝销售额×适用税率

【例 8－1】 某油田 2018 年 3 月销售原油 20 000 吨，开具增值税专用发票取得销售额 10 000 万元、增值税额 1 600 万元，其适用的税率为 8%。请计算该油田 3 月应缴纳的资源税。

【答案解析】 销售原油应纳税额＝10 000×8%＝800（万元）。

（二）从量定额方法计算应纳税额

实行从量定额方法计算资源税的，具体计算公式为：

应纳税额＝销售数量×单位税额

代扣代缴应纳税额＝收购未税矿产品的数量×适用的单位税额

【例 8－2】 某砂石开采企业 2018 年 5 月销售砂石 3 000 立方米，资源税税率为 2 元/立方米。请计算该企业 3 月应纳资源税税额。

【答案解析】 销售砂石应纳税额＝销售数量×单位税额＝3 000×2＝6 000（元）。

六、资源税的税收优惠

对符合条件的采用充填开采方式采出的矿产资源，资源税减征 50%；对符合条件的衰竭期矿山开采的矿产资源，资源税减征 30%。具体认定条件由财政部、国家税务总局规定。

对鼓励利用的低品位矿、废石、尾矿、废渣、废水、废气等提取的矿产品，由省级人民政府根据实际情况确定是否给予减税或免税，并制定具体办法。

纳税人的减税、免税项目，应当单独核算销售额或者销售数量；未单独核算或者不能准确提供销售额或者销售数量的，不予减税或者免税。

七、资源税的征收管理与纳税申报

（一）纳税义务发生的时间

（1）纳税人采取分期收款结算方式的，其纳税义务发生时间为销售合同规定的收款日期的当天。

（2）纳税人采取预收货款方式结算的，其纳税义务发生时间为发出应税产品的当天。

（3）纳税人采取其他结算方式的，其纳税义务发生时间为收讫销售款或者取得索取销售款凭据的当天。

（4）纳税人自产自用应税产品的，纳税义务发生时间为转移使用应税产品的当天。

（5）扣缴义务人代扣代缴的，纳税义务发生时间为支付首笔货款或首次开具应支付货款凭据的当天。

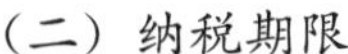

（二）纳税期限

资源税纳税人的纳税期限为1日、3日、5日、10日、15日或者1个月，由主管税务机关根据实际情况具体核定。不能按固定期限计算纳税的，可以按次计算纳税。

纳税人以1个月为一期纳税的，自期满之日起10日内申报纳税；以1日、3日、5日、10日或者15日为一期纳税的，自期满之日起5日内预缴税款，于次月1日起10日内申报纳税并结清上月税款。

扣缴义务人的解缴税款期限，比照上述规定执行。

（三）纳税地点

凡是缴纳资源税的纳税人，都应向应税产品的开采或者生产所在地主管税务机关缴纳资源税。

如果纳税人在本省、自治区、直辖市范围内开采或者生产应税品，其纳税地点需要调整的，由所在地省、自治区、直辖市税务机关决定。

如果纳税人应纳的资源税属于跨省开采，其下属生产单位与核算单位不在同一省、自治区、直辖市的，对其开采的矿产品一律在开采地纳税，其应纳税款由独立核算、自负盈亏的单位，按照开采地的实际销售额、销售量（或者自用量）及适用的税率计算划拨。

扣缴义务人代扣代缴的资源税，应向当地收购地主管税务机关缴纳。

第二节　城镇土地使用税法

一、城镇土地使用税概述

（一）城镇土地使用税的概念

城镇土地使用税是以城镇土地为征税对象，对拥有土地使用权的单位和个人征收的一种税。现行的城镇土地使用税的基本规范是，于1988年9月27日由国务院颁布，并于同年11月起施行的《中华人民共和国城镇土地使用税暂行条例》。2006年，国务院对条例内容做了部分修订。

开征城镇土地使用税，有利于通过经济手段，加强对土地的管理，变土地的无偿使用为有偿使用，促进合理、节约使用土地，提高土地使用效益；有利于适当调节不同地区、不同地段之间的土地级差收入，促进企业加强经济核算，理顺国家与土地使用者之间的分配关系。

（二）城镇土地使用税的纳税义务人

城镇土地使用税的纳税义务人，是指在城市、县城、建制镇、工矿区范围内使用土地的单位和个人。

单位是指国有企业、集体企业、私营企业、股份制企业、其他企业、行政单位、事业单位、军事单位、社会团体及其他单位。个人是指个体经营者和其他个人。

城镇土地使用税的纳税义务人通常包括以下几类：

（1）拥有土地使用权的单位和个人为纳税义务人。

（2）拥有土地使用权的单位和个人不在土地所在地的，其土地的实际使用人和代管人为纳税义务人。

（3）土地使用权未确定或者权属纠纷未解决的，其实际使用人为纳税义务人。

（4）土地使用权共有的，共有各方都是纳税义务人，由共有各方分别纳税。

（三）城镇土地使用税的征税对象

城镇土地使用税的征税对象，包括在城市、县城、建制镇、工矿区范围内的国家所有和集体所有的土地。

自2007年7月1日起，外商投资企业、外国企业和在华机构的用地也要征收城镇土地使用税；自2009年1月1日起，公园、名胜古迹内的索道公司经营用地，应按规定缴纳城镇土地使用税；自2009年12月1日起，对在城镇土地使用税征税范围内单独建造的地下建筑用地，按规定征收城镇土地使用税，且暂按应征税款的50%征收城镇土地使用税。

（四）城镇土地使用税的税率

城镇土地使用税采用定额税率，即采用有幅度的差别税率，按照大、中、小城市和县城、建制镇、工矿区分别规定每平方米土地使用税年应纳税额。城镇土地使用税税率表如表8-2所示。

表8-2　城镇土地使用税税率表

城市级别	人口（人）	每平方米税额（元）
大城市	50万以上	1.5～30
中等城市	20万～50万	1.2～24
小城市	20万以下	0.9～18
县城、建制镇、工矿区		0.6～12

（五）城镇土地使用税的税收优惠

（1）国家机关、人民团体、军队自用的土地。

（2）由国家财政部门拨付事业经费的单位自用的土地。

（3）宗教寺庙、公园、名胜古迹自用的土地。

注：以上单位的从事生产、经营的用地和其他用地，不属于免税范围。

（4）市政街道、广场、绿化地带等公共用地。

（5）直接用于农、林、牧、渔业的生产用地。

（6）经批准开山填海整治的土地和改造的废弃土地，从使用的月份起免缴城镇土地使用税5年至10年。

（7）对非营利性医疗机构、疾病控制机构和妇幼保健机构等卫生机构自用的土地，免征城镇土地使用税。对营利性医疗机构自用的土地自2000年起免征城镇土地使用税3年。

（8）企业办的学校、医院、托儿所、幼儿园，其用地能与企业其他用地明确区分的，免征城镇土地使用税。

（9）免税单位无偿使用的纳税单位和土地（如公安、海关等单位使用铁路、民航等单位的土地），免征城镇土地使用税。纳税单位无偿使用免税单位的土地，纳税单位应照章缴纳城镇土地使用税。纳税单位与免税单位共同使用、共同使用权土地上的多层建筑，对纳税单位可按照其占用的建筑面积占建筑总面积的比例计征城镇土地使用税。

（10）对行使国家行政管理职能的中国人民银行总行（含国家外汇管理局）所属分支机构自用的土地，免征城镇土地使用税。

（11）为了体现国家的产业政策，支持重点产业的发展，对石油、电力、煤炭等能源

用地，民用港口、铁路等交通用地和水利设施用地，三线调整企业、盐业、采石场、邮电等一些特殊用地划分了征免税界限和给予政策性减免税照顾。

二、城镇土地使用税应纳税额的计算

（一）城镇土地使用税的计税依据

城镇土地使用税以实际占用的土地面积为计税依据。

（1）凡有省、自治区、直辖市人民政府确定的单位组织测定土地面积的，以测定的面积为准。

（2）尚未组织测量，但纳税人持有政府部门核发的土地使用证书的，以证书确认的土地使用面积为准。

（3）尚未核发出土地使用证书的，应由纳税人申报土地使用面积，据以纳税，待核发土地使用证以后再作调整。

注意：税务机关不能核定纳税人实际使用的土地面积。

（二）城镇土地使用税的计算

城镇土地使用税的计算公式为：

应纳税额＝应税土地面积×适用单位税额

【例 8－3】 某企业在城郊的使用土地面积为 4 000 平方米，经税务机关核定为应税土地，每平方米年税额为 5 元。计算企业全年应纳城镇土地使用税税额。

【答案解析】 应纳城镇土地使用税税额＝4 000×5＝20 000（元）。

三、城镇土地使用税的征收管理与纳税申报

（一）纳税义务发生的时间

纳税人购置新建商品房，自房屋交付使用之次月起，缴纳城镇土地使用税。

纳税人购置存量房，自办理房屋权属转移、变更登记手续，房地产权属登记机关签发房屋权属证书之次月起，缴纳城镇土地使用税。

纳税人出租、出借房屋，自交付出租、出借房屋之次月起缴纳城镇土地使用税。

以出让或者转让方式有偿取得土地使用权的，应由受让方从合同约定交付土地时间的次月起缴纳城镇土地使用税；合同未约定交付时间的，由受让方从合同签订的次月起缴纳城镇土地使用税。

纳税人新征用的耕地，自批准征用之日起满 1 年时开始缴纳城镇土地使用税。

纳税人新征用的非耕地，自批准征用次月起缴纳城镇土地使用税。

自 2009 年 1 月 1 日起，纳税人因土地权利发生变化而依法终止城镇土地使用纳税义务的，其应纳税款的计算应截止到土地权利发生变化的当月末。

（二）纳税期限

城镇土地使用税实行按年计算、分期缴纳的征收方法，具体纳税期限由省、自治区、直辖市人民政府确定。

（三）纳税地点

城镇土地使用税在土地所在地缴纳。土地管理机关应向土地所在地的税务机关提供土地使用权属资料。

第三节 土地增值税法

一、土地增值税概述

(一) 土地增值税的概念

土地增值税是对有偿转让国有土地使权及地上建筑物和其他附着物产权，取得增值收入的单位和个人征收的一种税。

(二) 土地增值税的特点与作用

1. 土地增值税的特点

(1) 以转让房地产的增值额为计税依据。

我国的土地增值税是将土地、房屋的转让收入合并征收。作为征税对象的增值额，是纳税人转让房地产的收入减除税法规定准予扣除项目金额后的余额。

(2) 土地增值税实行超率累进税率。

土地增值税的税率以转让房地产的增值率高低为依据，按照累进原则设计的，实行分级计税。增值率高的，适用的税率高、多纳税；增值率低的，适用的税率低、少纳税。税收负担较为合理，体现了国家政策。

(3) 征税面比较广。

凡在我国境内转让房地产并取得增值收入的单位和个人，除税法规定免税的以外，均应依法缴纳土地增值税。

(4) 实行按次征收。

土地增值税在房地产发生转让的环节，实行按次征收，每发生一次转让行为，就应对取得的增值额征一次税。其纳税时间和缴纳方法根据房地产转让情况而定。

2. 土地增值税的作用

(1) 进一步改革和完善税制，增强国家对房地产开发和房地产市场的调控力度。

(2) 抑制炒买炒卖土地，投机获取暴利的行为。1993 年前后出现的房地产开发过热现象，从本质上讲是利益驱使所致。

(3) 规范国家参与土地增值收益的分配方式，增加国家财政收入。

(三) 土地增值税的征税对象和征税范围

1. 土地增值税的征税对象

土地增值税的征税对象是取得国有土地使用权的主体在转让国有土地使用权及其建筑物时获得的增值额。

2. 土地增值税的征税范围

土地增值税的征税范围包括：

(1) 转让国有土地使用权，是指纳税人在取得按国家法律规定属于国家所有的土地的使用权之后，再次转让的行为。

(2) 地上的建筑物及其附着物连同国有土地使用权一并转让，“地上建筑物”是指建于地上的一切建筑物，包括地上、地下的各种附属设施，如厂房、仓库、商店、医院、住宅、地下室、围墙、烟囱、电梯、中央空调、管道等。“附着物”是指附着于土地上的不能移动或一经移动即遭损坏的物品。

3. 征税范围的界定

在实际工作中，土地增值税的征税范围常以下面的三条标准来判定：

（1）转让的土地使用权是否为国家所有。判定是否征收土地增值税的标准，实际上与一般的流转税有着共同点，那就是有偿、转让两个基本标准。土地增值税再加上一条：是否为国有土地。

（2）土地使用权、地上建筑物及其附着物的产权是否发生转让。

（3）是否取得了收入。转让国有土地使用权、地上的建筑物及其附着物并取得收入，是指以出售或者其他方式有偿转让房地产的行为。不包括以继承、赠与方式无偿转让房地产的行为。

（四）土地增值税的纳税义务人

土地增值税的纳税义务人为转让国有土地使用权、地上的建筑物及其附着物并取得收入的单位和个人。按照《中华人民共和国土地增值税暂行条例实施细则》的规定，所称的单位是指各类企业单位、事业单位、国家机关和社会团体及其他组织；所称的个人包括个体经营者。

由此看来，土地增值税的纳税义务人的范围十分广泛。只要是产生了应纳税行为，不论其行为主体是法人还是自然人；是全民所有制企业、集体所有制企业还是个体经营者；是内资企业还是外资企业；是中国公民还是外籍公民；是企业、事业单位还是社会团体，都是土地增值税的纳税义务人。

（五）土地增值税的税率

土地增值税以转让房地产取得的收入，减除法定扣除项目金额后的增值额作为计税依据，并按照四级超率累进税率进行征收。

土地增值税税率表如表 8－3 所示。

表 8－3　　土地增值税税率表

级数	增值额与扣除项目金额的比率	适用税率	速算扣除系数
1	增值额未超过扣除项目金额 50%的部分	30%	0
2	增值额超过扣除项目金额 50%、未超过扣除项目金额 100%的部分	40%	5%
3	增值额超过扣除项目金额 100%、未超过扣除项目金额 200%的部分	50%	15%
4	增值额超过扣除项目金额 200%的部分	60%	35%

二、土地增值税应纳税额的计算

（一）应税收入额的确定

根据《中华人民共和国土地增值税暂行条例》及其实施细则的规定，纳税人转让房地产取得的应税收入，应包括转让房地产的全部价款及有关的经济收益。从收入的形式上看，包括货币收入、实物收入和其他收入。

1. 货币收入

货币收入是指纳税人转让房地产而取得的现金、银行存款、支票、银行本票、汇票等各种信用票据和国库券、金融债券、企业债券、股票等有价证券。其实质都是转让方因转让土地使用权、房屋产权而向受让方收取的价款。货币收入一般容易确定。

2. 实物收入

实物收入是指纳税人转让房地产而取得的各种实物形态的收入，如钢材、水泥等建材，房屋、土地等不动产等。实物收入的价值不太容易确定，一般要对具有实物形态的财产按公允价值进行估价确认。

3. 其他收入

其他收入是指纳税人转让房地产而取得的无形资产收入或具有财产价值的权利，如专利权、商标权、著作权、专有技术使用权、土地使用权、商誉等，这种类型的收入比较少见，其价值需要进行专门的评估。

（二）扣除项目金额的确定

计算土地增值税应纳税额，并不是直接对转让房地产所取得的收入征税，而是要对收入额减除国家规定的各项扣除项目金额后的余额（这个余额就是纳税人在转让房地产中获取的增值额）计算征税。因此，要计算增值额，必须先确定扣除项目。

1. 取得土地使用权所支付的金额

取得土地使用权所支付的金额，是指纳税人为取得土地使用权所支付的地价款和按国家统一规定缴纳的有关费用。

2. 房地产开发成本

开发土地和新建房及配套设施（以下简称“房地产开发”）的成本，是指纳税人房地产开发项目实际发生的成本（以下简称“房地产开发成本”），包括土地征用及拆迁补偿费、前期工程费、建筑安装工程费、基础设施费、公共配套设施费、开发间接费用等。

（1）土地征用及拆迁补偿费，包括土地征用费、耕地占用税、劳动力安置费及有关地上、地下附着物拆迁补偿的净支出、安置动迁用房支出等。

（2）前期工程费，包括规划、设计、项目可行性研究和水文、地质、勘察、测绘、“三通一平”等支出。

（3）建筑安装工程费，是指以出包方式支付给承包单位的建筑安装工程费，以自营方式发生的建筑安装工程费。

（4）基础设施费，包括开发小区内道路、供水、供电、供气、排污、排洪、通信、照明、环卫、绿化等工程发生的支出。

（5）公共配套设施费，包括不能有偿转让的开发小区内公共配套设施发生的支出。

（6）开发间接费用，是指直接组织、管理开发项目发生的费用，包括工资、职工福利费、折旧费、修理费、办公费、水电费、劳动保护费、周转房摊销等。

3. 房地产开发费用

开发土地和新建房及配套设施的费用（以下简称“房地产开发费用”），是指与房地产开发项目有关的销售费用、管理费用、财务费用。

财务费用中的利息支出，凡能够按转让房地产项目计算分摊并提供金融机构证明的，允许据实扣除，但最高不能超过按商业银行同类同期贷款利率计算的金额。其他房地产开发费用，按第1、2项规定计算的金额之和的5%以内计算扣除。

凡不能按转让房地产项目计算分摊利息支出或不能提供金融机构证明的，房地产开发费用按第1、2项规定计算的金额之和的10%以内计算扣除。

上述计算扣除的具体比例，由各省、自治区、直辖市人民政府规定。

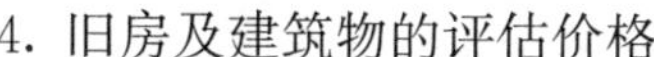

4. 旧房及建筑物的评估价格

旧房及建筑物的评估价格，是指在转让已使用的房屋及建筑物时，由政府批准设立的房地产评估机构评定的重置成本价乘以成新度折扣率后的价格。评估价格须经当地税务机关确认。

纳税人转让旧房及建筑物，凡不能取得评估价格，但能提供购房发票的，经当地税务部门确认，可按发票所载金额并从购买年度起至转让年度止每年加计5%计算。对纳税人购房时缴纳的契税，凡能提供契税完税凭证的，准予作为“与转让房地产有关的税金”予以扣除，但不作为加计5%的基数。

对于转让旧房及建筑物，既没有评估价格，又不能提供购房发票的，地方税务机关可以根据《税收征收管理法》第三十五条的规定，实行核定征收。

5. 与转让房地产有关的税金

与转让房地产有关的税金，是指在转让房地产时缴纳的增值税、城市维护建设税、印花税。因转让房地产缴纳的教育费附加，也可视同税金予以扣除。

6. 其他扣除项目

对从事房地产开发的纳税人可按第1、2项规定计算的金额之和加计20%扣除。

另外，纳税人成片受让土地使用权后，分期分批开发、转让房地产的，其扣除项目金额的确定，可按转让土地使用权的面积占总面积的比例计算分摊，或按建筑面积计算分摊，也可按税务机关确认的其他方式计算分摊。

（三）应纳税额的计算

1. 增值额的确定

土地增值税纳税人转让房地产所取得的收入减去规定的扣除项目金额后的余额，为增值额。其计算公式为：

增值额＝转让房地产取得的收入－扣除项目金额

2. 应纳税额的计算方法

土地增值税按照纳税人转让房地产所取得的增值额和规定的税率计算征收。先计算增值额与扣除项目金额之间的比例，以确定运用税率和速算扣除系数。再计算土地增值税，其计算公式为：

应纳税额＝增值额×税率－扣除项目金额×速算扣除系数

（1）公式中的“增值额”为纳税人转让房地产所取得的收入减除扣除项目金额后的余额。

计算增值额的扣除项目：

1）取得土地使用权所支付的金额。

2）开发土地的成本、费用。

3）新建房及配套设施的成本、费用，或者旧房及建筑物的评估价格。

4）与转让房地产有关的税金。

5）财政部规定的其他扣除项目。

（2）土地增值税实行四级超率累进税率：

土地增值税实行四级超率累进税率，表8-3所列四级超率累进税率，每级“增值额未超过扣除项目金额”的比例，均包括本比例数。纳税人计算土地增值税时，也可用下列简便算法：

计算土地增值税税额，可按增值额乘以适用的税率减去扣除项目金额乘以速算扣除系数的简便方法计算，具体公式如下：

1）增值额未超过扣除项目金额50%的：

土地增值税税额＝增值额×30%

2）增值额超过扣除项目金额50%，未超过100%的：

土地增值税税额＝增值额×40%－扣除项目金额×5%

3）增值额超过扣除项目金额100%，未超过200%的：

土地增值税税额＝增值额×50%－扣除项目金额×15%

4）增值额超过扣除项目金额200%的：

土地增值税税额＝增值额×60%－扣除项目金额×35%

公式中的5%、15%、35%为速算扣除系数。

【例8－4】 希望房地产开发公司2018年6月将其开发的一幢写字楼出售，共取得不含税收入3 800万元。企业为开发该项目支付土地出让金600万元，房地产开发本为1 400万元，专门为开发该项目支付的贷款利息120万元。为转让该项目应当缴纳城市维护建设税、教育费附加等各项税费共计210.9万元。当地政府规定，企业可以按土地使用权出让费、房地产开发成本之和的5%计算扣除其他房地产开发费用。另外，税法规定，从事房地产开发的企业可以按土地出让费和房地产开发成本之和的20%加计扣除。请计算希望房地产开发公司应缴纳的土地增值税。

【答案解析】 计算该公司转让写字楼应缴纳的土地增值税：

（1）确定转让房地产收入为3 800万元。

（2）确定转让房地产的扣除项目金额：

支付土地出让金600万元。

房地产开发成本为1 400万元。

开发该项目支付的贷款利息为120万元。

应当缴纳各项税费共计210.9万元。

土地使用权出让费、房地产开发成本之和的5%＝（600＋1 400）×5%＝100（万元）。

从事房地产开发的加计扣除数＝（600＋1 400）×20%＝400（万元）。

扣除项目金额＝600＋1 400＋120＋210.9＋（600＋1 400）×5%＋（600＋1 400）×20%＝600＋1 400＋120＋210.9＋100＋400＝2 830.9（万元）。

（3）增值额＝3 800－2 830.9＝969.1（万元）。

（4）增值额占扣除项目比例＝969.1÷2 830.9＝34.23%。

（5）应纳税额＝969.1×30%＝290.73（万元）。

【例8－5】 远大房地产开发公司2018年10月与某单位正式签署一份写字楼转让合同，取得含税销售收入1 100万元（增值税税率为10%，城市维护建设税税率为7%，教育费附加征收率为3%，本月无进项抵扣）。该公司为建造该写字楼支付的地价款为100万元，建设该写字楼花费的房地产开发成本为200万元（注：该公司因同时建造其他商品房，不能按该写字楼计算分摊银行贷款利息支出）。假定该公司所在地政府确定的费用扣除比例为10%。无其他相关税费，请计算该公司转让写字楼应缴纳的土地增值税。

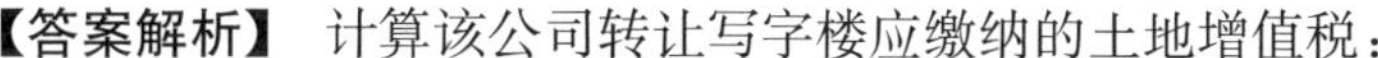

【答案解析】 计算该公司转让写字楼应缴纳的土地增值税：

（1）确定转让房地产不含税收入为1 000万元。

（2）确定转让房地产的扣除项目金额：

取得土地使用权所支付的金额为100万元。

房地产开发成本为200万元。

房地产开发费用＝（100＋200）×10％＝30（万元）。

转让房地产有关的税金＝1 000×10％×（7％＋3％）＝10（万元）。

注：本月无进项，应纳增值税100万元。

从事房地产开发的加计扣除数＝（100＋200）×20％＝60（万元）。

扣除项目金额＝100＋200＋30＋10＋60＝400（万元）。

（3）转让房地产的增值额＝1 000－400＝600（万元）。

（4）增值额占扣除项目金额的比例＝600÷400＝150％。

（5）应纳税额＝600×50％－400×15％＝240（万元）。

三、土地增值税的税收优惠

（一）纳税人建造普通标准住宅的税收优惠

纳税人建造普通标准住宅出售，增值额未超过各项规定扣除项目金额20％的，免征土地增值税。增值额超过扣除项目金额20％的，应就其全部增值额按规定计税。高级公寓、别墅、度假村等不属于普通标准住宅。普通标准住宅和其他住宅的具体划分界限由各省、自治区、直辖市人民政府规定。

【例8－6】 红星房地产开发公司2018年8月建造一幢普通标准住宅出售，取得含税销售收入880万元（增值税税率为10％，城市维护建设税税率为7％，教育费附加征收率为3％）。该公司为建造普通标准住宅而支付的地价款为200万元，建造此楼投入了350万元的房地产开发成本。由于该房地产开发公司同时建造别墅等住宅，对该普通标准住宅所用的银行贷款利息支出无法分摊。假定该公司所在地政府确定的费用扣除比例为10％，那么，该房地产开发公司转让此普通标准住宅是否应缴纳土地增值税？

【答案解析】 该房地产公司转让普通标准住宅应缴纳的土地增值税：

（1）转让房地产的收入为800万元。

（2）确定转让房地产的扣除项目金额：

取得土地使用权所支付的金额为200万元。

房地产开发成本为350万元。

房地产开发费用＝（200＋350）×10％＝55（万元）。

转让房地产有关的税金＝800×10％×（7％＋3％）＝8（万元）。

从事房地产开发的加计扣除数＝（200＋350）×20％＝110（万元）。

扣除项目金额＝200＋350＋55＋8＋110＝723（万元）。

（3）转让房地产的增值额＝800－723＝77（万元）。

（4）增值额与扣除项目金额的比例＝77÷723＝10.65％。

由于该房地产开发公司转让此标准住宅取得的增值额未超过扣除项目金额的20％，因此，按规定免征土地增值税。

(二) 国家征用收回的房地产的税收优惠

因国家建设需要依法征用、收回的房地产，免征土地增值税。

(三) 因城市规划、国家建设的需要而搬迁，由纳税人自行转让原房地产的税收优惠

因城市规划、国家建设的需要而搬迁，由纳税人自行转让原房地产的，免征土地增值税。

(四) 对企事业单位、社会团体以及其他组织转让旧房作为公共租赁住房房源的税收优惠

对企事业单位、社会团体以及其他组织转让旧房作为公共租赁住房房源的，且增长额未超过扣除项目金额20%的，免征土地增值税。

四、土地增值税的税收征管

土地增值税的征收管理主要包括征收管理、房地产开发企业土地增值税清算、纳税地点、纳税申报等方面的内容。

为保证税收任务的完成，应认真做好土地增值税的征收管理工作，规定如下：

第一，要进一步完善土地增值税的征收管理制度和操作规程。建立健全土地增值税的纳税申报制度、房地产评估规程、委托代征办法等。

第二，对于在1994年1月1日以前已签订的房地产开发合同或立项并已按规定投入资金进行开发，其首次转让房地产的，免征土地增值税的税收优惠政策已到期，应按规定恢复征税。

第三，针对房地产市场逐步规范、房地产投资回报趋于正常的情况，各地要进一步完善土地增值税的预征办法，预征率的确定要科学、合理。对已经实行预征办法的地区，可根据实际情况，适当调减预征率。

第四，要继续加强与房地产有关部门的配合。严格按照财政、国家税务总局、国家国有资产管理局、国家土地管理局、建设部门的规定，加强部门之间的配合和协作，共同搞好土地增值税的征收管理。

第四节　耕地占用税法

一、耕地占用税概述

(一) 耕地占用税的概念

耕地占用税是国家对占用农用耕地建房或从事其他非农业建设的单位和个人，依其占用耕地的面积征收的一种税。

(二) 耕地占用税的特点

耕地占用税作为一个出于特定目的、对特定的土地资源课征的税种，与其他税种相比，具有比较鲜明的特点，主要表现在以下几方面。

1. 兼具资源税与特定行为税的性质

耕地占用税以占用农用耕地建房或从事其他非农业建设的行为为征税对象，以约束纳税人占用耕地的行为、促进土地资源的合理运用为课征目的，除具有资源占用税的属性外，还具有明显的特定行为税的特点。

2. 采用地区差别税率

耕地占用税采用地区差别税率，根据不同地区的具体情况，分别制定差别税额，以适

应我国地域辽阔、各地区之间耕地质量差别较大、人均占有耕地面积悬殊的具体情况，具有因地制宜的特点。

3. 在占用耕地环节一次性课征

耕地占用税在纳税人获准占用耕地的环节征收，除对获准占用耕地后超过两年未使用者须加征耕地占用税外，此后不再征收耕地占用税。因此，耕地占用税具有一次性征收的特点。

4. 税收收入专用于耕地开发与改良

耕地占用税收入按规定应用于建立发展农业专项基金，主要用于开展宜耕土地开发和改良现有耕地之用，因此，具有“取之于地、用之于地”的补偿性特点。

（三）耕地占用税的纳税义务人

占用耕地建房或者从事非农业建设的单位或者个人，为耕地占用税的纳税人，应当依照法律规定缴纳耕地占用税。

负有缴纳耕地占用税义务的单位和个人，包括在境内占用耕地建房或者从事其他非农业建设的单位和个人。具体包括企业、行政单位、事业单位；乡镇集体企业、事业单位；农村居民和其他公民。

（四）耕地占用税的征税范围

耕地占用税的征税范围包括纳税人为建房或从事其他非农业建设而占用的国家所有和集体所有的耕地。

所谓“耕地”是指种植农业作物的土地，包括菜地、园地。其中，园地包括花圃、苗圃、茶园、果园、桑园和其他种植经济林木的土地。

占用鱼塘及其他农用土地建房或从事其他非农业建设，也视同占用耕地，必须依法征收耕地占用税。占用已开发从事种植、养殖的滩涂、草场、水面和林地等从事非农业建设，由省、自治区、直辖市本着有利于保护土地资源和生态平衡的原则，结合具体情况确定是否征收耕地占用税。

此外，在占用之前三年内属于上述范围的耕地或农用土地，也视为耕地。

二、耕地占用税应纳税额的计算

（一）耕地占用税的税率

我国的不同地区之间人口和耕地资源的分布极不均衡，有些地区人口稠密，耕地资源相对匮乏；有些地区人烟稀少，耕地资源比较丰富。各地区之间的经济发展水平也有很大差异。考虑到不同地区之间客观条件的差别以及与此相关的税收调节力度和纳税人负担能力方面的差别，耕地占用税在税率设计上采用了地区差别定额税率。税率规定如下：

（1）人均耕地不超过 1 亩的地区（以县级行政区域为单位，下同），每平方米税额为 10～50 元。

（2）人均耕地超过 1 亩但不超过 2 亩（含）的地区，每平方米税额为 8～40 元。

（3）人均耕地超过 2 亩但不超过 3 亩（含）的地区，每平方米税额为 6～30 元。

（4）人均耕地在 3 亩以上的地区，每平方米税额为 5～25 元。

经济特区、经济技术开发区和经济发达、人均耕地特别少的地区，适用税额可以适当提高，但最多不得超过当地适用税额的 50%。各省、自治区、直辖市耕地占用税平均税额，如表 8－4 所示。

表 8－4　　各省、自治区、直辖市耕地占用税平均税额

地区	平均税额（元/平方米）
上海	45
北京	40
天津	35
江苏、浙江、福建、广东	30
辽宁、湖北、湖南	25
河北、安徽、江西、山东、河南、重庆、四川	22.5
广西、海南、贵州、云南、陕西	20
山西、吉林、黑龙江	17.5
内蒙古、西藏、甘肃、青海、宁夏、新疆	12.5

（二）计税依据

耕地占用税以纳税人占用耕地的面积为计税依据，以平方米为计量单位。

（三）计算应纳税额

耕地占用税以纳税人实际占用的耕地面积为计税依据，以每平方米土地为计税单位，按适用的定额税率计税。其计算公式为：

应纳税额＝实际占用耕地面积（平方米）×适用定额税率

三、耕地占用税税收优惠

（一）免征耕地占用税

1. 军事设施占用耕地

免税的军事设施，具体范围包括：地上、地下的军事指挥、作战工程；军用机场、港口、码头；营区、训练场、试验场；军用洞库、仓库；军用通信、侦察、导航、观测台站和测量、导航、助航标志；军用公路、铁路专用线，军用通信、输电线路，军用输油、输水管道；其他直接用于军事用途的设施。

2. 学校、幼儿园、养老院、医院占用耕地

免税的学校，具体范围包括县级以上人民政府教育行政部门批准成立的大学、中学、小学、学历性职业教育学校以及特殊教育学校。由国务院人力资源社会保障行政部门，省、自治区、直辖市人民政府或其人力资源社会保障行政部门批准成立的技工院校。学校内经营性场所和教职工住房占用应税土地的，按照当地适用税额缴纳耕地占用税。

免税的幼儿园，具体范围限于县级以上人民政府教育行政部门登记注册或者备案的幼儿园内专门用于幼儿保育、教育的场所。

免税的养老院，具体范围限于经批准设立的养老院内专门为老年人提供生活照顾的场所。

免税的医院，具体范围限于县级以上人民政府卫生行政部门批准设立的医院内专门用于提供医护服务的场所及其配套设施。医院内职工住房占用耕地的，按照当地适用税额缴纳耕地占用税。

（二）减征耕地占用税

（1）铁路线路、公路线路、飞机场跑道、停机坪、港口、航道占用耕地，减按每平方

米 2 元的税额征收耕地占用税。

根据实际需要，国务院财政、税务主管部门商国务院有关部门并报国务院批准后，可以对前款规定的情形免征或者减征耕地占用税。

减税的铁路线路，具体范围限于铁路路基、桥梁、涵洞、隧道及其按照规定两侧留地。专用铁路和铁路专用线占用耕地的，按照当地适用税额缴纳耕地占用税。

减税的公路线路，具体范围限于经批准建设的国道、省道、县道、乡道和属于农村公路的村道的主体工程以及两侧边沟或者截水沟。专用公路和城区内机动车道占用耕地的，按照当地适用税额缴纳耕地占用税。

减税的飞机场跑道、停机坪，具体范围限于经批准建设的民用机场专门用于民用航空器起降、滑行、停放的场所。

减税的港口，具体范围限于经批准建设的港口内供船舶进出、停靠以及旅客上下、货物装卸的场所。

减税的航道，具体范围限于在江、河、湖泊、港湾等水域内供船舶安全航行的通道。

(2) 农村居民占用耕地新建住宅，按照当地适用税额减半征收耕地占用税。

减税的农村居民占用耕地新建住宅，是指农村居民经批准在户口所在地按照规定标准占用应税土地建设自用住宅。

农村居民经批准搬迁，原宅基地恢复耕种，凡新建住宅占用应税土地超过原宅基地面积的，对超过部分按照当地适用税额减半征收耕地占用税。

(3) 农村烈士家属、残疾军人、鳏寡孤独以及革命老根据地、少数民族聚居区和边远贫困山区生活困难的农村居民，在规定用地标准以内新建住宅缴纳耕地占用税确有困难的，经所在地乡（镇）人民政府审核，报经县级人民政府批准后，可以免征或者减征耕地占用税。

农村烈士家属，包括农村烈士的父母、配偶和子女。

(4) 对民政部门所办的福利工厂，确属安置残疾人就业的，可按残疾人占工厂人员的比例，酌情给予减税照顾。

(5) 国家在“老、少、边、穷”地区采取以公代赈办法修筑公路，缴税确有困难的，由省、自治区审查核定，提出具体意见报经财政部批准后，可酌情给予减税照顾。

(6) 对于公路建设耕地占用税，可在国务院规定的适用税额范围内，按低限税额征收。1990 年，财政部统一了公路建设耕地占用税税额标准，原核定的平均税额在每平方米 5 元以上的，按每平方米 2 元计征；平均税额每平方米不足 5 元的，按每平方米 1.5 元计征。

（三）耕地占用税减免审批

耕地占用税减免审批权限在各级政府之间的分配。耕地占用税的减免，必须按有关规定严格审批，不得越权审批。为严格执行减免政策，从严控制减免范围，财政部于 1990 年 8 月 1 日发布的《关于耕地占用税减免管理的暂行规定》中明确规定，对耕地占用税的减免，除执行《中华人民共和国耕地占用税暂行条例》中已有的规定外，还应按以下审批权限进行：

(1) 占用耕地 1 000 亩（含）以上的，报财政部批准，并报省、自治区、直辖市人民政府备案。

(2) 占用耕地 30 亩(含)以上、不足 1 000 亩的，报省、自治区、直辖市人民政府批准，并报财政部备案。

(3) 占用耕地 3 亩(含)以上、不足 30 亩的，报地、市、自治州人民政府批准，并报省、自治区财政厅备案。

(4) 占用耕地不足 3 亩的，报县(市)人民政府审批，并报上一级财政局备案。

(5) 计划单列市耕地占用税减免的审批权限，按照同级土地管理部门占用耕地的审批权限确定，由计划单列市财政局审核后，报同级人民政府批准，并报财政部备案。

四、耕地占用税征收管理及纳税申报

耕地占用税由国家税务机关负责征收。

纳税人自收到土地管理部门农用地转用批复文件之日起 30 日内申报缴纳耕地占用税。

单独选址项目占用耕地的，纳税人自收到土地管理部门建设用地批准书之日起 30 日内申报缴纳耕地占用税。

未经批准占用耕地的，纳税人应当自实际占用耕地之日起 30 日内申报缴纳耕地占用税。

本章知识小结

1. 掌握资源税的概念、征税对象、纳税义务人、税率、税收优惠、应纳税额的计算、征收管理。

2. 掌握城镇土地使用税的概念、征税对象、纳税义务人、税率、税收优惠、应纳税额的计算、征收管理。

3. 掌握土地增值税的概念、征税对象、纳税义务人、税率、税收优惠、应纳税额的计算、征收管理。

4. 掌握耕地占用税的概念、征税对象、纳税义务人、税率、税收优惠、应纳税额的计算、征收管理。

业务实训练习

一、单项选择题

1. 土地增值税实行(　　)。

A. 比例税率　　　　B. 全额累进税率

C. 超额累进税率　　D. 超率累进税率

2. 纳税人建造普通标准住宅出售，增值额未超过扣除项目金额(　　)的免征土地增值税。

A. 10%　　B. 20%　　C. 30%　　D. 40%

3. 在资源税中，煤炭的征税范围包括(　　)。

A. 洗煤　B. 选煤　C. 原煤　D. 煤炭制品

4. 资源税纳税人开采或者生产应税产品销售的，课税数量为（　　）。

A. 销售数量　B. 开采数量　C. 生产数量　D. 实际产量

5. 耕地占用税的征收机构是（　　）。

A. 税务机关　B. 财政机关

C. 土地管理部门　D. 国有资产管理部门

6. 现行资源税的征税范围为（　　）。

A. 原油、天然气、煤炭　B. 原油、天然气、煤炭、盐

C. 矿产品和盐　D. 原油、有色金属矿原矿

7. 下列占用耕地的单位和个人属于耕地占用税纳税人的是（　　）。

A. 占用耕地从事农业生产的单位和个人

B. 占用耕地种植蔬菜的单位和个人

C. 占用耕地种植果树的单位和个人

D. 占用耕地建房的单位和个人

8. 经批准开山填海整治和改造的废弃土地，从使用的月份起免缴城镇土地使用税的年限是（　　）年。

A. 1～3　B. 3～5　C. 5～10　D. 10～15

9. 属于土地增值税征税范围的是（　　）。

A. 房地产的出租　B. 房地产的抵押

C. 国有土地使用权的转让　D. 集体所有的土地自行转让

10. 某盐场附设的非独立核算的精盐加工厂，以本场生产的液体盐 1 000 吨加工成精制盐 400 吨对外销售，其资源税的计税依据为（　　）吨。

A. 1 000　B. 400　C. 600　D. 1 400

二、多项选择题

1. 土地增值税的纳税人转让房地产取得的收入包括（　　）。

A. 利息收入　B. 货币收入　C. 实物收入　D. 其他收入

2. 资源税与流转税、所得税比较，具有的特点是（　　）。

A. 兼有有偿性和强制性的特征　B. 实行差别税

C. 只对特定资源征税　D. 从量定额征收

3. 下列经批准占用的耕地，免征耕地占用税的是（　　）。

A. 部队设施用地和炸药库用地　B. 铁路线路、飞机场跑道和停机坪跑道

C. 学校、幼儿园、敬老院和医院用地　D. 农村居民新建住宅用地

4. 资源税的纳税人是在我国境内从事开采应税资源的单位和个人，但不包括（　　）。

A. 外商投资和外国企业　B. 进口应税产品的单位

C. 进口应税产品的个人　D. 行政单位

5. 下列不属于土地增值税征税范围的是（　　）。

A. 国家出让土地使用权取得的收入　B. 国有企业房地产的重新评估升值

C. 房地产的交换　D. 将房地产赠与直系亲属

6. 资源税的其他非金属矿原矿包括（　　）。

A. 石棉　　B. 硫铁矿　　C. 石灰石　　D. 铁矿石

7. 城镇土地使用税的征税范围包括（　　）。

A. 城市　　B. 乡村　　C. 建制镇　　D. 工矿区

8. 土地增值税中下列哪些项目允许扣除?（　　）

A. 房地产开发费用　　B. 取得土地使用权所支付的金额

C. 房地产开发成本　　D. 转让房地产时缴纳的税金

9. 下列矿产品按规定缴纳资源税的是（　　）。

A. 伴选矿　　B. 伴洗矿　　C. 伴生矿　　D. 伴采矿

10. 资源税规定：纳税人开采或生产应税产品销售或自用的，以（　　）为课税数量。

A. 开采数量　　B. 销售数量　　C. 生产数量　　D. 自用数量

三、判断题

1. 资源税扣缴义务人代扣代缴税款的纳税义务发生时间，为支付货款的当天。（　　）

2. 凡是在我国境内从事开采资源的单位和个人，都是资源税的纳税人。（　　）

3. 经济特区和经济发达、人均耕地特别少的地区，在计算耕地占用税时，适用税额可适当降低，但最低不得低于中央规定税额的 50%。（　　）

4. 我国现行资源税采用从量定额征收的办法。（　　）

5. 城镇土地使用税，是对一切使用土地的单位和个人，按其实际占用的土地面积征收的一种税。（　　）

6. 进口盐应依照资源税税额表所列最高税额，由海关代征资源税。（　　）

7. 资源税与增值税交叉征收。（　　）

8. 土地增值税按照纳税人转让房地产取得的收入和规定的税率计算征收。（　　）

9. 转让房地产的成交价格如果低于房地产评估价格，又无正当理由的，应按照房地产评估价格计算征税。（　　）

10. 占用耕地从事非农业建设的单位，应在定额缴纳耕地占用税后，才可提请土地管理部门实施划拨土地。（　　）

四、计算题

1. 某油田十月份生产原油 10 万吨，当月销售 6 万吨，用于加热、修井的原油 1 万吨，用于自办油厂加工的 2 万吨，待销售的 1 万吨。当月在采油过程中回收伴生天然气 1 000 万立方米。要求：计算该油田当月应缴纳的资源税税额（原油 20 元/吨，天然气 15 元/立方米）。

2. 某企业实际占地面积共为 25 000 平方米，其中 5 000 平方米为厂区以外的绿化区，企业内学校和医院共占地 1 000 平方米，另该企业出租土地使用权一块计 2 000 平方米，并借 1 000 平方米给部队作为训练场地。要求：计算该企业应缴纳的城镇土地使用税税额（单位税额 2 元/平方米）。

3. 某企业 3 月 1 日以一块土地使用权作价 1 000 万元作为投资与另一企业建立合资企业，其取得土地使用权支付的金额为 750 万元。4 月 20 日购进一处新房，支付价款 100 万元，于 4 月 23 日进行转让，转让时的价格为 150 万元，与转让房地产有关的各种税金共计 8.325 万元。要求：计算该企业应缴纳的土地增值税税额。

4. 某单位转让一幢已使用过的房屋，该房屋账面原值 400 万元，计提折旧 300 万元，售价 500 万元，经房地产评估机构评估，该房屋重置成本价 600 万元，成新率 30%。转让时缴纳的各种税费为 30 万元。要求：计算该单位应缴纳的土地增值税税额。

5. 某酒厂在县城，实际占用土地面积为 10 000 平方米，7 月份因扩大生产规模新征耕地 1 000 平方米。当地政府核定的该企业所处地段土地使用税为每平方米 1.8 元，耕地占用税为每平方米 4 元。要求：计算该酒厂应缴纳的城镇土地使用税税额和耕地占用税税额。

第九章 财产税法

【教学目标】

1. 掌握房产税、车船税、契税的纳税人义务人、征税范围及应纳税额的计算方法。
2. 熟悉房产税、车船税、契税的征收管理办法。

【重难点】

1. 财产税的改革内容。
2. 各税种的计算方法。

第一节 房产税法

一、房产税概述

（一）房产税的概念

房产税是以房产为征税对象，依据房产价格或者租金收入向房屋产权所有人或经营人征收的一种财产税。现行的房产税基本规范是国务院于 1986 年 9 月 15 日颁布的，并于同年 10 月 1 日实施的《中华人民共和国房产税暂行条例》。

征收房产税的目的是运用税收杠杆，加强对房产的管理，提高房产使用率，控制固定资产投资的规模和配合国家房产政策，合理调节房屋产权所有人和经营人的收入。房产税具有以下特点：

（1）房产税属于财产税中的个别财产税，其征税对象只是房屋。

（2）征收范围限于城镇的经营性房屋。

（3）按房屋的经营使用方式规定其对应的税收征收办法。对于自用的房产按计税余值征收，对于出租的房屋按租金收入征收。

（二）房产税的纳税义务人

（1）房产税的纳税义务人是房屋的产权所有人。

（2）房屋产权属于国家的，由经营管理单位缴纳房产税；房屋产权属于集体和个人所有的，由集体和个人缴纳房产税。

（3）房屋产权出典的，由承典人依照房屋余值缴纳房产税。

（4）房屋产权的所有人、承典人不在房产所在地的，或者房屋产权未确定及租典纠纷

未解决的，由房屋产权代管人或者使用人缴纳房产税。

（三）房产税的征税对象及征税范围

房产税的征税对象是房产，即有屋面和围护结构（有墙或两边有柱），能够遮风避雨，可提供人们在其中生产、学习、工作、娱乐、居住或储藏物资的场所。

房产税的征税范围为在城市、县城、建制镇和工矿区的房屋，不包括农村。其中，城市是指经国务院批准设立的市；县城是指县人民政府所在地；建制镇是指经省、自治区、直辖市人民政府批准设立的建制镇；工矿区是指工商业较发达，人口较集中，符合国务院规定的建制镇标准，但尚未设立建制镇的大中型工矿区企业所在地。开征房产税的工矿区，须经省、自治区、直辖市人民政府批准。

（四）房产税的税率

房产税采用固定比例税率。房产税税率表如表 9－1 所示。

表 9－1　　房产税税率表

征收方式	税率
依据房产计税余值征税（从价计征）	1.2%
依据房产租金收入征税（从租计征）	12%

注：从 2001 年 1 月 1 日起，对个人按市场价格出租的居民住房，用于居住的，可暂按 4%的税率征收房产税。

（五）房产税的税收优惠

房产税的税收优惠政策主要有以下几项：

（1）国家机关、人民团体、军队自用的房产免征房产税。但对于出租房产、非自身业务使用的生产、营业用房，不属于免税范围。

（2）由国家财政部门拨付事业经费的单位自用，在本身业务范围内使用的房产免税。其所属的附属工厂、商店、招待所等不属单位公务、业务的用房，不属于免税范围。

（3）宗教寺庙、公园、名胜古迹自用的房产，免征房产税。

（4）个人所有非营业用的房产，免征房产税。

（5）对行使国家行政管理职能的中国人民银行总行（含国家外汇管理局）所属分支机构自用的房产，免征房产税。

（6）经财政部批准免税的其他房产。

二、房产税应纳税额的计算

（一）房产税的计税依据

房产税的计税依据为房产的计税余值或房屋的租金收入。按照房产的计税余值征收的为从价计征，按照房产租金收入计征的为从租计征。

1. 从价计征

从价计征以房屋的余值作为计税依据。房屋余值是指房屋原值一次性减除 10%～30%损耗后的余额。

（1）房产原值是指纳税人按照会计制度规定，在账簿“固定资产”账户中记载的房屋原价。

（2）房产原值应包括与房屋不可分割的各种附属设备或一般不单独计算价值的配套设施。

（3）纳税人对原有房屋进行改建、扩建的，要相应增加房屋的原值。

(4) 更换房屋附属设备和配套设施的，在将其价值计入房屋原值时，可扣减原来相应设备设施的价值。

(5) 在确定计税余值时，房屋原值的具体减除比例，由省、自治区、直辖市人民政府在税法规定的减除幅度内自行确定。

(6) 如果纳税人未按照会计制度规定记载原值的，在计征房产税时，应按规定予以调整或重新评估；对没有记载房产原值的，应由房屋所在地税务机关参照同类房屋的价值核定。在原值确定后，再根据当地适用的扣除比例，计算确定房屋余值。

2. 从租计征

从租计征是指以出租房产的租金收入作为房产税的计税依据。

(1) 房屋的租金收入包括货币收入和实物收入。

(2) 如果纳税人对个人出租房屋的租金收入申报不实或者申报数与同一地段同类房屋的租金收入相比明显不合理的，税务部门可以按照《税收征收管理法》的有关规定，采取比较科学合理的方法核定其应纳税款。

(二) 房产税的计算

1. 从价计征

从价计征房产税应纳税额的计算公式为：

应纳税额＝应税房产原值×（1－扣除比例）×1.2%

2. 从租计征

从租计征房产税应纳税额的计算公式为：

应纳税额＝租金收入×12%（或4%）

【例9-1】 某企业在其所在城市市区有三幢房产，其中两幢用于本企业生产经营，两幢房产的账面原值共为1 000万元，另外一幢房屋出租给其他企业，年租金收入30万元（当地政府规定允许按房产原值一次扣除20%）。计算该企业当年应缴纳的房产税税额。

【答案解析】

(1) 用于生产经营的房产应纳房产税税额＝1 000×（1－20%）×1.2%＝9.6（万元）。

(2) 出租房产应纳房产税税额＝30×12%＝3.6（万元）。

(3) 该企业应纳房产税税额＝9.6＋3.6＝13.2（万元）。

三、房产税的征收管理与纳税申报

(一) 纳税义务发生的时间

(1) 纳税人将原有房产用于生产经营，从生产经营之月起，缴纳房产税。

(2) 纳税人自行新建房屋用于生产经营，从建成之日的次月起，缴纳房产税。

(3) 纳税人委托施工企业建设的房屋，从办理验收手续的次月起，缴纳房产税。

(4) 纳税人购置新建商品房，自房屋交付使用之次月起，缴纳房产税。

(5) 纳税人购置存量房，自办理房屋权属转移、变更登记手续，房地产权属登记机关签发房屋权属证书之次月起，缴纳房产税。

(6) 纳税人出租、出借房产，自交付出租、出借房产之次月起，缴纳房产税。

(7) 房地产开发企业自用、出租、出借本企业建造的商品房，自房屋使用或交付之次月起，缴纳房产税。

(8) 自2009年1月1日起，纳税人因房产的实物或权利状态发生变化而依法终止房产税的纳税义务的，其应纳税款的计算应截止到房产的实物或权利状态发生变化的当月末。

(二) 纳税期限

房产税实行按年计算、分期缴纳的征收办法，具体纳税期限由省、自治区、直辖市人民政府确定。

(三) 纳税地点

房产税的纳税地点为房产所在地。房产不在同一地方的纳税人，应按房产坐落地点分别向房产所在地的税务机关缴纳。

第二节　车船税法

一、车船税概述

(一) 车船税的概念

车船税是指在中华人民共和国境内，向车辆、船舶的所有人或者管理人，按其所有或者管理的车船为征税对象征收的一种税。

现行车船税的基本规范是国务院于2006年12月29日颁布的《中华人民共和国车船税暂行条例》，该条例从2007年1月1日实施。2011年2月25日，第十一届全国人民代表大会常务委员会第十九次会议通过了《中华人民共和国车船税法》，自2012年1月1日起施行。

(二) 车船税的纳税义务人

车船税的纳税义务人为在中华人民共和国境内的车辆、船舶的所有人或者管理者。

车船的所有人或者管理者未缴纳车船税的，使用人应当代为缴纳车船税。从事机动车第三者强制保险业务的保险机构为机动车车船税的扣缴义务人，在销售机动车交通责任强制保险时代收车船税，并出具代收税款凭证。从2007年1月1日起，外商投资企业、外国企业在华机构、外籍个人，也属于车船税的纳税人。

(三) 车船税的征税范围

车船税的征税范围是指依法应当在我国车船登记管理部门登记的车船，规定减免税的车船除外。

1. 征收车船税的车辆

征收车船税的车辆包括机动车辆和非机动车辆。机动车辆，即依靠燃油、电力等能源作为动力运行的车辆，包括乘用车、商用客车、商用货车、挂车、摩托车、专项作业车和轮式专用机械车。非机动车辆是指依靠人力、畜力等运行的车辆，如自行车、三轮车等。

2. 征收车船税的船舶

船舶包括机动船舶和非机动船舶。这里所说的机动船舶，是指依靠燃料等能源作为动力运行的船舶，如客轮、货船、气垫船等；非机动船舶是指依靠人力或者其他动力运行的船舶，如木船、帆船、舢板等。

（四）车船税的税率

车船税采用幅度定额税率，即对各类车船分别规定税目和税额幅度，各省、自治区、直辖市人民政府在规定的税额幅度内，根据当地实际情况，确定具体的适用税额。车船税税目税额表如表9-2所示。

表9-2　　车船税税目税额表

<table>
<tr><th colspan="2">税目</th><th>计税单位</th><th>年基准税额</th><th>备注</th></tr>
<tr><td rowspan="7">乘用车（按发动机气缸排气量划分）</td><td>1.0升（含1.0，下同）以下</td><td rowspan="7">每辆</td><td>60～360元</td><td rowspan="7">核定载客人数9人（含）以下</td></tr>
<tr><td>1.0升～1.6升（含）</td><td>300～540元</td></tr>
<tr><td>1.6升～2.0升（含）</td><td>360～660元</td></tr>
<tr><td>2.0升～2.5升（含）</td><td>660～1 200元</td></tr>
<tr><td>2.5升～3.0升（含）</td><td>1 200～2 400元</td></tr>
<tr><td>3.0升～4.0升（含）</td><td>2 400～3 600元</td></tr>
<tr><td>4.0升以上</td><td>3 600～5 400元</td></tr>
<tr><td rowspan="2">商用车</td><td>客车</td><td>每辆</td><td>480～1 440元</td><td>核定载客人数9人以上，包括电车</td></tr>
<tr><td>货车</td><td rowspan="4">整备质量每吨</td><td>16～120元</td><td>包括半挂牵引车、三轮汽车和低速载货汽车等</td></tr>
<tr><td colspan="2">挂车</td><td>按货车税额的50%计算</td><td></td></tr>
<tr><td rowspan="2">其他车辆</td><td>专用作业车</td><td>16～120元</td><td rowspan="2">不包括拖拉机</td></tr>
<tr><td>轮式专用机械车</td><td>16～120元</td></tr>
<tr><td colspan="2">摩托车</td><td>每辆</td><td>36～180元</td><td></td></tr>
<tr><td rowspan="2">船舶</td><td>机动船舶</td><td>净吨位每吨</td><td>3～6元</td><td>拖船和非机动驳船分别按机动船舶税额的50%计算</td></tr>
<tr><td>游艇</td><td>艇身长度每米</td><td>600～2 000元</td><td></td></tr>
</table>

（五）车船税的税收优惠

（1）捕捞、养殖渔船。

（2）军队、武警专用的车船。

（3）警用车船。

（4）依照我国有关法律和我国缔结或者参加的国际条约的规定应当予以免税的外国驻华使馆、领事馆和国际组织驻华机构及其有关人员的车船。

（5）对节约能源、使用新能源的车船可以减征或者免征车船税。

（6）对受严重自然灾害影响纳税困难以及有其他特殊原因确需减税、免税的，可以减征或者免征车船税。

(7) 各地根据实际情况，可以对公共交通车船，农村居民拥有并主要在农村地区使用的摩托车、三轮汽车和低速载货汽车定期减征或者免征车船税。

二、车船税应纳税额的计算

(一) 车船税的计税依据

(1) 乘用车、商用车客车和摩托车以辆为计税依据。

(2) 商用车货车、挂车、专业作业车、轮式专用机械车以整备质量每吨为计税依据。

(3) 机动船舶以净吨位每吨为计税依据。

(4) 游艇以艇身长度为计税依据。

(二) 车船税的计算

(1) 计算乘用车、商用车客车和摩托车车船税的应纳税额。其计算公式为：

应纳税额＝应税车辆数量×单位年税额

(2) 计算商用车货车、专业作业车、轮式专用机械车车船税的应纳税额。其计算公式为：

应纳税额＝整备质量吨位数×单位年税额

(3) 计算挂车车船税的应纳税额。其计算公式为：

应纳税额＝整备质量吨位数×单位年税额×50%

(4) 计算机动船舶车船税的应纳税额。其计算公式为：

应纳税额＝净吨位数×单位年税额

(5) 计算游艇车船税的应纳税额。其计算公式为：

应纳税额＝艇身长度×单位年税额

【例 9-2】 张某 2018 年 4 月 5 日购买一辆小轿车，并于当年 4 月 20 日到当地车辆管理部门登记。已知每辆小轿车的年税额为 480 元，计算张某 2018 年应缴纳的车船税税额。

【答案解析】 应纳车船税税额＝480×9÷12＝360 (元)。

三、车船税的征收管理与纳税申报

(一) 纳税义务发生的时间

车船税的纳税义务发生时间为车船管理部门核发的车船登记证书或者行驶证中记载日期的当月。

纳税人未按规定到车船管理部门办理应税车船登记手续的，以车船购置发票开具时间作为车船税的纳税义务发生时间。对未办理车船登记手续且无法提供车船购置发票的，由主管地方税务机关核定纳税义务发生时间。

(二) 纳税期限

车船税按年申报缴纳。纳税年度自公历 1 月 1 日起至 12 月 31 日止。具体申报纳税期限由省、自治区、直辖市人民政府确定。

(三) 纳税地点

车船税由主管税务机关负责征收。纳税地点为车船登记地或者车船税扣缴义务人所在地。

第三节　契税法

一、契税概述

（一）契税的概念

契税是以在中国境内取得土地、房屋权属为征税对象，向产权承受人征收的一种财产税。契税在财产转移环节征收，属于财产转移税。现行的《中华人民共和国契税暂行条例》于 1997 年 7 月 7 日颁布，并于同年 10 月 1 日起施行。

（二）契税的纳税义务人

契税的纳税义务人是指在中华人民共和国境内承受土地、房屋权属转移的单位和个人。“承受”是指以受让、购买、受赠、交换等方式取得土地、房屋权属的行为。单位是指国有企业、集体企业、私营企业、股份制企业、其他企业和行政单位、事业单位、军事单位、社会团体、其他单位。个人是指个体经营者和其他个人。

（三）契税的征税对象及征税范围

契税以权属发生转移的土地和房屋为征税对象。

契税的征税范围包括：

（1）国有土地使用权出让。

（2）土地使用权转让，包括出售、赠与和交换。不包括农村集体土地承包经营权的转移。

（3）房屋买卖。

（4）房屋赠与。

（5）房屋交换。

（6）视同转移土地、房屋权属的情况：

1）以土地、房屋权属作价投资、入股。

2）以土地、房屋权属抵债。

3）以获奖方式承受土地、房屋权属。

4）以预付方式或者预付集资建房款方式承受土地、房屋权属。

（四）契税的税率

契税采用比例税率，实行 3%～5%的幅度税率。具体由省、自治区、直辖市人民政府在以上幅度内按照本地区实际情况确定，并报财政部和国家税务机关备案。

（五）契税的税收优惠

（1）国家机关、事业单位、社会团体、军事单位承受土地、房屋用于办公、教学、医疗、科研和军事设施的，免征契税。

（2）城镇职工按规定第一次购买公有住房的，免征契税。

（3）因不可抗力灭失住房而重新购买住房的，酌情准予减征或者免征契税。

（4）土地、房屋被县级以上人民政府征用、占用后，重新承受土地、房屋权属的，是否减征或者免征契税，由省、自治区、直辖市人民政府确定。

（5）纳税人承受荒山、荒沟、荒丘、荒滩土地使用权，并用于农、林、牧、渔业生产的，免征契税。

（6）财政部规定的其他减征、免征契税项目。

二、契税应纳税额的计算

（一）契税的计税依据

契税的计税依据为土地、房屋权属转让的价格，具体计税依据如下：

（1）国有土地使用权出让、土地使用权出售、房屋买卖，以成交价格作为计税依据。

（2）土地使用权赠与、房屋赠与，由征收机关参照土地使用权出售、房屋买卖的市场价格核定。

（3）土地使用权交换、房屋交换，以交换土地使用权、房屋的价格差额为计税依据。计税依据只考虑其价格的差额，交换价格不相等的，由多交付货币的一方缴纳契税；交换价格相等的，免征契税。

（4）以划拨方式取得土地使用权，经批准转让房地产时应补缴的契税，以补缴的土地使用权出让费用或者土地收益作为计税依据。

（5）成交价格明显低于市场价格，并且无正当理由的，或者交换土地使用权、房屋的价格差额明显不合理并且无正当理由的，由征税机关参照市场价格核定。

（二）契税的计算

契税应纳税率的计算公式为：

应纳税额＝计税依据×税率

【例 9-3】 贾某将自己的一套房屋出售给王某，成交价格为 50 万元，当地税务部门规定的契税税率为 4%。计算王某应纳契税税额。

【答案解析】 应纳契税税额＝500 000×4%＝20 000（元）。

三、契税的征收管理与纳税申报

（一）纳税义务发生的时间

契税纳税义务发生的时间为纳税人签订土地、房屋权属转移合同的当天，或者纳税人取得其他具有土地、房屋权属转移合同性凭证的当天。

（二）纳税期限

纳税人应自纳税义务发生之日起 10 日内向土地、房屋所在地的契税征税机关办理纳税申报，并在契税征收机关核定的期限内缴纳税款。

（三）纳税地点

契税实行属地征收管理，纳税地点为土地、房屋所在地。具体征收机关由省、自治区、直辖市人民政府确定。

本章知识小结

1. 掌握房产税的概念、征税对象、纳税义务人、税率、税收优惠、应纳税额的计算、征收管理。

2. 掌握车船税的概念、征税对象、纳税义务人、税率、税收优惠、应纳税额的计算、征收管理。

3. 掌握契税的概念、征税对象、纳税义务人、税率、税收优惠、应纳税额的计算、征收管理。

业务实训练习

一、单项选择题

1. 下列房产中，不需要缴纳房产税的是（　　）。

A. 政府机关自用的房产　　B. 宗教寺庙出租的房产

C. 事业单位的经营性房产　　D. 个人所有的经营性房产

2. 某企业拥有的房产原值为 1 000 万元，2018 年 7 月 1 日该企业将其中的 30%用于对外投资，共担生产经营风险，投资期限为 3 年，当年取得利润分红 20 万元；2018 年 9 月 1 日将其中的 10%按政府规定价格租给本企业职工居住，每月取得租金 6 万元，其余房产自用。已知当地政府规定的扣除比例为 20%，该企业 2018 年度应缴纳房产税（　　）元。

A. 102 400　　B. 118 400　　C. 92 800　　D. 78 400

3. 对融资租赁房屋的情况，在计征房产税时，应该（　　）为计税依据，至于租赁期内房产税的纳税人，由当地税务机关根据实际情况确定。

A. 免于征税　　B. 以房产租金

C. 以房产余值　　D. 以房产原值

4. 下列属于房产税征税对象的是（　　）。

A. 室外游泳池　　B. 水塔

C. 工厂围墙　　D. 房地产公司出租的写字楼

5. 某企业有一栋原值 200 万元的厂房，2018 年年初企业对该厂房进行扩建，2018 年 8 月底完工并办理验收手续交付使用。该次扩建增加了房产原值 45 万元。为厂房安装了价值 15 万元的排水设备，并单独作固定资产核算。已知当地政府规定计算房产余值的扣除比例为 20%，2018 年度该企业应缴纳房产税（　　）元。

A. 20 640　　B. 21 000　　C. 21 120　　D. 21 600

6. 跨省市使用的车船，纳税地点为（　　）。

A. 车船的登记地　　B. 车船的购买地

C. 车船的使用地　　D. 车船的生产地

7. 根据《车船税法》的相关规定，挂车的计税单位是（　　）。

A. 每辆　　B. 净吨位每吨　　C. 整备质量每吨　　D. 载货重量每吨

8. 车船税采用的税率形式是（　　）。

A. 比例税率　　B. 定额税率　　C. 超额累进税率　　D. 超率累进税率

9. 根据《车船税法》的有关规定，按照规定缴纳船舶吨税的机动船舶，自《车船税法》实施之日起（　　）年内免征车船税。

A. 2　　B. 3　　C. 5　　D. 10

10. 以下行为应缴纳契税的是（　　）。

A. 以高级轿车换取房屋　　B. 购买高级轿车

C. 取得国家划拨的土地　　　　　　　　D. 等价交换土地使用权

11. 下列行为中，不属于契税征税对象的是（　　）。

A. 国有土地使用权出让　　　　　　　　B. 国有土地使用权的交换

C. 农村集体土地承包经营权转移　　　　D. 出售国有土地使用权

12. 国有、集体企业出售，被出售企业法人予以注销，买受人妥善安置原企业职工（　　）以上的减半征收契税，全部安置原企业职工的，免征契税。

A. 25%　　　　B. 30%　　　　C. 50%　　　　D. 51%

13. 土地使用权交换、房屋交换，若交换价格相等，（　　）。

A. 由交换双方各自缴纳契税　　　　　　B. 由交换双方共同分担契税

C. 免征契税　　　　　　　　　　　　　D. 由双方协商一致确定纳税人

二、多项选择题

1. 车船税按年申报缴纳，申报纳税期限为（　　）。

A. 车辆为每年 1 月 1 日至 12 月 31 日

B. 船舶为每年 6 月 1 日至 6 月 30 日

C. 车辆为每年的 3 月、6 月、9 月 20 日内

D. 船舶为每年的 2 月、5 月 20 日内

2. 下列符合车船税有关规定的是（　　）。

A. 拖船按船舶税额的 50%计算车船税

B. 机动船以“艘”为计税依据

C. 载货汽车以“整备质量”为计税依据

D. 游艇以“艇身长度每米”为计税依据

3. 下列车船中，属于法定减免征收车船税的是（　　）。

A. 捕捞渔船　　　　　　　　　　　　　B. 军队、武装警察部队专用的车船

C. 拖船　　　　　　　　　　　　　　　D. 政府机关所用的车船

4. 下列各项中，按税法规定应缴纳契税的是（　　）。

A. 农民承包荒山造林的土地

B. 银行承受企业抵债的房产

C. 科研事业单位受赠的科研用地

D. 个人首次购买 90 平方米以下的住房

5. 下列有关车船税申报和缴纳的相关表述中，正确的是（　　）。

A. 车船税由地方税务机关负责征收

B. 从事机动车第三者责任强制保险业务的保险机构为机动车车船税的扣缴义务人，应当依法代收代缴车船税，并出具代收税款凭证

C. 车船税按年申报、分月计算、一次性缴纳

D. 车船税纳税义务发生时间为取得车船所有权或者管理权的次月

E. 车船税的具体申报纳税期限由省、自治区、直辖市人民政府规定

6. 下列选项中，不征收房产税的是（　　）。

A. 国家机关自用房产　　　　　　　　　B. 个人出租的住房

C. 公园绿道　　　　　　　　　　　　　D. 名胜古迹自用房产

7. 视同土地使用权转让、房屋买卖或者房屋赠与征收契税的特殊方式包括（　　）。

A. 以土地、房屋权属作价投资、入股

B. 以获奖方式承受土地、房屋权属

C. 以预购方式或者预付集资建房款方式承受土地、房屋权属

D. 以土地、房屋权属抵债

8. 契税的纳税人可以是（　　）。

A. 国家机关　　B. 军事单位　　C. 个体经营者　　D. 外籍人员

9. 甲将原值 28 万元的房产评估作价 30 万元投资乙企业，乙企业办理产权登记后又将该房产以 40 万元的价格售与丙企业，当地契税税率为 3%，则（　　）。

A. 丙企业缴纳契税 0.9 万元　　B. 丙企业缴纳契税 1.2 万元

C. 乙企业缴纳契税 0.9 万元　　D. 乙企业缴纳契税 0.84 万元

10. 下列各项中，符合契税规定的是（　　）。

A. 国家将国有土地使用权出让的，不征契税

B. 某人中奖获得一套市场价格为 60 万元的住房，应以 60 万元为计税依据缴纳契税

C. 个人无偿赠予不动产的行为，应对受赠人全额征收契税

D. 甲向乙无偿赠送一套市场价格为 60 万元的住房，同时乙向甲赠送一幅市场价格为 20 万元的书画作品，乙应以 40 万元为计税依据缴纳契税

三、判断题

1. 从事机动车交通事故责任强制保险业务的保险机构为机动车车船税的扣缴义务人，应当依法代收代缴车船税。（　　）

2. 车船税的纳税人中的所有人是指在我国境内拥有车船的单位和个人，包括在中国境内成立的行政机关、企业、事业单位、社会团体以及其他组织、个体工商户以及其他个人。（　　）

3. 车船税按车船的种类和性能，分为辆、整备质量、净吨位三种计税依据。（　　）

4. 企业按规定计算车船税时，借记“管理费用”科目，贷记“应交税费——应交车船税”科目；实际缴纳时，借记“应交税费——应交车船税”科目，贷记“银行存款”或“现金”科目。（　　）

5. 车船税共设置了 6 个税目，分别是乘用车（分为 7 个不同的排气量）、商用车（大型、中型、货车）、挂车、其他车辆（专用作业车、轮式专用机械车）、摩托车、船舶（机动船舶、游艇）六种类型。（　　）

6. 个人所有的房产，除出租外，一律免征房产税。（　　）

7. 城镇职工按规定第一次购买公有住房的，免征契税。（　　）

8. 目前房产税征收范围限于城镇的经营性房屋。（　　）

9. 在股权转让中，单位、个人承受企业股权，企业的土地、房屋权属不发生转移，所以不征收契税。（　　）

10. 房屋买卖计征契税的依据要按市场价格核定。（　　）

四、计算题

某生产企业 2018 年相关经营情况如下：

（1）该企业原有生产用房产原值 6 000 万元，自 3 月 1 日起与甲企业签订合同，将其

中原值为 1 000 万元的房产出租给甲企业，期限两年，每月收取 20 万元的不含增值税租金收入；另外委托施工企业建造一栋物资仓库，签订合同，8 月中旬办理验收手续，建筑安装工程承包合同注明价款 600 万元，并按此价值计入固定资产核算。

（2）该企业 2018 年拥有货车 25 辆、挂车 10 辆，整备质量均为 5 吨/辆；小轿车 2 辆，排气量均为 2.0 升。

（已知：货车车船税年基准税额每吨 100 元；排气量 2.0 升的乘用车车船税年基准税额每辆 660 元。）

要求：（1）计算该企业 2018 年应缴纳的房产税税额。

（2）计算该企业 2018 年应缴纳的车船税税额。

第十章 行为目的税法

【教学目标】

1. 了解印花税、车辆购置税、环境保护税的概念。

2. 掌握印花税、车辆购置税、环境保护税纳税义务人、征税范围及应纳税额的计算方法。

3. 熟悉印花税、车辆购置税、环境保护税的征收管理办法。

【重难点】

1. 车辆购置税的退税及环境保护税的减免规定。

2. 印花税、车辆购置税、环境保护税应纳税额的计算。

行为目的税是以纳税人的某些特定行为为课税对象。世界各国由于实际情况不同，选择的课税行为也不同。我国现行的印花税、车辆购置税、环境保护税、固定资产投资方向调节税、城市维护建设税等都属于这类税种。

第一节　印花税

印花税法是指国家制定的用以调整印花税征收与缴纳权利及义务关系的法律规范，是对经济活动和经济交往中书立、领受、使用具有法律效力的应税凭证的单位和个人所征收的一种税。纳税人主要通过在应税凭证上粘贴印花税票来完税，故称之为印花税。现行的印花税基本规范是国务院于 1988 年 8 月 6 日发布并于同年 10 月 1 日实施、2011 年 1 月 8 日修订的《中华人民共和国印花税暂行条例》。

一、印花税的纳税义务人

印花税的纳税义务人是指在我国境内书立、领受、使用属于印花税征税范围内所列举凭证的单位和个人。这里的单位和个人，包括各类企业、事业、机关、团体、部队，以及中外合资经营企业、中外合作经营企业、外资企业、外国公司和其他经济组织及其在华机构等单位和个人。

印花税的纳税人按照所书立、领受、使用的应税凭证的不同，可分为以下六类。

（一）立合同人

各类合同的纳税人是立合同人，即合同的当事人。所谓当事人，是指对凭证有直接权利义务关系的单位和个人，但不包括保证人、证人、鉴定人。当事人的代理人有代理纳税的义务，与纳税人负有同等的税收法律义务和责任。

（二）立账簿人

营业账簿以立账簿人为纳税人，即书立并使用营业账簿的单位和个人。

（三）立据人

产权转移书据的纳税人是立据人，即订立各种产权转移书据的单位和个人。

（四）领受人

权力、许可证照的纳税人是领受人，即领取或接受并持有该项凭证的单位和个人。

（五）使用人

在国外书立或领受，在国内使用的应税凭证，其使用人是印花税的纳税人。

（六）各类电子应税凭证的签订人

以电子形式签订的各类应税凭证，其签订人为印花税的纳税人。

二、印花税的特点

（一）覆盖面广

印花税的征税范围广，涉及合同或具有合同性质的凭证、产权转移书据、营业账簿等。

（二）税率低、税负轻

印花税比例税率的最高税率为1‰，最低税率为0.05‰；定额税率按每件5元计税。

（三）纳税人自行完税

纳税人在书立、领受、使用应税凭证时，应根据凭证所载计税金额和适用的税目税率，自行计算其应纳印花税税额，再由纳税人自行购买印花税票，并一次足额粘贴在应税凭证上，最后由纳税人按规定对已粘贴的印花税票自行注销或者划销。

三、印花税的税目、征收方式及税率

（一）印花税的税目

印花税的税目，指印花税法明确规定应当纳税的项目，它具体划定了印花税的征税范围，一般来说，列入税目的就要征税，未列入税目的就不征税。印花税共有13个税目，包括10类经济合同，分别是：购销合同、加工承揽合同、建设工程勘察设计合同、建筑安装工程承包合同、财产租赁合同、货物运输合同、仓储保管合同、借款合同、财产保险合同、技术合同。除合同之外的征税项目还有产权转移书据，营业账簿，权利、许可证照。

（二）印花税的征收方式

印花税根据不同的征税项目，分别实行从价计征和从量计征两种征收方式。

1. 从价计征

各类经济合同，以合同上记载的金额、收入或费用为计税依据；产权转移书据以书据中所记载的金额为计税依据；记载金额的营业账簿，以实收资本和资本公积两项合计的金额为计税依据。

2. 从量计征

实行从量计征的其他营业账簿和权利、许可证照，以计税数量为计税依据。

（三）印花税的税率

印花税税率采用比例税率和定额税率两种形式。其中各类合同、具有合同形式的凭证、产权转移书据、营业账簿中记载资金的账簿等适用比例税率；权利、许可证照以及营业账簿中的其他账簿，适用定额税率。印花税税目税率表如表10-1所示。

表10-1　　印花税税目税率表

税目	范围	税率	纳税人	说明
购销合同	包括供应、预购、采购、购销结合及协调、调剂、补偿、易货等合同	按购销金额的0.3‰贴花	立合同人	
加工承揽合同	包括加工、定做、修缮、修理、印刷广告、测绘、测试等合同	按加工或承揽收入的0.5‰贴花	立合同人	
建设工程勘察设计合同	包括勘察、设计合同	按收取费用的0.5‰贴花	立合同人	
建筑安装工程承包合同	包括建筑、安装工程承包合同	按承包金额的0.3‰贴花	立合同人	
财产租赁合同	包括租赁房屋、船舶、飞机、机动车辆、机械、器具、设备等合同	按租赁金额的1‰贴花。税额不足1元的，按1元贴花	立合同人	
货物运输合同	包括民用航空运输、铁路运输、海上运输、内河运输、公路运输和联运合同	按运输收取的费用的0.5‰贴花	立合同人	单据作为合同使用的，按合同贴花
仓储保管合同	包括仓储、保管合同	按仓储收取的保管费用的1‰贴花	立合同人	仓单或栈单作为合同使用的，按合同贴花
借款合同	银行及其他金融组织和借款人（包括融资租赁合同；不包括银行同业拆借）所签订的借款合同	按借款金额的0.05‰贴花	立合同人	单据作为合同使用的，按合同贴花
财产保险合同	包括财产、责任、保证、信用等保险合同	按收取的保险费收入的1‰贴花	立合同人	单据作为合同使用的，按合同贴花
技术合同	包括技术开发、转让、咨询、服务等合同	按所记载金额的0.3‰贴花	立合同人	
产权转移书据	包括财产所有权和版权、商标专用权、专利权、专有技术使用权等转移书据、土地使用权出让合同、土地使用权转让合同、商品房销售合同	按所记载金额的0.5‰贴花	立据人	

续前表

税目	范围	税率	纳税人	说明
营业账簿	生产、经营用账册	记载资金的账簿，按实收资本和资本公积的合计金额的 0.5‰贴花。其他账簿按 5 元/件贴花	立账簿人	自 2018 年 5 月 1 日起，对按 0.5‰税率贴花的资金账簿减半征收印花税；自 2018 年 5 月 1 日起，对按件贴花 5 元的其他账簿免征印花税
权利、许可证照	包括政府部门发给的房屋产权证、工商营业执照、商标注册证、专利权、土地使用证	按 5 元/件贴花	领受人	

四、印花税应纳税额的计算

（一）印花税的计税依据

（1）购销合同的计税依据为合同记载的购销金额。

（2）加工承揽合同的计税依据为加工或承揽收入的金额。

（3）建设工程勘察设计合同的计税依据为勘察、设计收取的费用。

（4）建筑安装工程承包合同的计税依据为承包金额。

（5）财产租赁合同的计税依据为租赁金额；经计算，税额不足 1 元的，按 1 元贴花。

（6）货物运输合同的计税依据为取得的运输费用金额（即运费收入），不包括所运货物的金额、装卸费和保险费等。

（7）仓储保管合同的计税依据为收取的仓储保管费用。

（8）借款合同的计税依据为借款金额。针对实际借贷活动中不同的借款形式，税法规定了不同的计税方法：

1）凡是一项信贷业务既签订借款合同，又一次或分次填开借据的，只以借款合同所载金额为计税依据计税贴花；凡是只填开借据并作为合同使用的，应以借据所载金额为计税依据计税贴花。

2）借贷双方签订的流动资金周转性借款合同，一般按年（期）签订，规定最高限额，借款人在规定的期限和最高限额内随借随还。为避免加重借贷双方的负担，对这类合同只以其规定的最高限额为计税依据，在签订时贴花一次，在限额内随借随还不签订新合同的，不再另贴印花。

3）对借款方以财产作抵押，从贷款方取得一定数量抵押贷款合同，应按借款合同贴花；在借款方因无力偿还借款而将抵押财产转移给贷款方时，应再就双方书立的产权书据，按产权转移书据的有关规定计税贴花。

4）对银行及其他金融组织的融资租赁业务签订的融资租赁合同，应按合同所载租金总额，暂时按借款合同计税。

5）在贷款业务中，如果贷方系由若干银行组成的银团，银团各方均承担一定的贷款数额。借款合同由借款方与银团各方共同书立，各执一份合同正本。对这类合同借款方与贷款银团各方应分别在所执的合同正本上，按各自的借款金额计税贴花。

6）在基本建设贷款中，如果按年度用款计划分年签订借款合同，在最后一年按总概算签订借款总合同，且总合同的借款金额包括各个分合同的借款金额的，对这类基建借款合同，应按分合同分别贴花，最后签订的总合同，只就借款总额扣除分合同借款金额后的余额计税贴花。

（9）财产保险合同的计税依据为支付（收取）的保险费，不包括所保财产金额。

（10）技术合同的计税依据为合同所载的价款、报酬或使用费。为了鼓励技术研究开发，对技术开发合同，只就合同所载的报酬金额计税，研究开发经费不作为计税依据。单对合同约定按研究开发经费一定比例作为报酬的，应按一定比例的报酬金额贴花。

（11）产权转移书据的计税依据为书据中所载金额。

（12）营业账簿税目中记载资金的账簿的计税依据为“实收资本”与“资本公积”两项的合计金额。其他账簿的计税依据为应税凭证件数。

（13）权利、许可证照的计税依据为应税凭证件数。

（二）印花税的计算

（1）按比例税率计算应纳税额。其计算公式为：

应纳税额＝计税金额×适用税率

（2）按定额税率计算应纳税额。其计算公式为：

应纳税额＝凭证数量×单位税额

【例 10-1】 某企业 2018 年 3 月开业，2018 年当年发生经济业务如下：领受房屋产权证、工商执照、土地使用证各一件。订立产品购销合同 1 份，合同金额为 500 万元；订立借款合同 1 份，所载金额为 100 万元。账簿记载资金“实收资本”“资本公积”的金额合计为 1 000 万元，其他营业账簿 20 本。计算该企业 2018 年应缴纳的印花税税额。

【答案解析】 计算该企业 2018 年应缴纳的印花税税额如下：

（1）领受房屋产权证、工商执照、土地使用证应纳税额＝3×5＝15（元）。

（2）订立产品购销合同应纳税额＝5 000 000×0.3‰＝1 500（元）。

（3）订立借款合同应纳税额＝1 000 000×0.05‰＝50（元）。

（4）记载资金的账簿应纳税额＝10 000 000×0.5‰＝5 000（元）。

（5）其他账簿应纳税额＝20×5＝100（元）。

当年应缴纳的印花税税额＝15＋1 500＋50＋5 000＋100＝6 665（元）。

五、印花税的税收优惠

（1）已缴纳印花税的凭证的副本或者抄本免税。

（2）财产所有人将财产赠给政府、社会福利单位、学校所立的书据免税。

（3）国家制定的收购部门与村民委员会、农民个人书立的农副产品收购合同免税。

（4）无息、贴息贷款合同免税。

（5）外国政府或者国际金融组织向我国政府及国家金融机构提供优惠贷款所书立的合同免税。

（6）房地产管理部门与个人订立的用于生活居住租房合同免税。

(7) 农牧业保险合同免税。

(8) 对军事物资运输凭证、抢险救灾物资运输合同等特殊货运凭证免税。

六、印花税的征收管理与纳税申报

(一) 纳税义务发生的时间

印花税在书立或领受时贴花。

(二) 纳税期限

印花税应税凭证应在书立、领受时即行贴花完税，不得延至凭证生效日期贴花，同一种类应纳印花税凭证若需要频繁贴花的，纳税人可向当地税务机关申请近期汇总缴纳印花税，经税务机关核准发给许可证后，按税务机关确定的期限（最长不超过1个月）汇总计算纳税。

(三) 纳税地点

印花税一般实行就地纳税。

第二节　车辆购置税法

车辆购置税是以在中国境内购置规定的车辆为课税对象，在特定的环节向车辆购置者征收的一种税。车辆购置税的基本规范是2000年10月22日国务院令第294号颁布并于2001年1月1日起在我国施行的《中华人民共和国车辆购置税暂行条例》(以下简称《车辆购置税暂行条例》)。征收车辆购置税有利于税制结构优化、合理筹集财政资金、规范政府行为、调节收入差距，也有利于配合打击车辆走私和维护国家权益。

一、纳税义务人和征税范围

(一) 纳税义务人

车辆购置税的纳税义务人是指在中国境内购置应税车辆的单位和个人。车辆购置税应税行为，指在中华人民共和国境内购置应税车辆的行为，具体包括购买使用行为，进口使用行为，受赠使用行为，自产自用行为，获奖使用行为，拍卖、抵债、走私、罚没等方式取得并使用的行为，这些行为都属于车辆购置税的应税行为。

车辆购置税纳税义务人中所称单位，包括国有企业、集体企业、私营企业、股份制企业、外商投资企业、外国企业以及其他企业，事业单位、社会团体、国家机关、部队以及其他单位。所谓个人，包括个体工商户及其他个人，既包括中国公民又包括外国公民。

(二) 征税范围

车辆购置税的征税范围是指《车辆购置税暂行条例》规定的应税车辆，包括汽车、摩托车、电车、挂车、农用运输车等。

1. 汽车

包括各类汽车。

2. 摩托车

(1) 轻便摩托车：最高设计时速不大于50千米/小时，或发动机气缸总排量不大于50立方厘米的两个或三个车轮的机动车。

（2）二轮摩托车：最高设计时速大于 50 千米/小时，或发动机气缸总排量大于 50 立方厘米的两个车轮的机动车。

（3）三轮摩托车：最高设计车速大于 50 千米/小时，或发动机气缸总排量大于 50 立方厘米，空车重量不大于 400 千克的 3 个车轮的机动车。

3. 电车

（1）无轨电车：以电能为动力，由专用输电电缆线供电的轮式公共车辆。

（2）有轨电车：以电能为动力，在轨道上行使的公共车辆。

4. 挂车

（1）全挂车：无动力设备，独立承载，由牵引车辆牵引行驶的车辆。

（2）半挂车：无动力设备，与牵引车辆共同承载，由牵引车辆牵引行驶的车辆。

5. 农用运输车

（1）三轮农用运输车：柴油发动机，功率不大于 7.4 千瓦，载重量不大于 500 千克，最高车速不大于 40 千米/小时的三个车轮的机动车。

（2）四轮农用运输车：柴油发动机，功率不大于 28 千瓦，载重量不大于 1 500 千克，最高车速不大于 50 千米/小时的四个车轮的机动车。

为了体现税法的统一性、固定性、强制性和法律的严肃性特征，车辆购置税征收范围的调整，由国务院决定，其他任何部门、单位和个人无权擅自扩大或缩小车辆购置税的征税范围。

二、车辆购置税的税率及计税依据

（一）税率

我国车辆购置税实行统一比例税率，税率为 10%。

（二）计税依据

车辆购置税以应税车辆为征收对象，按照从价征收的方法计算应纳税额，应税车辆的计税价格即是车辆购置税的计税依据。由于应税车辆的购置的来源不同，其计税依据的组成也就不同。

1. 购买自用应税车辆计税依据的确定

纳税人购买自用的应税车辆以计税价格为计税依据。计税价格的组成为纳税人购买应税车辆而支付给销售者的全部价款和价外费用（不包括增值税税款）。

这里的购买自用的应税车辆，包括购买自用的国产应税车辆和购买自用的进口应税车辆，如从国内汽车市场、汽车贸易公司购买自用的进口应税车辆等。

这里的价外费用是指销售方价外向购买方收取的基金、集资费、返还利润、补贴、违约金（延期付款利息）和手续费、包装费、储存费、优质费、运输装卸费、保管费、代收款项、代垫款项以及其他各种性质的价外收费。但不包括销售方代办保险等而向购买方收取的保险费，以及向购买方收取的代购买方缴纳的车辆购置税、车辆牌照费。

2. 进口自用应税车辆计税依据的确定

纳税人进口自用的应税车辆以组成计税价格为计税依据，组成计税价格的计算公式为：

组成计税价格＝关税完税价格＋关税＋消费税

进口自用的应税车辆是指纳税人直接从境外进口或委托代理进口自用的应税车辆，即非贸易方式进口自用的应税车辆。进口自用的应税车辆的计税依据，应根据纳税人提供、经海关审查确认的有关完税证明资料确定。

纳税人购买自用或者进口自用应税车辆，申报的计税价格低于同类应税车辆的最低计税价格，又无正当理由的，计税价格为国家税务总局核定的最低计税价格。

3. 其他自用应税车辆计税依据的确定

按现行政策规定，纳税人自产、受赠、获奖和以其他方式取得并自用的应税车辆的计税价格，按购置该型号车辆的价格确认，不能取得购置价格的，由主管税务机关参照国家税务总局规定的相同类型应税车辆的最低计税价格核定。

免税条件消失的车辆，自初次办理纳税申报之日起，使用年限未满 10 年的，计税依据为最新核发的同类车辆最低计税价格按每满 1 年扣减 10%；使用 10 年（含）以上的，计税依据为零。未满 1 年的应税车辆计税依据为最新核发的同类车辆最低计税价格。

国家税务总局未核定最低计税价格的车辆，计税依据为已核定的同类型车辆最低计税价格。

进口旧车、因不可抗力因素导致受损的车辆，库存超过 3 年的车辆、行驶 8 万千米以上的试验车辆、国家税务总局规定的其他车辆，凡纳税人能出具有效证明的，计税依据为纳税人提供的统一发票或有效凭证注明的计税价格。

4. 最低计税价格作为计税依据的确定

纳税人购买自用或者进口自用应税车辆，申报计税价格低于同类型应税车辆的最低计税价格，又无正当理由的，按照最低计税价格征收车辆购置税。也就是说，纳税人购买和自用的应税车辆，首先应分别按前述计税价格、组成计税价格来确定计税依据。当申报的计税价格偏低，又无正当理由的，应以最低计税价格作为计税依据。实际工作中，通常是当纳税人申报的计税价格等于或高于最低计税价格时，按申报的价格计税；当纳税人申报的计税价格低于最低计税价格时，按最低计税价格计税。

最低计税价格是指国家税务总局依据机动车生产企业或经销商提供的车辆价格信息，参照市场平均交易价格核定的车辆购置税计税价格。根据纳税人购置应税车辆的不同情况，国家税务总局对以下几种特殊情形应税车辆的最低计税价格规定如下：

（1）对已缴纳并办理了登记注册手续的车辆，其发动机和底盘发生更换，其最低计税价格按同类型新车最低计税价格的 70%计算。

（2）非贸易渠道进口车辆的最低计税价格，为同类型新车最低计税价格。

车辆购置税的计税依据和应纳税额应使用统一货币单位计算。纳税人以外汇结算应税车辆价款的，按照申报纳税之日中国人民银行公布的人民币基准汇价，折合成人民币计算应纳税额。

三、应纳税额的计算

车辆购置税实行从价定率的办法计算应纳税额，计算公式为：

应纳税额＝计税依据×税率

由于应税车辆购置来源、应税行为发生以及计税价格组成的不同，因此，车辆购置税应纳税额的计算方法也有区别。

(一)购买自用应税车辆应纳税额的计算

纳税人购买自用的应税车辆应纳税额的计算公式为:

应纳税额=含增值税的销售价格÷(1+增值税税率)×税率

【例 10-2】 杨某2018年6月从某汽车有限公司购买一辆小汽车供自己使用,支付了含增值税的价款232 000元,另支付代收临时牌照费500元、代收保险费1 000元,支付购买工具件和零配件价款4 000元、车辆装饰费2 620元,所支付的款项均由该汽车有限公司开具"机动车销售统一发票"和有关票据,计算杨某应缴纳的车辆购置税。

【答案解析】 计税价格=(232 000+500+1 000+4 000+2 620)÷(1+16%)=207 000(元)。

应纳税额=207 000×10%=20 700(元)。

(二)进口自用应税车辆应纳税额的计算

纳税人进口自用的应税车辆应纳税额的计算公式为:

应纳税额=(关税完税价格+关税+消费税)×税率

【例 10-3】 某外贸进出口公司2018年7月,从国外进口10辆某公司生产的S型号小轿车。该公司报关进口这批小轿车时,经报关地海关对有关报关资料的审查,确定关税完税价格为每辆540 000元,海关按关税政策规定每辆征收了关税810 000元,并按消费税、增值税有关规定分别代征了每辆小轿车的进口消费税540 000元和增值税216 000元,由于业务需要,该公司将一辆小轿车留在本单位使用,根据以上资料计算该公司应缴纳的车辆购置税。

【答案解析】 该外贸公司进口10辆轿车,只有自用的1辆需要缴纳车辆购置税。

组成计税价格=540 000+810 000+540 000=1 890 000(元)。

应纳税额=1 890 000×10%=189 000(元)。

(三)其他自用应税车辆应纳税额的计算

纳税人自产自用、受赠使用、获奖使用和以其他方式取得并自用的应税车辆,凡不能取得该型车辆的购置价格,或者低于最低计税价格的,以国家税务总局核定的最低计税价格作为计税依据计算征收车辆购置税:

应纳税额=最低计税价格×税率

【例 10-4】 某小汽车制造厂将自产的一辆K型号的小汽车用于本厂后勤服务,该厂在办理车辆上牌落籍前,出具了该车的发票,注明金额58 000元,并按此金额向主管税务机关申报纳税。经审核,国家税务总局对该车同类型车辆核定的最低计税价格为70 000元。计算该车应缴纳的车辆购置税。

【答案解析】 应纳税额=70 000×10%=7 000(元)。

(四)特殊情形下自用应税车辆应纳税额的计算

1. 减税、免税条件消失,车辆应纳税额的计算

对减税、免税条件消失的车辆,纳税人应按现行规定,在办理车辆过户手续前或者办理变更车辆登记注册手续前向税务机关缴纳车辆购置税。

应纳税额=同类型新车最低计税价格×[1-(已使用所年限÷规定使用年限)]×100%×税率

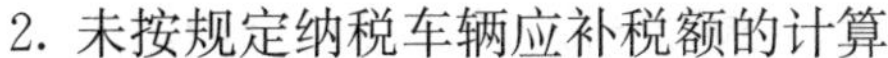

2. 未按规定纳税车辆应补税额的计算

纳税人未按规定纳税的，应按现行政策规定的计税价格，区分情况分别确定征税。不能提供购车发票和有关购车证明资料的，检查地税务机关应按同类型应税车辆的最低计税价格征税；如果纳税人回落籍地后提供的购车发票金额与支付的价外费用之和高于核定的最低计税价格的，落籍地主管税务机关还应对其差额计算补税。

四、税收优惠

（一）车辆购置税减税、免税的具体规定

我国车辆购置税实行法定减税、免税。减税、免税范围的具体规定如下：

(1) 外国驻华使馆、领事馆和国际组织驻华机构及其外交人员自用的车辆，免税。

(2) 中国人民解放军和中国人民武装警察部队列入军队武器装备订货计划的车辆，免税。

(3) 设有固定装置的非运输车辆，免税。

(4) 防汛部门和森林消防等部门购置的由指定厂家生产的指定型号的用于指挥、检查、调度、报汛（警）、联络的专用车辆，免税。

(5) 回国服务的在外留学人员用现汇购买 1 辆自用国产小汽车，免税。

(6) 长期来华定居专家进口 1 辆自用小汽车，免税。

(7) 农用三轮运输车免征车辆购置税。

(8) 自 2016 年 1 月 1 日起至 2020 年 12 月 31 日止，对城市公交企业购置的公共汽电车辆免征车辆购置税。

(9) 有国务院规定予以免税或者减税的其他情形的，按规定免税或者减税。

（二）车辆购置税的退税

纳税人已经缴纳车辆购置税但在办理车辆登记手续前，需要办理退还车辆购置税的，由纳税人申请，征收机构审查后办理退还车辆购置税手续。

五、征收管理

（一）纳税申报

税务机关对已经办理纳税申报的车辆建立车辆购置税征收管理档案，为纳税人办理纳税申报手续时，对设有固定装置的非运输车辆应当实地验车。车辆购置税实行一车一申报制度。纳税人办理纳税申报时应如实填写“车辆购置税纳税申报表”，同时提供以下资料的原件和复印件：车主身份证明、车辆价格证明、车辆合格证明、税务机关要求提供的其他资料。

（二）车辆购置税的纳税地点

纳税人购置应税车辆，应当向车辆登记注册的主管税务机关申报纳税，购置不需办理车辆登记注册手续的应税车辆，应当向纳税人所在地的主管税务机关申报纳税。车辆登记注册地是指车辆的上牌落籍地或落户地。

（三）车辆购置税的纳税环节

车辆购置税是对应税车辆的购置行为课征，征税环节选择在使用环节。具体而言，纳税人应当在向公安机关等车辆管理机构办理车辆登记注册手续前，缴纳车辆购置税。

车辆购置税选择单一环节，实行一次课征制度，购置已征车辆购置税的车辆，不再征收车辆购置税。但减税、免税条件消失的车辆，即减税、免税车辆因转让、改制后改变了原减免税的前提条件，就不再属于减税、免税范围，应按规定缴纳车辆购置税。

（四）车辆购置税的纳税期限

纳税人购买自用的应税车辆，应自购买之日起 60 日内申报纳税；进口自用的应税车辆，应当自进口之日起 60 日内申报纳税；自产、受赠、获奖和以其他方式取得并自用应税车辆的，应当自取得之日起 60 日内申报纳税。

这里的“购买之日”是指纳税人购车发票上注明的销售日期；“进口之日”是指纳税人报关进口当天。

（五）车辆购置税的退税制度

根据《车辆购置税征收管理办法》已缴纳车辆购置税的车辆，发生下列情形之一的，准予纳税人申请退税：

（1）车辆退回生产企业或者经销商的。

（2）符合免税条件的设有固定装置的非运输车辆但已征税的。

（3）其他依据法律法规规定应予退税的情形。

纳税人申请退税时，应如实填写“车辆购置税退税申请表”，由本人、单位授权人员到主管税务机关办理退税手续，按下列情况分别提供资料：

（1）车辆退回生产企业或者经销商的，提供生产企业或经销商开具的退车证明和退车发票。未办理车辆登记注册的，提供原完税凭证、完税证明正本和副本；已办理车辆登记注册的，提供原完税凭证、完税证明正本、公安机关车辆管理机构出具的机动车注销证明。

（2）符合免税条件的设有固定装置的非运输车辆但已征税的，未办理车辆登记注册的，提供原完税凭证、完税证明正本和副本；已办理车辆登记注册的，提供原完税凭证、完税证明正本。

（3）其他依据法律法规规定应予退税的情形，未办理车辆登记注册的，提供原完税凭证、完税证明正本和副本；已办理车辆登记注册的，提供原完税凭证、完税证明正本、公安机关车辆管理机构出具的机动车注销证明或者税务机关要求的其他资料。

退税款的计算如下：

（1）车辆退回生产企业或者经销商的，纳税人申请退税时，主管税务机关自纳税人办理纳税申报之日起，按已缴纳税款每满 1 年扣减 10%计算退税额；未满 1 年的，按已缴纳税款全额退税。

（2）其他退税情形，纳税人申请退税时，主管税务机关依据有关规定计算退税额。

第三节　环境保护税法

环境保护税法是指国家制定的调整环境保护税征收与缴纳相关权利及义务关系的法律规范，现行环境保护税法的基本规范包括 2016 年 12 月 25 日第十二届全国人民代表大会常务委员会第二十五次会议通过的《中华人民共和国环境保护税法》（以下简称《环境保护税法》）、2017 年 12 月 30 日国务院发布的《中华人民共和国环境保护税法实施条例》

等。《环境保护税法》自 2018 年 1 月 1 日起实施，同时停征排污费。

环境保护税法是我国首个明确以环境保护为目标的独立型环境税税种，有利于解决排污费制度存在的执法刚性不足等问题，有利于提高纳税人的环境保护意识，强化企业治污减排责任。

一、纳税义务人

在中华人民共和国领域和中华人民共和国管辖的其他海域，直接向环境排放应税污染物的企业、事业单位和其他生产经营者为环境保护税的纳税义务人，应当依照规定缴纳环境保护税。

有下列情形之一的，不属于直接向环境排放污染物，不缴纳相应污染物的环境保护税：

（1）企业、事业单位和其他生产经营者向依法设立的污水集中处理、生活垃圾集中处理场所排放应税污染物的。

（2）企业、事业单位和其他生产经营者在符合国家和地方环境保护标准的设施、场所贮存或者处置固体废物的。

（3）达到省级人民政府确定的规模标准并且有污染物排放口的畜禽养殖场，应当依法缴纳环境保护税；依法对畜禽养殖废弃物进行综合利用和无害化处理的，不属于直接向环境排放污染物，不缴纳环境保护税。

二、税目与税率

环境保护税税目包括大气污染物、水污染物、固体废物和噪声四大类，采用定额税率。应税大气污染物和水污染物的具体适用税额的确定和调整，由省、自治区、直辖市人民政府统筹考虑本地区环境承载能力、污染物排放现状和经济社会生态发展目标要求，在环境保护税税目税额表规定的税额幅度内提出，报同级人民代表大会常务委员会决定，并报全国人民代表大会常务委员会和国务院备案。环境保护税税目税额表如表 10－2 所示。

表 10－2　　环境保护税税目税额表

税目		计税单位	税额	备注
大气污染物		每污染当量	1.2 元～12 元	
水污染物		每污染当量	1.4 元～14 元	
固体废物	煤矸石	每吨	5 元	
	尾矿	每吨	15 元	
	危险废物	每吨	1 000 元	
	冶炼渣、粉煤灰、炉渣、其他固定废物（含半固态、液态废物）	每吨	25 元	

续前表

税目		计税单位	税额	备注
噪声	工业噪声	超标 1～3 分贝	每月 350 元	1. 一个单位边界上有多处噪声超标，根据最高一处超标声级计算应纳税额；当沿边界长度超过 100 米有两处以上噪声超标，按照两个单位计算应纳税额。 2. 一个单位有不同地点作业场所的，应当分别计算应纳税额，合并计征。 3. 昼、夜均超标的环境噪声，昼、夜分别计算应纳税额，累计计征。 4. 声源一个月内超标不足 15 天的，减半计算应纳税额。 5. 夜间频繁突发和夜间偶然突发厂界超标噪声，按等效声级和峰值噪声同种指标中超标分贝值高的一项计算应纳税额。
		超标 4～6 分贝	每月 700 元	
		超标 7～9 分贝	每月 1 400 元	
		超标 10～12 分贝	每月 2 800 元	
		超标 13～15 分贝	每月 5 600 元	
		超标 16 分贝以上	每月 11 200 元	

三、计税依据

（一）计税依据确定的基本方法

应税污染物的计税依据，按照下列方法确定。

1. 应税大气污染物、应税水污染物按照污染物排放量折合的污染当量数确定

应税大气污染物、水污染物的污染当量数，以该污染物的排放量除以该污染物的污染当量值计算。计算公式为：

应税大气污染物、水污染物的污染当量数＝该污染物的排放量÷该污染物的污染当量值

每种应税大气污染物、水污染物的具体污染当量值，依照应税污染物和当量值表执行。

每一排放口或者没有排放口的应税大气污染物，按照污染当量数从大到小排序，对前三项污染物征收环境保护税。每一排放口的应税水污染物，按照应税污染物和当量值表（见表 10－3 至表 10－7），区分第一类水污染物和其他类水污染物，按照污染当量数从大到小排序，对第一类水污染物按照前五项征收环境保护税，对其他类水污染物按照前三项征收环境保护税。

省、自治区、直辖市人民政府根据本地区污染物减排的特殊需要，可以增加同一排放口征收环境保护税的应税污染物项目数，报同级人民代表大会常务委员会决定，并报全国人民代表大会常务委员会和国务院备案。

纳税人有下列情形之一的，以其当期应税大气污染物、水污染物的产生量为污染物的排放量：

（1）未依法安装使用污染物自动监测设备或者未将污染物自动监测设备与环境保护主管部门的监控设备联网。

（2）损毁或者擅自移动、改变污染物自动监测设备。

（3）篡改、伪造污染物监测数据。

（4）通过暗管、渗井、渗坑、灌注或者稀释排放以及不正常运行防治污染设施等方式

违法排放应税污染物。

（5）进行虚假纳税申报。

第一类水污染物污染当量值，如表 10-3 所示。

表 10-3　　第一类水污染物污染当量值

污染物	污染当量值（千克）
1. 总汞	0.000 5
2. 总镉	0.005
3. 总铬	0.04
4. 六价铬	0.02
5. 总砷	0.02
6. 总铅	0.025
7. 总镍	0.025
8. 苯并（a）芘	0.000 000 3
9. 总铍	0.01
10. 总银	0.02

第二类水污染物污染当量值，如表 10-4 所示。

表 10-4　　第二类水污染物污染当量值

污染物	污染当量值（千克）	
11. 悬浮物（SS）	4	
12. 生化需氧量（BOD5）	0.5	
13. 化学需氧量（COD）	1	
14. 总有机碳（TOC）	0.49	
15. 石油类	0.1	
16. 动植物油	0.16	
17. 挥发酚	0.08	
18. 总氰化物	0.05	
19. 硫化物	0.125	
20. 氨氮	0.8	
21. 氟化物	0.5	
22. 甲醛	0.125	
23. 苯胺类	0.2	
24. 硝基苯类	0.2	
25. 阴离子表面活性剂（LAS）	0.2	
26. 总铜	0.1	
27. 总锌	0.2	
28. 总锰	0.2	
29. 彩色显影剂（CD-2）	0.2	
30. 总磷	0.25	
31. 元素磷（以 P 计）	0.05	
32. 有机磷农药（以 P 计）	0.05	
33. 乐果	0.05	
34. 甲基对硫磷	0.05	

续前表

污染物	污染当量值（千克）	
35. 马拉硫磷	0.05	
36. 对硫磷	0.05	
37. 五氯酚及五氯酚钠（以五氯酚计）	0.25	
38. 三氯甲烷	0.04	
39. 可吸附有机卤化物（AOX）（以 Cl 计）	0.25	
40. 四氯化碳	0.04	
41. 三氯乙烯	0.04	
42. 四氯乙烯	0.04	
43. 苯	0.02	
44. 甲苯	0.02	
45. 乙苯	0.02	
46. 邻-二甲苯	0.02	
47. 对-二甲苯	0.02	
48. 间-二甲苯	0.02	
49. 氯苯	0.02	
50. 邻二氯苯	0.02	
51. 对二氯苯	0.02	
52. 对硝基氯苯	0.02	
53. 2.4 -二硝基氯苯	0.02	
54. 苯酚	0.02	
55. 间-甲酚	0.02	
56. 2.4 -二氯酚	0.02	
57. 2.4.6 -三氯酚	0.02	
58. 邻苯二甲酸二丁酯	0.02	
59. 邻苯二甲酸二辛酯	0.02	
60. 丙烯腈	0.125	
61. 总硒	0.02	

说明：1. 第一、二类污染物的分类依据为《污水综合排放标准》(GB8 978—1996)。

2. 同一排放口中的化学需氧量（COD）、生化需氧量（BOD5）和总有机碳（TOC），只征收一项。

PH 值、色度、大肠菌群数、余氯量污染当量值，如表 10 - 5 所示。

表 10 - 5　PH 值、色度、大肠菌群数、余氯量污染当量值

污染物		污染当量值
1. PH 值	1. 0～1，13～14	0.06 吨污水
	2. 1～2，12～13	0.125 吨污水
	3. 2～3，11～12	0.25 吨污水
	4. 3～4，10～11	0.5 吨污水
	5. 4～5，9～10	1 吨污水
	6. 5～6，	5 吨污水
2. 色度		5 吨水·倍
3. 大肠菌群数（超标）		3.3 吨污水
4. 余氯量（用氯消毒的医院废水）		3.3 吨污水

说明：1. 大肠菌群数和总余氯只征收一项。

2. PH5 - 6 指大于等于 5，小于 6；PH9 - 10 指大于 9，小于等于 10，其余类推。

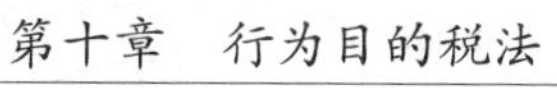

禽畜养殖业、小型企业和第三产业污染当量值，如表 10-9 所示。

表 10-6　　禽畜养殖业、小型企业和第三产业污染当量值

类型			污染当量值
禽畜养殖场	1. 牛		0.1 头
	2. 猪		1 头
	3. 鸡、鸭等家禽		30 羽
4. 小型企业			1.8 吨污水
5. 饮食娱乐服务业			0.5 吨污水
6. 医院	消毒		0.14 床
			2.8 吨污水
	不消毒		0.07 床
			1.4 吨污水

说明：1. 本表仅适用于计算无法进行实际监测或物料衡算的禽畜养殖业、小型企业和第三产业等小型排污者的污染当量数。

2. 仅对存栏规模大于 50 头牛，500 头猪，5 000 羽鸡、鸭等的禽畜养殖场征收。

3. 医院病床数大于 20 张的按本表计算污染当量。

大气污染物污染当量值，如表 10-7 所示。

表 10-7　　大气污染物污染当量值

污染物	污染当量值（千克）
1. 二氧化硫	0.95
2. 氮氧化物	0.95
3. 一氧化碳	16.7
4. 氯气	0.34
5. 氯化氢	10.75
6. 氟化物	0.87
7. 氰化氢	0.005
8. 硫酸雾	0.6
9. 铬酸雾	0.000 7
10. 汞及其化合物	0.000 1
11. 一般性粉尘	4
12. 石棉尘	0.53
13. 玻璃棉尘	2.13
14. 碳黑尘	0.59
15. 铅及其化合物	0.02
16. 镉及其化合物	0.03
17. 铍及其化合物	0.000 4
18. 镍及其化合物	0.13
19. 锡及其化合物	0.27
20. 烟尘	2.18
21. 苯	0.05
22. 甲苯	0.18
23. 二甲苯	0.27
24. 苯并（a）芘	0.000 002

续前表

污染物	污染当量值（千克）
25. 甲醛	0.09
26. 乙醛	0.45
27. 丙烯醛	0.06
28. 甲醇	0.67
29. 酚类	0.35
30. 沥青烟	0.19
31. 苯胺类	0.21
32. 氯苯类	0.72
33. 硝基苯	0.17
34. 丙烯腈	0.22
35. 氯乙烯	0.55
36. 光气	0.04
37. 硫化氢	0.29
38. 氨	9.09
39. 三甲胺	0.32
40. 甲硫醇	0.04
41. 甲硫醚	0.28
42. 二甲二硫	0.28
43. 苯乙烯	25
44. 二硫化碳	20

【例 10-5】 某企业 2018 年 5 月向水体直接排放第一类水污染物总汞 20 千克，根据第一类水污染当量值表，总汞的污染当量值为 0.000 5（千克）时其污染当量数为：

【答案解析】 污染当量数＝20÷0.000 5＝40 000。

2. 应税固体废物按照固体废物的排放量确定

固体废物的排放量为当期应税固体废物的生产量减去当期应税固体废物的贮存量、处置量、综合利用量的余额。其中，固体废物的贮存量、处置量，是指在符合国家和地方环境保护标准的设施、场所贮存或者处置的固体废物数量；固体废物的综合利用量，是指按照国务院发展改革、工业和信息化主管部门关于资源综合利用要求以及国家和地方环境保护标准进行综合利用的固体废物数量。计算公式为：

固体废物的排放量＝当期固体废物的产生量－当期固体废物的综合利用量－当期固体废物的贮存量－当期固体废物的处置量

纳税人有下列情形之一的，以其当期应税固体废物的产生量作为固体废物的排放量：

（1）非法倾倒应税固体废物。

（2）进行虚假纳税申报。

3. 应税噪声按照超过国家规定标准的分贝数确定

工业噪声按超过国家规定标准的分贝数确定每月税额，超过国家规定标准的分贝数是指实际生产的工业噪声与国家规定的工业噪声排放标准限值之间的差值。

（二）应税大气污染物、水污染物、固体废物的排放量和噪声分贝数的确定方法

应税大气污染物、水污染物、固体废物的排放量和噪声分贝数，按下列方法进行

计算：

(1) 纳税人安装使用符合国家规定和监测规范的污染物自动监测设备，按照污染物自动监测数据计算。

(2) 纳税人未安装使用污染物自动监测设备的，按照监测机构出具的符合国家有关规定和监测规范的监测数据计算。

(3) 因排放污染物种类多等原因不具备监测条件的，按照国务院环境保护主管部门规定的排污系数、物料衡算方法计算。

(4) 不能按照上述方法计算的，按照省、自治区、直辖市人民政府环境保护主管部门规定的抽样测算的方法核定计算。

四、应纳税额的计算

（一）应税大气污染物应纳税额的计算

应税大气污染物应纳税额为污染当量数乘以具体适用税额。计算公式为：

应税大气污染物应纳税额＝污染当量数×适用税额

【例 10-6】 某企业 2018 年 8 月向大气直接排放二氧化硫、氟化物各 200 千克，一氧化碳 300 千克，氯化氢 100 千克，假设当地大气污染物每污染当量税额 1.5 元，该企业只有一个排放口，计算其应缴纳的环境保护税税额。

【答案解析】 (1) 计算各污染物的污染当量数。

污染当量数＝该污染物的排放量÷该污染物的污染当量值，计算出各污染物的污染当量数为：

二氧化硫污染当量数＝200÷0.95＝210.53。

氟化物污染当量数＝200÷0.87＝229.89。

一氧化碳污染当量数＝300÷16.7＝17.96。

氯化氢污染当量数＝100÷10.75＝9.30。

(2) 按污染当量数排序。

氟化物污染当量数（229.89）＞二氧化硫污染当量数（210.53）＞一氧化碳污染当量数（17.96）＞氯化氢污染当量数（9.30）。

该企业只有一个排放口，排序选取计算前三项污染物为：氟化物、二氧化硫、一氧化碳。

(3) 计算应纳税额。

应纳税额＝（229.89＋210.53＋17.96）×1.5＝687.57（元）。

（二）应税水污染物应纳税额的计算

应税水污染物的应纳税额为污染当量数乘以具体适用税额。

1. 一般水污染物

一般水污染物（包括第一类水污染物和第二类水污染物）的应纳税额为污染当量数乘以具体适用税额。计算公式为：

应税水污染物的应纳税额＝污染当量数×适用税额

【例 10-7】 某化工厂是环境保护税纳税人，该厂仅有一个污水排放口且直接向河流排放污水，已安装使用符合国家规定和监测规范的污染物自动监测设备。检测数据显示，该排放口2018年5月共排放污水10万吨（折合10万立方米），应税污染物为总铅，浓度为0.5毫克/升，计算该化工厂5月份应缴纳的环境保护税（该厂所在省水污染物税率为10元/污染当量，总铅的污染当量值为0.025）。

【答案解析】 计算污染当量数：

总铅污染当量数＝排放总量×浓度值÷当量值＝100 000 000×0.5÷1 000 000÷0.025＝2 000。

应纳税额＝2 000×10＝20 000（元）。

2. PH值、大肠菌群数、余氯量、色度应纳税额的计算

（1）PH值、大肠菌群数、余氯量。

PH值、大肠菌群数、余氯量污染当量数以该污染物的排放量除以该污染物的污染当量值计算。

应纳税额＝污水排放量（吨）÷该污染物的污染当量值（吨）×适用税额

（2）色度。

色度污染当量数以污水排放量（吨）与色度超标倍数的乘积除以色度的污染当量值（吨·倍）计算。计算公式为：

色度污染当量数＝污水排放量（吨）×色度超标倍数÷色度的污染当量值（吨·倍）

应纳税额＝色度的污染当量数×适用税额

3. 适用环境保护税法禽畜养殖业、小型企业和第三产业水污染物应纳税额的计算

（1）禽畜养殖业的水污染物应纳税额。

禽畜养殖业的水污染物应纳税额为污染当量数乘以具体适用税额。其污染当量数以禽畜养殖数量除以污染当量值计算。

【例10-8】 甲养殖场，2018年5月养猪存栏数为200头，污染当量值为1头，假设当地水污染物适用税额为每污染当量3元，计算甲养殖场当月应纳环境保护税税额。

【答案解析】 水污染物当量数＝200÷1＝200。

应纳税额＝200×3＝200（元）。

（2）小型企业和第三产业排放的水污染物应纳税额。

小型企业和第三产业的水污染物应纳税额为污染当量数乘以具体适用税额。其污染当量数以污水排放量（吨）除以污染当量值（吨）计算，计算公式为：

应纳税额＝污水排放量（吨）÷污染当量值（吨）×适用税额

【例10-9】 某餐饮公司，通过安装水流量计测得2018年5月排放污水量为50吨，污染当量值为0.5吨。假设当地水污染适用税额为每污染当量为3元，计算该公司当月应纳环境保护税税额。

【答案解析】 水污染物当量数＝50÷0.5＝100。

应纳税额＝100×3＝300（元）。

（3）医院排放的水污染物应纳税额。

医院排放的水污染物应纳税额为污染当量数乘以具体适用税额。其污染当量数以病床或者污水排放量除以相应的污染当量值计算。计算公式为：

应纳税额＝医院床位数÷污染当量值×适用税额

＝污水排放量÷污染当量值×适用税额

【例 10－10】 某医院，床位 84 张，每月按时消毒，无法计算月污水排放量，污染当量值为 0.14 床，假设当地水污染物适用税额为每污染当量 3 元，计算该医院当月应纳环境保护税税额。

【答案解析】 水污染物当量数＝84÷0.14＝600。

应纳税额＝600×3＝1 800（元）。

（三）应税固体废物应纳税额的计算

应税固体废物的应纳税额为固体废物排放量乘以具体适用税额，其排放量为当期应税固体废物产生量减去当期应税固体废物的贮存量、处置量、综合利用量的余额，计算公式为：

应税固体废物的应纳税额＝(当期固体废物的产生量－当期固体废物的综合利用量－当期固体废物的贮存量－当期固体废物的处置量)×适用税额

【例 10－11】 甲企业 2018 年 8 月产生尾矿 2 000 吨，其中在符合国家和地方环境保护标准的设施贮存 100 吨，综合利用尾矿 500 吨（符合国家相关规定），计算甲企业当月尾矿应纳的环境保护税。（尾矿每污染当量为 15 元）

【答案解析】 应纳税额＝（2 000－100－500）×15＝21 000（元）。

（四）应纳噪声应纳税额的计算

应税噪声的应纳税额为超过国家规定标准的分贝数对应的具体适用税额。

【例 10－12】 某生产企业只有一个生产场所，只在白天生产，边界处声环境功能区类型为 1 类，生产产生噪声为 65 分贝，按国家工业企业噪声排放相关规定，1 类功能区白天噪声排放限值为 55 分贝，当月超标天数为 17 天，计算该企业当月噪声污染应缴纳的环境保护税税额。

【答案解析】 超标分贝数：65－55＝10（分贝）。

根据《环境保护税税目税额表》，可得出企业当月噪声污染应缴纳环境保护税 2 800 元。

五、税收减免

（一）免征环境保护税项目

下列情形，暂予免征环境保护税：

（1）农业生产（不包括规模化养殖）排放应税污染物的。

（2）机动车、铁路机车、非道路移动机械、船舶和航空器等流动污染源排放应税污染物的。

（3）依法设立的城乡污水集中处理、生活垃圾集中处理场所排放相应应税污染物，不超过国家和地方规定的排放标准的。

（4）纳税人综合利用的固体废物，符合国家和地方环境保护标准的。

（5）国务院批准免税的其他情形。

（二）减征税额项目

纳税人排放应税大气污染物或者水污染物的浓度值低于国家和地方规定的污染物排放标准 30％的，减按 75％征收环境保护税。

纳税人排放应税大气污染物或者水污染物的浓度值低于国家和地方规定的污染物排放

标准 50%的，减按 50%征收环境保护税。

六、征收管理

（一）征管方式

环境保护税采用“企业申报、税务征收、环保协同、信息共享”的征管方式。纳税人应当依法如实办理纳税申报，对申报的真实性和完整性承担责任。县级以上地方人民政府应当建立税务机关、生态环境主管部门和其他相关单位分工协作工作机制，加强环境保护税征收管理，保障税款及时足额入库。

生态环境主管部门和税务机关应当建立涉税信息共享平台和工作配合机制。生态环境主管部门应当将排污单位的排污许可、污染物排放数据、环境违法和受行政处罚情况等环境保护相关信息定期交送税务机关。税务机关应当将纳税人的纳税申报、税款入库、减免税额、欠缴税款以及风险疑点等环境保护税涉税信息，定期交送生态环境主管部门。

（二）纳税时间

纳税义务发生时间为纳税人排放应税污染物的当日，环境保护税按月计算，按季申报缴纳。不能按固定期限计算缴纳的，可以按次申报缴纳。纳税人申报缴纳时，应当向税务机关报送所排放应税污染物的种类、数量，大气污染物、水污染物的浓度值，以及税务机关根据实际需要要求纳税人报送的其他纳税资料。

纳税人按季申报缴纳的，应当自季度终了之日起 15 日内，向税务机关办理纳税申报并缴纳税款。纳税人按次申报缴纳的，应当自纳税义务发生之日起 15 日内，向税务机关办理纳税申报并缴纳税款。

（三）复核

税务机关应当将纳税人的纳税申报数据资料与生态环境主管部门交送的相关数据资料进行比对。

税务机关发现纳税人的纳税申报数据资料异常或者纳税人未按照规定期限办理纳税申报的，可以提请生态环境主管部门进行复核，生态环境主管部门应当自收到税务机关的数据资料之日起 15 日内向税务机关出具复核意见。税务机关应当按照生态环境主管部门复核的数据资料调整纳税人的应纳税额。

（四）征收地点

纳税人应当向应税污染物排放地的税务机关申报缴纳环境保护税。

纳税人从事海洋工程向中华人民共和国管辖海域排放应税大气污染物、水污染物或者固体废物，申报缴纳环境保护税的具体办法，由国务院税务主管部门会同国务院生态环境主管部门规定。

纳税人跨区域排放应税污染物，税务机关对税收征收管辖有争议的，由争议各方按照有利于征收管理的原则协商解决。

本章知识小结

1. 掌握印花税的概念、征税对象、纳税义务人、税率、税收优惠、应纳税额的计算、

征收管理。

2. 掌握车辆购置税的概念、征税对象、纳税义务人、税率、税收优惠、应纳税额的计算、征收管理。

3. 掌握环境保护税的概念、征税对象、纳税义务人、税率、税收优惠、应纳税额的计算、征收管理。

业务实训练习

一、单项选择题

1. 下列各项中，不属于印花税应税凭证的是（　　）。

A. 无息、贴息贷款合同

B. 发电厂与电网之间签订的电力购售合同

C. 财产所有人将财产赠与社会福利单位的书据

D. 银行因内部管理需要设置的现金收付登记簿

2. 某学校委托一服装加工企业为其定做一批校服，合同载明原材料金额为 80 万元，由服装加工企业提供，学校另支付加工费 40 万元。服装加工企业的该项业务应缴纳印花税（　　）元。

A. 240　　B. 360　　C. 440　　D. 600

3. 车辆购置税的征税范围不包括（　　）。

A. 非机动车　　B. 摩托车　　C. 电车　　D. 挂车

4. 县级以上人民政府环境保护主管部门及其委托的环境监察机构和其负有环境保护监督管理职责的部门，有权对排放污染物的企业、事业单位和其他生产经营者进行（　　）。

A. 责令停产　　B. 现场检查　　C. 整改教育　　D. 罚款

5.（　　）应当采取措施，组织对生活废弃物的分类处置、回收和利用。

A. 国务院　　B. 省、自治区、直辖市人民政府

C. 县级人民政府　　D. 地方各级人民政府

6. 纳税人排放应税大气污染物或者水污染物的浓度值低于国家和地方规定的污染物排放标准（　　）的，减按 75%征收环境保护税。

A. 15%　　B. 20%　　C. 25%　　D. 30%

7. 纳税人排放应税大气污染物或者水污染物的浓度值低于国家和地方规定的污染物排放标准（　　）的，减按 50%征收环境保护税。

A. 30%　　B. 40%　　C. 50%　　D. 60%

二、多项选择题

1. 下列各项中，符合印花税有关规定的是（　　）。

A. 企业债权转股权新增加的资金应贴花

B. 企业改制中经评估增加的资金应贴花

C. 企业因改制签订的产权转移书据应贴花

D. 以合并方式成立的新企业其资金账簿的资金原已贴花部分不再贴花

2. 下列应税凭证的计税依据分别为（　　）。

A. 购买股权转让书据，为书立当日证券市场成交价格

B. 货物运输合同，为运输、保险、装卸等各项费用合计

C. 融资租赁合同为租赁费

D. 以物易物的购销合同为合同所载的购销金额合计

3. 甲公司于 8 月与乙公司签订了数份以货易货合同，以共计 750 000 元的钢材换取 650 000 元的水泥，甲公司取得差价 100 000 元。下列各项中表述正确的是（　　）。

A. 甲公司 8 月应缴纳的印花税为 225 元

B. 甲公司 8 月应缴纳的印花税为 420 元

C. 甲公司可对易货合同采用汇总方式缴纳印花税

D. 甲公司可对易货合同采用汇贴方式缴纳印花税

4. 关于车辆购置税计税依据的说法，错误的是（　　）。

A. 纳税人购买自用应税车辆的计税价格为不含增值税的计税价格

B. 纳税人进口自用应税车辆以关税完税价格为计税依据

C. 纳税人自产自用的应税车辆参照同类型新车的价格核定

D. 受赠使用的车辆按同类最低计税价格的 70%为计税依据

5. 下列情形，属于暂予免征环境保护税的是（　　）。

A. 农业生产（不包括规模化养殖）排放应税污染物的

B. 机动车、铁路机车、非道路移动机械、船舶和航空器等流动污染源排放应税污染物的

C. 依法设立的城乡污水集中处理、生活垃圾集中处理场所排放相应应税污染物，不超过国家和地方规定的排放标准的

D. 纳税人综合利用的固体废物，符合国家和地方环境保护标准的（如用工业废渣制成环保砖）

三、判断题

1. 车辆购置税实行从价和从量相结合的计税方法。（　　）

2. 车辆购置税实行一次征收制度。（　　）

3. 纳税人购置应税车辆，应当向纳税人所在地的主管税务机关申报缴纳车辆购置税。（　　）

4. 县级以上人民政府应当将环境保护工作纳入国民经济和社会发展规划。（　　）

5. 引进外来物种以及研究、开发和利用生物技术，不用任何补救措施，改善环境质量。（　　）

6. 排放污染物的企业、事业单位和其他生产经营者，应当按照国家有关规定缴纳排污费，依照法律规定征收环境保护税的，不再征收排污费。（　　）

7. 环境保护坚持保护优先、预防为主、综合治理、公众参与、损害担责的原则。（　　）

四、计算题

1. 某交通运输企业 2018 年 12 月签订以下合同：

（1）与某银行签订融资租赁合同租赁新车 15 辆，合同载明租赁期限为 3 年，每年支

付租金 100 万元。

（2）与某客户签订货物运输合同，合同载明货物价值 500 万元，运输费用 65 万元（含装卸费 5 万元，货物保险费 10 万元）。

（3）与某运输企业签订租赁合同，合同载明将本企业闲置的总价值 300 万元的 10 辆货车出租，每辆车月租金 4 000 元，租期未定。

（4）与某保险公司签订保险合同，合同载明为本企业的 50 辆车上第三方责任险，每辆车每年支付保险费 4 000 元。

要求：计算该企业当月应缴纳的印花税税额。

2. 甲公司购买一辆本单位自用轿车，支付含增值税的价款 175 500 元，另支付购置工具件和零配件价款 2 340 元，车辆装饰费 4 000 元，支付销售公司代收保险费等 5 000 元，支付的各项价款均由销售公司开具统一发票。

要求：计算甲公司应缴纳的车辆购置税。

3. 某企业 2018 年 8 月向大气直接排放二氧化硫、氟化物各 10 千克，一氧化碳、氯化氢各 100 千克。假设大气污染物每污染当量税额按环境保护税税目税额表最低标准 1.2 元计算，该企业只有一个排放口。

要求：计算企业 8 月大气污染物应缴纳的环境保护税税额。（结果保留两位小数）

第十一章 税收征收管理法

【教学目标】

1. 掌握办理税务登记的一般程序。
2. 掌握账簿凭证管理的基本内容。
3. 熟悉税款征收制度。
4. 熟悉税务检查的范围和程序。
5. 熟悉税收违法行为及其处罚办法。

【重难点】

税务检查的程序、税收违法行为及处罚办法。

第一节 税收征收管理法概述

税收征收管理法是一部有关税收征收管理等规定的法律规范总称。包括税收征收管理法及税收管理的有关法律、法规和规章。2001 年 4 月 28 日第九届全国人民代表大会常务委员会第二十一次会议通过了修订后的《中华人民共和国税收征收管理法》（以下简称《税收征收管理法》），并于 2001 年 5 月 1 日起施行。2013 年和 2015 年全国人民代表大会常务委员会对其又进行了两次修订。

一、税收征收管理法的立法目的

《税收征收管理法》第一条规定：“为了加强税收征收管理，规范税收征收和缴纳行为，保障国家税收收入，保护纳税人的合法权益，促进经济和社会发展，制定本法。”此条规定对《税收征收管理法》的立法目的做了高度概括。

（一）加强税收征收管理

税收征收管理是国家征税机关依据国家税收法律、行政法规的规定，按照统一的标准，通过一定的程序，对纳税人应纳税额组织入库的一种行政活动，是国家将税收政策贯彻实施到每个纳税人，有效地组织税收收入及时、足额入库的一系列活动的总称。税收征管工作的好坏，直接关系到税收职能作用能否很好地发挥。理所当然，加强税收征收管理，成为《税收征收管理法》立法的首要目的。

（二）规范税收征收和缴纳行为

《税收征收管理法》要为税务机关、税务人员依法行政提供标准和规范，税务机关、税务人员必须依照该法的规定进行税收征收，其一切行为都要依法进行，违者要承担法律责任；也要为纳税人缴纳税款提供标准和规范，纳税人只有按照法律规定的程序和办法缴纳税款，才能更好地保障自身的权益。因此，在该法中加入“规范税收征收和缴纳行为”的目的，是对依法治国、依法治税思想的深刻理解和运用，为《税收征收管理法》其他条款的修订指明了方向。

（三）保障国家税收收入

税收收入是国家财政的主要来源，组织税收收入是税收的基本职能之一。《税收征收管理法》是税收征收管理的标准和规范，其根本目的是保证税收收入的及时、足额入库。

（四）保护纳税人的合法权益

税收征收管理作为国家的行政行为，一方面要维护国家的利益，另一方面要保护纳税人的合法权益不受侵犯。纳税人按照国家税收法律、行政法规的规定缴纳税款之外的任何其他款项，都是对纳税人合法权益的侵害。

（五）促进经济发展和社会进步

税收是国家宏观调控的重要杠杆，《税收征收管理法》是市场经济的重要法律规范，这就要求税收征收管理的措施，如税务登记、纳税申报、税款征收、税收检查以及税收政策等以促进经济发展和社会进步为目标，方便纳税人，保护纳税人。因此，在该法中加入“促进经济和社会发展”的目的，表明了税收征收管理的历史使命和前进方向。

二、税收征收管理法的适用范围

《税收征收管理法》第二条规定：“凡依法由税务机关征收的各种税收的征收管理，均适用本法。”这明确界定了《税收征收管理法》的适用范围。

我国税收的征收机关有税务、海关、财政等部门，税务机关征收各种工商税收，海关征收关税。《税收征收管理法》只适用于由税务机关负责征收的各种税收的征收管理。海关征收的关税及代征的增值税、消费税，适用其他法律法规的规定。

值得注意的是，目前还有一部分政府收费由税务机关征收，如教育费附加。这些费不适用《税收征收管理法》，对其不能采取《税收征收管理法》规定的措施，其具体管理办法由收费的条例和规章决定。

三、税收征收管理法的遵守主体

（一）税务行政主体——税务机关

税务机关是指各级税务局、税务分局、税务所和省以下税务局的稽查局。稽查局专司偷税、逃避追缴欠税、骗税、抗税案件的查处。国家税务总局明确划分了税务局和稽查局的职责，避免职责交叉。

（二）税务行政管理相对人——纳税人、扣缴义务人和其他有关单位

纳税人、扣缴义务人和其他有关单位是税务行政管理的相对人，是《税收征收管理法》的遵守主体，必须按照《税收征收管理法》的有关规定接受税务管理，享受合法权益。纳税人、扣缴义务人和其他有关单位必须依照法律、行政法规的规定缴纳税款、代扣

代缴、代收代缴税款。

（三）有关单位和部门

地方各级人民政府应当依法加强对本行政区域内税收征收管理工作的领导或者协调，支持税务机关依法执行职务，依照法定税率计算税额，依法征收税款。

各有关部门和单位应当支持、协助税务机关依法执行职务。

税务机关依法执行职务，任何单位和个人不得阻挠。

第二节　税务管理

税务管理是指税收管理机关为了贯彻、执行国家税收政策法规，加强税收工作，协调征税关系而开展的一项有目的的管理活动。税务管理是依据宏观经济规律和税收分配特点，对税收分配的全过程进行管理，是整个税收征收管理工作的基础环节。税务管理主要包括以下几部分内容：税务登记管理、账证管理、纳税申报管理、发票管理等。

一、税务登记管理

税务登记是税务机关对纳税人生产经营进行管理的首要环节和基础工作，是征纳双方法律关系成立的依据和证明。税务登记证有正本、副本。正本、副本具有同样的法律效力，正本由纳税人保存，副本供纳税人办理有关税务事宜时使用。如开立银行账户；申请减税、免税、退税；申请办理延期申报、延期缴纳税款；领购发票；申请开具外出经营活动税收管理证明；办理停业、歇业等都需要出示税务登记证。

我国税务登记种类大体包括：开业税务登记；变更税务登记；注销税务登记；停业、复业登记等。

（一）开业税务登记

1. 开业税务登记的对象

《税收征收管理法》规定：企业，企业在外地设立的分支机构和从事生产、经营的场所，个体工商户和从事生产、经营的事业单位（以下统称从事生产、经营的纳税人）自领取营业执照之日起 30 日内，持有关证件，向税务机关申报办理税务登记。税务机关应当于收到申报的当日办理登记，并发给税务登记证件。

主要对象分两类：一类是领取营业执照从事生产经营活动的纳税人，包括企业、企业在外地设立的分支机构和从事生产经营的场所、个体工商户、从事生产经营的机关团体、部队、学校和其他事业单位。另一类是其他纳税人，主要是指不从事生产经营活动，但依法负有纳税义务的单位和个人，除临时取得应税收入或发生应税行为的，也应该按照规定向税务机关办理税务登记。此外，负有代扣代缴或者代收代缴税款的扣缴义务人，也应该依法办理扣缴税款登记。

2. 开业税务登记的时间和地点

（1）有营业执照的纳税人：自领取营业执照之日起 30 日内。

（2）其他纳税人：自有关部门批准之日或成为法定纳税人之日起 30 日内。

（3）纳税人所属跨地、区的非独立核算分支机构，除由其总机构申报办理税务登记外，也应自设立之日起 30 日内，向所在地税务机关办理注册税务登记。

（4）扣缴义务人应当自扣缴义务发生之日起 30 日内，向所在地的主管税务机关申报办理扣缴税款登记，领取扣缴税款登记证件；税务机关对已办理税务登记的扣缴义务人，可以只在其税务登记证件上登记扣缴税款事项，不再发给扣缴税款登记证件。

（5）从事生产、经营的纳税人到外县（市）临时从事生产、经营活动的，应当持税务登记证副本和所在地税务机关填开的外出经营活动税收管理证明，向营业地税务机关报验登记，接受税务管理。外出经营在同一地累计超过 180 天的，应当在营业地办理税务登记手续。

3. 开业税务登记的程序

（1）申请：纳税人领取税务登记表或者注册税务登记表后，应当按照规定内容逐项如实填写，并加盖企业印章，经法定代表人签字或业主签字后，将税务登记表或者注册税务登记表报送主管国家税务机关。企业在外地设立的分支机构或者从事生产、经营的场所，还应当按照规定内容逐项如实填报总机构名称、地址、法定代表人、主要业务范围、财务负责人等。

（2）设立税务登记需提交的资料：

1）纳税人办理设立税务登记填写完整的“设立税务登记申请”。

2）营业（临时营业）执照副本或其他核准执业证件、许可证的原件及其复印件（外商投资企业还应提供有关部门的批准证书复印件）。

3）组织机构统一代码证书副本原件及其复印件、组织机构代码卡原件。

4）有关合同（承包、承租合同）、章程、协议书及其复印件（改制改组企业还须提供有关改制改组的批文原件及复印件）。

5）法定代表人（负责人）或业主的居民身份证、护照或其他证明身份的合法证件原件及其复印件。

6）分支机构需提供总机构的营业执照和税务登记证副本复印件以及总机构章程复印件。

7）生产经营场所产权证或房地产租赁合同原件及其复印件。

8）纳税人有房屋、土地、车船的，应填写各类房屋、土地、车船登记表，并提供房屋产权证、土地使用证、机动车行驶证、船舶所有权登记证书、船舶国籍证书等证件的原件及其复印件。

（3）税务登记表的受理、审核。

1）受理。税务机关对申请办理税务登记的单位和个人所提供的申请税务登记报告书，及要求报送的各种附列资料、证件进行查验，只有手续完备、符合要求的，方可受理登记，并根据其经济类型发给相应的税务登记表。

2）审核。税务登记审核工作，既是税务机关税务登记工作的开始，也是税务登记管理工作的关键。为此加强税务登记申请的审核就显得十分必要。通过税务登记申请的审核，可以发现应申报办理税务登记户数，实际办理登记户数，进而掌握申报办理税务登记户的行业构成等税务管理信息。

（4）税务登记证的核发。

税务机关对纳税人填报的税务登记表及附送资料、证件审核无误的，税务机关应当日办理并发放税务登记证件。纳税人提交的证件和资料不齐全或税务登记表的填写内容不符合规定的，税务机关应当场通知其补正或重新填报。

根据2014年《国家税务总局关于推进工商营业执照、组织机构代码证和税务登记证“三证合一”改革的若干意见》，税务登记证和工商营业执照、组织机构代码证实行“三证合一”，由“三证联办”和“一证三码”逐渐发展为“一证一码”。“三证联办”是指工商、质监、税务部门实现工商营业执照、组织机构代码和税务登记证“三证”联办同发。“一证三码”是工商、质监、税务部门的营业执照、组织机构代码证和税务登记证共同赋码，向市场主体发放包含“三证”功能三个代码的证照，简称“一证三码”。

根据国家税务总局2016年《关于明确社会组织等纳税人使用统一社会信用代码及办理税务登记有关问题的通知》，对于2016年1月1日以后在机构编制、民政部门登记设立并取得统一社会信用代码的纳税人，以18位统一社会信用代码为其纳税人识别号，按照现行规定办理税务登记，发放税务登记证件。

（二）变更税务登记

纳税人在办理税务登记之后，遇有改变单位名称或法定代表人；改变经济性质或经济类型、改变住所和经营地点（不涉及主管税务机关变动的）、改变生产经营或经营方式、增减注册资金（资本）、改变隶属关系、改变生产经营期限、改变或增减银行账号、改变生产经营权属以及改变其他税务登记内容的，需要办理变更税务登记。

纳税人应当自工商部门办理变更登记之日起30日内；不需要在工商行政管理机关办理注册登记的，应当自有关机关批准或者发布变更之日起30日内，持有关证件向原税务机关申报办理变更税务登记。

1. 变更税务登记的程序、方法

（1）申请。纳税人申请办理变更税务登记时，应向主管税务机关领取“税务登记变更表”，如实填写变更登记事项，变更登记前后的具体内容。

（2）提供相关证件、资料。

（3）税务登记变更的内容，主要包括纳税人名称、变更项目、变更前内容、变更后内容和上缴的证件情况。

（4）受理。税务机关对纳税人填报的表格及提交的附列资料、证件要进行认真审阅，在符合要求及资料证件提交齐全的情况下，予以受理。

（5）审核。主管税务机关对纳税人报送的已填登完毕的变更表及相关资料，进行分类审核。

（6）发证。税务机关应当于受理当日办理变更税务登记。纳税人税务登记表和税务登记证中的内容都发生变更的，税务机关按变更后的内容重新发放税务登记证件；纳税人税务登记表的内容发生变更而税务登记证中的内容未发生变更的，税务机关不重新发放税务登记证件。

2. 变更税务登记需要提供的资料

（1）“变更税务登记表”一式三份。

（2）变更后工商营业执照或其他核准执业证书原件及复印件一式两份。

（3）变更后代码证原件及复印件一式两份（名称、经营期限、地址变更的）。

（4）税务登记证正、副本原件（涉及证件项目内容变更的）。

（5）外经委批复、批准证书原件及复印件一式两份（外资企业变更需提供）。

(6) 股东会决议、章程修正案(涉及章程内容变更的)复印件各一式两份。

(7) 变更法定代表人(负责人):变更后的法定代表人(负责人)身份证件原件及复印件一式三份。

(8) 变更经济性质、股权、注册资金或投资比例:股权转让协议一式两份、验资报告原件及复印件一式两份。

(9) 变更地址:“房屋、土地、车船情况登记表”一份;变更后的企业经营地址证明材料:

1) 自有房产,提供自有房产的房产证、土地使用证复印件各一式两份。

2) 承租房产,提供租赁合同、出租方房产证、土地使用证复印件各一式两份。

(10) 工商行政管理局“准予变更通知书”。

(11) 其他有关证明资料一式两份。

(三) 注销税务登记

纳税人发生改组、分解、合并等原因被撤销、破产、吊销营业执照等依法终止纳税义务的需要办理注销税务登记。纳税人依法终止纳税义务时,应当在申报办理注销工商登记前,先向原税务登记机关申报办理注销税务登记;对按规定需在工商行政管理机关办理注销登记的,应当在有关机关批准或宣告之日起 15 日内申报办理注销税务登记。对被吊销营业执照的纳税人,应当自营业执照被吊销之日起 15 日内,向原税务登记机关申报办理注销税务登记。纳税人在办理注销税务登记前,应当向税务机关结清应纳税款、滞纳金、罚款,缴销发票和其他税务证件。

(四) 停业、复业登记

实行定期定额征收方式的纳税人,在营业执照核准的经营期限内需要停业的,应当向税务机关提出停业登记,说明停业的理由,时间,停业前的纳税情况和发票的领、用、存情况,并如实填写申请停业登记表。纳税人的停业期限不得超过一年,税务机关经过审核,应当责成申请停业的纳税人结清税款并收回税务登记证件、发票领购簿和发票,办理停业登记。纳税人停业期间发生的纳税义务,应当及时向主管税务机关申报,依法补缴应纳税款。

纳税人应当于恢复生产、经营之前,向税务机关提出复业登记申请,于确认后,办理复业登记,领回或启用税务登记证件、发票领购簿和领购的发票,纳入正常管理。

纳税人停业期满不能及时恢复生产的,应当在停业期满前到税务机关办理延长停业登记,并如实填写“停业复业报告书”。纳税人停业期满未按期复业又不申请延长停业的,税务机关应当视为已恢复营业,实施正常的税收征收管理。

二、账簿、凭证管理

账簿是用以全面、系统、连续记录各项经济业务的簿籍,是编制财务报表的依据,也是保存会计资料的重要工具。凭证是能够用来证明经济业务事项发生、明确经济责任并据以登记账簿、具有法律效力的书面证明。因此,对账簿和凭证的管理对于依法征税、依法纳税和税收征收管理的继续有重要意义。

(一) 对账簿、凭证设置的管理

从事生产、经营的纳税人应当自领取营业执照之日起 15 日内,按照规定设置总账、

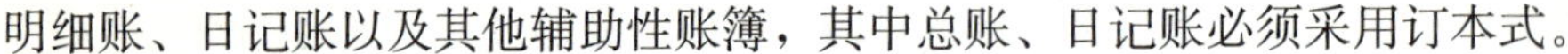

明细账、日记账以及其他辅助性账簿，其中总账、日记账必须采用订本式。

生产、经营规模小又确无建账能力的纳税人，可以聘请经批准从事会计代理记账业务的专业机构或者经税务机关认可的财会人员代为建账和办理账务；聘请上述机构或者人员有实际困难的，经县以上税务机关批准，可以按照税务机关的规定建立收支凭证粘贴簿、进货销货登记簿或者使用税控装置。

扣缴义务人应当自税收法律、行政法规规定的扣缴义务发生之日起 10 日内，按照所代扣、代收的税种，分别设置代扣代缴、代收代缴税款账簿。

纳税人、扣缴义务人采用计算机记账的，对于会计制度健全，能够通过计算机正确、完整计算其收入、所得的，其计算机储存和输出的会计记录，可视同会计账簿，但应按期打印成书面记录并完整保存；对于会计制度不健全，不能通过计算机正确、完整反映其收入、所得的，应当建立总账和与纳税或者代扣代缴、代收代缴税款有关的其他账簿。

（二）账簿、凭证的保管期限

账簿、记账凭证、报表、完税凭证、发票、出口凭证以及其他有关涉税资料的保管期限，除另有规定者外，应当保存 10 年。

三、纳税申报管理

纳税申报是指纳税人按照税法规定的期限和内容，向主管税务机关提交有关纳税书面报告的法律行为，是纳税人履行纳税义务、界定纳税人法律责任的主要依据，是税务机关税收管理信息的主要来源和税务管理的重要制度。

（一）纳税申报的对象

纳税申报对象为负有纳税义务的单位和个人；临时取得应税收入或发生应税行为的纳税人；扣缴义务人；享受减税、免税待遇的纳税人。

（二）纳税申报的内容

纳税的申报内容，主要指税种，税目，应纳税项目或者应代扣代缴、代收代缴税款项目，计税依据，扣除项目及标准，适用税率或者单位税额，应退税项目及税额、应减免税项目及税额，应纳税额或者应代扣代缴、代收代缴税额，税款所属期限、延期缴纳税款、欠税、滞纳金等。

（三）纳税申报的期限

纳税申报期限是指在在发生纳税义务后，纳税人、扣缴义务人必须按照法律、行政法规的规定或者税务机关依据法律、行政法规的规定确定的应纳或应缴税款的期限内到税务机关办理纳税申报。因各税种情况不同及税务机关的工作安排，各税种的申报期限也有所不同，在确定申报期限时，必然涉及纳税义务发生时间和纳税期限的确定问题。纳税人办理纳税申报期限的最后一天，如遇公休假日，可以顺延。公休假日指元旦、春节、“五一”国际劳动节、国庆节以及双休日。

根据《税收征收管理法》第二十七条的规定，纳税人、扣缴义务人不能按期办理纳税申报或者报送代扣代缴、代收代缴税款报告表的，经税务机关核准，可以延期申报。经核准延期办理前款规定的申报、报送事项的，应当在纳税期内按照上期实际缴纳的税额或者税务机关核定的税额预缴税款，并在核准的延期内办理税款结算。需要注意的是，纳税人在纳税期限内，无论有无应税收入、所得及其他应税项目，均须在规定的申报期限内，持

纳税申报表、财务会计报表及其他纳税资料，向税务机关办理纳税申报；扣缴义务人在扣缴税款期内无论有无代扣、代收税款，均须在规定的期限内，持代扣代缴、代收代缴税款报告表及其他有关资料，向税务机关办理扣缴税款报告。

（四）纳税申报的方式

（1）直接申报，也称上门申报，是纳税人、扣缴义务人在规定的申报期限内，到主管税务机关指定的办税服务场所报送纳税申报表，代扣代缴、代收代缴税款报告表等有关资料。

（2）邮寄申报，是指经税务机关批准的纳税人使用统一规定的纳税申报特快专递专用信封，通过邮政部门办理交寄手续，并以邮政部门收据作为申报凭据的方式。

（3）数据电文申报，是指经税务机关批准的纳税人通过电话语音、电子数据交换和网络传输等形式办理的纳税申报。

除上门申报外，纳税人选择其他申报方式的，应向主管税务机关提出书面申请，经批准后，方可实施。

依据《税收征收管理法》的规定，纳税人从开业（设立）之日起至注销税务登记日期止均要履行纳税申报义务，如实办理纳税申报，报送各税种纳税申报表和其他纳税资料。申报所属期包括：开业（设立）之日起至落户税种登记日期止。为节约办税成本，纳税人如连续多个属期零申报的，可以将多个属期汇总一份申报表进行纳税申报。实行定期定额缴纳税款的纳税人，可以实行简易申报、简并征期等申报纳税方式。

四、发票管理

（一）发票的印制和领购管理

税务机关是发票的主管机关，负责发票的印制、领购、开具、取得、保管、缴销的管理和监督。

增值税专用发票由国务院税务主管部门指定的企业印制；其他发票按照国务院税务主管部门的规定，分别由省、自治区、直辖市国家税务局、地方税务局指定企业印制。

依法办理税务登记的单位和个人，在领取税务登记证后，向主管税务机关申请领购发票。对无固定经营场地或者财务制度不健全的纳税人申请领购发票，主管税务机关有权要求其提供担保人，不能提供担保人的，可以视其情况，要求其提供保证金，并限期缴销发票。

（二）发票的开具、使用、取得的管理

《税收征收管理法》第二十一条规定，单位、个人在购销商品、提供或者接受经营服务以及从事其他经营活动中，应当按照规定开具、使用、取得发票。

普通发票的开具、使用和取得的管理，应该注意以下几点（增值税发票的管理按照增值税有关规定办理）：

（1）销货方按规定填开发票。

（2）购买方按规定索取发票。

（3）纳税人进行电子商务必须开具或取得发票。

（4）发票要全联一次填写。

（5）发票不得跨省、直辖市、自治区使用。发票限于领购单位和个人在本省、自治区、直辖市内开具。发票领购单位未经批准不得跨规定使用区域携带、邮寄、运输空白发票，禁止携带、邮寄或者运输空白发票出入境。

（6）开具发票要加盖财务印章或发票专用章。

（7）开具发票后，如发生销货退回需开红字发票的，必须收回原发票并注明“作废”字样或取得对方有效证明；发生销售折让的，在收回原发票并证明“作废”后，重新开具发票。

（三）发票保管的管理

根据发票管理要求，发票保管分为税务机关保管和用票单位、个人保管两个层次。税务机关内部以及用票单位和个人，均应建立严格的发票保管制度。包括以下几个方面：

（1）专人保管制度，就是要确定专人负责发票管理、日常领发等工作。税务机关以及用票单位和个人应根据实际需要，设置专职发票管理员，明确其工作职责，并严格岗位责任考核。

（2）专库保管制度，就是要有专门的发票存放设施，确保发票的安全。各级税务机关要严格按照规定设立专门存储发票的仓库，并配有必要的防盗、防火、防霉烂毁损、防虫蛀鼠咬、防丢失等安全设施。用票单位和个人也要配备专柜存放发票，并分门别类、按顺序号码存放，以有利于发票的存取和盘查。

（3）专账登记制度，就是要按规定设立专门的账、表反映发票印、领、用、存情况，并由购领人员签章，做到手续齐全、责任清晰。

（4）保管交接制度。发票保管人员发生变化时，应按一定程序办理交接手续：清点库存发票和缴销的发票存根种类和数量；核对发出尚未缴销的发票种类和数量；清点、装订需要移交的有关账表、资料、印章和物品；填写移交清单（一式三份，移交人、接收人、监交人各执一份）。

移交工作由上级主管人员负责监督，如发现移交的资料、物品不符，应责成原发票保管人员限期查明，待查明相符后，方可办理移交手续。未按规定办理移交手续的发票管理人员，不得办理调动手续。

（5）定期盘点制度。各级税务机关及用票单位和个人，应在每月月底对库存未用的发票进行一次清点，填报“普通发票盘存报告表”，确保发票账实相符。市税务局每年应定期或不定期地对所辖的县（市、区）税务局（分局）进行一次账实稽核工作。若有不符，应查明原因，及时作出处理。

（四）发票缴销的管理

发票缴销包括发票收缴和发票销毁。发票收缴是指用票单位和个人按照规定向税务机关上缴已经使用或者未使用的发票；发票销毁是指由税务机关统一将自己或者他人已使用或者未使用的发票进行销毁。发票收缴与发票销毁既有联系又有区别，发票销毁首先必须收缴；但收缴的发票不一定都要销毁，一般都要按照法律法规保存一定时期后才能销毁。

（五）增值税电子普通发票的推广与应用

2015 年 11 月 26 日，国家税务总局发布了《关于推行通过增值税电子发票系统开具的增值税电子普通发票有关问题的公告》，对增值税电子发票的开具和使用提出具体规定。

（1）规定了增值税电子发票系统开具的增值税电子普通发票票样。

（2）增值税电子发票的开票方和受票方需要纸质发票的，可以自行打印增值税电子普通发票的版式文件，其法律效力、基本用途、基本使用规定等与税务机关监制的增值税普

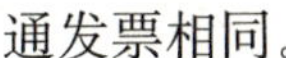

通发票相同。

(3) 增值税电子普通发票的发票代码为12位，编制规则：第1位为0，第2～5位代表省、自治区、直辖市和计划单列市，第6～7位代表年度，第8～10位代表批次，第11～12位代表票种，发票号码为8位，按年度、分批次编制。

第三节　税款征收

税款征收是税收征收管理工作的中心环节，是全部征收管理工作的目的和归宿，在整个税收工作中占据着极其重要的地位。

一、税款征收方式

税款征收方式是指税务机关根据各税种的不同特点、征纳双方的具体条件而确定的计算征收税款的方式和形式，税款征收方式主要有以下几种。

（一）查账征收

查账征收是指税务机关按照纳税人提供的账表所反映的经营情况，依照适用税率计算缴纳税款的方式。这种方式适用于财务会计制度较为健全，能够认真履行纳税义务的纳税单位。

（二）查定征收

查定征收是指由税务机关根据纳税人的从业人员、生产设备、耗用原材料等因素，在正常生产经营条件下，对纳税人生产的应税产品查实核定产量、销售额并据以计算征收税款的一种方式。这种方式一般适用于账册不够健全，但是能够控制原材料或进销货的纳税单位。

（三）查验征收

查验征收是指税务机关对纳税人应税商品，通过查验数量，按市场一般销售单价计算其销售收入并据以征税的方式。这种方式一般适用于经营品种比较单一，经营地点、时间和商品来源不固定的纳税单位，如城乡集贸市场中的临时经营者和火车站、机场、码头、公路交通要道等地方的经营者。

（四）定期定额征收

定期定额征收是指对某些营业额、利润额不能准确计算的小型个体工商业户，采取自报评议，由税务机关定期确定营业额和所得额附征率，多税种合并征收的一种征收方式。这种方式适用于一些无完整考核依据的纳税人。

（五）委托代征税款

委托代征税款是指受委托的有关单位按照税务机关核发的代征证书的要求，以税务机关的名义向纳税人征收一些零星税款的方式。

（六）邮寄纳税

邮寄纳税是指适用于那些有能力按期纳税，但是采用其他方式纳税又不方便的纳税人。

（七）其他方式

如利用网络申报、用IC卡纳税等方式。

二、税款征收制度

（一）代扣代缴、代收代缴税款

代扣代缴是指单位和个人从持有的纳税人收入中扣缴其应纳税款并向税务机关解缴的行为；代收代缴指与纳税人有经济往来关系向纳税人收取其应纳税款并向税务机关解缴的行为。这两种征收方式适用于税源零星分散、不易控管的纳税人。

《税收征收管理法》规定，纳税人、扣缴义务人的纳税申报或者代扣代缴、代收代缴税款报告表的主要内容包括：税种，税目，应纳税项目或者应代扣代缴、代收代缴税款项目，计税依据，扣除项目及标准，适用税率或者单位税额，应退税项目及税额，应减免税项目及税额，应纳税额或者应代扣代缴、代收代缴税额，税款所属期限，延期缴纳税款，欠税，滞纳金等。扣缴义务人办理代扣代缴、代收代缴税款报告时，应当如实填写代扣代缴、代收代缴税款报告表，并报送代扣代缴、代收代缴税款的合法凭证以及税务机关规定的其他有关证件、资料。

（二）延期缴纳税款

纳税人因有特殊困难，不能按期缴纳税款的，经省、自治区、直辖市税务局批准，可以延期缴纳税款，但最长不得超过 3 个月。

特殊困难的主要内容包括：一是因不可抗力导致纳税人发生较大损失，正常生产经营活动受到较大影响的；二是当期货币资金在扣除应付职工工资、社会保险费后，不足以缴纳税款的。所谓“当期货币资金”，是指纳税人申请延期缴纳税款之日的资金余额，其中不含国家法律和行政法规明确规定企业不可动用的资金；“应付职工工资”是指当期计提数。

纳税人在申请延期缴纳税款时应当注意以下几个问题：

（1）纳税人在规定期限内提出书面申请。纳税人需要延期缴纳税款的，应当在缴纳税款期限届满前提出申请，并报送下列材料：申请延期缴纳税款报告、当期货币资金余额情况及所有银行存款账户的对账单、资产负债表、应付职工工资和社会保险费等税务机关要求提供的支出预算。

税务机关应当自收到申请延期缴纳税款报告之日起 20 日内做出批准或者不批准的决定；不予批准的，从缴纳税款期限届满之次日起加收滞纳金。

（2）税款的延期缴纳，必须经省、自治区、直辖市税务局批准，方为有效。

（3）延期期限最长不得超过 3 个月，同一笔税款不得滚动审批。

（4）批准延期内免予加收滞纳金。

（三）税收滞纳金征收

纳税人未按照规定期限缴纳税款的，扣缴义务人未按照规定期限解缴税款的，税务机关除责令限期缴纳外，从滞纳税款之日起，按日加收滞纳税款万分之五的滞纳金。

加收滞纳金的起止时间为法律、行政法规规定或者税务机关依照法律、行政法规的规定确定的税款缴纳期限届满次日起至纳税人、扣缴义务人实际缴纳或者解缴税款之日止。

（四）减免税收

减免税必须有法律、行政法规的明确规定，纳税人申请减免税，应向主管税务机关提出书面申请，并按规定附送有关资料；纳税人在享受减免税待遇期间，仍应按规定办理纳

税申报。

纳税人可以向主管税务机关申请减免税，也可以直接向有权审批的税务机关申请。由纳税人所在地主管税务机关受理、应当由上级税务机关审批的减免税申请，主管税务机关应当自受理申请之日起10个工作日内直接上报有权审批的上级税务机关。

享受减税、免税优惠的纳税人，减税、免税条件发生变化的，应当自发生变化之日起15日内向税务机关报告；不再符合减税、免税条件的，应当依法履行纳税义务；减免期满次日起恢复征税。未依法纳税的，税务机关应当予以追缴。

（五）税收保全措施

税收保全措施是指税务机关对可能由于纳税人的行为或者某种客观原因，致使以后税款的征收不能保证或难以保证的案件，采取限制纳税人处理或转移商品、货物或其他财产的措施。

1. 税收保全措施的适用范围

只适用于从事生产、经营的纳税人。不包括非从事生产、经营的纳税人，也不包括扣缴义务人和纳税担保人。

2. 税收保全措施的主要形式

（1）书面通知纳税人开户银行或其他金融机构冻结纳税人相当于应纳税款的存款。

（2）扣押、查封纳税人的价值相当于应纳税款的商品、货物或其他财产（含房地产、现金、有价证券等）。

3. 实施税收保全措施的前提

必须是在规定的纳税期之前和责令限期缴纳应纳税款的期限内。

4. 税收保全措施的金额限定

（1）冻结纳税人的存款不是冻结其全部存款，只相当于纳税人应纳税款的数额。

（2）扣押查封商品、货物或者其他财产的价值，还应当包括滞纳金和扣押、查封、保管、拍卖、变卖的费用。个人及其所扶养家属维持生活必需的住房和用品，不在税收保全措施的范围之内。生活必需的住房和用品不包括机动车辆、金银饰品、古玩字画、豪华住宅或者一处以外的住房。税务机关对单价5 000元以下的其他生活用品不采取税收保全措施和强制执行措施。

5. 税收保全措施的终止

对实施税收保全措施后，纳税人在规定期限内完税的，即终止税收保全措施，且不会执行税收强制执行措施。

（六）税收强制执行措施

税收强制执行措施是指当事人不履行法律、行政法规规定的义务，有关国家机关采用法定的强制手段，强迫当事人履行义务的行为。

1. 税收强制执行措施的适用范围

适用于从事生产经营的纳税人、扣缴义务人和纳税担保人。

2. 税收强制执行措施的主要形式

（1）书面通知其开户银行或其他金融机构从其存款中扣缴税款。

（2）扣押、查封、拍卖其价值相当于应纳税款的商品、货物或其他财产，以拍卖所得抵缴税款。

第四节　税务检查

一、税务检查的内容

税务检查是对税收征收管理工作的审核与监督。税务人员进行税务检查时，应当出示税务检查证和税务检查通知书；无税务检查证和税务检查通知书的，纳税人、扣缴义务人及其他当事人有权拒绝检查。税务机关对集贸市场及集中经营业户进行检查时，可以使用统一的税务检查通知书。

（1）检查纳税人的账簿、记账凭证、报表和有关资料，检查扣缴义务人代扣代缴、代收代缴税款账簿、记账凭证和有关资料。税务机关按照规定将纳税人、扣缴义务人以前会计年度的账簿、记账凭证、报表和其他有关资料调回税务机关检查的，必须向纳税人、扣缴义务人开付清单，并在3个月内完整退还。有特殊情况的，经设区的市、自治州以上税务局局长批准，税务机关可以将纳税人、扣缴义务人当年的账簿、记账凭证、报表和其他有关资料调回检查，但是税务机关必须在30日内退还。

（2）到纳税人的生产、经营场所和货物存放地检查纳税人应纳税的商品、货物或者其他财产，检查扣缴义务人与代扣代缴、代收代缴税款有关的经营情况。

（3）责成纳税人、扣缴义务人提供与纳税或者代扣代缴、代收代缴税款有关的文件、证明材料和有关资料。

（4）询问纳税人、扣缴义务人与纳税或者代扣代缴、代收代缴税款有关的问题和情况。

（5）到车站、码头、机场、邮政企业及其分支机构检查纳税人托运、邮寄应纳税商品、货物或者其他财产的有关单据、凭证和有关资料。

（6）经县以上税务局（分局）局长批准，凭全国统一格式的检查存款账户许可证明，查询从事生产、经营的纳税人、扣缴义务人在银行或者其他金融机构的存款账户。

税务机关在调查税收违法案件时，经所在的市、自治州以上税务局（分局）局长批准，可以查询案件涉嫌人员的储蓄存款。税务机关查询所获得的资料，不得用于税收以外的用途，并有责任为被检查人保守秘密。

二、税务检查的形式

（一）重点检查

重点检查是指对公民举报、上级机关交办或有关部门转来的有偷税行为或偷税嫌疑的，纳税申报与实际生产经营情况有明显不符的纳税人及有普遍逃税行为的行业的检查。

（二）分类计划检查

分类计划检查是指根据纳税人历来纳税情况、纳税人的纳税规模及税务检查间隔时间的长短等综合因素，按事先确定的纳税人分类、计划检查时间及检查频率进行的检查。

（三）集中性检查

集中性检查是指税务机关在一定时间、一定范围内，统一安排、统一组织的税务检查，这种检查一般规模比较大，全国范围内的税收、财务大检查就属于这类检查。

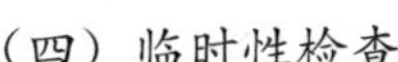

（四）临时性检查

临时性检查是指由各级税务机关根据不同的经济形势、偷逃税趋势、税收任务完成情况等综合因素，在正常的检查计划之外安排的检查。如行业解剖、典型调查性的检查等。

（五）专项检查

专项检查是指对特定行业或某类纳税人进行的重点检查，它是对根据特定目的和要求而被挑选出来的纳税人、扣缴义务人所进行的某个方面或某些方面的检查，如增值税专用发票的检查、商业企业增值税的检查等。这类检查具有以下特点：

（1）检查对象是根据特定目的而被挑选出来的。

（2）检查的内容和范围侧重在某个方面或者某一类问题上，而不是全面的、综合的。

（3）检查的目的是对税收征收或管理中问题比较突出的某个方面或某些方面予以揭露，以加强这些方面的税收征收管理工作。

（4）检查的时间和检查的所属期间是特定的。

第五节　税收法律责任

一、违反税务管理基本规定行为的处罚

（1）纳税人有下列行为之一的，由税务机关责令限期改正，逾期不改正的，可以处以2 000元以下的罚款；情节严重的，处以2 000元以上、10 000元以下的罚款：

1）未按规定的期限办理税务登记、变更或者注销登记的。

2）未按规定设置、保管账簿或者保管记账凭证和有关资料的。

3）未按规定将财务、会计制度或者财务、会计处理办法和会计核算软件报送税务机关备查的。

4）未按照规定将其全部银行账号向税务机关报告的。

5）未按照规定安装、使用税控装置，或者损毁或者擅自改动税控装置的。

（2）纳税人不办理税务登记的，由税务机关责令限期改正；逾期不改正的，经税务机关提请，由工商行政管理机关吊销其营业执照。

（3）纳税人通过提供虚假的证明资料等手段，骗取税务登记证的，处2 000元以下的罚款，情节严重的，处2 000元以上、10 000元以下的罚款。纳税人涉嫌其他违法行为的，按有关法律、行政法规处理。

（4）扣缴义务人未按规定办理扣缴税款登记的，税务机关应当自发现之日起3日内责令其限期改正，并可处以1 000元以下罚款。

（5）扣缴义务人未按规定设置、保管代扣代缴、代收代缴税款账簿或者保管代扣代缴、代收代缴税款记账凭证及有关资料的，由税务机关责令限期改正，可以处以2 000元以下的罚款；情节严重的，处以2 000元以上、5 000元以下的罚款。

（6）纳税人未按规定的期限办理纳税申报的，或者扣缴义务人未按规定的期限向税务机关报送代扣代缴、代收代缴税款报告表的，由税务机关责令限期改正，可以处以2 000元以下的罚款；逾期不改的，可以处以2 000元以上、10 000元以下的罚款。

（7）对偷税行为的处罚。偷税是纳税人采取伪造、变造、隐匿、擅自销毁账簿、记账凭证，在账簿上多列支出或者不列、少列收入，或者进行虚假的纳税申报手段，不缴或者

少缴税款的行为。对纳税人偷税的，由税务机关追缴其不缴或者少缴的税款、滞纳金，并处不缴或少缴的税款50%以上、5倍以下的罚款；构成犯罪的，依法追究刑事责任。扣缴义务人采取上述手段，也给予同样的处罚。

(8) 进行虚假申报或不进行申报行为的法律责任：纳税人、扣缴义务人编造虚假计税依据的，由税务机关责令限期改正，并处50 000元以下的罚款。

(9) 逃避追缴欠税的法律责任。纳税人欠缴应纳税款，采取转移或者隐匿财产的手段，由税务机关追缴欠缴的税款、滞纳金，并处欠缴税款50%以上、5倍以下的罚款；构成犯罪的，依法追究刑事责任。

纳税人欠缴应纳税款，采取转移或者隐匿财产的手段，致使税务机关无法追缴欠缴的税款，数额在1万元以上，不满10万元的，处3年以下有期徒刑或者拘役，并处或者单处欠缴税款1倍以上、5倍以下罚金；数额在10万元以上的，处3年以上、7年以下有期徒刑，并处欠缴税款1倍以上、5倍以下罚金。

(10) 骗取出口退税的法律责任。

以假报出口或者其他欺骗手段，骗取国家出口退税款，数额较大的，处5年以下有期徒刑或者拘役，并处骗取税款1倍以上、5倍以下罚金；数额巨大或者有其他严重情节的，处5年以上、10年以下有期徒刑，并处骗取税款1倍以上、5倍以下罚金；数额特别巨大或者有其他特别严重情节的，处10年以上有期徒刑或者无期徒刑，并处骗取税款1倍以上、5倍以下罚金或者没收财产。

(11) 抗税的法律责任。以暴力、威胁方法拒不缴纳税款的，是抗税。除由税务机关追缴其拒缴的税款、滞纳金外，依法追究刑事责任。情节轻微，未构成犯罪的，由税务机关追缴其拒缴的税款、滞纳金，并处拒缴税款1倍以上、5倍以下的罚款。

以暴力、威胁力抗法，拒不缴纳税款的，处3年以下有期徒刑或者拘役，并处拒缴税款1倍以上、5倍以下罚金；情节严重的，处3年以上、7年以下有期徒刑，并处拒缴税款1倍以上、5倍以下罚金。

(12) 纳税人、扣缴义务人的开户银行或者其他金融机构拒绝接受税务机关依法检查纳税人、扣缴义务人存款账户，或者拒绝执行税务机关做出的冻结存款或者扣缴税款的决定，或者在接到税务机关的书面通知后帮助纳税人、扣缴义务人转移存款，造成税款流失的，由税务机关处以10万元以上、50万元以下的罚款，对直接负责的主管人员和其他直接责任人员处以100元以上、1万元以下的罚款。

二、税务机关、税务人员违反税法的法律责任

(1) 税务机关违反规定擅自改变税收征收管理范围和税款入库预算级次的，责令限期改正，对直接负责的主管人员和其他直接责任人员依法给予降级或者撤职的行政处分。

(2) 税务人员徇私舞弊，对依法应当移交司法机关追究刑事责任的不移交，情节严重的，依法追究刑事责任。

(3) 税务人员渎职的法律责任。

1) 税务人员利用职务上的便利，收受或者索取纳税人、扣缴义务人财物或者谋取其他不正当利益，构成犯罪的，依法追究刑事责任；尚不构成犯罪的，依法给予行政处分。

2）税务人员徇私舞弊或者玩忽职守，不征或者少征应征税款，致使国家税收遭受重大损失，构成犯罪的，依法追究刑事责任；尚不构成犯罪的，依法给予行政处分。

3）税务人员滥用职权，故意刁难纳税人、扣缴义务人的，调离税收工作岗位，并依法给予行政处分。

4）税务人员对控告、检举税收违法违纪行为的纳税人、扣缴义务人以及其他检举人进行打击报复的，依法给予行政处分；构成犯罪的，依法追究刑事责任。税务人员违反法律、行政法规的规定，故意高估或者低估农业税计税产量，致使多征或者少征税款，侵犯农民合法权益或者损害国家利益，构成犯罪的，依法追究刑事责任；尚不构成犯罪的，依法给予行政处分。

5）税务人员在征收税款或者查处税收违法案件时，未按照《税收征收管理法》的规定进行回避的，对直接负责的主管人员和其他直接责任人员，依法给予行政处分。未按照《税收征收管理法》的规定为纳税人、扣缴义务人、检举人保密的，对直接负责的主管人员和其他直接责任人员，由所在单位或者有关单位依法给予行政处分。

本章知识小结

1. 掌握《税收征收管理法》的立法目的、适用范围、遵守主体。
2. 了解税务登记管理、账簿凭证管理、发票管理、纳税申报管理。
3. 了解税收征收方式及税款征收制度。
4. 熟悉税务检查的内容和形式。
5. 了解违反税务管理规定的行为处罚；税务机关、税务人员违法的法律责任。

业务实训练习

一、单项选择题

1. 从事生产、经营的纳税人领取工商营业执照的，应当自领取工商营业执照（　　）申报办理税务登记。

A. 之日起 30 日内　　B. 次日起 30 日内

C. 之日起 3 个月内　　D. 次日起 3 个月内

2. 从事生产、经营的纳税人未办理工商营业执照也未经有关部门批准设立的，应当自纳税义务发生之日起（　　）日内申报办理税务登记，税务机关核发临时税务登记证及副本。

A. 60　　B. 30　　C. 15　　D. 10

3. 从事生产、经营的纳税人外出经营，在同一地累计超过（　　）天的，应当在营业地办理税务登记手续。

A. 90　　B. 180　　C. 360　　D. 30

4. 下列不属于变更税务登记的事项是（　　）。

A. 纳税人因经营地点的迁移而要改变原主管税务机关的

B. 改变法定代表人

C. 增减注册资金

D. 改变开户银行账号

5.《税务登记管理办法》规定，停业后要求恢复经营的纳税人应当于（　　）向税务机关申报办理复业登记。

A. 恢复生产经营后 30 日之内　　B. 恢复生产经营后 15 日之内

C. 恢复生产经营后 10 日之内　　D. 恢复生产经营之前

6. 纳税人被工商行政管理机关吊销营业执照或者被其他机关予以撤销登记的，应当自营业执照被吊销或者被撤销登记之日起（　　）日内，向原税务登记机关申报办理注销税务登记。

A. 30　　B. 15　　C. 10　　D. 45

7. 纳税人到外县（市）从事生产经营活动的，应当向（　　）税务机关报验登记。

A. 所在地　　B. 主管地　　C. 营业地　　D. 注册地

8. 纳税人遗失税务登记证件的，应当在（　　）天内书面报告主管税务机关，并登报声明作废。

A. 10　　B. 15　　C. 30　　D. 60

9. 纳税人未按照规定的纳税期限申报办理税务登记、变更或者注销税务登记的，税务机关应当向纳税人发出责令限期改正通知书，限期改正。逾期不改的处以（　　）罚款，情节严重的处以（　　）罚款。

A. 2 000 元以下；2 000 元到 10 000 元

B. 2 000 元以下；2 000 元到 20 000 元

C. 5 000 元以下；5 000 元到 20 000 元

D. 3 000 元以下；3 000 元到 50 000 元

10. 发票的种类、联次、内容及使用范围由（　　）规定。

A. 财政部　　B. 国家税务总局

C. 省税务局　　D. 县级以上税务局

二、多项选择题

1. 下列应当办理税务登记的是（　　）。

A. 国家机关

B. 个体工商户

C. 企业在外地设立的分支机构

D. 税法规定应纳税但暂享受免税待遇的单位和个人

2. 下列属于不需要办理税务登记的单位或个人是（　　）。

A. 国家机关

B. 税法规定应纳税但暂享受免税待遇的纳税人

C. 个人

D. 无固定资产场所的流动性农村小商贩

3. 新办公司申报办理税务登记时，应向税务机关如实提供的证件和资料包括（　　）。

A. 工商营业执照　　B. 公司章程
C. 其他需要提供的证件和资料　　D. 组织机构统一代码证书

4. 纳税人在申报办理税务登记时，应如实填写税务登记表，税务登记表的主要内容包括（　　）。

A. 单位住所、经营地点　　B. 注册资本
C. 财务负责人　　D. 核算方式

5. 企业在办理税务登记的开业登记时，企业在外地的分支机构或者从事生产、经营的场所，还应当登记总机构的相关内容，包括（　　）。

A. 名称、地址　　B. 法人代表　　C. 主要业务范围　　D. 财务负责人

6. 纳税人办理税务登记后，应当办理税务变更登记的情况是（　　）。

A. 名称的改变　　B. 增加注册资本
C. 经营地点迁出原登记的县（市）　　D. 改变生产经营范围

7. 发票具有以下几个方面的特征：（　　）。

A. 合法性和真实性　　B. 时效性　　C. 共享性　　D. 传递性

8. 发票的下列项目中，哪些项目由国家税务总局确定？（　　）

A. 内容　　B. 种类　　C. 联次　　D. 使用范围

9. 下列各项中，属于纳税人申领发票领购簿时应当提交的证件和资料的是（　　）。

A. 经办人身份证明　　B. 税务登记证件
C. 营业执照　　D. 财务专用章的印模

10. 纳税申报的方法有（　　）。

A. 直接申报　　B. 邮寄申报　　C. 电子申报　　D. 委托申报

三、判断题

1. 税务机关对税务登记证件实行定期验证制度。（　　）

2. 未办理工商营业执照，也未经有关部门批准设立的纳税人按规定不需办理税务登记。（　　）

3. 税务机关对尚未办理税务登记的扣缴义务人可以只在其税务登记证件上登记扣缴税款事项，不再发给扣缴税款登记证件。（　　）

4. 纳税人已办理停业登记，在此期间发生纳税义务的，可在复业后办理申报缴纳税款。（　　）

5. 纳税人税务登记表的内容发生变更的，税务机关应重新核发税务登记证件。（　　）

6. 税务机关核发的“外出经营活动税收管理证明”的有效期限一般为 30 日，最长不得超过 180 天。（　　）

7. 发票的式样，由省级税务机关确定，任何单位不得自行设计发票式样。（　　）

8. 普通发票应当使用中文印刷，有实际需要的，也可以同时使用中外两种文字印刷。（　　）

9. 发票限于领购单位和个人在本省、自治区、直辖市内开具，任何单位和个人不得跨规定的使用区域携带、邮寄、运输空白发票。（　　）

10. 对擅自销毁账簿或拒不提供纳税资料的，税务机关有权核定应纳税额。（　　）

四、案例分析题

某税务所在 2018 年 6 月 12 日实施检查中发现，宏达商店（个体）2018 年 5 月 20 日领取营业执照后，未申请办理税务登记。据此，该税务所于 2018 年 6 月 13 日做出责令宏达商店必须在 2018 年 6 月 20 日前办理税务登记，逾期不办理的，将按《税收征收管理法》有关规定处以罚款的决定。请问，本处理决定是否有效？为什么？

参考文献

［1］翟继光．新税法下企业纳税筹划．5 版．北京：电子工业出版社，2018.

［2］吴健，吕士柏．个人所得税实务．2 版．北京：中国市场出版社，2017.

［3］全国税务师职业资格考试教材编写组．财务与会计．北京：中国税务出版社，2018.

［4］全国税务师职业资格考试教材编写组．涉税服务实务．北京：中国税务出版社，2018.

［5］张鹏飞．税法与纳税筹划．北京：北京大学出版社，2016.

［6］中国注册会计师协会．税法．北京：中国财政经济出版社，2018.

［7］东奥会计在线．税法（轻松过关 1）．北京：北京科学技术出版社，2018.

［8］周珺华．税法理论与实务．北京：人民邮电出版社，2017.

［9］刘小玮，张兰田．资本业务税法指南．北京：法律出版社，2018.

［10］张守文．税法原理．8 版．北京：北京大学出版社，2018.

［11］林佳良．土地增值税清算指南．5 版．北京：中国市场出版社，2018.

［12］蔡昌．税收筹划：理论、实务与案例．2 版．北京：中国人民大学出版社，2018.

［13］袁国辉．企业财务风险规避指南（会计实务、财务管理、税收筹划关键点及疑难解析）．北京：人民邮电出版社，2018.

［14］梅阳．财政税收专业知识与实务．北京：中国人事出版社，2018.

［15］陈昌龙．财政与税收．4 版．北京：清华大学出版社，北京交通大学出版社，2016.

图书在版编目（CIP）数据

税法教程 / 王晓秋，付源主编．—北京：中国人民大学出版社，2019.3
ISBN 978-7-300-26817-0

Ⅰ.①税… Ⅱ.①王… ②付… Ⅲ.①税法-中国-高等学校-教材 Ⅳ.①D922.22

中国版本图书馆 CIP 数据核字（2019）第 044808 号

税法教程
主　编　王晓秋　付　源
副主编　许新亮　刘春华　陈　红
Shuifa Jiaocheng

出版发行	中国人民大学出版社		
社　　址	北京中关村大街 31 号	邮政编码	100080
电　　话	010－62511242（总编室）		010－62511770（质管部）
	010－82501766（邮购部）		010－62514148（门市部）
	010－62515195（发行公司）		010－62515275（盗版举报）
网　　址	http://www.crup.com.cn		
	http://www.ttrnet.com(人大教研网)		
经　　销	新华书店		
印　　刷	涿州市星河印刷有限公司		
规　　格	185 mm×260 mm　16 开本	版　　次	2019 年 3 月第 1 版
印　　张	17.5	印　　次	2019 年 3 月第 1 次印刷
字　　数	418 000	定　　价	39.00 元